노인상담 2판

이호선 저

학지사

2판 서문

『노인상담』 2판을 출간하게 되어 무척 기쁘다. 2005년에 이 책의 초판을 낼 때는 대학 강의와 상담 현장에서 쓸 수 있는 자료가 없어 부족한 줄 알면서도 서둘렀던 기억이 난다. 이 책의 초판이 출간된 이후 노인상담과 관련된 책들이 많이 나왔는데 저자로서는 기쁜 일이다. 노인상담에 대한 관심이 커지고, 관련 전문가의 수도 많아지고 있음을 의미하기 때문이다. 저자로서 노인상담 발전에 작은 힘이나마 보탠 것 같아 뿌듯하다.

노인상담센터를 운영하고 대학에서 강연을 하며 초판을 교재로 사용했는데 부족한 점이 많이 발견되었고, 보다 현장에 적합하게 조율하는 작업이 필요했다. 특히 이론 부분이 많았던 초판을 현장에서 쓰기 위해서는 현장 사례 활용이 절실했다. 또한 이론을 보다 잘 정리할 필요도 있었고, 새로운 자료를 추가하거나 기존 자료를 변경하는 일도 필요했다. 이와 같이 보완할 점에 대해 그때그때 적어 두고 정리해 가며 개정판을 진행하였다.

개정판에는 노인의 다양한 문제를 다루기 위하여 각 장(章)의 끝 부분마다 임상 사례를 두고, 이를 분석하고 적용할 수 있도록 사례 분석 부분을 추가했다. 각각의 사례는 실제 사례들로 내담자들의 허락하에 사용한 것이며, 이름을 가명으로 하고 소소한 자료들을 일부 변경하여 내담자의 신상에 대해 알 수 없도록 하였다. 각 상담 유형을 다룬 장마다 사례가 제시되어 있으며 대부분 일반적 사례를 넣었다. 사례관리를 위하여 각각의 사례에 대해 상담 목표와 대안 등을 검토할 수 있는 표를 제시했다. 독자들에게는 각 사례별로 내담자의 특성을 따로 정리해 보고 각각의 사례를 '나라면 어떻게 상담할까?' '내가 내담자라면 어떤 기분일까?'를 생각하며 상담을 실제인 듯 진행해 보기를 권한다.

개정을 하면서 초판에서는 부록으로 두었던 희망 상담을 하나의 장(章)으로 넣었다. 노인상담을 '문제 중심' 상담이라고 생각하는 경향이 있다. 그러나 현장에 있는 분들이 공감하듯, 최근의 노인상담은 문제를 중심으로 할 뿐 아니라, 미래를 계획하고 자아실현을 이루기 위한 창조의 공간이기도 하다. 이러한 변화는 노인상담 현장 전문가들이 눈여겨보아야 할 부분이다. 바야흐로 노인에 대한 새로운 시각이 필요한 시대가 된 것이다.

이 책과 함께 저자가 현재 집필 중인 『노인상담사례집』을 활용하면 도움이 될 것이다. 저자는 그 밖에도 노인상담 슈퍼비전을 위한 책을 준비 중이다. 노인상담자가 많지 않은 상황이라 노인상담 슈퍼바이저도 많지 않은 것이 현실이다. 『노인상담』『노인상담사례집』『노인상담 슈퍼비전』 등의 세 가지 책을 함께 활용하면 노인상담 현장을 더욱 풍요롭게 할 수 있을 것이다.

개정판을 내기까지 노인상담과 노인복지 현장에서 진심 어린 위로와 격려를 보내 준 많은 내담자들과 동료 상담자들을 기억한다. 또한 오랜 시간 인내심을 가지고 개정판 원고를 기다려 주신 학지사 김진환 사장님께 감사드린다.

노인이 행복해지는 현장에서

2012년 2월

이호선

1판 서문

최근 우리나라는 세계에서 가장 빠른 고령화 속도를 기록하고 있다. 이러한 압축적 고령화 현상은 다양한 차원의 노인문제를 유발한다. 빈곤, 질병, 고독 · 소외, 무위의 '4중고(四重苦)'는 현재 노인들이 공통적으로 겪고 있는 문제들이다. 이것들은 이미 사회적인 이슈로 부각되었다. 이러한 시점에 노인상담은 대단히 중요해졌다.

최근 아동상담, 청소년상담, 부부상담, 개인상담 등 다양한 연령층에서 상담에 대한 수요가 강하게 일고 있다. 상담의 장에서도 이러한 수요에 맞추어 많은 교재들과 참고서들, 그리고 임상에서 사용할 수 있는 상담 지침서들이 출간되었다. 번역서를 포함하여 수많은 저서들이 상담학과 심리학, 사회복지학을 중심으로 상담 현장에서 중요한 몫을 감당하고 있다.

그럼에도 불구하고 유독 노인상담만큼은 아직 주목을 받지 못하였다. 이는 사회적인 약자인 노인들에 대한 편견 때문이다. 즉, 노인들은 죽음이 가까운 사람들로 상담을 필요로 하지 않을 것이라고 간주되었다. 요컨대, 노인은 '문제'일 뿐 진지한 '상담의 대상'으로 인지되지 못하였다. 따라서 아직 노인상담을 위한 지침서나 참고서적도 거의 없는 실정이다.

이 책은 우리나라 노인 내담자를 상담하기 위한 지침서다. 노인상담을 하면서 참고하고 도움을 얻을 만한 마땅한 자료가 없었던 저자는 이 글을 쓰면서 노인 상담자들에게 조금이나마 기여하고자 노인상담에 대한 종합적인 지식과 기술을 한 권에 담아 보려고 하였다. 이를 통해 노인상담을 전공하는 학생들과 임상 현장 전문가들이 노인들을 상담, 치료 및 간호하는 데 도움이 되는 실제적인 상담 과정과 기법들을 제공하고자 노력했다.

이 책은 크게 4부로 구성되어 있다. 제1부는 노인상담의 기초로, 노인의 개념 및 노화의 개념, 노화 이론, 노인과 노년기에 대한 기본적인 이해를 담고 있다. 또한 노인상담에 대한 개관을 통해 노인상담의 정의와 특성, 의의와 역할, 노인상담에서 나타나는 전이와 역전이 문제를 살피고, 노인상담 영역과 우리나라 노인들이 가지는 특성들을 다룬다. 제2부는 노인상담의 지침과 기법, 유형을 살핀다. 제3부에서는 노인의 신체적 · 심리적 · 성격적 특성을 살피고 이에 대한 구체적인 상담의 과정을 다룬다. 제4부에서는 노인들에게서 나타나는 우울증, 성문제, 장애, 학대, 자살, 죽음에 대해 다루며 상담 현장에서 사용할 수 있는 구체적인 상담 과정과 정보들을 담고 있다. 결어에서는 성공적인 노화와 삶의 즐거움을 위한 희망 상담을 제안한다.

이 책은 대학생 또는 대학원생의 노인상담 학습 교재뿐 아니라 임상 현장에서 상담기관, 의료기관, 사회복지기관 및 그 시설 종사자들에게 지침서가 될 수 있을 것이다. 또한 노인을 가까이 모시는 가족들 및 노인들 자신들에게도 노인들의 신체적 · 심리적 · 정서적 차원의 이해에 있어 유익할 것이다.

이 책에서 필자는 노인상담을 위한 보다 다양한 지식과 정보, 기술을 포함한 전반적인 내용을 담고자 노력했다. 이는 분명 우리나라 노인상담을 위한 공헌이 될 것이다. 그러나 부족하고 다듬어지지 않은 부분이 있다는 점을 시인하지 않을 수 없다. 훈련하고 더 배우고 연구하면서, 또한 독자들의 진심 어린 비판과 가르침을 통하여 보다 다듬어지기를 소망한다.

이 책이 있기까지 많은 분들의 수고와 노력이 있었다. 우선 하나님께 감사한다. 그리고 사랑하는 남편 김학철 박사와 아들 자인, 딸 아인의 사랑과 지원이 없었다면 이 책은 결코 있을 수 없었을 것이다. 또한 도움을 아끼지 않으신 양가 부모님께 감사드린다. 이 책이 나오기까지 꼼꼼한 조언과 힘이 되어 준 여러분들께도 감사드린다. 또한 기쁨으로 이 책의 출판을 허락하신 학지사 김진환 사장님과 출판의 모든 과정에 도움을 주신 직원 여러분께 감사드린다.

2005년 6월

이호선

차례

제1부

노인상담의 기초

제1장

노인과 노화

1. 노인의 개념

우리나라는 초고령 사회를 향해 가고 있다. 압축적 고령화(compressed aging)라는 말이 보여 주듯 우리나라의 노인 인구는 빠르게 증가하고 있다. 노인(老人)의 사전적 의미는 '늙은 사람' '나이가 많은 사람'이다. 그러나 사전적인 정의만으로는 노인들을 이해할 수 없다. 노인에 대한 정의는 노인의 본질에 대한 통찰 및 사회적 · 정치적 · 문화적 · 경제적 배경과 밀접한 관계가 있을 뿐 아니라, 노인에 대한 전통적 · 일반적 이해와 더불어 현재 상황의 검토, 미래에 대한 예측까지 포함해야 하기 때문이다. 더불어 노인 개인의 신체적 · 심리적 · 정신적 · 정서적 · 사회적 · 문화적 요인들에 따른 차이와 특성들 역시 노인 정의를 위해서는 반드시 고려해야 할 부분이다. 이처럼 '노인'을 정의하기 위해서는 노인에 대한 충분한 이해와 분석 및 통찰이 선행되어야 한다. 노인의 개념에 대한 공식적인 규정은 1951년 제2회 국제노년학회에서 시작되었다.

1) 국제노년학회 규정에 따른 노인 개념

1951년 제2회 국제노년학회에서는 노인을 "인간의 노령화 과정에서 나타나는 생리적 · 심리적 · 환경적 변화와 및 행동의 변화가 상호작용하는 복합 형태의 과정에 있는 사람"이라고 정의한 바 있다. 이 정의에 따르면 노인은 구체적으로 다음의 특징을 갖는다(Report on the 2nd International Conference of Gerontology, 1951: 5).

- 환경 변화에 적절히 적응하는 데 결함이 있는 자
- 자기통합 능력이 감퇴되어 가는 시기에 있는 자
- 생물학적 기관 및 조직 기능상 감퇴 시기에 있는 자
- 인체 조직 및 기능저장 소모로 적응력이 감퇴되는 시기에 있는 자

1951년 국제노년학회에서 규정된 개념들은 사회적 역할과 생물학적 쇠퇴에 집중되어 있었다. 그러나 이후 보다 구체적으로 생리적 · 생물학적 · 심리적 · 사회적 노화 개념을 포함한 형태로 나아가게 된다. 또한 의학 발달과 노인 인구 증가 및 건강 상태의 증진, 노인의 사회적 참여 확대에 따라 노인에 대한 개념은 점차 결손과 감퇴의 측면에서 긍정적이고 포괄적인 차원까지도 포함하는 개념으로 확장된다.

2) 자각 연령에 따른 노인 개념

노인에 대한 기준은 무엇인가? 노인에 대한 기준을 세운다는 것이 쉽지 않은 것은 개개인의 고유한 생리적 · 신체적 변화와 기능 정도가 다르며 사회적 역할 수행문제와 정신 · 심리적 측면에 있어서도 그 차이가 크기 때문이다. 특히 노인들의 경우 생물학적 연령과 개인이 느끼는 자각 연령(自覺

年齡)의 차이가 젊은 사람들에 비해 상대적으로 큰 경우가 많아 노인을 개념화한다는 것은 상당히 복잡하다.

노인들은 노화에 대하여 나름의 긍정적이거나 부정적인 평가를 한다. 달력상의 나이인 역연령(曆年齡)은 자각 연령과는 어느 정도 차이를 가지고 있다. 어떤 사람은 역연령상의 나이가 많고 누가 보아도 노인임에도 불구하고, 실상 당사자는 자신을 노인이라고 생각하지 않는 경우가 많다. 또한 외견상으로나 생물학적 연령에 있어서도 중·장년에 속해 보이는 사람이라도 자신을 노인이라고 생각하는 경우도 있다. 다시 말해 개인이 가지고 있는 주관적인 평가에 따라 노인의 개념은 달라질 수 있다. 그만큼 자각 연령에 따른 노인의 개념 정의는 상당히 주관적이고 자의적일 수 있다. 그러나 실제 생활 현장에서 자각 연령과 역연령 간의 차이는 흔히 일어나는 현상이며 노인 연구를 위해서는 그만큼 의미 있는 개념이기도 하다.

자각 연령, 즉 개인이 가지고 있는 주관적인 평가에 따라 노인의 개념은 달라질 수 있다. 자각 연령에 따른 노인의 개념 정의는 상당히 주관적이고 자의적이기 때문이다. 그러나 실제 생활 현장에서 자각 연령과 역연령 간의 차이는 흔히 일어나는 현상이며 노인 연구를 위해서는 그만큼 의미 있는 개념이기도 하다. 자각 연령이 보다 젊게 나타나는 경우 내담자가 문제해결에 좀 더 적극적으로 참여하는 경향이 있다.

우리나라 노인을 대상으로 자각 노성, 즉 스스로 느끼는 노령화 정도에

〈표 1-1〉 연령별 자각 노성에 대한 인식

(단위: %)

노인이라고 인식하는 연령 \ 조사 대상 연령	60~64세	65~69세	70~74세	75세 이상	전체
60세 미만	13.2	8.4	5.1	6.2	9.0
60~64세	43.8	41.4	35.0	38.0	37.7
65~69세	15.4	26.3	23.3	14.0	19.8
70~74세	19.2	15.0	27.3	34.8	22.3
75세 이상	2.2	1.9	1.3	8.8	3.1
특정 연령 없음	6.2	7.0	8.2	12.4	7.9
인원(명)	670	551	393	332	1,946

출처: 이가옥 외(1994).

대해 실제로 조사한 결과에 따르면, 60~64세에 스스로 느끼는 노령 정도가 가장 높은 것으로 나타났다. 이 결과는 환갑이라는 일종의 통과의례가 한 개인의 자각 노성에 의식적 · 무의식적으로 큰 영향을 끼치고 있음을 보여 준다.

3) 역연령에 따른 노인 개념

역연령에 따른 노인 개념은 가장 많이 사용되고 있는 기준으로, 대개 달력상의 계산으로 60세 혹은 65세 이상을 노인이라고 규정하는 방식이다. 역연령 개념은 그 기준에 대한 논란이 있을지라도 실질적으로 노인의 연령을 규정하는 데 기여하였다. 뉴가르텐(Neugarten, 1979, 1994)은 미국 노인을 생물학적 연령과 사회적 건강의 특징에 기초하여 연령별로 세 가지로 구분한 바 있다.

〈표 1-2〉 뉴가르텐의 노인 구분

노인의 종류	연령	특징
초령노인 (the young old)	55~64세	이들은 활력이 있고 유능한 그룹으로 은퇴를 했거나 직장과 가정에 대한 시간적 투자를 줄인 노인들이다. 재정적으로 안정되어 있으며 상당한 교육을 받았고 시간을 의미 있게 활용하는 방법을 찾는다. 이들은 사회의 중요한 자원으로 인식되며, 정치적 · 사회적 · 경제적 요구가 활발하다.
고령노인 (the old-old)	65~74세	대부분의 퇴직자가 여기에 해당된다. 이들은 신체적 · 정신적 · 사회적 상실을 경험하고 있으며 사회적 지지와 건강에 대한 서비스를 가장 필요로 하는 집단이다.
초고령노인 (the oldest-old)	75~85세 이상	이들은 신체적으로 노쇠하고 질병에 걸린 경우가 많으며 사회적 활동이 어려운 이들이다. 여기에 속한 노인들 대부분이 경제적인 곤란을 겪고 있으며 가정적 사회적으로 고립된 이들이다. 그러나 오래 살수록 인간은 각각 다르게 노화된다는 사실이 드러나고 있기 때문에 생물학적 나이는 개인의 건강이나 사회적 능력 수준에 대한 충분한 지표가 되지 못한다는 것을 보여 주는 집단이기도 하다.

4) 행정적 규정에 의한 개념

우리나라에서는 전통적으로 만 60세를 회갑년으로 지내고 있다. 그러나 「노인복지법」(1997)에서는 65세를 노인으로 규정하고 있다.

노인에 대한 정의는 역할 이론을 통한 역할혼미 차원에 역점을 두거나, 활동 이론이나 분리 이론에 나타나는 소외, 혹은 관계 유형의 전환 등에 따라 다양하게 제시되어 왔다. 우리나라에서도 윤진(1998)은 노인을 "신체적 · 심리적 · 사회적 측면에서 인생주기에 따라 변화하는 노화 과정에 있는 남녀"로, 즉 인생주기에 따른 과정적인 면에서 정의한 바 있다. 또한 서병숙(1994)은 "한국 사회에서 노인이란 노화에 따라 신체적 · 정신적 노쇠와 사회적 역할의 감소로 의존적이 되며, 이를 사회문화적으로 '효'라는 개념으로 보장하여 연장자로서의 권위를 갖는 사람"이라고 말하면서 노인을 사회문화적인 차원에 집중하여 정의한 바 있다. 한편 박상훈(2001)은 노인이란 "생리적 및 신체적 기능의 퇴화와 더불어 심리적 변화가 일어나서 개인의 자기유지 기능과 사회적 역할 기능이 약화되고 있는 사람을 말하며 노인의 신체적 · 심리적 · 사회적인 특성이 나타나 노년단계에 이르게 된다."고 말하며 노인을 퇴화와 기능약화 측면에서 정의하고 있다. 위의 정의들에서 보듯 학자들의 견해에 따라 또 사회문화적 배경에 따라 그 정의는 차이가 있을 수 있다.

이 책에서는 노인의 신체적인 변화와 심리사회적 변화와 그 적응 과정에 중심을 두고 노인을 다음과 같이 정의하고자 한다. 즉, 노인이란 신체적 기능의 쇠퇴와 사회적 기능의 약화 및 상실에 따른 심리적 위축을 경험하고, 사회적 · 가정적 역할의 상실과 그로 인한 심리적 · 사회적 · 경제적인 변화를 겪으며 그 변화에 적응하고 있는 자를 말한다.

2. 노화의 개념

1) 노화의 개념

노화는 모든 생물에게 일어나는 변화 과정이다. 인간은 늙어 가기 마련이며 생체조직이나 세포 · 기관 등 생체 전반에서 쇠퇴나 무기력 현상이 나타나게 된다. 이와 같이 늙어 가는 현상을 일반적으로 '노화(老化)' 또는 '노화 현상'이라고 말한다.

과거에는 성인기에서 사망할 때까지 개인은 신체적 쇠퇴 이외에는 별다른 심리적 변화를 보이지 않는다고 주장해 왔으나, 최근에는 성인 발달에 대한 연구가 활성화되면서 성인기 동안에 일어나는 사회적 · 심리적인 변화에 대한 다양한 연구들이 나타나고 있다. 특히 1950년대에 접어들면서 전생애적 발달심리학(life-span developmental psychology)과 노년심리학(psychology of aging)은 인생주기에 따른 변화에 관심을 쏟기 시작했다.

사람은 대부분 인생주기를 공통적으로 겪게 된다. 즉, 연령에 따라 초 · 중 · 고교 및 대학 교육, 결혼, 출산, 부모 사망, 취업과 퇴직, 환갑, 칠순, 배우자 사망 등 본인과 관련된 사건들을 경험한다. 신체적 · 생리적 성장과 심리적 · 사회적 변화 및 발달이 인생주기진행표에 맞게 진행될 때 우리는 이를 '적절한 시기'라고 말한다. 즉, 노화란 시간의 경과에 따르는 개인의 신체적 변화와 사회적 기능 변화, 즉 '적절한 시기'에 따라 신체적 · 사회적 · 경제적 · 문화적 상황에 적응해 가는 과정이라고 할 수 있다. 즉, 노화는 개인의 적응 과정이다.

2) 노화의 원인

노화의 원인은 아직 정확하게 밝혀져 있지 않으나 현재까지 알려진 바에 의하면 몇 가지로 나눌 수 있다. 하나는 환경적 요인으로 자연환경, 생활환경, 생활습관 등 유기체가 존재하는 환경에 의해 주어지는 요인이다. 다른 하나는 유전적 요인, 즉 생명체가 소유하고 있는 유전정보에 의해 결정되는 요인을 말한다. 또한 노화의 촉진과 지연에 관련된 심리적인 요인들도 있다. 노화를 촉진시키는 부정적인 심리적 요인으로는 좌절감, 실망, 감정 표현 능력의 부족, 삶이 개선되지 않는다는 느낌, 혼자 사는 것, 외로움, 믿을 만한 친구가 없는 것, 규칙적인 일과 혹은 일거리가 없는 것, 직업에 대한 불만, 과중한 경제적인 부담, 채무, 지나친 근심, 과거에 대한 회한, 과민함, 분노하는 성격, 혹은 분노를 표현하지 못하는 성격, 비판적이거나 비관적인 성격 등이 있다.

그리고 노화를 지연시키는 긍정적인 심리적 요인으로는 행복한 결혼생활, 직업에 대한 만족감, 개인적인 행복감, 원만한 성격, 만족스러운 성생활, 절친한 친구관계 유지 능력, 규칙적인 생활, 규칙적인 일, 삶을 만끽한다는 느낌, 즐거운 여가시간, 만족스러운 취미생활, 감정을 쉽게 표현할 수 있는 능력, 미래에 대한 낙관적인 태도, 경제적 안정감, 현실적 고통에 대한 낙관적 평가 등이 있다.

3. 노화 이론

노화 이론은 사람이 늙는 원인에 대한 이론적 접근을 말한다. 노화 이론은 크게 생물학적인 차원, 심리적 차원, 사회문화적 · 환경적 차원으로 나뉜다.

1) 생물학적 차원의 노화 이론

생물학적 차원의 노화 이론에서는 신체적 변화에 중점을 두고 노화를 자연적이고 본래적인 현상임을 강조한다. 여기에는 분자 수준의 이론(유전자 이론, 유전변이 이론, 프로그램 이론), 세포 수준의 이론(산화기 이론, 교차연결 이론, 마모 이론), 기관계 수준의 이론(신경내분비 조절 이론, 면역 이론) 등이 있다.

(1) 분자 수준의 노화 이론

① 유전자 이론

유전자 이론(gene theory)은 살아서 활동하는 유기체 내에 있는 어떤 해로운 유전자가 노년에 이르러 활성화되면서 유기체의 생존이 불가능해진다는 견해다(Busse, 1971). 이 이론에는 두 가지 주장이 경쟁한다. 즉, 한편의 학자들은 인간의 젊음과 생산, 성장과 성숙을 촉진시키는 유전자와 이런 구조를 파괴시키는 유전자가 존재한다고 주장한다. 반면 다른 편의 학자들은 하나의 유전자가 서로 다른 두 개의 측면을 지니고 있다고 말한다. 이 주장에 따르면 하나의 유전자가 초기에는 생산과 활동의 측면에서 작용하고, 중년기 이후에는 쇠퇴의 측면을 활성화시키는 이중 역할을 한다. 예를 들어, 에스트로겐이 여성의 생산기에는 정상 생산주기를 촉진시키지만, 폐경기에 이르러 에스트로겐 수준이 감퇴되면 도리어 고혈압 위험도가 증가된다.

② 유전변이 이론

유전변이 이론도 노화 과정이 유전자 구조와 연관되어 있다는 견해다. 즉, 비정상적인 세포나 돌연변이를 일으킨 세포가 예상치 못한 노화를 유발시키고 결국 세포의 죽음을 가져온다는 것이다. 이에 대한 설명으로 유전자 오류 이론과 체세포 변이 이론이 있다.

첫째, 유전자 오류 이론은 단백질 합성의 오류가 축적되다가 일정 시간이 지나면 세포 기능이 손상된다고 가정한다. 다시 말해, 어느 시점에서 RNA 합성기능이 약해지면서 결함이 있는 세포가 생산되고, RNA의 오류는 결국 DNA의 오류로 이어진다. 이때 DNA의 오류가 수정되지 않으면, 결과적으로 영구적인 유전자 변이를 초래한다. 예를 들어, 세포의 생존기간이 한정되어 있는 뇌세포나 근육세포의 경우 노년기에 이르면 이러한 현상이 더욱 두드러지면서 세포의 생물학적 기능과 기관의 효율성이 떨어진다.

둘째, 체세포 변이 이론은 유전자 오류 이론과 유사하다. 다만 세포가 방사선이나 화학물질에 노출되면 세포의 DNA가 변이를 일으켜 중요한 세포 구성물인 염색사의 이상을 초래한다고 보는 차이가 있다. 이 이론대로라면 방사선 유해물질을 차단시키면 노화를 지연시킬 수 있다.

③ 프로그램 이론

프로그램 이론은 이른바 '생체시계 이론'이라고 불리는 것으로 노화 과정이 이미 우리 몸속에 프로그램되어 있다는 주장이다. 나이가 들면서 체내의 특수한 양상의 변화를 경험하게 되고 이러한 변화는 예측이 가능하다는 것이다. 프로그램 이론에 의하면 인간은 수정단계에서부터 생체시계가 시작된다.

(2) 세포 수준의 노화 이론

세포 수준의 노화 이론은 세포의 구성과 상태의 변화가 노화의 주요 요인으로 작용한다는 이론으로 산화기 이론, 교차연결 이론, 마모 이론이 여기에 속한다.

① 산화기 이론

산화기 이론(free radical theory)은 산화기(free radical)라는 고도로 불안정한 세포 구성 물질의 증가로 세포가 비정상적으로 성장하여 노화가 초래된다는 견해다(Krohn, 1965). 사람은 인생 과정에서 대사를 위해 끊임없이 산소를 필요로 한다. 그러나 이때 산화로 발생하는 물질이 끊임없이 체내에 축적되면 도리어 우리 몸을 파괴하는 기능을 하게 된다. 즉, 산화기가 부정적인 소모 반응을 일으켜 정상세포의 구조와 세포막의 기능을 손상·변경시키고, DNA를 비롯한 단백질, 효소 등의 유전물질을 손상시키거나 파괴하게 되는 것이다. 결과적으로 세포는 노화되어 죽게 된다. 이 이론에 의하면 산화기의 생산을 억제하고 복구하는 과정보다 산화기의 축적이 더 빨리 일어나면 노화가 진행되는 것으로 본다. 따라서 이 이론이 타당하다면, 아동기부터 식사와 환경을 조절하거나 특정 약물을 사용하여 노화를 지연시킬 수 있게 된다.

② 교차연결 이론

교차연결 이론은 결체조직 이론(cross-linked or connectivetissue theory)(Gross, 1961)이라고도 하는데, 화학적 반응에 의하여 정상적으로 분리되어 있어야 하는 분자 사이에 연결 구조가 형성되어 있어서 노화가 진행된다는 견해다. 나이가 들면 세포 내외 구조에서 노화된 콜라겐의 교차연결이 증가하게 된다. 결국 교차연결 결과 신체의 각 부분들은 화학 작용을 이루며 신체를 변화하게 한다. 이 이론대로라면, 교차 이론을 자극하는 요소와 교차연결을 줄이거나 차단, 예방할 수 있는 방법을 밝힌다면 노화를 지연시킬 수 있을 것이다.

③ 마모 이론

마모 이론(wear-and tear-theory)(Comfort, 1964)은 인간의 몸을 기계와

같은 것으로 본다. 즉, 우리 몸의 어느 부위가 닳게 되면 신체 기능이 저하된다는 견해다. 세포의 마모 현상은 개인의 내부적 · 외부적 스트레스에 의해 가중될 수 있다. 따라서 신체를 잘 보존하면 인체의 마모를 줄일 수 있다. 또한 기능을 유지하는 것도 신체 보존에 도움이 된다. 그러나 이 이론에서는 인간을 기계와 동일시하면서 인간이 가진 유기체의 특성을 고려하지 않고 있다. 유기체는 기계와 달라서 손상을 복구하는 특징을 지니고 있고, 일정 정도의 운동과 같은 단련을 통하여 전반적인 기능이 향상될 수 있다는 점을 간과하고 있다.

(3) 기관계통 수준의 이론

기관계통 수준의 이론은 체내 내분비계나 면역계의 기능 변화를 노화의 주요 원인으로 보는 것으로 신경내분비 조절 이론과 면역 이론이 여기에 속한다.

① 신경내분비 조절 이론

신경내분비 조절 이론(neuroendocrine control theory)은 노화가 초기 태내 수정에서 사망에 이르기까지 신경과 호르몬의 특정한 신호에 의하여 조절된다고 본다. 이 이론에 따르면, 노화는 체내에 있는 신경과 호르몬에 대한 조절 프로그램에 의해 이루어진다. 따라서 신경과 호르몬 조절 활동이 균형을 잃거나 둔화, 혹은 손상되면 신경 기능과 근육 기능 및 내분비 기능에 영향을 미쳐 노화 현상이 나타난다. 또한 외부 자극이나 질병에 의해 신체 균형유지 능력이 감소하는 경우 노화가 초래되고 결국 사망한다.

② 면역 이론

면역 이론(immunity theory)(Adler, 1974)은 일명 자가면역 이론이라 한다. 이 이론에서는 노화를 면역계의 기능 변화로 본다. 따라서 면역계의 기능을 적절하게 유지시킨다면 노화는 지연될 수 있다. 이 이론에 의하면 식이조절(단백질 제한 식이 요법), 체온조절(저체온), 수술과 투약의 병행, 회춘 요법을 통하여 노화에 따른 기능 손상을 교정할 수 있다.

2) 심리적 차원의 노화 이론

노화의 심리적 차원에 대한 연구는 노년기의 행동, 즉 감각, 지각, 학습, 기억, 지능, 동기, 정서, 성격, 태도, 정신운동, 사회적 관계의 변화에 관심을 갖는다. 노화 심리 이론의 종류로는 분리 이론, 활동 이론, 지속성 이론, 사회교환 이론, 성장발달 이론 등이 있다.

(1) 분리 이론

분리 이론(disengagement theory)(Cumming & Henry, 1961) 혹은 유리 이론은 노인들이 왜 사회의 중심권에서 이탈하는지를 설명하기 위해 개발되었다. 이 이론에 따르면, 노인과 다른 사회구성원들 사이의 상호작용이 점차 감소된다. 분리 이론가들은 사회가 사회에 유익하지 않은 노인의 개입을 허용하지 않으며 점차 사회에서 분리한다고 주장한다. 또한 노인도 나이가 들면서 스스로 사회에서 멀어지기를 원하는 것으로 본다. 이 이론가들은 노인이 사회에서 이탈하는 것이 사회와 노인 모두에게 유익한 것이라고 설명한다. 그러나 이 이론은 노화를 지나치게 단순화시켜 복잡하고 다양한 노인의 특성을 적절히 설명하지 못한다는 비판을 받고 있다.

(2) 활동 이론

활동 이론(activity theory)(Cavan, Burgess, Havighurst, & Goldhammer, 1949)은 분리 이론과 반대의 입장을 취한다. 이 이론에 따르면 노년은 중년의 연장이다. 따라서 활동 이론가들은 노인들이 활동을 중단하지 않고 지속하는 것을 당연하게 본다. 이 주장은 노년기 생의 만족감은 사회적 활동을 적정 수준에서 유지할 때 가능하다고 본다. 이 이론에 의하면, 사회적 활동은 성공적인 노화에 필수적인 사항이다. 따라서 신체적 · 정신적 활동에 적극 참여하면 노년기의 기능을 유지하는 데 도움이 된다. 최근 노인에 대한 이해는 활동 이론이 주요한 바탕이 되고 있다.

(3) 지속성 이론

지속성 이론(continuity theory)(Watson, 1982)은 노인의 기본적인 성격성향에 대한 이해를 제공한다. 이 이론에 따르면 노년기의 성격은 젊을 때의 성격성향이 지속된 것이지 변화한 것이 아니다. 이 이론의 세 가지 기본 주장은 다음과 같다.

- 성격은 정상적인 노화 과정을 겪는 동안 남녀 모두에게서 일관성 있게 유지된다.
- 성격은 역할활동과 기여에 똑같이 영향을 미친다.
- 성격은 역할활동과 관계없이 인생만족도에 영향을 미친다.

이 이론에서는 성격을 역할활동과 생의 만족도 간의 관계를 결정짓는 중요한 요인으로 본다. 노인들은 노년기가 되어도 생활 적응을 위해 과거에 수행해 왔던 개인적 적응 행위와 대인관계에서의 적응 행위를 그대로 유지한다. 따라서 노년기라고 해서 성격이 변하는 것은 아니다. 다만 노년기에는 옛날 방식과 새로운 환경 간에 갈등이 있을 수 있고 이 갈등에서 이전의 방식을 억제하면 마치 성격이 변화된 것처럼 보이지만 사실상 기본적 성격은 변하지 않는다.

(4) 사회교환 이론

사회교환 이론(social exchange theory)(Homans, 1967)은 개인과 집단 사이에 교환이 이루어지는 경우에는 교환에 참여하는 사람이 그 상호작용에서 이득을 얻는 한 교환활동이 지속된다고 말한다. 반면 교환에 참여하는 사람이 노인이 되면 사회적 상호작용에서 얻는 이득이 감소하기 때문에 사회적 교환활동 역시 감소한다고 본다. 다시 말해 노인이 되면 개인적 건강, 사회적 대인관계, 경제적 수입 등 권력의 원천이 줄어들어 사회와 노인 사이에 교환의 불균형이 일어나게 되므로, 노인의 사회 내 상호작용은 감소하거나 단절된다.

(5) 성장발달 이론

성장발달 이론(developmental theory)(Erikson, 1968)은 노년기 이전의 발달단계에서 수행해야 할 과업 완수 수준이 노화 과정의 예측인자가 된다는 견해다. 이 이론의 관점에 따르면 각 발달단계를 지내면서 성공적인 적응전략을 개발하여 이제까지의 생애에서 성장발달과업을 성공적으로 완수한 노인은 노년기에도 성공적으로 대처하게 된다. 에릭슨(Erikson, 1968)은 노년기 발달과업으로 통합성(integrity)을 제시한다.

3) 사회문화적 차원의 노화 이론

사회문화적 차원의 노화 이론들은 다음의 가정을 바탕으로 한다.

- 연령 구조는 권력을 배분하고 책임을 규정하며, 규칙과 기대를 관리해야 하는 사회조직에 필수적이다.
- 생물학적 모델은 사회적 차원을 고려하지 않으므로 노화를 적절히 설명할 수 없다.

- 사회적 기대는 전생애에 걸쳐 계속 존재하게 되고 변화한다.
- 새로운 사회적 기대와 행위들이 부과될 때 정체성이 변화한다.

이 이론의 대표적인 것으로는 연령문화 이론과 현대화 이론이 있다. 연령문화 이론은 노인이 사회에서 부여한 지위에 따라 연령과 소속된 사회의 문화, 능력에 적합한 역할을 담당해야 한다고 주장한다. 한편 현대화 이론은 현대화가 노인에 대한 사람들의 기본관념을 변화시키고 노인의 지위와 역할에도 영향을 끼친다는 점을 적극적으로 고려한다.

4) 환경적 차원의 노화 이론

인간의 행동은 개인과 환경 사이에 일어나는 상호작용의 산물이다. 환경적 차원의 노화 이론에 의하면 환경은 인간의 세포 구조에도 영향을 미친다. 예를 들어 과도한 태양광선이나 방사선에 노출될 경우, 피부 세포가 변형·파괴되며 관련된 질병을 초래하게 된다. 이에 더불어 공기오염, 화학물질, 심리사회적 사건 등의 환경적 스트레스가 반복되고 축적되면서 회복되기 어려운 상처를 남기게 되며 이는 노화에 직접적인 영향을 미치게 된다(Perlman, 1954; Selyo, 1970).

4. 노인과 노년기

1) 인생주기를 중심으로 하는 주요 발달 이론

노년기에 대한 다양한 개념과 설명이 있다. 이 중 인생주기를 논하는 주요 이론 몇 가지는 다음과 같다.

(1) 공자(孔子)

공자는 『논어(論語)』, 「위정제이(爲政第二)」 편에서 다음과 같이 말하였다.

> 吾十有五而志于學, 三十而立, 四十而不惑, 五十而知天命, 六十而耳順, 七十而從心所欲, 不踰矩.
>
> (나는 열다섯 살에 학문에 뜻을 두었고, 서른 살에는 우뚝 섰으며, 마흔 살에는 미혹됨이 없었고, 쉰 살에는 천명을 알았고, 예순 살에는 귀가 순해졌고, 일흔 살에는 마음이 원하는 바를 따라도 법도에 어긋남이 없었다.)

「위정제이」 편에서 노인과 관련된 것은 예순 살에는 귀가 순해지고 일흔 살에는 마음이 원하는 바를 따라도 법도에 어긋남이 없게 된다는 부분이다. 이순(耳順)은 어떤 소리가 들려올 때에 소리가 각각 따로 들리는 것이 아니라 전부가 어떤 소리인지 알 수 있다는 말이다. 또한 일흔이 되었을 때는 세상의 법도에 맞추려 하지 않더라도 삶 자체가 하나의 법으로 그릇됨이 없게 된다는 말이다. 이는 노년기가 되었을 때에 갖게 되는 삶의 지혜와 통합된 자아의 모습을 보여 준다.

(2) 탈무드에 나타난 인생주기

탈무드는 유태인의 지혜서다. 탈무드는 20세에서 100세까지 10세 단위로 인생주기를 구분하면서 그 특징을 설명하고 있다. 탈무드에 나타난 인생주기는 다음과 같다.

- 5세: 성경을 읽을 나이
- 10세: 미쉬나(Mishnah, 구약성경 해석본−저자 주)를 익힐 나이
- 13세: 계명(commandments)을 익힐 나이
- 15세: 추상적 토론(Gemara)을 할 나이

- 18세: 혼례단(Hupa)에 어울릴 나이
- 20세: 생계를 꾸릴 나이
- 30세: 힘이 절정에 달하는("koah") 나이
- 40세: 이해를 할 나이
- 50세: 상담을 해 줄 나이
- 60세: 연장자(지혜와 연륜을 갖춘)가 될 나이
- 70세: 흰머리가 날 나이
- 80세: 고령의 새로운 힘(Gevurah)을 얻을 나이
- 90세: 세월의 무게에 짓눌려 허리가 구부러질 나이
- 100세: 이미 죽어서 세상을 떠난 것처럼 될 나이

탈무드의 인생주기 구분은 50세에서 80세에 이르는 각각의 주기가 긍정적이며, 세상에 기여하는 특성을 갖는다. 상담을 해 주고, 연륜을 갖추며 새로운 힘을 얻을 수 있는 나이가 조명되며 탈무드의 인생주기는 100세까지 이어진다. 이는 노년기에 대한 정체된 이미지를 주는 서양의 구분과는 사뭇 다르다. 노년에 대한 이러한 구분은 노인이 가진 경험과 지혜에 대한 존중에서 비롯된다.

(3) 지그문트 프로이트

지그문트 프로이트(Sigmund Freud, 1961, 1964)에 따르면, 사람이 성숙함에 따라 자아와 이드에 대한 조절 능력이 증가하고 결과적으로 자율성이 증가된다. 반대 방향으로 이동하게 되면 곧 자율성이 소실 또는 퇴행하게 되면 더 원초적인 기능 방식들이 나타나게 한다. 그런 퇴행들은 노화 과정과 연관되어 있으며, 이 점은 노인들이 외적 감각지각을 내적 환상 또는 원초적인 공격적 또는 성적 욕동의 출현과 구별하지 못하는 현상을 설명한다. 프로이트에 의하면 노년기에는 초자아(superego) 기능의 퇴행이 일어

나고, 다양한 갈등 또는 환경에 연관되어 과도한 죄책감이 나타나거나 또는 거꾸로 죄책감이 없는 것으로 나타날 수 있다.

(4) 에릭 에릭슨

에릭 에릭슨(Erik Erikson, 1968, 1978, 1982)은 심리사회적 발달의 8단계를 주장한 바 있다. 누구나 개인의 성장과 더불어 각 단계마다 위기를 맞게 되며, 이 시기에 긍정적이며 적응적인 방향과 부정적이고 부적응적인 방향 가운데 그 어느 한 가지로 나아간다는 것이다. 또한 각 단계는 시기에 따른 발달과제를 갖는다. 제8단계인 노년기에는 신체 노화와 직업적 은퇴, 자녀의 출가, 친한 친구나 배우자의 죽음 등의 위기감을 경험하게 된다. 이 시기의 성공적인 발달과업은 통합성의 확보이며, 통합성의 성취 여부는 개인이 노년기에 나타나는 신체적 · 사회적 상황을 과거에 대한 회고를 통해 어떻게 평가하는가에 달려 있다.

노년기에 접어들면서 노인은 자신이 지금까지 살아온 생애를 돌아보면서 자신의 생애가 가치 있는 삶이었는지를 탐색해 보게 된다. 이 과정에서 자신의 삶이 무의미한 것이며 과거의 과오를 용납할 수 없다고 느끼게 되면 절망감에 빠지게 된다. 그러나 이러한 절망 가운데에서도 자신은 당시 그럴 수밖에 없었으며 돌아보면 삶이 나름대로 의미가 있었다고 생각하며 인생의 보람을 느끼게 되면 인생에 대한 참다운 지혜를 획득할 수 있게 된다. 이러한 지혜를 통하여 이전의 발달단계 동안 이룬 결과들을 평가하고, 결국 보다 높은 차원의 인생철학으로 통합성에 다다르게 된다. 자기의 인생에 대한 만족감과 충족감을 가지고 자신을 돌아보는 사람은 자아통합을 이룬 사람이다. 이런 사람은 자신의 현재 상황과 자신의 과거를 받아들인다. 지혜의 힘은 우리가 궁극적으로 염려하는 것(죽음)에 직면하면서 겪는 통합성과 절망감에 의해 생겨난다. 지혜를 통하여 우리는 우리의 축적된 지식과 경험을 통합한다. 지혜를 발달시킨 사람은 전체성과 완결성의 모델이 된다. 통합에 이른 노인은 지나온 일생에 대한 정리를 통하여 그동안 스스로 무엇인가를 성취했고 큰 과오 없이 살아왔으며 자녀들이 성숙한 데에 대하여 '감사하는 태도'를 취하며 적응하여 자아통합적인 자세로 살아간다. 이에 반하여 절망에 빠진 노인들은 지나온 시절, 특히 인생이 실패한 데 대한 회한을 가지고 억울해하며, 그 실패에 대한 책임을 자기 자신보다 타인에게 돌림으로써 남을 원망하게 된다. 또한 부적응적인 생활을 영위하는 경우가 많다.

〈표 1-3〉 프로이트의 심리성적 발달단계와 에릭슨의 심리사회적 발달단계

발달기	프로이트	에릭슨
생후 1년간	구강기 구강 부위가 인격 형성에 영향을 미치는 시기이며, 어머니의 젖을 빠는 것으로 쾌락에 대한 욕구를 만족시킨다. 구강불만족으로 구강고착이 발생하면 성인기에 이르러 타인을 불신하게 되어 긴밀한 관계를 형성하는 데 어려움을 겪게 된다.	유아기: 신뢰 대 불신 이 시기의 주요 발달과제는 신뢰감이다. 양육자가 유아의 물리적 · 정서적 요구를 충족시켜 주면 신뢰감이 생긴다. 그러나 기본적 욕구가 충족되지 않으면, 세상에 대한 불신이 생긴다. 특히 이 시기의 불신은 대인관계에 대한 불신으로 작용할 수 있다.
1~3세	항문기 항문 부위가 인격 형성에서 중요하게 작용하는 시기로, 능력을 수용하고 부정적 감정을 표현하는 방법을 배운다. 부모의 훈육 양식과 태도는 아동의 후기 인격 발달에 중요한 영향을 미친다.	초기 아동기: 자율 대 수치 이 시기는 자율감을 발달시키는 때로, 기본적 투쟁은 자기신뢰와 자기의심 간의 투쟁이다. 이 시기의 아동은 탐색하고 실험하고 실수도 하며 한계를 파악하게 된다. 부모가 의존감을 갖게 하면 자율감이 저해된다.
3~6세	남근기 이 시기는 오이디푸스기라고 부르기도 하며 아동이 이성부모에게 느끼는 무의식적 근친상간의 욕망이 기본적 갈등이 된다. 남아는 오이디푸스 콤플렉스, 여아는 엘렉트라 콤플렉스가 형성된다.	학령 이전기: 솔선 대 죄책 이 시기의 기본적 과제는 유능감과 솔선감을 획득하는 것이다. 아동이 스스로 결정하는 것을 허락받지 못하면 자신이 솔선하여 행동하는 것에 대한 죄책을 느끼게 된다. 그 경우 자포자기하고 타인의 선택을 기다리게 된다.
6~12세	잠복기 이 시기는 강했던 성적 충동이 가라앉고	학령기: 근면 대 열등 이 시기의 아동은 세상을 더 잘 이해하고 적절한

	학교, 또래놀이, 운동, 새로운 활동에 집중하게 되면서 타인과 관계를 형성하게 된다. 이 시기에는 성적 만족을 추구하는 리비도가 일시적으로 숨는다.	성역할 정체감을 형성하며 학교생활을 위한 기본적 기술을 습득한다. 기본과제는 근면감 획득이다. 근면감이란 개인적 목표를 설정하고 성취하는 것으로, 근면감이 획득되지 않으면 열등감이 발생한다.
12~18세	생식기 이 시기에는 남근기 주제들이 부활한다. 생식기는 사춘기에서 노년기까지 지속된다. 사회적 억압과 금기가 있지만, 우정 형성, 예술이나 스포츠에 종사, 직업 준비 등 사회적 활동에 성적 에너지를 투자하게 된다.	청년기: 정체 대 역할 혼미 이 시기는 성인기로 이행하는 시기다. 자신의 한계를 검토하고 새로운 정체감을 확립하는 시기로, 주요 발달과제는 자기정체감을 명료화하는 것이다. 이 시기에 적절히 정체감을 획득하지 못하면 역할혼미가 발생한다.
18~35세	생식기 지속	성인 초기: 친밀 대 고립 이 시기의 발달과제는 친밀한 관계 형성이다. 친밀감 획득에 실패하면 소외와 고립이 발생한다.
35~60세	생식기 지속	중년기: 생산 대 침체 이 시기는 자기와 현재 가족뿐 아니라 다음 세대를 위한 관심을 갖게 된다. 자신의 소망과 자신의 실제 성취 사이의 불일치를 조정하는 시기로, 생산감을 이루지 못하면 침체감을 경험하게 된다.
60세 이후	생식기 지속	노년기: 통합 대 절망 큰 후회 없이 생을 뒤돌아보고 개인적으로 보람을 느낄 때 자아통합이 이루어진다. 자아통합을 이루지 못하면 좌절감, 절망감, 죄책감, 분노, 자기부정이 발생한다.

(5) 하인즈 코헛

하인즈 코헛(Heinz Kohut, 1967, 1970a, 1970b)은 노인들이 노화 과정과 연관된 생물학적 · 심리적 · 사회적 손실에 적응하려는 노력을 할 때, 계속적으로 자기애적 손상에 맞서야 한다고 말한다. 특히 노인이 외적 지지기반을 잃으면, 그들의 자존심과 자부심은 계속적으로 위험한 상태에 놓이게 된다. 자존심의 유지는 노인의 주요 과제다. 자존심은 몇몇 요인들에 의해 증진될 수 있다. 코헛에 의하면, 노년기에는 다음 네 가지가 필요하다.

- 경제적 안전: 인생의 기본적 필수품을 확보하게 해 준다.
- 지지적인 사람들: 고립을 막아 주고 의존적 요구가 만족될 수 있게 해 준다.
- 심리적 건강: 성숙한 대처와 방어기전이 기능하도록 해 준다.
- 신체적 건강: 생산적 또는 즐거운 활동을 추구할 수 있게 해 준다.

이 요인들이 충족되지 않았을 때 노인은 자존심을 유지할 수 없고, 긴장, 불안, 좌절, 화 그리고 우울증이 발생할 수 있다. 더불어 신체적 · 심리적 기능에서 지각된 변화들은 노인들이 자신들의 삶의 지속성에 대해 갖고 있는 확신을 흔들리게 할 수 있다.

(6) 다니엘 레빈슨

다니엘 레빈슨(Daniel Levinson, 1984, 1986, 1990)은 성년기, 중년기에 이어 60세에서 65세 사이에 노년으로 전환되는 시기를 기술하면서, '후기 성인전환기(transition)'라는 용어를 사용하였다.

60~65세는 노년기로의 중요한 전환기로 이 시기에 중년기를 마치고 노년기로 들어간다. 이 시기에 노화를 동반한 생물학적 변화는 신체적 쇠퇴와 사망에 대한 느낌을 불러일으키고, 이러한 느낌은 사랑하는 사람들과 친구들의 질병과 죽음을 목격하면서 더욱 깊어진다. 만약 이 시기를 지나고 있는 사람이 신체의 변화에 지나치게 민감하게 반응하게 될 경우 죽음에 과도하게 집착하고 우울증에 걸리기 쉽다. 이 시기에는 보다 창조적인 정신활동을 통하여 신체적 활동 감소로 인한 충격을 완화하고 안정감을 갖는 것이 중요하다.

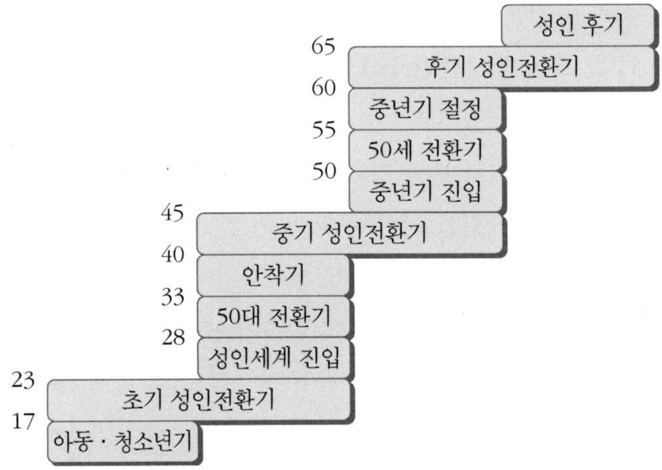

[그림 1-1] 다니엘 레빈슨의 성인기 발달 과정

65세 이상이 되면서 노인들은 자신들이 더 이상 지배적인 세대가 아니라는 것을 느끼고 권력유지 측면에서 위기감을 경험하게 된다. 그러나 다른 한편으로는 성장한 자녀들에게 삶에서의 유용한 지혜와 교훈을 제공할 수 있다. 이 시기에 위엄과 안정 속에서 은퇴하는 것은 중요한 발달과업이다. 성공적인 발달을 이룬 사람들은 은퇴 이후에도 만족스럽고 가치 있는 일에 종사할 수 있다.

후기 성인전환기를 적절히 지내면서 사람들은 노화를 인정하고 죽음을 준비하게 된다. 노인들은 자신들에게 죽음이 다가오고 있다는 것을 알고 자신에 대한 궁극적인 관심과 인생에 대한 평가를 통해 삶을 정리해 나간다. 이 시기에 노인들의 자기분석은 에릭슨의 통합감과 유사하다.

(7) 로버트 버틀러

로버트 버틀러(Robert N. Butler, 1961)는 노인차별주의(ageism)라는 용어를 만들어 냈다. 노인차별주의란 노인들에 대한 차별, 그리고 노년에 대해 젊은 성인들이 갖고 있는 부정적인 고정관념에 관한 것이다. 예를 들면, 비록 젊은 성인의 50%가 65세 이상의 노인들에게서 건강이 문제가 될 것이라고 예상하지만, 65세에서 74세의 75%가 자신의 건강이 양호하다고 생각한다. 또한 젊은 성인의 65%가 외로움이 노인에게 문제가 될 것으로 예상하지만, 단지 노인의 13%만이 실제로 외로움을 경험한다.

(8) 조지 배일런트

조지 배일런트(Geroge Vaillant, 2002)는 미국 하버드 대학교의 신입생들이 노인이 되기까지를 추적조사하여 65세 이상의 정서적 건강을 연구하였다. 연구결과에 의하면, 대학 시절 동안 형제자매 간의 친밀감은 정서적 안녕과 연관된다. 또한 부모님의 죽음이나 이혼 같은 충격적인 초기 경험이 노인에 대한 개인적 부적응과 무관하며, 성인 초기의 현실적 사고 방식과 신뢰감은 65세 이상에서 느껴지는 행복감과 연관성을 가지고 있다. 또한 노화에 대한 적응도 성인기를 통해서 사용된 방어기전에 달려 있으며, 가장 건강한 또는 가장 성숙한 방어는 억압, 현실성 있는 예상, 이타주의, 유머 등이다. 만약 성인 초기 및 중기에 성숙한 방어기제를 터득하게 된다면 노년기에 보다 효과적으로 인생의 변화에 대처할 수 있다. 이때 성숙성은 성공적인 노화의 주요한 내용이 된다.

조지 배일런트

배일런트에 의하면 성숙한 방어는 심리 및 신체적으로 건강한 성인에게 발견되는 정상적인 적응기전이다. 억압은 충동 또는 갈등에 대해서 생각하지 않는 의식적 결정이다. 또한 이타주의는 타인에게 봉사하는 것으로 성숙성(generativity)과 관련되며 노년기에 삶의 의미를 부여하는 중요한 요소가 된다. 유머는 비켜서서 관찰하고 사건과 삶의 부조화와 불일치에 대해서 언급할 수 있는 능력으로, 즐거운 표현과 재치 있는 농담을 통해 표현된다.

노년기의 사회경제적 상태는 노인들의 심리적 · 신체적 건강에 직접적으로 영향을 끼친다. 배일런트에 따르면 노인들에게 은퇴는 이전 직업 수행의 책임으로부터 벗어나 여가와 자유를 추구하는 시간이다. 그러나 은퇴가 경제적 문제 또는 자존감 상실을 유발하는 경우, 도리어 긴장의 요인이 될 수 있다.

(9) 윌리엄 매스터스와 버지니아 존슨

윌리엄 매스터스와 버지니아 존슨(William Masters & Virginia Johnson, 1966)은 80대 노인들의 성적 기능을 보고했다. 남성에게서 기대되는 생리적 변화로는 발기하는 데 더 오랜 시간이 걸리는 것, 성기팽창의 감소, 그리고 사정의 누출 등이 있다. 여성에게서 나타나는 변화로는 감소된 질의 윤활성과 질의 위축 등이 있으며 이는 낮은 에스트로겐 수준과 연관된다. 성인 초기 때 성생활이 능동적이었을수록 노년기에도 더 능동적일 수 있다.

2) 노년기 역할상실과 여가생활

노년기 성(性)연구에 새로운 장을 열었던 매스터스(왼쪽)와 존슨(오른쪽).

노년기는 대개 상실의 시기로 인식된다. 때문에 상실에 대한 적응이 절실한 시기라 할 수 있다. 과거 노인의 적응에 관한 연구들은 주로 생활만족도나 노화 과정에 성공적으로 적응하는가의 문제에 집중되어 있었다. 그러나 최근 들면서 노화 연구의 관심은 건강한 노화, 성공적인 노화의 문제로 옮겨가고 있다(Mill, 1997). 건강한 노화라는 차원은 정상적인 노화에 대한 개념을 수정하고 있다. 다양한 연구를 통해 살펴볼 때 실제로 노인들 대다수가 자신의 삶과 경험에 대해 상당히 만족해하고 있다. 이것은 '건강한 노화'의 적합성을 잘 보여 주고 있다.

노년기 적응 문제를 질병과 건강의 관점에서 바라본다면 역할상실과 여가생활의 문제는 긴밀히 연결되어 있음을 알 수 있다. 역할상실은 한 개인이 노년기에 사회적 · 개인적 역할에서 변화 혹은 은퇴와 같은 변화를 경험하는 것을 말한다. 반면 여가생활은 은퇴 등 일하지 않는 시간을 포함하는 것으로 자유로운 시간에 대한 적응을 말한다. 건강한 노화는 개인이 이 두 개념을 이해하고 얼마나 자신의 역할이나 시간 사용의 변화에 영향을 받는가를 평가하는 데 초점을 두고 있다.

노인들은 다양한 상실을 경험한다. 역할상실을 포함하여 노년기에 개인마다 다양하고 복합적인 상실을 경험하게 된다. 감각적 · 신체적 상실, 은퇴에 따른 직업 상실, 가족이나 친구의 죽음, 가정의 상실, 개인적으로 가치 있고 의미 있게 여기는 것의 상실 등 그 차원이 다양하다. 대개 이러한 것들은 '정상적인 노화에 따른 상실'이다(Waters & Goodman, 1990). 개인이 생각하는 상실의 의미나 상실에 따른 영향력은 노인이 노년기 변화에 얼마나 잘 대처하고 적응하는가를 결정한다. 그 적응 정도는 인생에서의 목적의식, 사회적 지지망, 개인 통제 개념 등 몇 가지 심리적 요인에 따라 달라진다.

한편 노인들은 과거에 비해 많은 여가시간을 노년기에 가지게 된다. 은퇴와 더불어 자유로운 시간이 늘게 되면서 노년기의 여가를 어떻게 보내느냐는 중요한 문제가 된다. 경우에 따라 여가생활을 한다는 것은 어딘가에 소속되는 기회를 제공하기도 한다. 그 속에서 노인들은 상실했던 역할에 대한 대체물로 새로운 역할을 얻게 된다. 그러나 노인들이 여가생활을 하는 데는 비생산적이라는 느낌, 나름의 취미가 없는 경우, 신체장애, 정신장애, 우울증, 가족과 친구 상실과 같은 심리적인 장애가 있을 수 있다.

노인들은 여가생활과 성격 유형이 일치될수록 행복감을 느낀다는 보고(Melamed, Meir, & Samson, 1995)가 있다. 또한 여가생활은 스트레스를 줄이며(Coleman & Iso-Ahola, 1993), 노년기 행복감과 생활만족도에 기여하고 있다. 노인들이 여가생활을 즐긴다는 것은 일의 기능을 대치하는 것을

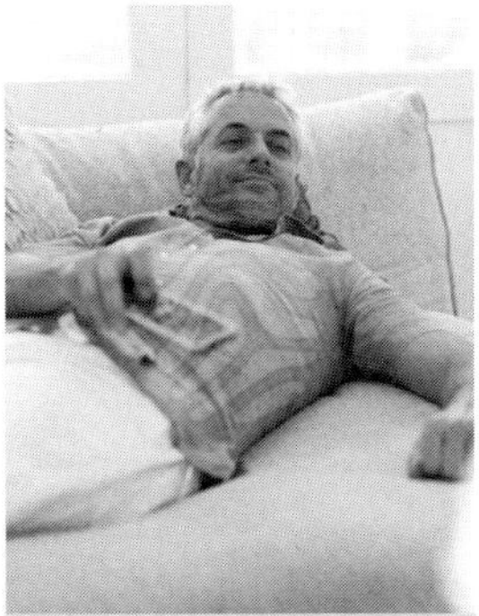
노인들은 하루 중 많은 시간을 TV를 보는 데 할애하고 있다. 노년기에 긴 여가시간을 어떻게 보내는가는 생의 만족도에 영향을 미친다.

넘어서 내부의 가치를 고양하는 차원까지 포함하고 있다.

우리나라 노인들의 경우 가정 밖의 활동에 적극적으로 참여하는 노인일수록 자신의 생활에 대한 만족감이 높은 것으로 나타났다. 반면, 여가시간과 생활만족도는 유의미한 상관관계를 나타내지 않는데, 이는 곧 우리나라 노인들에게는 여가시간을 효율적으로 보낼 수 있는 '여가'다운 여가 시설이나 프로그램이 부재하여 노인들이 자신의 여가시간을 오히려 부담스러운 시간으로 간주하고 있기 때문으로 짐작된다(박충선, 1998).

2009년 우리나라 노인들은 전체 여가시간(6시간 46분) 중 주로 TV 보기(3시간 27분), 교제활동(57분), 스포츠 및 집밖 레저(47분), 종교활동(22분), 신문 · 잡지 · 책 읽기(10분) 등을 하는 것으로 나타났다. TV 보기는 국가별로 평균 3시간 내외였으며 고령자의 주된 여가활동으로 나타났으며, 종교활동은 우리나라가 22분으로 가장 높았다. 신문 · 잡지 · 책 읽기와 스포츠 및 집밖 레저 시간은 한국, 스페인이 각각 10~20분, 1시간 내외인 데 비하여 미국, 영국, 네덜란드는 각각 1시간과 20분 내외로 나타나 현격한 차이를 보였다. 성별로는 모든 국가에서 남성이 여성보다 여가활동에 더 많은 시간을 할애하는 것으로 나타났고, 여성은 종교활동과 교제활동(네덜란드 제외), 남성은 TV보기, 스포츠 및 집밖 레저 활동(미국 제외)을 많이 하였다(통계청, 2011).

우리나라 노인들은 경제사정이 좋고 건강 상태가 양호할수록, 생활환경 측면에서는 가까이에 친족이 있거나 이웃에 노인이 많거나, 노인복지시설이 잘 갖추어져 있을수록, 개인이 추구하는 생활목표가 다양하고 많을수록 여가활동 수준이 높게 나타난다(김병길, 2008). 또한 농촌지역에서는 교육수준이 중졸 이상인 경우, 경제적 수준에 대한 지각이 높을수록, 소일거리를 많이 할수록, 사교활동이 많을수록 여가활동의 만족감이 커지는 것으로

〈표 1-4〉 성별 주요 여가활동 시간 현황

(단위: 시간, 분)

주요 여가활동	한국(2009)			미국(2005)			영국(2005)			네덜란드(2005)			스페인(2003)		
	전체	남자	여자	전체	남자	여자	전체	남자	여자	전체	남자	여자	전체	남자	여자
교제 및 여가	6:46	7:24	6:20	8:19	9:02	7:48	8:47	9:02	8:36	7:17	7:37	6:58	7:06	8:25	6:05
종교활동	0:22	0:12	0:30	0:11	0:09	0:13	0:06	0:04	0:06	0:10	0:11	0:09	0:08	0:05	0:10
읽기(신문, 잡지,책)	0:10	0:20	0:04	1:03	1:00	1:05	1:01	0:59	1:02	1:06	1:06	1:07	0:20	0:29	0:13
TV 보기	3:27	3:46	3:14	3:46	4:14	3:25	3:54	4:10	3:41	2:23	2:38	2:08	2:54	3:08	2:43
교제활동	0:57	0:50	1:01	0:52	0:47	0:56	1:13	1:01	1:23	1:12	1:04	1:19	0:17	0:15	0:20
스포츠 및 집밖 레저	0:47	1:07	0:33	0:24	0:18	0:25	0:20	0:28	0:13	0:27	0:35	0:20	1:14	1:41	0:53
기타	1:03	1:09	0:58	2:03	2:34	1:44	2:13	2:20	2:11	1:59	2:03	1:55	2:13	2:47	1:46

출처: 통계청(2009), MTUS.

나타났다(김종인, 김윤정, 2010).

3) 노인들의 주요 문제들

(1) 여성 노인의 주요 문제들

여성 노인들은 나이가 들면서 외모나 성욕, 친밀감이 변화한다. 노인들의 이러한 변화는 자존감, 생활만족감, 우울감, 불안, 고독감과 깊은 관련이 있다. 사람들은 대개 여성들이 나이가 들면서 우울해지고, 고독감을 느끼고 성에 대해 무감각해진다고 생각한다. 그러나 오히려 여성 노인들의 우울감은 나이가 들면서 더 줄어드는 경향이 있다(McGrath, Keita, Strickland, & Russo, 1990). 여성 노인들은 젊은 시절보다 노년기가 더 낫다고 느끼는 경우가 많다. 상당수의 여성들은 나이가 들어도 외모에 대한 자부심이 유지되거나, 강한 성적 관심을 보이기도 하고, 모든 개인적 관계에서 친밀감을 형성하고자 하는 경우도 있다.

여성들의 경우 남성들에 비해 오래 살고 남성들의 결혼 연령이 여성 배우자보다 높은 경향이 있기 때문에, 자녀들이 성장하고 남편이 사망하면서 중요한 역할 변화를 경험하게 된다. 이런 문제가 여성들에게 관심사이기는 하나, 여기에 적응해 가는 경우 주요 스트레스 요인은 되지 않는다. 또한 스스로 삶의 만족감을 느끼고, 건강을 유지하며 젊었을 때의 어려움을 이미 겪어 낸 후라면, 신체에 대해서도 긍정적인 평가를 내리게 된다. 성적인 면에서나 친밀감 면에서도 점차 변화에 적응하게 된다.

그러나 적응에 어려움을 겪거나, 건강 상태가 좋지 않거나, 혹은 과거의 심리적 상처를 극복하지 못한 여성 노인의 경우 노년기 적응에 어려움을 겪게 된다. 이런 경우 삶에 대한 통전적인 평가를 통해 자신이 실패했다고 느끼고, 삶은 부적절한 과정이었다고 생각하며 절망감이나, 실패감, 위축감, 좌절감 등을 경험할 수 있다. 이 경우 변화에 대한 적응력이 떨어지고, 친밀감에도 부정적인 영향을 미치게 된다.

① 신체 이미지

노화가 진행되면서 여성들은 다양한 신체 변화를 경험한다. 나이가 들면서 폐경이 오고 체중이 늘면서 다소 뚱뚱해지는 경향이 있다. 폐경 경험은 여성들에게 거의 평생 동안 있어 왔던 다소 불편한 상황이 종료되었다는 기쁨을 주기도 하고 생산력의 종결과 노화 확인이라는 점에서 상실감을 주기도 한다. 폐경 이후 여성들은 허리가 굵어지고 엉덩이가 커지며, 흰머리가 점차 늘어난다. 이러한 신체 변화에 대해 여성들은 더 이상 자신이 젊지 않다는 것에 우울해지거나 혹은 다른 사람이 나를 어떻게 볼까를 고민하기도 한다. 신체적인 변화와 더불어 여성들은 류머티스성 관절염, 요실금, 골다공증 등의 다양한 질병으로 인한 수술과 약물반응을 경험하게 된다. 이런 경험을 통해 여성들은 젊고 건강했을 때의 자신의 모습과 지금의 모습이 현격히 차이가 난다는 것을 실감한다. 그러나 젊은 시절부터 외모에 큰 관심을 두지 않았던 여성 노인들은 노화에 따른 신체 변화에 크게 반응하지 않는다. 다만 이런 큰 변화를 경험하면서 외모라든지 신체 이미지의 손상으로 인해 우울증, 치매 및 다른 정신과적 질병이 발생하기도 한다. 그러나 의학적인 도움을 통해 건강 상태가 호전되고 운동을 통한 신체 기능 향상으로 신체 이미지는 상당 부분 향상될 수 있으며, 이에 따라 신체 이미지의 손상에 따른 우울감이나 심리적 위축감 역시 호전될 수 있다.

② 성적 욕망

성(性)은 모든 연령에서 중요한 문제이며 노년기 삶의 질에 영향을 미칠 수 있다. 여성 노인의 성에 대한 연구들은 대개 노년기 성생활 빈도에 관심을 두고 있으며 노화에 따라 성생활도 줄어들거나, 성적 능력이 저하된다는 데 의견을 같이하고 있다. 그러나 노년기에도 성생활은 규칙적으로 이루어지고 있으며 노인들은 여전히 성적 만족이나 관심을 중요하게 여긴다. 늘어난 노년기와 호전된 건강 상태, 약물의 도움을 통해 최근 노년기 부부의 성에 대한 관심과 성활동이 증가하고 있다.

여성들은 폐경 이후 에스트로겐이라는 여성 호르몬 생성이 줄면서 질벽이 엷어지고 수축되며 윤활작용이 줄어든다(Masters & Johnson, 1966). 따라서 성교 시 통증을 느끼거나 여러 신체 기능상의 변화로 성적 기능을 충분히 발휘할 수 없게 되는 경우가 많다. 그럼에도 불구하고 폐경 이후의 여성들도 여전히 성적인 기쁨이나 오르가슴을 얻을 수 있으며, 규칙적으로 성관계를 유지할 경우 80대에도 오르가슴을 느낄 수 있다(Comfort, 1978).

한편 여성 노인들의 정서적 특징은 성적 욕망이나 성생활에 영향을 미친다(이호선, 2004). 예를 들어, 여성 노인 중에는 남성 배우자에 대한 적대감으로 인해 성생활 자체를 기피하는 경우도 있다. 이는 배우자가 있는 여성 노인의 성적 욕망이 배우자 변인에 크게 좌우된다는 것을 보여 준다.

③ 친밀감

여성들은 노년기 발달단계를 거치면서 친밀감의 변화를 경험한다. 젊은 시절에는 배우자와의 로맨틱하고 성적인 관계가 가정을 형성하는 데 중심

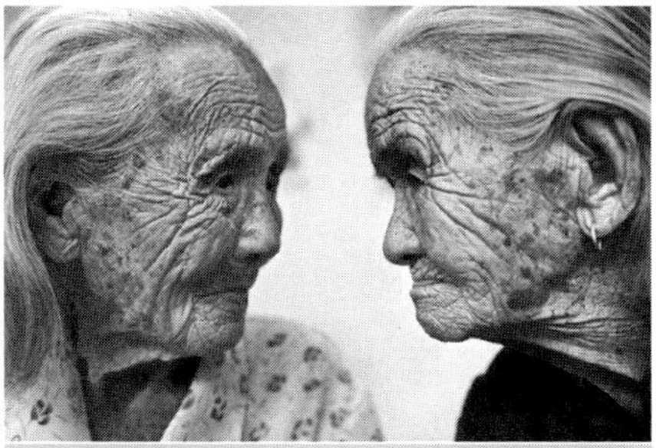
세계 최고령 쌍둥이 자매인 104세의 차오 다차오(왼쪽)와 동생 차오 샤오차오. 노년기 친밀감은 고독감을 최소화하고 삶의 만족도를 높인다.

이 된다. 그러나 노년기에는 남편보다는 주로 가족들과 친구들을 친밀의 대상으로 삼게 된다. 여성들의 평균 수명이 높기 때문에 65세 이상의 여성 노인들은 혼자 사는 경우가 많다. 이들은 외로움과 고독감으로 인해 상담의 장을 찾기도 한다. 적지 않은 여성 노인들은 실제로 외로움의 감정과 함께, 배우자나 친구들의 사망으로 인한 상실의 감정을 느낀다. 그러나 여성 노인들이 상담을 받을 때 호소하는 문제 중에는 상실감이나 고독감보다는 변화하고 있는 관계들에 대한 내용이 많다. 성숙한 자녀들, 손자녀들, 친구나 새로 사귄 사람들, 새로 가입한 단체(복지관, 양로원, 교회, 실버타운 등)에 대한 것이 그 주요 내용들이다.

새로운 관계를 형성하는 노인들은 외롭다는 느낌을 크게 받지 않으며, 가족이나 이전부터 알고 있던 사람들과만 관계를 갖는 사람들보다도 생활만족도가 큰 것으로 나타났다. 노년기에 외로움이나 우울감을 호소하는 노인들의 대부분은 젊은 시절부터 유기감이나 고독감을 느꼈던 이들이었다(Crose, 1994).

(2) 남성 노인의 주요 문제들

① 역할상실

남성 노인들의 역할상실은 개인적 · 사회적인 영역을 포함한 여러 부분으로부터 물러남을 의미한다. 청년기와 중년기를 거치면서 일과 권력에 가치를 두고 있었던 남성들은 노년기가 되면서 은퇴를 통해 일과 권력의 상실을 경험한다. 이러한 상실은 노년기에 나타나는 신체적 노화와 더불어 남성 노인들의 우울증이나 적응의 문제에 중요한 영향을 미칠 수 있다. 은퇴와 더불어 긴 여가시간 통제에 어려움을 겪고 개인적 권위의 상실을 실감하게 되면서 노인들의 우울 증상이 강화될 수 있다. 이처럼 여가생활은 노년기 남성의 역할상실과 적응의 문제와 밀접한 관계가 있다. 역할상실과 여가활동에 대한 남성 노인들의 적응은 만족스런 노년기를 보내는 데 중요한 문제가 된다. 역할상실에 대한 적응, 여가시간 통제 등이 성공적으로 이루어진 경우 노년기를 보다 보람 있고 자신 있게 지나게 되며 통합감을 느낄 수 있다. 그러나 적응에 실패하는 경우 우울증이나 치매와 같은 정신질환을 경험하기도 한다.

② **성적 욕망**

남성들은 생리학적으로 20대에 성적 능력이 절정에 이른다. 그러나 20대를 넘어서면서 서서히 테스토스테론이라는 남성 호르몬 생산이 점차 줄어든다. 발기 속도도 둔화되며 발기 유지 상태도 달라진다. 또 경우에 따라 나이가 들어 가면서 성적 오르가슴에 도달하기 전에 발기가 사라지기도 한다. 따라서 남성들은 노년기에 접어들면서 성교로부터 생리적인 만족을 얻기보다는 심리적인 만족을 추구하려는 방향으로 돌아서는 경향이 있다.

남성의 성기능은 나이가 들어서 일단 발기불능 상태에 도달하면 성기능을 회복하기가 어려워진다. 발기불능은 신체 노화와 더불어 오는 노인성 질환, 곧 고혈압, 동맥경화, 전립선 비대, 우울증과 더불어 남성 노인의 중요한 관심 대상이 된다. 그러나 노년기에 접어들지 않고도 배우자의 질병이나 사망, 혹은 여러 가지 이유로 정상적인 성생활을 하지 못한 남성들도 발기불능이 올 수 있다.

그럼에도 불구하고 남성들은 개인적인 신념에 따라 발기불능일지라도 자신이 건제하다는 심리적인 만족을 위해 성관계를 지속하고자 하는 경향이 강하다. 또한 여성 배우자가 노화에 따라 성적 욕구가 줄어드는 것에 비해 상대적으로 강한 성적 욕구를 가지고 있다.

③ 아내와의 관계

노년기에는 신체적 변화와 생리적 변화와 같은 개인적 변화와 더불어 가족관계 및 친구관계의 변화, 역할의 변화와 같은 사회적 변화를 한꺼번에 경험하게 되기 때문에 생활의 재조정이 필요한 시기다. 은퇴로 인해 남성들의 사회적 활동력이 감소되고, 자녀의 출가 및 분가로 부모와 자녀 사이의 접촉이 줄어들면서 여성 배우자가 남성 노인의 노년기 삶에 중요한 의미를 갖게 된다. 노년기 배우자와의 관계는 자신의 통합감이나 자기평가에 상당히 큰 영향을 미친다(Townsend & Franks, 1997).

가정에서 여성들이 노인이 된 후에도 여전히 가정 내에서의 역할을 유지하는 것과는 달리 남성들은 은퇴 이후의 역할 변화에 새롭게 적응해야 한다. 남성들은 가정 속에서 자신의 정체성을 탐색하고 노년기의 많은 여가시간을 가정에서 보내게 된다. 이 과정에서 남성들은 무력감을 느끼는 경우가 많다. 은퇴 후 가정에서 많은 시간을 보내는 경우 남성들의 우울감은 증가하는 것으로 보인다. 또한 부부간 의사소통 형태와 대처 방식도 중요한 의미를 갖는데, 배우자와의 갈등 수준이 높거나 부부갈등에 적절히 대처하지 못하면 심리적 복지 수준이 낮아진다(전길양, 임선영, 1998).

그러므로 남성 노인들에게 아내와의 관계는 매우 중요하다. 아내는 자신의 지지망이자 동시에 의논 대상자, 그리고 가족 내에서 역할과 권력을 나누어야 하는 대상이 된다. 노년기 부부관계는 긍정적인 관계와 부정적인 관계로 나뉠 수 있다. 노년기에 부부간 긍정적인 관계를 형성하게 되는 경우 노년기 생활 만족도가 높아지고 자기통합감에 다가가게 된다. 한편 부부간에 부정적인 관계가 지속되거나 부부관계 적응에 실패했다고 느끼는 경우는 우울증이 증가하거나 삶에 무기력감을 갖게 된다.

제2장

노인상담 개관

1. 노인상담의 정의와 특성

노인상담이라면 문제가 있는 노인 내담자가 상담자와 얼굴을 마주하고 자신이 가지고 있는 문제들에 대해 이야기하는 것이라 생각하기 쉽다. 그러나 이것은 상담의 아주 일부 과정에 불과하다. 이장호(1995)는 상담이란 "경험과 식견을 갖춘 사람이 그렇지 못한 사람에게 관심사나 문제가 해결되는 방향으로 정보를 제공하거나 조언을 통해 긍정적인 결과를 얻도록 도와주는 구체적인 행위"라고 규정한다. 그러나 상담은 상담자가 내담자에게 정보나 조언을 제공하는 일방적인 행위를 넘어선다. 상담 과정을 통해 상담자와 내담자 사이에는 여러 차원의 교환 행위가 일어나며, 이 교환 행위는 상담의 질과 방향 및 그 결과에 직접적인 영향을 미치기 때문이다. 다시 말해 상담이란 상담자와 내담자 간의 목적 있는 대화이자 교환의 결과를 포함하는 과정인 것이다. 따라서 상담은 다음과 같이 정의되는 것이 타당하다. 상담이란 일정한 목적과 일련의 과정을 가지고 상담자와 내담자가 특정한 관심사에 대해 정보를 교환하며 구체적인 감정적 · 내용적 · 이해적 상호작용을 거쳐 관심사에 대한 바람직한 결과를 얻는 모든 과정을 말한다.

현대의 상담 모델들은 정신분석적 심리치료를 비롯하여 다양하고 전문적인 형태를 가지고 있다. 〈표 2-1〉은 세 그룹의 현대 상담 모델을 보여준다. 〈표 2-1〉에 나타난 세 그룹의 상담 모델은 다시 아홉 가지로 나뉠 수 있다.

〈표 2-1〉 현대 상담 모델의 개관

심리역동적 치료	정신분석적 심리치료 (Sigmund Freud)	심리성적 발달 이론과 인간 내면으로의 성찰을 강조하는 심리치료 방법. 무의식의 의식화에 관심을 두며 행동을 동기화시키는 무의식적 요소에 초점을 둔다. 후기 성격 발달을 결정짓는 요인으로서 5세까지의 주요 사건이 중심이 된다.
관계 지향적 치료	실존치료 (Viktor Frankl)	선택, 자율성, 자신의 생애를 만들어 갈 수 있는 책임 능력과 같은 인간 존재에 대한 기본 전제를 따른 치료를 강조한다.
	인간 중심 치료 (Carl Rogers)	비지시적인 접근을 강조하는 내담자 중심 치료. 인간 경험의 주관적 견해를 바탕으로 하며, 내담자를 더 많이 신뢰한다.
	형태치료 (Fritz Perls)	인식이나 통합을 강조하는 경험적 치료로, 개인의 성장, 신체 기능과 정신 기능의 통합에 주요 관심을 둔다.
인지행동 지향적 치료	아들러의 치료 (Alfred Adler)	책임감, 우월감과 열등감, 내담자 자신의 운명 창조에 주요 관심을 두며, 삶의 방향을 제시하는 의미나 목적 추구를 강조한다.
	의사교류분석 (Eric Berne)	인지적, 행동적 측면을 강조. 내담자의 현재 해석 방법의 적합성을 토대로 과거 결정들을 평가하도록 한다.
	인지행동치료 (Albert Bandura / B. F. Skinner)	학습을 통한 치료 중심. 학습을 통해 인간은 변화할 수 있다. 구체적 행동장애 해결에 학습 원리를 적용하고 실험을 통해 내담자의 문제에 적극적으로 개입한다. 행동치료는 인지적인 차원을 포함하면서 보다 심층적인 인간이해를 도모하는 인지행동치료로 발전하였다.
	합리적 정서치료 (Albert Ellis)	개인의 사고나 신념체계를 개인 문제의 근원으로 본다. 합리성을 중시한다. 교훈적 · 인지적 · 행동 지향적인 모델이다.
	현실치료 (William Glasser)	현재에 초점을 두는 단기치료로, 개인의 장점을 강조하며, 내담자가 현재의 문제해결을 위해 보다 현실적으로 행동할 수 있도록 한다.

• 심리역동적 치료는 정신분석적 치료를 말한다. 이는 무의식적 동기나 성격 구성에 관심을 갖고 분석적인 방법을 사용한다. 현재 심리치료에까지도 중요한 역할을 하고 있다.

• 관계 지향적 치료는 실존치료, 인간 중심적 치료, 형태치료를 포함한다.

  – 실존치료는 완전한 인간의 의미를 강조하면서 자유, 책임, 불안, 세상에서 의미를 만드는 것, 능동적인 선택 등을 강조한다.

  – 인간 중심적 치료는 인본주의 철학에 근본을 두며, 내담자와 치료자와의 관계상의 특징을 치료 결과의 주요 결정 요인으로 본다. 즉, 내담자들은 치료자의 중재나 지시가 없어도 자기 지향 능력을 가지고 있다는 관점에 기초한다.

  – 형태치료는 내담자가 지금 스스로 경험하고 있는 것에 초점을 맞추고 자신이 느끼는 여러 감정을 인식하도록 돕는 데 역점을 둔다.

• 인지행동 지향적 치료는 아들러 치료, 의사교류분석, 행동치료, 합리적 정서치료, 인지행동치료, 현실치료를 포함한다.

  – 아들러 치료는 자신의 운명 창조, 삶의 방향을 제시하는 의미나 목적 추구에 치료의 목적을 두며 우월감과 열등감의 근원을 파악하여 긍정적인 방향으로 인생을 구축하는 것을 치료의 주요 방향으로 잡는다.

  – 의사교류분석은 개인이 삶의 계획을 성취하고 성숙함에 따라 보다 적절한 결정을 내릴 수 있는 능력에 초점을 맞춘다.

  – 인지행동치료는 학습을 통해 인간이 변화할 수 있다는 점을 강조한다. 행동치료는 구체적 행동장애 해결에 학습 원리를 적용하고 실험을 통해 내담자의 문제에 적극적으로 개입한다. 행동치료는 인지적인 차원을 포함하면서 보다 심층적인 인간이해를 도모하는 인지행동치료로 발전하였다.

  – 합리적 정서치료는 개인의 사고나 신념체계를 개인 문제의 근원으

로 본다. 합리성을 중시하며, 교훈적 · 인지적 · 행동 지향적인 모델을 통해 개인의 사고체계를 합리적인 차원으로 이끌어 가는 것을 주요 목표로 삼는다.

- 현실치료는 현재에 초점을 두는 단기치료로, 개인의 장점을 강조하여 개인적 특질을 부각시키고 이를 긍정적으로 평가 · 수용하도록 한다. 나아가 내담자가 현재의 문제해결을 위해 보다 현실적으로 행동할 수 있도록 한다.

모든 상담은 상담자와 내담자 상호간에 발생하는 교환 과정이다. 따라서 상담자는 내담자의 느낌, 사고, 활동에 모두 관심을 가져야 하며, 내담자와의 상호작용에서 오는 변화 과정들을 살펴야 한다. 상담자는 상담치료의 다양한 특성을 파악하고 구체적 기술을 습득하여 상담에서 전문성을 발휘하도록 해야 한다.

1) 노인상담의 정의

현대의 인구학적 변화와 사회적 변화는 다양한 차원에서 노인상담을 필요로 한다. 노인들은 현대 가족의 구조적 변화와 개인주의적 가치관의 확대, 세대 간의 차이 심화, 노인들이 느끼는 상대적 박탈감의 문제, 노인들이 겪는 경제적 빈곤 등으로 다양한 차원의 문제를 겪고 있다.

현대 가족 구조의 가장 두드러지는 특징은 핵가족화 현상이라 할 것이다. 이는 단순히 자녀가 새로운 가족을 구성하면서 부모와 독립적으로 생활하는 것만을 의미하지 않는다. 핵가족화는 가족의 중심축이 부모-자녀의 종적인 축에서 부부 중심의 횡적인 축으로 이동했음을 보여 준다. 이러한 축의 이동은 부부와 그 자녀로 구성된 핵가족 속에서 노부모의 역할에 중대한 변화를 가져왔다. 즉, 노부모의 가정 내적 중심 역할은 약화되거나 상실되었으며, 결국 노인들은 가정과 사회에서 고립되었다.

개인주의적 가치관의 확대와 세대 간 차이의 심화, 그리고 현대 사회의 급격한 발전 역시 현대 가족 구조 변화에 중대한 영향을 미쳤다. 젊은 층은 더 이상 노인들의 경험과 지혜를 신뢰하지 않으며, 노인들의 연륜은 급변하는 현대 사회 속에서 낡은 것이 되었다. 따라서 가족과 사회 속에서 노인들의 지위는 하락했다. 덕목으로 간주되던 경로사상과 효 사상은 점차 희미해지면서 노인들은 가정과 사회의 중심부에서 밀려나 사회적 약자로 전락했다. 컴퓨터에 빠져 있는 손자녀들도 조부모들에게 조언을 구하지 않는다. 이들은 이전 세대에서 정보를 얻기보다는 컴퓨터와 같은 정보 미디어를 통해 보다 '새롭고' '정확한' 정보를 얻는다. 이와 더불어 노인들의 욕구와 수요에 대한 사회적 관심이 적어지면서 노인들은 고립되고 소외되었다.

경제적 문제는 노인이 호소하는 실질적이면서도 절실한 문제다. 평균 수명의 연장으로 노인의 수가 과거에 비해 현저하게 늘어났음에도 불구하고 노인들을 위한 사회복지 지원은 노인 수의 증가를 따라가지 못하고 있다. 따라서 다른 가족구성원들이 노인의 신체적 · 경제적 · 정서적 부양을 떠맡게 되면서 과중한 부담을 느끼게 되었다. 현실적으로 노인을 부양하기 어려운 가정들이 늘어나면서 노인에 대한 정신적 · 물질적 부양 부담에 따라 노인은 가족의 골칫거리가 되어 버렸다. 변화되어 가는 가족 구조에 따라 노인들이 단독 세대를 구성하는 경우도 늘고 있지만, 해결되지 않는 경제적 문제로 노인들은 심각한 빈곤 상태에 처하는 경우가 많다.

도시화에 따른 지리적 이동 역시 노인들의 관계망을 축소시키고 물리적 · 정서적 지지자원을 상실하게 하는 주요 요인이 되었다. 전통 사회에서 노인들은 친지 및 가족들과의 밀접한 관계망을 통해 물질적 지지와 정서적 지원을 얻었다. 그러나 현대에는 자녀들이 직장을 위해, 그리고 자녀 교육을 위해 도시로 떠나 노인 홀로 혹은 노부부만이 남아 있는 경우가 증가하고 있다. 이는 노인들이 정서적으로 또 사회적으로 소외되고 고립되는 원인이 되고 있다.

이와 같은 상황에서 가족원과 친구, 친척, 이웃과 같은 비공식적인 관계망을 통한 지원의 양과 질이 떨어질 수밖에 없었고(현외성 외, 1998), 자연스럽게 전문상담원과 같은 공식적 관계망을 통한 지지와 지원에 대한 필요성은 증가하고 있다. 노인상담은 이미 사회구조의 주변으로 밀려난 약자인 노인들을 정서적으로 지지하여 노인들이 변화한 사회에 적응할 수 있도록 하고, 노인과 관련해 어려움을 겪고 있는 가족원들의 지지를 도모하는 총체적인 돌봄의 역할을 한다. 김태현(1997)에 의하면 노인상담이란 "도움을 필요로 하는 노인이 전문적으로 훈련을 받은 상담자와의 대면관계에서 개인적 · 가족적 · 경제적 · 신체적 문제를 해결하고 감정, 사고, 행동 측면의 인간적 성장을 가져와서 성공적인 노후생활을 영위하기 위하여 노력하는 과정" 이다. 현대 사회를 사는 노인들이 당면한 다양한 욕구와 문제는 노년기에 성공적인 삶을 영위하는 데 장애가 되므로 그러한 장애 요인들을 살펴 제거하는 일련의 과정이 상담인 것이다. 요사이 전화상담과 인터넷상담이 주요 상담 방식으로 떠오르고 있다. 상담을 요청하는 노인들의 상당수 역시 면접상담과 더불어 전화상담과 인터넷상담을 선호하고 있다. 이는 노인들이 자신을 노출시키지 않고 문제를 해결하고 싶어 할 뿐 아니라 자신보다 젊은 상담자에게 상담을 받는 것에 대해 두려워하기 때문으로 보인다. 따라서 노인상담 분야에서는 면접상담과 더불어 여러 매체를 이용하는 전화상담이나 인터넷상담의 중요성을 인식하고 보다 다양한 차원의 상담적 접근을 논구해야 할 것이다. 이에 '노인상담' 의 정의는 다음과 같이 확장된다.

> 노인상담이란, 사회적 약자인 노인들이 겪고 있는 심리적 · 육체적 · 정신적 · 경제적 · 사회적 어려움에 관하여, 다양한 상담적 통로를 통해 훈련된 상담자와 감정적 · 내용적 · 이해적 상호작용을 거쳐, 기대했던 관심사에 대한 바람직한 결과를 얻는 모든 과정을 말한다.

따라서 노인들의 발달 욕구를 이해하고 환경에 대한 노인들의 적응을 돕는 것을 노인상담의 일차적인 목적으로 삼는 것이 바람직하다(현외성 외, 1998).

맥도널드와 해네이(McDonald & Haney, 2003)에 따르면 노인이 상담을 받으러 오는 주요한 이유는 다음과 같다.

- 개인적인 문제를 해결하기 위해서
- 중요한 결정을 하는 데 도움을 받기 위해서
- 그들이 행복하지 못하고 어디로 가야 할지 모르기 때문에
- 어려운 상황을 다루는 법을 배우기 위해서
- 위기를 겪는 동안에 도움과 위로, 지지를 받기 위해서
- 공감적이고 지지적인 누군가와 대화를 할 수 있기 위해서
- 그들 스스로에 대해서 더 잘 알기 위해서

맥도널드와 해네이는 노인 내담자들의 욕구를 충족시킬 수 있도록 고안된 체계적 접근법의 중요성을 강조하고 공감, 존중, 관심, 라포(rapport, 치료적 관계)가 노인상담에 있어서 중요한 사안임을 다시금 강조하고 있다.

2) 노인상담의 특성

노인상담은 아동 · 청소년상담 및 청장년상담과 몇 가지 면에서 차이를 가진다. 그리고 이러한 특성은 노인상담의 어려움과도 밀접한 관계가 있다.

(1) 내담자의 연령이 상담자의 연령보다 대체로 높다

노인상담의 경우 내담자의 연령이 다른 상담 유형의 내담자들에 비해 높다. 그 말은 상담자의 연령이 내담자의 연령보다 낮을 경우가 많다는 말이

다. 내담자가 상담자보다 현격하게 연장자일 경우, 내담자와 상담자 사이에 여러 가지 차원에서 역동과 저항이 일어날 수 있다. 한 예로 상담을 위한 라포 형성에서 문제가 된다. 라포(rapport)란 상담자와 내담자 간의 믿음의 관계를 말하며, 대개 치료적 동맹 혹은 치료적 관계를 말한다. 라포는 상담 초기에 형성되어 상담의 종결 이후에까지 내담자와 상담자 간에 지속되는 신뢰관계다. 라포 형성을 위해서는 상담자와 내담자 사이의 신뢰와 긴밀한 관계가 형성되어야 한다. 그러나 상담자에 비해 내담자의 연령이 높을 경우, 연령 차이는 상담자에게 부담으로 작용할 수 있다. 상담자는 내담자가 자신을 압도하거나 자신을 가르치려 들지 모른다는 생각을 갖게 되며, 내담자에 대해 개방적인 자세를 보이기 어렵게 된다. 또 내담자 역시 자신보다 나이가 어린 상담자에 대해 라포를 형성하기가 어렵다. 인생의 최고점과 최저점을 넘어선 노인 내담자로서는 상담자가 젊다는 것이 라포 형성부터 상담 전 과정에서 부담이 되어 깊은 차원의 상담으로 들어가는 데 장애가 될 수 있다.

(2) 내담자의 저항이 강하다

노인 내담자의 경우, 인생을 살면서 겪은 많은 경험을 근거로 상담자의 상담의도에 강한 저항을 보일 수 있다. 노인들은 경험적으로 축적한 지식, 그리고 다양한 삶의 변수를 통제하고 조절하는 방법에 대한 개인적인 신념이 강하다. 이 점은 상담에서 부정적인 영향을 미칠 수 있다. 특히 상담자가 젊은 경우 내담자는 상담자를 통제하려고 하거나, 자신의 경험에서 얻은 인식의 변화가 요구될 때 강하게 저항할 가능성이 높다. 이는 인생을 살아오면서 형성된 고정관념이 변화의 가능성에 긍정적 영향보다는 부정적 영향을 미치기 때문에 나타나는 현상이라 할 수 있다.

(3) 내담자의 경험의 폭이 넓다

내담자는 오랜 삶의 경험을 통하여 습득한 다양한 지식을 축적하고 있다. 그중 삶의 변화에 대한 과정과 결과에 대한 경험은 내담자가 상담에 임하는 자세와 상담 과정에 중대한 영향을 미칠 수 있다. 물론 이 영향은 상담에 긍정적일 수도 있고 부정적일 수도 있다. 특히 부정적인 영향을 미치는 경우는 내담자가 상담자를 불신하여 상담적 개입이 필요한 시기임에도 불구하고 상담을 중지하게 될 수도 있다. 이런 상황에서는 내담자의 특성보다는 상담자의 심리적 위축이 더 큰 영향을 미치게 된다. 내담자의 넓은 경험의 폭, 혹은 내담자의 사회적 지위 등으로 인해 위축감을 느끼게 되는 경우, 상담자는 내담자가 과거에 누렸던 영화가 어떠하든 현재는 '문제에 빠진 내담자'이며 '도움이 필요한 사람'임을 기억해야 할 것이다. 또한 상담자가 알 수 없는 위축감을 느끼는 경우, 슈퍼바이저의 도움을 받는 것도 좋은 상담을 위해 도움이 될 것이다.

(4) 새로운 삶에 대한 의지와 변화 욕구가 다른 발달단계에 있는 성인들에 비해 약하다

노인(老人)은 사전적인 의미대로 '늙은 사람' '나이가 든 사람'이다. 늙는다는 것은 새로운 것에 대해 도전하기보다는 익숙한 것을 반복하고 재확인하는 것이다. 노년기에 겪게 되는 신체 노화 및 경제적 변화는 노인들의 새로운 도전을 방해하는 주요 요인으로 작용한다. 노인들은 늙었다는 말 자체를 새로운 것과 거리가 먼 것, 도전적인 것과는 반대에 있는 것으로 생각하는 경향이 있다. 노인들이 '다 늙어서 무엇 하냐'는 식으로 하는 말은 새로운 삶을 가꾸어 가려는 의지가

> **학습된 무기력(learned helplessness)**
>
> '학습된 무기력'은 노년기에 쉽게 발견되는 심리 상태다. 즉, 어떤 일에 실패했을 때, 처음에는 그 일을 해내기 위해 더 많은 노력을 기울인다. 그러나 그런 노력에도 거듭 실패만을 반복한다면, 무기력함을 학습하게 될 것이다. 그가 반복해서 실패를 한 이유는 정말로 능력이 부족했기 때문일 수도 있고, 운이 안 좋았을 수도 있으며, 실력이 점점 늘어 가는 과정이었을 수도 있다. 그러나 학습된 무기력을 경험하는 동안 다시 기회가 오더라도 이내 포기하고 만다.

많지 않다는 것을 반증하고 있다. 이는 상담 현장에서도 건강한 변화를 추구하기보다는 문제를 있는 자리에 그대로 정체시키려는 경향으로 나타난다. 이런 경우 상담자가 지치기 쉽고 상담에의 진행 역시 더뎌진다. 그러나 상담자들은 내담자가 '학습된 무기력', 즉 열심히 또 지속적으로 노력했으나 계속 실패하여 더 이상 도전할 의지를 상실한 상태에 있는 것은 아닌지 점검할 필요가 있다. 상담자는 노인들이 가지는 특성들을 상담 전에 충분히 파악하고 노인 내담자가 변화를 기대하고 변화할 수 있도록 동기를 부여해야 한다.

(5) 노인은 남은 삶에 의미를 부여하지 않으려 하며, 여생을 죽음과 연결시키는 경향이 있다

노년기에 사람들은 삶을 되돌아보며 정리한다. 이 말은 삶에 대한 평가와 더불어 삶을 마감한다는 의미를 포함한다. 노인들에게 죽음은 긴박한 문제이며 노인상담에서 죽음의 문제는 중요하다. 죽음에 대한 공포나 죽음 준비를 위한 상담을 차치하더라도 노인들은 상담 시 죽음에 대한 강한 관심을 보인다. 노인 내담자들은 죽음에 대해 각기 다른 태도와 평가를 보여주기 때문에 이를 통해 상담자는 상담 중인 노인 내담자의 특성을 잘 파악하게 되는 기회를 얻기도 한다. 그러나 죽음에 대한 노인들의 의식적 · 무의식적 태도는 내담자가 가지고 있는 현재의 문제들을 위한 해결과 진전을 방해하는 요소로 작용하기도 한다.

(6) 가족 및 보호자의 지지가 약하다

노인상담은 대개 노인 내담자 가족들의 지원과는 무관하게 이루어지는 경우가 많다. 노인 내담자들은 표면적으로 그 이유를 자신의 문제에 가족들이 개입하는 것을 원치 않기 때문이라고 말한다. 그러나 보다 깊은 차원으로 들어가면 그것은 다른 가족구성원들이 노인 내담자에게 진정한 관심을 갖지 않기 때문이다. 즉, 자녀들은 노인의 문제에 깊은 관심을 가지고 있지 않으며, 관심을 가지고 있다고 해도 가족적인 차원에서 노인의 문제를 풀려고 하지 않는다. 이는 가정 내에서 노인의 지위와도 밀접한 관계가 있다. 가족 내에서 노인의 소외 정도는 가족들의 지지와 반비례하는 것으로 보인다.

2. 노인상담의 의의와 역할

노인들은 자신이 약하거나 다른 사람의 보살핌을 받아야 한다는 것에 반발하기 쉽다. 현세대에 비해 노인들은 비교적 교육 수준이 낮고 성역할은 여전히 고정되어 있다. 또한 겪어 온 어려움이나 자신의 현재의 고민을 드러내기에는 자기표현 방법이 미숙하고, 익숙한 삶의 패턴을 선호하기 때문에 변화에 민감하지 않다. 이러한 요소들은 노인들이 상담의 장으로 나오는 데 장애 요인이 되고 있다. 전체 상담에서 노인 내담자의 수가 적은 것은 이러한 장애 요인들이 크게 작용하고 있기 때문이다. 그러나 노인 내담자가 적다고 해서 노인문제가 적거나 의미가 없는 것은 결코 아니다. 노인들의 문제는 숨어 있으며, 드러나지 않은 상처들과 해결되지 못한 인생의 문제들, 관심과 사랑에 대한 욕구, 사회적 인정욕구 등 많은 상처와 욕망들이 감추어져 있다. 따라서 노인상담자는 노인들의 욕구와 필요에 민감하게 대처하고 적극적으로 탐색하고 연구해야 할 필요가 있다. 이에 노인상담의 의의와 역할을 다음과 같이 정리할 수 있다.

- 노인상담은 노인들이 인생 발달단계에서 경험하고 있는 변화와 적응에 적절하게 대처하도록 돕는 역할을 한다. 노년기를 살면서 노인들은 상대적인 박탈감을 경험하며 빠르게 변화하는 세계 속에서 자신들은 소외되었다고 느낀다. 노인상담은 인생이 끝나는 것이 아니라 노년기

가 삶의 발달 중 한 부분이라는 것을 인식하도록 하고 만족스러운 삶을 살 수 있도록 적절한 지지를 제공한다.

- 노인상담은 노인들이 현재 가지고 있는 다양한 문제들을 이해하고, 이에 대한 정서적 지지를 제공하며, 문제해결을 위한 적절한 도움을 주고 향후 발생할 수 있는 문제들을 예방하는 등의 광범위한 차원에서 노인들을 돕는다.
- 노인상담은 노인들이 숨은 욕구와 현실적인 욕구를 해결하도록 돕는 방안을 모색하여 노인들이 생의 후반기를 원만하고 만족스럽게 지낼 수 있도록 지원한다.
- 노인상담은 노인뿐만 아니라 노인을 부양하고 있는 가족원들에 대한 지원과 지지를 포함한다. 노인상담은 노인에 대한 가족원들의 이해를 도모하고 노인과 호의적인 관계를 유지할 수 있도록 가족원들을 정서적으로 지지하여, 가족이 노인의 성공적인 노후생활을 돕도록 적절한 지원을 제공한다.

3. 노인상담 시의 전이 및 역전이

노인들은 자신들의 역연령(曆年齡)과 자각 연령, 즉 심리적 나이를 어느 정도 구분하는 것으로 보인다. 노년기에도 심리적인 나이는 젊을 때, 특히 10~20년 전에 머물러 있는 경우가 많다. 이것은 자신의 현실을 부정하는 맥락과 더불어 젊은 시절의 심리적 정체감이 노년기에도 여전히 유지되고 있다는 것을 말한다. 또한 상담자와 내담자의 연령 차이와 관계적 특성은 상담자와 내담자의 치료적 관계에 영향을 미치게 된다. 이는 곧 상담 시 나타나는 전이 · 역전이 문제와 연결되면서 상담에 중대한 영향을 미치게 된다.

프로이트(1966)는 어린 시절의 주제와 문제들이 성인기의 전이 문제와 밀접한 관계에 있다고 믿었다. 특히 치료적 관계에서 전이가 발생하고 이를 해석하는 문제는 상담자와 내담자 사이의 역전이 문제와 더불어 중요한 문제가 된다.

지난 15년 동안 정신역동치료와 정신분석을 통해 나이가 전이 · 역전이에 영향을 미친다는 결과가 나왔다(Cath, 1982; Myers, 1984; Settlage, 1996; Strauss, 1996). 노인상담에 있어 전이와 역전이의 중요성은 다음의 측면에서 중요하게 여겨지고 있다.

전이와 역전이

전이(transference)는 상담 중 나타나는 내담자의 무의식적 정서 반응을 말한다. 전이는 프로이트가 처음 기술한 현상으로서, 환자가 치료자를 자신의 내면에 가지고 있는 부모나 부모상으로 착각하고 있는 것을 말한다. 이러한 현상은 무의식적이어서 환자는 모르고 있으며 부적절한 감정이나 행동으로 나타나는 것이 보통이다. 긍정적 전이(positive transference)와 부정적 전이(negative transference)가 있는데, 긍정적 전이가 생기면 환자는 분석가를 특별히 좋아하고 이상적인 인물로 보게 된다. 반면에 부정적 전이가 생기면 환자는 분석가를 이유 없이 두려워하거나 미워하게 된다. 전이가 분석가에 대한 환자의 감정을 말하는 것이라면, 역전이(counter transference)는 환자에 대한 분석가의 반응이다. 역전이 역시 분석가 쪽의 무의식적 갈등에서 일어난다. 따라서 분석가는 자신도 모르게 역전이에 빠져 치료를 위태롭게 만들 수가 있다. 이상적인 분석가는 환자와 일정한 거리를 두고 객관성을 유지하는 능력이 있어야 하는데, 역전이는 이것을 방해하므로 주의해야 한다. 이를 위해 분석가는 수련 과정 중 자기분석(self-analysis) 혹은 교육분석 과정을 거치거나 슈퍼바이저에게 도움을 얻는 것이 바람직하다.

- 전이 반응은 젊은 내담자들뿐만 아니라 노인 내담자들에게도 중요하다. 정신역동 심리치료에서 전이 분석은 노인 내담자에게 의미 있고 효과적인 치료 기술임이 판명되었다.
- 전이 과정은 노인 내담자들에게도 복잡하게 나타난다. 그 내용은 다양하고 많으며, 상담이 진행되면서 의미나 드러나는 양식이 달라질 수도 있다.
- 노인들에게 역전이 반응이 나이와 연계된 문제나 경험에 영향을 미치기는 하지만 그러한 영향에 대한 판단은 상담자마다 달랐다.
- 상담자의 자기인식 수준, 인지 수준, 역전이 이해 정도에 따라 이해와 공감을 충분히 형성할 수도 있고 치료 관계가 원천적으로 봉쇄될 수도 있다(Duffy, 1998).

노인상담에서 전이는 다음 세 가지의 영향을 받는다(Nemiroff &

Colarusso, 1990).

- 어린 시절의 경험: 상담자와 내담자의 나이와 관계없이 내담자는 상담자를 평생도록 가지고 있던 부모상과 연결시킬 수 있다. 어린 시절 초기 관계는 성인기를 지나고 성인 후기에 이르러서도 전이관계로 연결된다. 젊은 상담자들은 자신보다 훨씬 나이가 많은 내담자가 어린 시절의 문제를 해결하려고 하는 것에 대해 놀라지 말고 보다 신중하고 분석적인 자세로 임해야 한다.
- 이어지는 발달단계에서의 경험: 노년기에 이르기까지 내담자들은 많은 과정을 거쳐 다양한 관계를 형성해 왔다. 이 단계에서 노인 내담자들은 젊은 상담자들을 자신이 이상화하고 있는 아들 또는 딸로 여길 수 있다. 또한 인생 경험을 통해 형성된 자기와 타인에 대한 개념을 가지고 중요한 관계를 형성하게 된다.
- 현재 서 있는 발달단계에서의 갈등: 예를 들어 아주 약하고 힘들어하는 노인 내담자는 상담자를 힘 있는 부모상과 연결시킬 수 있다. 또 배우자를 상실한 여성 노인의 경우 상담자를 최근에 죽은 남편이나 믿을 만한 자녀로 생각할 수 있다.

노인들은 대개 역연령보다 자신의 심리적인 나이를 젊게 생각하는 경향이 있다. 그러나 노년 시기에 자기통합을 이루지 못한 경우, 젊었을 때의 이미지만을 마음속에 간직하거나 젊은 시절부터 가져 온 개념을 여전히 유지하고 고집할 가능성이 상당히 높다. 예를 들어 평생 신경질적인 성격을 갖고 살아온 여성 노인이 해결되지 않은 어린 시절의 문제를 그대로 지닌 채 지나칠 정도로 야한 옷차림을 하고 다니면서 아직도 마음속에 10대 때의 심정을 가지고 상담을 하게 될 경우, 노인들이 성적으로 다가오는 데 익숙하지 않은 젊은 상담자는 당황하게 될 수밖에 없다.

노인상담에서 역전이도 세 가지 형태로 나타날 수 있다(Dewald, 1964).

- 일반적 반응(general reactions): 이것은 모든 내담자와의 상호관계에 영향을 미치나 겉으로는 드러나지 않은 내용들이다. 상담자는 무의식적으로 전지전능감을 느끼고 다른 사람들의 필요를 채워 준다고 느낀다. 이런 무의식적인 내용들과 기대는 상담자의 상담 방향에 영향을 미치게 된다. 특히 내담자가 나이가 많고 사회적 지위가 낮은 노인일 경우 상담자의 역전이는 크게 일어난다.
- 세대 집단에서 나타나는 특정한 반응(group-specific reactions): 이것은 내면화된 문화적 규범들이 반영되는 것이다. 이 경우 상담자가 가진 노화에 대한 인식은 노인들과의 역전이에 중요한 요소가 된다. 세대 간 역동(intergenerational dynamics)도 중요한 그룹 반응 역전이의 요소가 된다. 젊은 상담자의 경우 내담자를 이상적인 할아버지로 보고 사랑받는 손자녀 역할을 하고 싶어 할 수도 있다. 혹은 내담자를 부모의 모습으로 바라볼 수도 있다. 이때 상담자에게는 강한 감정적 반응이 일어날 수 있다.
- 내담자 역동과 상담자 역동, 그리고 내담자-상담자 역동으로 역전이가 나타나는 것: 이를테면, 배우자의 죽음처럼 내담자와 상담자에게 동시적으로 나타난 공통의 문제에서 역전이가 발생하는 경우다.

노인 내담자와 상담자 간의 성공적인 치료적 관계는 인간의 근본적인 욕구에 달려 있다. 즉, 안전의 욕구, 자기존중의 욕구, 인간관계의 욕구 등이 그것이다. 노인 내담자의 의지가 약하면 약할수록 상담자도 그렇게 된다. 따라서 성공적인 상담적 개입을 위해서는 상담자가 자신과 노인 내담자 사이에 일어나고 있는 전이와 역전이의 문제를 충분히 파악하는 것이 중요하다.

제3장
노인상담의 영역

노인상담은 노인 내담자들이 당면한 문제를 해결하고 만족스러운 노년기를 보내도록 돕는 것을 주요 목적으로 한다. 노인들의 일상적 스트레스에 대한 조사에 따르면(이신숙, 이경주, 2002), 노인들이 주로 경험하는 일상적 스트레스 요인들은 주로 가족관계 문제 요인, 건강문제 요인, 경제문제 요인, 상실감 요인 및 주거문제 요인으로 나타났다. 최근 우리나라 노인들이 경험하는 스트레스 정도는 점차 높아지고 있다. 2010년 65세 이상 고령자 중 '전반적인 생활에서 스트레스를 느낀다'가 48.6%, '느끼지 않는다'가 51.4%로 나타났으며, 2010년에는 '전반적인 생활에서 스트레스를 느낀다'가 48.6%로 2008년(43.0%)보다 5.6%p 높아진 것으로 나타났다(통계청, 2011).

전화상담의 주요 내용은 일상적 스트레스 요인들을 포함하며 포괄적으로는 정서적 영역(상실감, 고부갈등, 고독과 소외감, 친구 · 이웃문제, 말벗 등), 경제적 영역(경제적 지원, 주거문제, 금전적 어려움 등), 신체적 영역(건강, 가사활동 애로 등), 사회적 · 법률적 영역(적정기관 이용안내, 거취 문제, 재산분

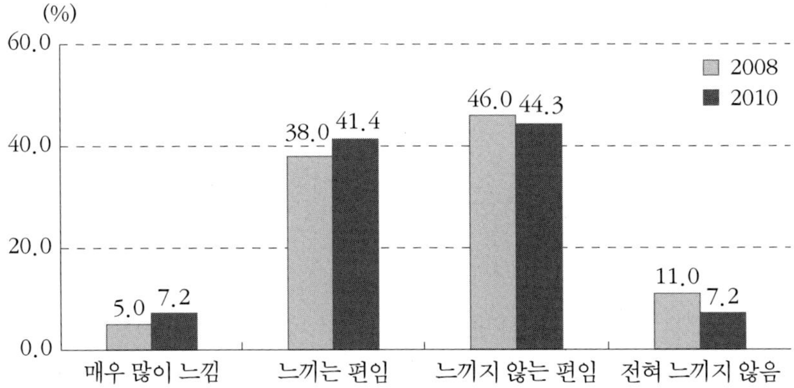

[그림 3-1] 스트레스 정도(전반적인 생활, 65세 이상)

출처: 통계청(2011).

〈표 3-1〉 한국노인상담센터의 전화상담통계(2006~2011년)

(단위: %)

	2006	2007	2008	2009	2010	2011
1순위	고독과 소외	취업	고독과 소외	취업	취업	취업
	40.6	35.4	32.0	33.1	29.7	30.3
2순위	시설	고독과 소외	취업	고독과 소외	가족관계	가족관계
	15.1	14.4	20.8	15.9	13.4	17.1
3순위	건강	시설	시설	시설	고독과 소외	고독과 소외
	9.9	12.6	11.7	14.5	13.5	15.9
4순위	가족관계	가족관계	건강	가족관계	시설	시설
	8.8	10.8	10.3	8.8	9.8	10.6
5순위	성과 결혼	성과 결혼	가족관계	성과 결혼	법률	성과 결혼
	5.5	8.0	9.5	6.5	7.5	8.1

출처: 한국노인상담센터(2011).

할 문제 등)으로 나타난다.

한국노인상담센터의 전화상담통계는 노인들의 주요 호소문제가 취업, 가족관계, 건강, 고독과 소외, 성과 결혼 등을 주제로 하고 있음을 보여 준다. 이러한 통계 결과들이 보여 주듯 노인상담의 주요 영역은 크게 정서적 영역, 경제적 영역, 신체적 영역 및 사회적 · 법률적 영역으로 구분된다.

1. 정서적 영역

정서적 영역에서의 노인상담은 가족관계와 가정 내에서 발생하는 고독과 소외의 문제들에 관한 것이 많다. 어느 개인에게나 그렇듯 노인에게도 가정은 개인에게 가장 직접적이고 영향력 있는 감각적 공간이 된다. 나아가 노년기에는 가정에서 보내는 시간이 늘어나고 가족과의 접촉이 이전 발달단계보다 빈번해지기 때문에 오히려 가정은 노년기에 더 중요한 공간이 된다.

남성 노인들은 직업 일선에서 은퇴를 하게 되면서 다양한 차원에서 사회적 관계가 축소된다. 따라서 그만큼 가족들과의 접촉은 늘어나게 되며 가족 간의 상호교환 역시 확대된다. 여성 노인들의 경우, 은퇴를 하거나 혹은 은퇴는 아닐지라도 노년기에 독립한 자녀들과 분리되고, 남편이 은퇴와 더불어 가정에 머무르는 시간이 많아지면서 자연스럽게 남편과 함께 있는 시간이 늘어나게 된다. 따라서 가정 내에서 위치와 역할의 변화를 경험하게 된다. 그러나 노년기 남성과 여성의 역할 변화는 가정 내 부부 갈등의 주요 요인으로 등장하고 있다.

핵가족화, 도시화를 경험하면서 노인들은 빠르게 변하는 사회에 적응하기가 어려워졌다. 노인들은 전통적 가치관과 대립되는 현대적 가치관을 가진 젊은이들과 경쟁하기도 힘겹다. 젊은이들은 효(孝)와 충(忠)을 강조하던 노인 세대들과는 다르다. 효보다는 개인적인 관심에 집중하고, 충보다는 개인적 이익에 관심을 기울이고 있다. 이런 상황에서 노인들은 전통적으로 노인들이 받아야 할 몫인 효에서 멀어지고, 결국 젊은 층의 관심사에 묻혀 노인들은 자신들의 설 자리를 잃었다. 노인들은 실망과 정체감 혼란을 경험하면서 후회와 체념, 상실감을 경험하게 된다. 노인들의 정서 차원의 돌봄이 있어야 할 가정에서 도리어 노인들이 소외감이나 박탈감을 크게 경험하고 있다. 이러한 상황 속에서 노인들의 고립감과 소외감, 정체감의 혼란과 같은 정서적 문제들에 대한 상담은 시급하고 절실한 것이 되었다.

고독과 소외의 문제는 꾸준히 노인들의 호소문제였다. 여기에는 이성교제에 대한 상담도 포함된다. 노인 내담자가 이성교제를 원하는 이유로는 '노후의 고독감 때문에' '활기찬 노후생활을 위하여' '결혼생활을 유지하고 싶어서(성생활 포함)' 등의 내용이 상당 부분 포함되어 있었다. 이성교제에 대한 상담의 상당 부분은 소외와 고독의 문제와 연결되어 있다.

2. 경제적 영역

노인 인구가 늘어나고, 노인 단독세대가 늘어나면서 노인들이 경제적인 어려움에 노출되는 사례가 늘고 있다. 우리나라의 경우 노인들의 소득보장이 불안전하고 복지지원도 아직 불충분하며, 노후 준비에 취약한 세대적 특성 때문에 노인층 대부분이 경제적 곤란을 겪고 있다. 우리나라 55~79세 인구의 58.5%가 향후 취업하기를 원하였으며, 취업을 원하는 주된 이유는 '생활비에 보탬이 되어서'(54.9%)라고 답변을 한 바 있다(통계청, 2011).

우리나라의 경우 은퇴 후 현격한 생활수준 하락이 노인들이 겪는 생활고의 주요 원인이 된다. 부동산을 보유하고 있는 노인들이라도 자녀들에게 재산을 남겨 주려는 생각 때문에 보유만 하고 있을 뿐 처분하여 자신이나 배우자를 위해 사용하지 않는 경우가 대부분이다.

우리나라 노인들의 경제적 빈곤은 전체 인구 중의 빈곤 인구 비율보다 훨씬 높게 나타나고 있다. 2010년 국민기초생활보장 수급자 145만 8천 명 중 65세 이상 고령자의 비중은 26.8%로 전년 26.2%에 비해 0.6%p 증가하

〈표 3-2〉 취업의사 및 취업을 원하는 이유(55~79세)

(단위: %)

	계	장래에 근로하기를 원함	소계	일하는 즐거움	생활비 보탬	사회가 필요로 함	건강 유지	무료 해서	기타
2009.5	100.0	57.6	100.0	33.6	56.6	1.9	2.6	5.0	0.2
2010.5	100.0	60.1	100.0	33.5	56.8	2.4	2.2	4.9	0.3
2011.5	100.0	58.5	100.0	35.5	54.9	2.4	2.2	4.8	0.3
남 자	100.0	72.0	100.0	39.6	50.4	3.4	2.3	4.1	0.1
여 자	100.0	46.8	100.0	30.0	60.8	1.0	2.2	5.6	0.4

출처: 통계청, 「경제활동인구조사 부가조사(고령층)」 각 연도.

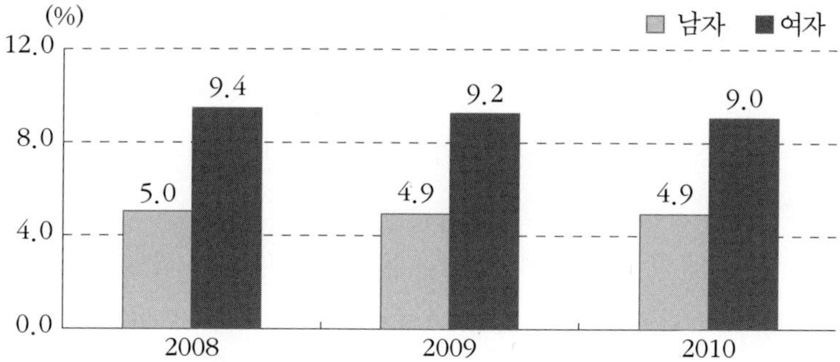

[그림 3-2] 국민기초생활보장 수급률(65세 이상)

출처: 통계청(2011).

였고, 이전의 자료를 통해 볼 때 증가율은 지속될 것으로 보인다(통계청, 2011).

현재 우리나라는 고령자를 둘러싸고 있는 환경적 요소는 열악하고 이를 해결하거나 극복하기 위한 정책적 · 행정적 대안은 기대 수준에 크게 못 미치고 있는 실정이다. 또 고령자를 위한 소득보장의 체계는 정부의 정책도 미약하고 민간 기관의 역할도 미비한 상태이며 개인이 노력하여도 도저히 성취할 수 없는 단계에 머물러 있다(황진수, 최성재, 김태현, 이가옥, 유성호, 변재관, 2001).

〈표 3-3〉 노후 준비 방법(65세 이상)

(단위: %)

	계	준비되어있음									준비되어있지않음					
			소계	국민연금	기타공적연금	사적연금	퇴직금	예금, 적금	부동산운용	기타[1]		소계	아직생각안함	앞으로 준비할계획	준비능력없음	자녀에게의탁
2005	100.0	34.7	100.0	22.6	12.9	7.1	5.2	34.4	16.4	1.4	65.3	100.0	4.4	4.9	43.2	47.5
2007	100.0	34.7	100.0	17.2	14.6	8.2	5.3	34.8	19.1	0.8	65.3	100.0	2.7	4.6	45.7	47.0
2009	100.0	39.0	100.0	29.6	11.4	11.5	4.1	28.0	14.1	1.2	61.0	100.0	2.6	3.5	54.4	39.5

출처: 통계청, 「사회조사」 각 연도.
주: 1) '계' '주식, 채권 등' 포함.

2009년 현재 65세 이상 고령자 중 '노후 준비가 되어 있다'는 39.0%이며, '노후 준비가 되어 있지 않다'는 61.0%에 달하고 있다. 또한 노후 준비가 안 된 고령자 대부분 '준비 능력이 없거나' '자녀에게 의탁'하고자 한다(통계청, 2011).

생활비 마련에 있어서도 2009년 65세 이상 고령자의 생활비 마련 방법은 '본인 및 배우자가 직접 부담'하는 경우가 51.9%이며, '자녀 또는 친척의 지원'이 37.6%, '정부 및 사회단체'로부터 도움을 받아 생활하는 경우도 10.4%로 나타났다. 또한 생활비를 본인이나 배우자가 부담하는 경우,

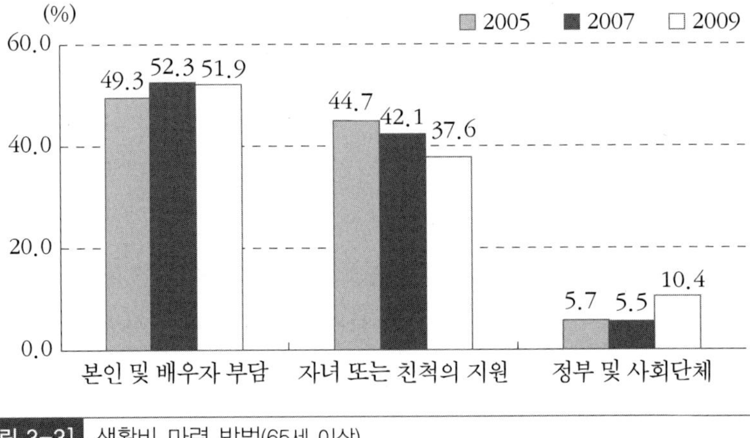

[그림 3-3] 생활비 마련 방법(65세 이상)

그 방법은 '근로소득 및 사업소득(49.7%)' '연금, 퇴직금(27.3%)' '재산소득(15.9%)' 순으로 나타났다(통계청, 2011).

최근 노인의 경제문제는 빈곤에 대한 공적 부조의 관심과 더불어 신노년의 진입에 따라 새로운 경향을 보이고 있다. 과거의 노인들은 주로 직장에서 은퇴한 후 연금이나 퇴직금으로 생활하거나 자녀들의 부양으로 여생을 보냈다. 따라서 신체적 · 사회적 · 경제적 차원에서 활동의 범위가 제한적이고 위축된 형태를 보였다. 그러나 최근 1955~1963년 사이에 출생한 베이비 부머들 사이에는 증가된 경제력으로 쾌적하고 여유 있는 노년기를 보내고자 하는 욕구가 증가하고 있다.

이들은 높은 교육 수준과 독립적 가치관을 지니고 있으며 문화적 활동에 있어서도 적극적이며 동적인 특징을 갖는다. 소비 역시 적극적이며 기존 노인들과는 차별화된 패턴을 보이며 새로운 실버마켓의 주역으로 부상하고 있다. 따라서 동일한 노인 집단에서도 경제적 측면에 다양한 패턴이 나타나고(하지경, 2010), 이에 따른 상담 유형도 다르게 나타날 것으로 보인다. 그러나 노인가구는 이미 퇴직 혹은 은퇴를 통해 제한된 소비 구조를 가지고 있으며, 근로소득 등을 통해 수입을 증가시키기 어렵다. 고정적으로 지출되어야 할 항목들은 정해져 있고 이에 대한 지출은 늘 지속된다. 달라진 노년 특성 상황에서조차 빈곤노인층은 경제적 위축을 경험하게 된다.

3. 신체적 영역

노인들은 노화와 함께 신체건강 약화와 적응력 감소를 경험한다. 그만큼 건강에 대한 관심과 염려가 매우 많으며, 노화로 인한 신체적 변화와 건강 문제가 일차적 근심, 걱정의 대상이 된다(서현미, 2001).

2010년 65세 이상 고령자 중 본인의 주관적인 건강 상태를 질문한 결과

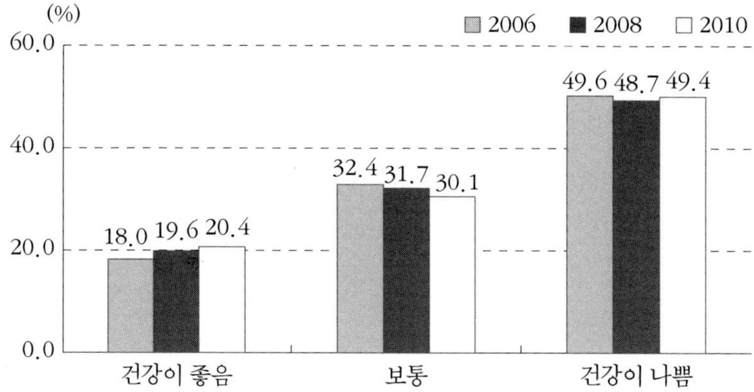

[그림 3-4] 건강평가(65세 이상)

출처: 통계청(2011).

'좋다'고 응답한 고령자가 20.4%에 불과한 반면, 49.4%는 '나쁘다'고 생각했고, 본인의 건강 상태가 '좋다'고 느끼는 고령자는 20.4%로 2006년 18.0%, 2008년 19.6%로 증가하는 추세다(통계청, 2011). 2010년 현재 65세 이상 고령자는 '정기적으로 건강검진을 한다'가 65.2%로 2008년 59.8%보다 5.4%p 증가하여 건강관리에 대한 관심도가 점차 높아지는 추세가 주관적 건강 상태에 영향을 미치는 것으로 보인다.

노인들의 정기건강검진이 증가하고 규칙적인 운동을 하는 노인들이 증가함에도 불구하고 노인 빈곤과 관련하여 가장 시급하면서도 근본적으로 해결해야 할 문제점은 경제적인 어려움과 더불어 건강상의 어려움이 동시에 얽혀 있다는 점이다(박홍순, 2000). 빈곤한 노인들의 경우 장애나 만성질환을 함께 가지고 있을 가능성은 더욱 커서 건강 수준뿐 아니라 지속적 결함으로 인한 빈곤의 악순환을 경험한다. 초고령노인의 경우 그 정도가 더욱 심각하다.

우리나라 노인들은 스스로 수족을 못 움직여 자식에게 짐이 되는 것을 가장 두려워한다(김남초, 양수, 2002). 이는 치매에 대한 노인들의 관심과 연결된다. 최근에는 치매와 같은 정신계질환에 대한 관심이 크게 늘어나면서 질병의 요인과 예방 및 치료 관련 사항, 이를테면 간병인이나 병원, 진단절차나 요양원과 같은 시설 정보들을 요구하는 신체 질병 관련 상담도 늘어나고 있다.

특히 노인 당사자의 상담 및 노인 관련 상담 내용 중 요양원을 비롯한 노인시설, 노인성 질환 전문병원에 관한 이용 및 수용에 관한 상담이 많아지고 치매 관련 내용도 증가하고 있다. 이는 노인들이 호소하는 질환으로 정신장애가 가장 높은 빈도를 보이는 것과 상관이 있으며, 앞으로 치매 관련 전문상담 및 이와 연계된 정신질환 · 노인 관련 상담의 필요성과 수요는 더욱 커질 것으로 전망된다.

노년기 삶의 질의 주요한 영향 요인인 신체적 건강, 자존감, 사회적 지지 등이 인지 기능 수준 및 우울 정도와 밀접한 관련이 있으며, 노인이 지각한 심리적 변화는 신체적 노화를 가속화시키는 요인이 된다. 또한 노인의 신체적 · 정신적 · 사회적 건강은 밀접한 관련성을 가지고 상호작용하여 그 결과로서 노인의 건강 상태가 결정된다(유수정, 김현숙, 한규량, 2002). 노인상담에서 상담자는 신체적 영역을 상담할 경우 노인의 정신적 · 사회적 건강을 동시에 살펴야 하며 노인의 심리적 변화에 따른 건강상의 변화에 주목해야 한다.

4. 사회적 · 법률적 영역

노인 인구의 증가와 더불어 사회활동에 참여하고자 하는 노인들의 수가 늘어나고 있다. 최근 노인복지시설이 확충되어 가면서 노인들의 사회활동은 종교적인 봉사활동, 가족단체의 봉사활동, 자연보호운동, 지역단체 가입을 통한 활동 등으로 크게 확대되고 다양해졌다. 이러한 활동을 위한 구체적인 정보, 단체 및 기관 알선, 원조 등 사회적 영역에 대한 상담은 최근 늘어나는 노인들의 사회활동 욕구와 함께 중요한 상담 내용이 되고 있다.

사회시설에 대한 상담은 대개 경로당, 노인복지회관, 노인교실, 노인 휴양소, 노인 대학과 같은 노인 여가 복지시설에 대한 상담이 많다. 그 외에도 '외로워서' '취미생활을 위해' '친구를 사귀려고' '배움의 의지로' '자녀의 권유로' '이성을 사귀기 위해' 사회시설을 이용하고자 했다(한국노인상담센터, 2010).

노인 인구의 증가에 따라 노인 범죄도 함께 늘어나고 있다. 노인 범죄에 대한 법률적 자문을 구하는 경우는 노인 본인의 경우보다는 가족이나 노인으로 인해 피해를 입은 피해자 측에서의 상담이 대다수를 이루고 있다. 이러한 법률적 자문을 구하는 경우로는 재산분할이나, 분가(독립세대 구성), 공식문서 작성 및 공문서 발송 방법 등의 상담도 상당수 있었다. 향후 사회적·법률적 자문을 구하는 경우는 초고령 사회를 바라보는 시점에서 점차 늘어날 것으로 예상된다.

제4장

우리나라 노인 인구와 그 특성

1. 평균 수명 연장과 고령화 속도

통계에 따르면 우리나라 사람들의 평균 수명은 지난 30년간 꾸준히 증가하였다. 즉, 1971년 남성 59세와 여성 66세, 1981년 남성 62.3세와 여성 70.5세, 1991년 남성 67.7세와 여성 75.9세에서 1997년에는 남성 70.6세와 여성 78.1세로 남녀 모두 70세를 넘었고, 2001년 남성 72.8세, 여성 80세로 여성은 이미 평균 수명 80세를 넘어섰다. 우리나라의 노인 인구 비율 역시 증가하고 있는데, 65세 이상 인구가 전체 인구에서 차지하는 비율은 2000년 7.2%에서 2010년 11%로 지속적인 증가 추세를 보이고 있으며, 향후 2018년에는 14.3%, 2026년에는 20.8%에 도달할 것으로 전망된다(통계청, 2011).

노인 인구의 증가는 20세기 이후 전 세계적으로 나타나는 일반적 현상이다. 우리나라도 노인 인구의 증가 현상을 겪고 있다. 이는 이미 지적한 평균 수명의 증가와 함께 지속적으로 실시된 인구 억제 정책의 결과이기도

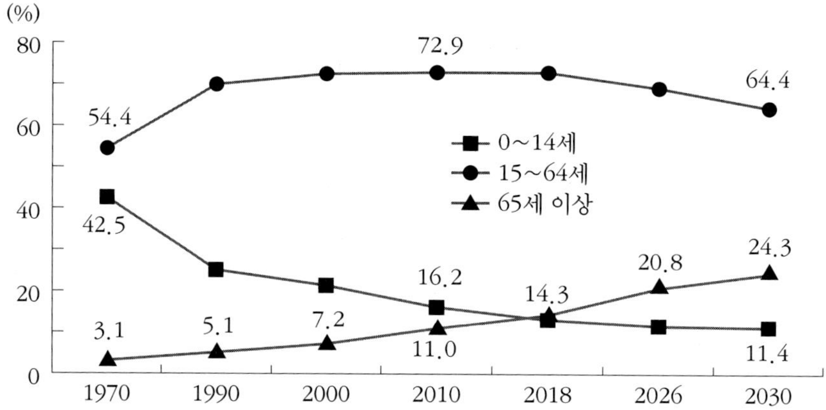

[그림 4-1] 주요 연령계층별 인구 구성비

출처: 통계청(2011).

하다. 인구 억제 정책은 적게 낳고 적게 사망하는 이른바 소산소사(小産小死)형의 인구 구조를 낳았다.

UN 보고서는 65세 이상의 노인 인구가 7% 이상이면 고령화 사회(aging society), 14% 이상이면 고령 사회(aged society), 그리고 20% 이상이면 초고령 사회(super-aged society)로 구분한다. 우리나라 노인 인구의 주요 특성 중 하나는 빠른 노인 인구 증가 속도와 노령화 속도에서 나타난다. 곧 '압축적 고령화(the Compressed Aging)'가 일어날 것이라는 전망이 지배적이다. 이미 고령 사회에 진입한 프랑스나 스웨덴, 미국, 일본 등과 같은 선진국들과 비교해 볼 때 우리나라는 유례없이 빠른 속도로 고령화 사회로 진입하였다. 우리나라의 고령화는 미국, 프랑스 등 기타 선진국에 비해 훨씬 빠른 속도로 진행되어 고령 인구 비율이 14%에서 20%로 도달하는 데 걸리는 시간이 불과 8년에 불과할 것으로 예상된다(통계청, 2011).

사회적 · 가정적 · 개인적으로 고령 사회, 더 나아가 초고령 사회를 대비하고 이에 대한 교육과 이해가 이루어져야 한다.

〈표 4-1〉 주요 국가별 인구고령화 진전현황 비교

(단위: 연도, 연수)

국가	도달 연도			증가 소요 연수	
	7%	14%	20%	7%→14%	14%→20%
한국	2000	2018	2026	18	8
일본	1970	1994	2006	24	12
프랑스	1864	1979	2018	115	39
이태리	1927	1988	2006	61	18
미국	1942	2015	2036	73	21
독일	1932	1972	2009	40	37

출처: 통계청(2006).

2. 노인 인구 성비 구성

우리나라 노인 인구의 또 다른 특성은 여성 노인이 남성 노인에 비해 많다는 것이다. 2010년 65세 이상 인구의 성비(여자 인구 100명당 남자의 수)

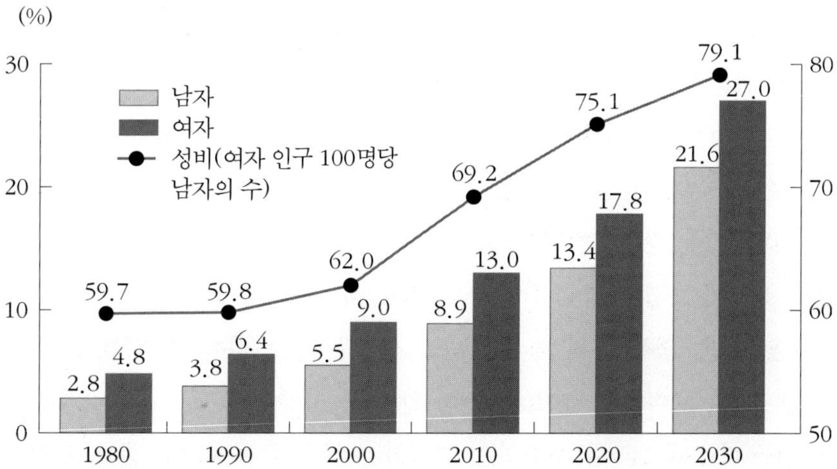

[그림 4-2] 성별 인구 구성비 및 성비(65세 이상)

출처: 통계청(2011).

는 69.2%로 2000년보다 7.2명 높아졌으며, 성비는 지속적으로 개선될 것으로 전망된다. 이는 의료 기술의 발달 및 건강에 대한 관심 고조로 남자 고령자의 사망률이 낮아지고 있기 때문이다(통계청, 2011).

특정 연령에서 80세까지 생존 비율의 남녀 차이는 연령이 증가하면서 줄어들기는 하지만, 여전히 각종 통계는 여성 노인의 생존 비율이 현저하게 높은 것을 보여 준다. 여성들의 높은 생존 비율은 노년기 노인 내담자의 상당수가 여성이 될 것임을 알려 준다. 이는 노인상담의 방향을 설정하는 문제와 노인문제에 대한 대응책을 구상하는 과정에서 진지하게 고려되어야 할 것이다.

3. 노인 인구 지역 간 분포

또 다른 노인 인구의 특성은 노인 인구의 지역 간 분포 상태에서 나타난다. 우리나라의 노인 인구는 도심보다는 농어촌에 편중된다. 대부분 젊은 층의 자녀들이 교육과 취업을 목적으로 도심으로 이동하고 노인 부모는 농어촌에 그대로 남아 있기 때문이다.

2010년 11월 인구주택총조사 결과 65세 이상 인구 비율은 전체 광역시 · 도 중 '전남'이 20.4%로 가장 높은 반면, '울산'이 7.0%로 가장 낮았다. 이미 전남, 경북, 전북, 충남, 강원지역은 65세 이상 인구 비율이 14%를 초과하여 고령 사회로 진입한 상태다. 시 · 군 · 구별로 65세 이상 인구 비율을 보면 '경북 군위'가 39.4%로 가장 높았고, 다음은 '경북 의성'과 '전남 고흥' 순이었다. 2010년 전북 완주 등 116개 시 · 군 · 구는 65세 이상 인구 비율이 14%를 초과하여 고령화가 급속히 진전되고 있다. 우리나라 65세 이상 인구 비율이 20%를 넘은 시 · 군 · 구는 230개 시 · 군 · 구 중 82개(35.7%)에 달한다(통계청, 2011).

〈표 4-2〉 광역시 · 도 및 시 · 군 · 구별 65세 이상 인구 비율(2010) (단위: %)

상위		하위		상위		하위	
광역시 · 도	비율	광역시 · 도	비율	시 · 군 · 구	비율	시 · 군 · 구	비율
전남	20.4	울산	7.0	경북 군위	39.4	울산 북구	5.3
경북	16.7	대전	8.8	경북 의성	38.5	울산 동구	5.4
전북	16.4	인천	8.8	전남 고흥	38.2	대전 유성	5.8
충남	15.5	경기	8.9	전북 임실	37.7	울산 남구	6.0
강원	15.5	광주	9.1	경남 합천	37.3	경북 구미	6.1

출처: 통계청(2010).
주: 내국인 기준.

젊은 자녀들과 분리되어 살아감에 따라 노인들은 대개 노령에 따른 질병에 노출되거나, 심각한 고독감 혹은 우울감에 시달리게 될 가능성이 높다. 또한 농어촌의 특성상 노동이 노인들의 신체적 · 심리적 건강에 심각한 영향을 미칠 수 있기 때문에 상담적 접근과 기법에서도 내담자의 특성과 상황에 대한 진지한 고려가 요청된다.

4. 노인의 이혼과 재혼 증가

우리나라 노인들의 평균 수명이 늘어나고 핵가족화가 진행되면서 노인 홀로 혹은 노인 부부 단독으로 세대를 형성하는 경우가 늘어나고 있다. 불과 한 세대 전만 해도 노인들은 자녀와 함께 살며 부양을 받는 것을 당연하게 여겼다. 그러나 과거와는 달리 현대의 적지 않은 노인들이 자녀들과 분가하여 단독으로 살아간다. 자녀가 함께 살기를 거부해 발생하는 강제적인 단독 주거의 경우도 있고, 최근 노부모가 자의적으로 단독 주거하는 경우도 늘어나고 있다. 여성 노인의 생존 비율이 높은 만큼 여성 노인이 홀로 사는 경우가 많으며, 남성 노인 홀로 사는 경우도 자주 볼 수 있다. 노인이

〈표 4-3〉 65세 이상 이혼 · 재혼 건수

(단위: 건)

	남자				여자			
	1995	2000	2005	2010	1995	2000	2005	2010
이혼 건수	68,279	119,455	128,035	116,858	68,279	119,455	128,035	116,858
65세 이상	591	1,321	2,589	4,346	138	423	916	1,734
재혼 건수	39,838	43,370	59,662	53,043	39,843	48,132	66,587	57,451
65세 이상	940	971	1,566	2,099	169	202	413	702
(사별 후)	691	607	687	624	95	109	171	186
(이혼 후)	249	364	879	1,475	74	93	242	516

출처: 통계청, 「인구동태통계연보(혼인, 이혼편)」 각 연도.

홀로 사는 경우에 건강, 고독, 성(性), 경제 문제 등은 더욱 절실한 문제가 된다.

이런 추세에 발맞추듯 노인들의 이혼과 재혼이 증가하고 있다.

2010년 우리나라의 총 이혼 건수(11만 6,858건) 중 65세 이상 남자는 4,346건으로 전체의 3.7%를, 65세 이상 여자는 1,734건으로 1.5%를 차지했는데 이는 10년 전(2000년) 65세 이상 남자의 이혼 비중 1.1%와 여자 0.4%에 비해 각각 2.6%p, 1.1%p 증가한 수치다. 또한 65세 이상 고령자의 재혼 건수도 증가 추세에 있으며, 2010년 재혼 건수는 남자 2,099건, 여자 702건으로 10년 전(2000년)에 비해 각각 2.2배, 3.5배 증가하였다(통계청, 2011). 특히, '이혼 후' 재혼 건수가 크게 증가하였는데, 2000년과 비교하여 남자는 4.1배, 여자는 5.5배 늘어났다(통계청, 2011).

5. 노인의 인터넷 사용 증가

노인들은 가족관계와 사회관계에서 소외되기 쉽다. 노년기에는 직장에서의 은퇴나 배우자와의 사별을 통해 가족관계와 사회적 상호작용이 감소하기 때문이다. 대신 노인들은 상당한 양의 여가시간을 가지고 있으며, 그에 반해 경제력은 제한되어 있다. 따라서 TV를 시청하는 것은 노인들이 여가시간을 활용하는 데 가장 선호하는 방법이 되었다(최영호, 1998).

그러나 최근 우리나라에도 컴퓨터 보급이 일반화되면서 직업 일선에서 컴퓨터를 사용해 온 젊은 노인들(the young-old)의 상당수가 컴퓨터를 계속 사용하고 있다. 홍명신(2003)은 60세 이상 노인 336명을 대상으로 노인의 인터넷 이용에 관해 연구한 바 있다. 그에 의하면 조사 대상 노인들의 74% 이상이 매일 인터넷을 이용하며 이메일 서비스를 가장 선호하는 것으로 나타났다. 비록 이 연구가 연구 대상자의 80%를 60대 초반의 노인으로 하고 있지만, 이는 앞으로 노인이 될 사람들이 가질 중요한 생활특성으로 간주될 수 있다.

노인들은 노쇠와 건강 약화 등의 요인으로 인해 가정이나 요양원 등의 한정된 공간에서 생활하고, 핵가족화로 인해 가족이나 친구들로부터 분리되어 있다. 인터넷은 노인들에게 휴식처, 재정, 건강관리, 계류 중인 법안의 영향력 등에 관한 정보를 제공해 주고 유사한 관심사를 가진 사람들을 만나게 해 준다. 정보뿐만 아니라 노인들과 특별히 관련 있는 정서적이고 사회적인 이슈들에 대해 상호 소통하게 해 준다는 점에서 노인 소외문제를 해소하거나 완화시킬 수 있다(Furlong, 1989). 실제로 인터넷을 이용하는 노인들은 "60 평생 동안 사귀었던 친구의 수보다 은퇴 이후에 인터넷을 배우면서 사귄 친구의 수가 훨씬 더 많았다" 면서 인터넷이 노인들의 고립을 해소하고 활기찬 인생을 재설계하는 데 매우 효과적인 도구라고 말하고 있다(홍명신, 2003). 또한 최근 노인들을 대상으로 하는 정부지원 컴퓨터교육 보급에 따라 농촌지역까지 인터넷 교육이 활성화되면서 도 · 농 간 인터넷 사용 격차도 점차 줄어들 것으로 예상된다.

노인들의 인터넷 사용은 노인상담에서도 새로운 가능성의 장을 열었다고 볼 수 있다. 대개 노인상담은 전화상담이나 면접상담으로 이루어지는

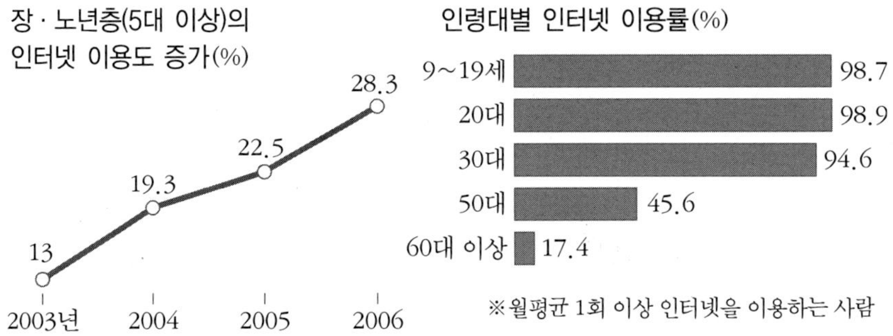

[그림 4-3] 노인의 인터넷 사용 증가 추이

출처: 정보통신부, 한국인터넷진흥원.

경우가 많았다. 그러나 자신이 노출되기를 꺼리는 노인들의 경우 직접 상담의 장에 뛰어들기가 쉽지 않은 것이 사실이다. 이런 상황에서 인터넷상담은 21세기 노인들의 삶의 질을 변화하게 하며, 새로운 실버마켓의 타겟이자, 인생의 변화 과정을 나누도록 하는 노인상담의 새로운 지평을 여는 데 기여할 것이다.

6. 노인 범죄 증가

지난 30년 동안 우리나라 노인 범죄 인구는 꾸준히 늘었다. 노인 형법범죄자는 1971년 3,199명에서 2000년 20,454명으로 6.5배가량 증가하였다. 물론 노인이 형법범죄에서 차지하는 비중은 2000년 경우 전체 형법범죄의 3.4%에 불과하다. 그러나 미국의 경우 노인 범죄자가 전체 범죄에서 차지하는 비중이 1%에 불과한 데 비해 우리나라 노인 범죄율은 상당히 높은 편이다.

대검찰청(2000~2009)에 따르면, 지난 2009년 61세 이상 노인에 의한 범죄는 총 126,508건으로 전체 범죄의 5% 수준이었다. 61세 이상의 인구가

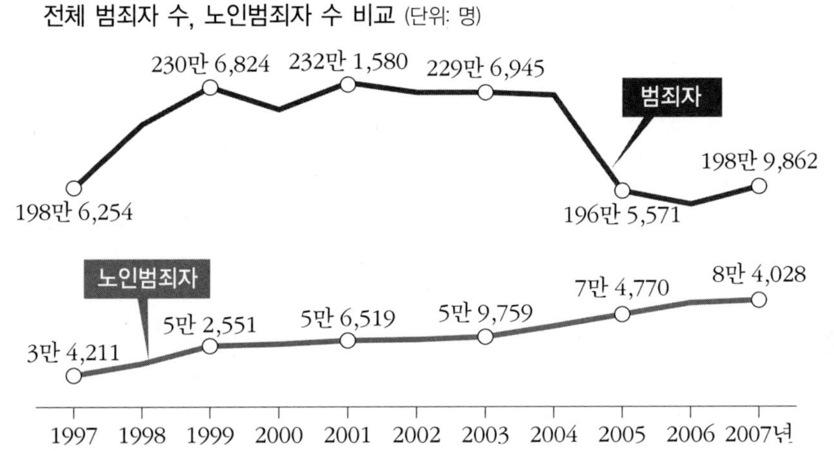

[그림 4-4] 노인 범죄 추이

출처: 치안정책연구소(2010).

전 인구의 13.5%인 것에 비교하면 노인들은 다른 연령대보다 범죄 비율이 낮은 편이다. 그러나 노인 범죄의 증가 속도를 보면 사정은 달라진다. 전체 범죄가 2000년에는 2,241,635건이고, 2009년에는 2,519,237건으로 12.4%가 늘어난 것에 비해 노인 범죄는 2000년 54,371건, 2009년 126,508건으로 133% 늘어났다. 2001년부터 2008년까지 60세 이상 노인 인구가 29.1%가 증가하는 동안 61세 이상 노인 범죄는 무려 96.5%가 증가했다. 이는 노인 인구가 한 명 늘어날 때마다 노인 범죄는 대략 3건씩 늘어나고 있다는 이야기가 된다(이형선, 2011).

노인 범죄율의 증가를 성인과 청소년의 범죄율 증가와 비교해 보면, 그 증가율이 현격하게 늘어나고 있음을 알 수 있다. 우리나라 노인 범죄 중 폭력성 범죄가 빠르게 증가하고 있는데 1990년대 이후에 폭력성 범죄 중 단순 폭력범죄(「폭력행위 등 처벌에 관한 법률」 위반 행위 포함)가 빠르게 증가하고 있다. 노인 폭력범죄의 증가는 우리나라 노인들이 겪고 있는 사회경제적 변화와 관련되어 있다. 지난 30년 동안 우리 사회가 급격한 산업화, 도시화 등 사회변동을 거치면서 '경제적 합리성' 또는 '생산성(productivity)'이 중요한 사회 가치가 되었다. 노인은 청장년층보다 상대적으로 경제적 합리성 내지 생산성이 떨어지므로 경제활동을 비롯한 사회활동에서 배제되는 경우가 많다. 특히 경제활동에서 은퇴한 노인의 사회적 지위는 크게 낮아지는데, 이는 노인에 대한 존중 및 사회적 지원의 약화와 연관된다. 또한 전통적 가족가치관의 퇴색 및 가정 내 지위와 역할의 감소는 과거 가정 내 웃어른의 대접을 받았던 노인의 위치를 현격히 저하시켰다. 이러한 과정을 통해 노인들은 경제적 어려움은 물론 소외와 무기력, 역할상실감을 경험하게 되며, 이는 노인의 폭력성 범죄의 증가를 가져오는 원인으로 해석될 수 있다(이현희, 원영희, 구자숙, 2003).

노인 범죄는 노인 인구의 증가 및 사회구조의 변화와 더불어 지속적으로 늘어날 것으로 예측된다. 따라서 노인상담은 증가하는 노인 범죄에 대한 예방과 범죄 후 재활 차원에서 그 중요성이 점차 커지고 있다.

노인들의 평균 수명 연장에 따른 노인 인구의 증가와 그에 따라 부수적으로 나타나는 다양한 현상들은 현대 노인들의 특성을 잘 드러낸다. 이는 사회가 다양한 차원에서 초고령화 사회를 준비해야 함을 의미한다. 이러한 사회적 변화에 빠르게 대처하면서 노인들이 갖는 문제와 상담에 대한 수요를 파악해야 한다. 노인상담의 내용도 개인의 건강문제, 소외문제, 개인적 인간관계 문제, 가족 간의 갈등, 취업과 생활문제, 사회적 욕구성취의 문제, 경제문제, 개인 및 부부간 성문제 등 다양한 차원에서 조명되고 심화되어야 할 것이다.

제 2 부

노인상담의 지침, 기법, 유형

제5장

노인상담 지침

1. 노인과 욕구

노인상담을 위해 상담자는 노인들의 다양하고 복잡한 욕구를 파악하고 이에 적절히 대처해야 한다. 다음에 소개하는 여러 관점은 노인들의 욕구와 결핍에 대한 이해와 그러한 욕구의 충족을 위한 대처에 도움이 된다.

1) 에이브러햄 매슬로의 욕구 이론

매슬로

매슬로(Abraham Maslow, 1965)의 이론은 인간은 근본적으로 선하며 존경받을 만하고 환경조건이 적당하다면 자신의 잠재력을 실현해 나가려 한다는 인본주의 철학에 입각해 있다. 매슬로에 의하면 인간의 행동은 개개인의 삶을 의미 있고 가치 있게 만들며 개인적인 목표를 추구하기 위한 것이다. 그는 인간을 '부족을 느끼는 동물(wanting animal)'로 본다. 즉, 인간은 하나의 욕구가 만족되면 다른 욕구가 대기 상태에서 충족되기를 기다리며, 거의 언제나 무엇인가를 갈망하고 있는 것이 인간 생활의 특징이라는 것이다.

매슬로는 인간의 욕구를 생리적 욕구, 안전의 욕구, 소속감의 욕구, 존경의 욕구, 자아실현의 욕구로 나눈다. 이 욕구들은 선천적이며 개개의 욕구는 강도와 중요성에 따라 일련의 위계적 단계로 배치되어 있다.

매슬로는 인간의 욕구 중 가장 기본적이고 강한 욕구는 생리적 욕구라고 주장한다. 다시 말해 음식, 물, 산소, 수면, 성생활 등에 관한 생리적인 충동은 유기체의 생존 유지와 직접적으로 관련이 있기 때문에 가장 우선적으로 충족되어야 한다. 몹시 배가 고픈 사람이 존경을 받고 싶어지거나 자아실현을 추구하기는 어렵다.

생리적 욕구가 충족되면 다음으로 안전의 욕구를 추구한다. 이 욕구는 환경 내의 안정성, 즉 안정감, 균형감 등을 얻고자 하는 것이다. 개인의 신변 변화, 가정불화, 이혼, 파산, 죽음 등 개인의 환경적 변화는 물론 쿠데타, 지진, 홍수, 전쟁 등 물리적 · 사회적 변화와 같은 요소들은 개인의 안전에 위협이 된다. 안전의 욕구는 취업, 저축, 보험가입, 건강진단 혹은 종교생활 등으로 표현된다.

소속감의 욕구는 애정관계를 확보하고, 일정한 준거 집단에 소속하고자 하는 욕망이다. 이 욕구가 결핍되었을 때 개인은 무가치감, 도태된 느낌, 사랑받지 못한다는 느낌, 공허감을 느끼게 된다. 취미활동이나 봉사활동은 소속감의 욕구를 만족시킨다. 소속감의 욕구가 충족되면 자기존중과 타인으로부터의 존경을 갈망하게 된다.

존경의 욕구는 스스로 자신이 가치 있다는 생각을 갖고자 하며, 나아가 타인으로부터도 자신의 가치를 인정받고 싶어 하는 욕망을 말한다. 이 욕구가 제한되면 개인은 무능력감, 열등감과 자기비하감을 갖게 된다.

앞에서 설명한 욕구가 충족되면 개인은 최종적으로 자기가 뜻한 바를 성취하려는 자아실현의 욕구를 갖게 된다. 자신이 원하는 사람이 되고자 하

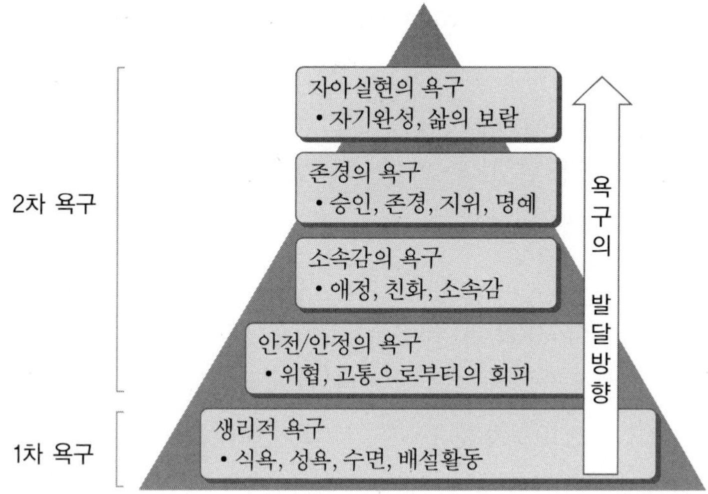

[그림 5-1] 욕구 위계

는 것, 자신의 잠재력을 최대한 발휘하고자 하는 노력이 자아실현의 욕구를 반영한다. 매슬로는 자아실현의 순간에 갖게 되는 경험을 '절정 경험'이라 부르면서, 이는 행복감과 충만감의 완성을 나타내는 무아 상태라고 말한다.

매슬로의 욕구 이론은 다른 모든 발달단계에 있는 사람들의 욕구를 반영하면서 동시에 노인들의 욕구 역시 반영한다.

특히 노인들은 매슬로가 말한 다섯 가지 욕구가 동시에 결핍되기 쉽다. 은퇴와 더불어 노인들이 겪는 경제적인 어려움은 노인들의 생리적인 욕구와 안전의 욕구를 심각하게 위협한다. 또한 신체적인 노화 현상으로 인해 질병에 걸리기 쉬우며, 노년기에 발생하는 각종 장애들은 생리적인 욕구와 안전의 욕구를 위협한다. 자녀의 독립과 사회생활에서의 은퇴는 노인들의 소속감의 욕구, 존경의 욕구, 자아성취의 욕구를 위협하게 된다. 노인들은 욕구의 결핍이 지속되면서 개인·사회인으로서의 위기, 그리고 실존적인 위기에 직면한다.

2) 시몬스가 제시한 노인의 욕구

시몬스

시몬스(Simmons, 1978)는 모든 문화에 걸쳐 노인에게 다음의 공통된 다섯 가지 욕구가 있다고 보았다(Sherron & Lumsden, 1990).

- **장수(長壽)의 욕구**: 노인은 건강하게 오래 살고 싶어 하는 욕구를 가지고 있다. 이런 욕구를 위해 인간은 자신을 돌보고 보호한다.
- **여가활동을 즐기려는 욕구**: 노인은 여가활동을 통하여 삶을 의미 있게 가꾸어 가고자 하는 욕구를 가지고 있다. 은퇴 이후 늘어난 여가는 노년기에 더욱 중요한 개념이 된다. 늘어난 여가에 대한 관리는 곧 삶의 질의 결정 요인으로 작용하기 때문이다.
- **일상에서 벗어나 해방감을 찾고자 하는 욕구**: 노인은 이전까지 삶의 규율과 일상에서 해방되어 더욱 자유롭게 자기 삶을 즐기고 싶어 한다. 평생을 규율과 조직 속에서 살아온 노인들은 한가로운 삶을 영위하고 삶의 의미를 찾고자 한다.
- **집단 내에서 적극적인 참여자로 계속 남고자 하는 욕구**: 은퇴 이후에도 조직에 소속될 때 느끼고자 하는 욕구는 유지된다. 집단의 참여자가 되어 노인은 아직도 자신이 쓸모 있는 존재라 느끼며, 사회구성원으로서의 역할에 만족감을 얻게 된다.
- **명예롭게 물러나고 싶어 하는 욕구**: 노년기는 자신의 위치를 정확히 확인하는 시기이기도 하다. 노인은 이전 발달단계에서의 사회적 지위와 역할에서 벗어나 현시점에서 새로운 변화를 맞아야 함을 잘 알고 있다. 따라서 노인은 물러나야 한다면 가능한 한 의미 있고 명예롭게 자신의 역할을 내려놓고자 한다.

3) 토슨과 와스켈이 제시한 노인의 학습 욕구

토슨과 와스켈(Thorson & Waskel, 1985)은 노인의 학습 욕구를 다음 일곱 가지로 분석하였다(Sherron & Lumsden, 1990).

- **변화에 적응하고자 하는 욕구:** 노인은 자신의 신체적 · 심리적 · 사회적 · 경제적 변화에 대하여 효율적인 방식으로 적응하여 노년기를 안정적이고 적응적으로 보내고자 한다.
- **인간으로서 성장하고자 하는 욕구:** 노인은 성장이 멈추고 더 이상의 발전이 없는 정체된 존재가 아니다. 노인은 자신을 더욱 발전시키고 성장시키고자 하며 이 욕구는 지속적이다.
- **후세대에게 문화를 전수시키고자 하는 욕구:** 노인은 자신이 일구어 온 중요한 업적을 다음 세대에 전달하여 후세대에 기여함으로써 자신의 역할을 수행한다.
- **자신의 삶을 조망하고자 하는 욕구:** 노인은 지난 삶의 의미를 살피고 재조명하며 성공적이었던 경험을 살피고, 실패에 대한 새로운 해석을 시도하면서 삶의 만족감과 자긍심을 고취하고자 한다.
- **사회에 통합되고자 하는 욕구:** 노인은 사회에서 밀려나거나 사회에서 배척된 존재가 아니라 사회의 한 구성원으로서 역할을 수행하고자 하며, 이를 통해 사회적 정체감을 경험하고자 한다.
- **독립성을 유지하고자 하는 욕구:** 노년기에 발생하는 다양한 신체적 · 심리적 · 사회적 · 경제적 · 관계적 차원의 결핍과 결함에도 불구하고 노인들은 독립적 인격체로서의 역할을 하고자 한다.
- **자신이 타인에게서 수용되고 있음을 확인하고자 하는 욕구:** 노인은 과거와 비슷한 방식으로 혹은 같은 방식으로 타인과의 관계를 형성하고, 타인에게 인정되고 받아들여져 의미 있는 사회적 관계를 지속하고자

한다.

4) 맥클러스키가 제시한 노인의 교육적 욕구

맥클러스키가 제시한 노인의 교육적 욕구는 매슬로의 다섯 가지 욕구와 비교될 만한 개념으로, '노화에 관한 백악관 회의(White House Conference on Aging)'에서 맥클러스키(McClusky, 1981)는 노인의 교육적 욕구를 다음과 같이 다섯 가지로 제안한 바 있다(한정란, 2005 재인용).

- **환경적응의 욕구**(coping needs): 생활욕구라고도 불린다. 노인은 노화로 인해 부자연스러워지거나 위축된 기능을 회복하고 환경에 적응하기 위하여 교육을 받고자 한다. 이 욕구에는 일상생활과 생존에 필수적인 3Rs(Reading, wRiting, aRithmetic, 읽고 쓰고 계산하고)와 건강교육, 수입의 유지, 법률적 조언, 주택의 선택, 가족적응, 효율적인 여가 선용 등이 포함된다.
- **표현적 욕구**(expressive needs): 노인은 교육을 통하여 어떤 다른 목적을 성취하는 것뿐 아니라 활동 그 자체가 좋아서 참여하며, 신체운동과 사회활동을 지속하고 어떤 기술이나 취미를 배우며 새로운 경험을 통해 만족을 얻으려 한다.
- **공헌의 욕구**(contributive needs): 노인은 새로운 교육을 통하여 쓸모 있는 사람이 되고 의미 있는 역할을 찾으려 하며, 타인에게 봉사하고 새로운 능력을 발달시키려 한다.
- **영향력의 욕구**(influence needs): 노인은 교육을 통해 지역사회를 비롯한 전체 사회에 대해 영향력을 행사하고 사회적 지지를 보내며, 자신의 사회활동에 대한 평가를 받으려 한다.
- **초월적 욕구**(transcendence needs): 노인은 교육을 통해 신체적인 젊음

보다 더 중요한 인생의 본질적 의미를 찾고자 한다(Harris & Cole, 1986).

5) 에릭 에릭슨의 심리사회적 발달

에릭 에릭슨(Erik Erikson, 1968, 1978, 1982)은 사람이 전생애적인 발달을 한다고 보고 이를 8단계로 나누어 설명한다. 각 단계마다 개인의 생리적 성숙과 더불어 개인에게 부과된 사회적 요구, 즉 발달과업이 따르고 이 요구는 하나의 위기로, 이것의 해결 여부가 개인의 인생전환점이 된다. 다시 말해 에릭슨은 인생에 8단계의 발달 과정이 있고 그 각 단계마다 해결되어야 할 사회발달 문제가 있으며 이를 어떻게 해결했느냐가 성격발달에 영향을 미친다고 주장한다.

8단계 중 마지막 단계인 노년기는 인간이 자신의 인생과 노력, 성취에 대한 결과를 회고하고 반성하는 시기다. 이 시기는 또한 신체적 쇠약과 건강의 약화, 퇴직과 수입의 감소, 배우자나 친구의 죽음 목격 등으로 심한 무력감과 고독감, 자존심의 약화를 경험하는 시기다. 이 시기에 노인이 자신의 인생을 돌아보면서, 부모와의 관계, 친구관계, 진로, 결혼, 자녀, 손자, 직업, 취미 등을 통해 '과거에 잘하지 못한 것들도 있지만 나는 비교적 만족스러운 삶을 살았다.'고 느끼게 되면 자아통합감을 얻게 된다. 그러나 만일 자신의 인생을 후회스럽게 생각하고 실패의 연속이라고 생각하게 된다면 절망감에 휩싸이게 된다.

에릭슨에 의하면 자아통합감은 노년기의 핵심적인 발달과제이자 욕구다. 노인이 자아통합감을 얻지 못했을 때, 다시 말해 자아통합감의 욕구를 성취하지 못했을 때 노인들은 절망감에 휩싸이며 자신을 인생의 실패자로 간주하게 된다.

2. 상담자의 역할

상담자는 노인 내담자가 기본적인 욕구를 충족하면서 노년기를 통합의 시기로 보내도록 돕는 역할을 한다. 상담 시 상담자의 역할은 노인 내담자에게 상당한 영향을 미치게 된다. 노인상담자는 상담 시 다양한 반응 유형을 보이며, 긍정적인 역할과 부정적인 역할을 수행할 수 있다.

1) 상담자 반응 유형

상담자가 내담자에게 반응하는 유형은 다양하다. 상담자는 내담자의 문제를 정의하고, 명확히 하며, 내담자 자신의 세계관에 대한 통찰을 증진시킴으로써 상담의 목표를 달성할 수 있다. 이 과정에서 상담자가 내담자에게 보이는 반응 유형을 맥도널드와 해네이(McDonald & Haney, 2003)는 다음과 같이 분류한다.

(1) 내용 재진술

내담자의 말과 그 내용을 반복하는 것이다. 이 반응의 목적은 상담자와 내담자를 위해 쟁점을 명확히 하는 것이다. 경우에 따라 상담자는 내담자가 말했던 내용을 강조하기 위해 그 내용을 다시 한 번 구체적으로 진술해 주기도 한다.

(2) 캐묻기

상담자는 내담자에 관한 사항을 명확히 할 목적으로, 혹은 문제의 초점을 날카롭게 하며 보다 적절하고 상세한 자료를 얻기 위하여 내담자에게 정보를 캐묻는다. 상담자는 무슨 말을 해야 할지 몰라 무의미하게 질문해서는 안 된다. 또한 마치 증인을 심문하는 법정에서와 같이 상담자가 이미 도출한 결론으로 내담자를 이끌어 가는 방식으로 질문해서도 안 된다.

(3) 직면

상담자는 상담 과정에서 내담자가 보이는 언어적 혹은 행위적인 불일치를 지적하고 이를 내담자가 의식하도록 할 수 있다. 예를 들어 내담자의 비언어적 의사소통이 강력한 분노 표시임에도 불구하고 내담자가 스스로 분노를 부정할 때 상담자는 내담자의 불일치를 지적하고 이것을 스스로 인식하도록 도울 수 있다.

(4) 감정반영

상담자는 내담자가 경험하는 표현되거나 표현되지 않는 감정 모두를 반영한다. 내담자의 감정을 반영함으로써 상담자는 내담자에게 공감과 지지를 표시한다.

(5) 자기개방

상담자는 자신의 경험과 감정을 내담자와 공유한다. 때로는 이들 경험과 감정이 직접적으로 내담자와 연관되어 있을 수도 있다. 반대로 경우에 따라서는 상담 과정과 관계없는 상담자의 생활과 연관되어 있을 수도 있다. 이러한 반응은 내담자에 대한 감정이입과 지지를 목적으로 한 것이어야 한다. 경우에 따라서는 이러한 반응은 내담자로 하여금 상황을 직면하게 하는 수단이 되기도 하다.

(6) 정보 제공

내담자가 잘못된 정보를 가지고 있다면, 상담자는 자신이 가지고 있는 정보를 제공하여 상담 과정을 효과적으로 진행할 수 있다. 예를 들어 발기

부전이 나이가 들어 감에 따라 자동적으로 발생하는 것이라고 생각하는 내담자에게 상담자는 성과 노화에 대한 지식을 제공하며 문제해결을 촉진할 수 있다.

(7) 요약

상담자는 어떤 특정 쟁점에 대하여 토의되었던 모든 것을 구조화하는 방식으로 통합한다. 때로는 상담 과정에서 성취된 것을 요약할 수 있다. 길게 반복되는 내담자 진술의 핵심을 줄여서 확인해 주는 요약 기법은 상담자가 내담자의 긴 이야기를 충분히 이해하고 있다는 것을 보여 주어 신뢰관계를 강화시켜 줄 수 있다. 또한 내담자가 자신의 문제를 정확히 파악하도록 돕는 효과도 있다.

(8) 해석

상담자는 내담자나 혹은 토의 중인 특정 쟁점에 대하여 추론하며 상담을 위해 그 의미를 해석한다. 해석하는 과정은 상담자마다 다를 수 있으나, 기본적으로 내담자의 핵심적인 문제와 주변 맥락을 충분히 파악하는 것을 전제로 한다.

(9) 침묵

상담 과정에서 내담자가 분위기 전환을 원하거나 내버려 두기를 바란다고 말할 때, 혹은 상담자가 내담자의 그러한 요구를 간파할 때, 또 상담자가 상담을 위해 그러한 반응이 필요하다고 판단할 때 상담자는 '침묵' 반응을 보일 수 있다. 이는 내담자를 억압하는 문제들로 인해 내담자가 출구를 찾지 못하고 있는 경우 사용된다. 침묵은 상담자나 내담자 모두에게 깊이 집중할 수 있는 기회를 줄 수 있을 뿐만 아니라 상담 과정에서 논의하고 있는 것의 의미를 포착할 수 있는 기회가 된다. 때로는 지속적인 침묵은 상담 과정이 순조롭지 않거나 문제해결 방향을 잃었음을 나타내기도 하는데, 이때 상담자와 내담자 모두 상담 과정을 어떻게 계속해야 할지 몰라 난감해하기도 한다. 그러나 이런 경우라도 침묵이 상담 과정에 매우 생산적일 수도 있다. 상담자와 내담자는 이러한 상황이 어떻게 왜 발생하였는지를 조사 · 탐색할 수 있다.

2) 긍정적 역할과 부정적 역할

노인은 신체 노화 및 지적 능력과 사회관계의 약화 등으로 다른 발달단계에 있는 성인들에 비해 의사소통에 있어 어려움을 겪는다. 그러므로 노인들에게 있어 비언어적 의사소통 사용은 무엇보다 중요하다. 비언어적 의사소통을 잘 이용하고 노화에 대한 구체적인 정보를 가지고 있는 상담자는 노인 내담자를 보다 빠르고 구체적으로 파악하여 상담을 보다 성공적으로 이끌 수 있다.

상담자는 노인 내담자의 언어적 · 비언어적 의사소통 방식을 통해 그들이 자기 자신에 대해, 상담자에 대해, 처해 있는 문제 상황 및 상담 과정에 대해 갖고 있는 이해를 파악한다. 즉, 상담자는 내담자의 의미 있는 다양한 신호들과 행동을 파악하고 이를 해석하여야 하며, 다양한 비언어적 의사소통 형태를 통합하는 능력을 가져야 한다. 상담자는 점차 통합된 비언어적 의사소통 형태와 언어적 소통 부분을 파악함으로써 내담자에 대한 전체적인 통찰을 얻게 된다. 노인들의 비언어적 의사소통의 유형으로는 앉아 있는 모습, 말의 속도, 침묵, 상담자를 쳐다보는 시선, 표정, 음색, 어조, 얼굴색, 손발의 움직임, 눈의 시선 고정 정도, 웃는 정도, 찡그리는 정도, 눈물, 시간약속 지키기, 상황 설명을 위한 동작 등이 있다. 이를 테면 내담자의 말에 대해서는 '매우 빠르게' '정상적인 속도로' '천천히' '매우 느리게' '매우 크게' '정상적인 음성으로' '부드럽게' '겨우 들을 수 있을 정도로'

'과도한 감정으로' '약간의 감정으로' '전혀 감정 없이' '전혀 애정 없이' '능란하게' '더듬으며' 등 말에 대한 전반적인 느낌과 표현된 말의 특성들을 파악하는 것이 중요하다.

노인의 비언어적 의사표현을 파악함으로써 상담자는 내담자에게 적절한 상담적 환경을 제공해 주고 말로 표현되지 않는 부분에 나타나는 노인의 심리적 · 정서적 · 인지적 측면들을 살필 수 있다. 내담자가 특정 반응을 보일 때 이런 반응을 놓치지 않고 파악하는 상담자의 능력은 상담을 성공적이고 긍정적으로 이끄는 요인이 된다.

노인의 다양한 욕구와 의사소통 형태를 파악하고 있는 상담자가 원활히 상담을 이끌어 갈 때 상담자의 긍정적인 역할은 다음과 같다.

- 내담자에 대한 충분한 경청을 통해 내담자 스스로 자존감을 향상시킬 수 있도록 한다.
- 내담자가 자기개방 연습을 하도록 도우며, 자신이 스스로에게 질문하도록 하여 자신을 바라볼 수 있도록 한다.
- 내담자가 갖는 자기방어 기제와 정신적인 긴장감을 해소하도록 하며, 현재의 문제를 그대로 받아들이도록 지지 · 격려한다.
- 내담자가 가지고 있는 잠재적인 재원들을 밝혀내고 이를 지원하여, 내담자 스스로 자신의 문제를 바라보고 평가하며 문제를 해결해 나갈 수 있도록 한다.
- 내담자가 노년기의 삶을 긍정적으로 평가하며, 삶의 가치와 사회를 위한 기여점을 찾아내어 스스로 통합성에 이르도록 원조한다.

상담자가 노인의 욕구를 제대로 파악하지 못하거나 의사소통 형태를 적절히 파악하지 못하는 경우, 노인 내담자가 가지고 있는 감정적이고 정서적인 부분에 대한 지지를 제대로 제공해 주지 못할 수도 있다. 이런 경우 상담자의 역할은 상담에 부정적인 영향을 미치게 된다. 이를테면 무가치감을 가지고 있는 노인에게 자존감을 강화해 주지 못하고 지지적인 자원을 제대로 사용하지 못한다면, 내담자는 상담자에게 상처를 받고 자신의 무가치감을 강화한다. 덧붙이자면, 노인 내담자가 가지고 있는 특성들을 지지할 것인가, 경청할 것인가, 강화시킬 것인가 등의 치료적 전략을 제대로 사용할 때 상담 시 부정적인 영향은 줄어든다.

반면, 미숙한 상담자는 문제 소유권을 내담자가 아닌 상담자 자신이 갖고 상담에 부정적인 영향을 끼칠 수 있다. 다음의 항목들은 상담자가 저지를 수 있는 부정적인 역할들이다.

- 상담자가 내담자의 문제를 떠맡음으로써 내담자의 문제해결 능력을 제한하며 의존성을 강화한다.
- 노인의 문제를 사회적 혹은 정서적 영역으로만 한정하여 노인의 성공적인 노년을 위한 전반적인 상담 서비스 기능을 상실하게 한다.
- 전지전능감으로 내담자를 조종함으로써 문제해결 가능성을 제한하고 내담자에게 무력감을 느끼게 한다.

〈표 5-1〉 문제 소유권이 내담자와 상담자에 미치는 영향

문제 소유권 / 유지 결과	내담자가 문제를 소유할 때	상담자가 문제를 소유할 때
내담자에게 미치는 결과	자기존중감 –성숙감 –자기확신/자신감 –문제해결감	열등감/무능감 –불안감 –무력감 –의존성 강화
상담자에게 미치는 결과	중압감 탈피 –긴장 이완/환기 –내담자를 객관적으로 봄 –역할 모델 제시 가능	전지전능감 – 짜증/탈진 – 내담자에게 몰입됨 – 자신이 역할 모델이 됨

- 지시적인 태도는 노인의 적절한 의사결정 방향을 제한하고 내담자에게 불쾌한 감정을 유발하여 상담의 진행을 방해한다.

3. 상담자의 태도

어떤 상담에서나 상담자는 내담자가 가지고 있는 문제의 특성을 고려하고 상담에 임하게 된다. 내담자의 상황과 상담자와의 관계, 그리고 문제해결에 관한 내담자의 의지, 내담자에 대한 상담자의 이해와 열정, 결과에 대한 신중한 접근과 해석 등은 상담 과정에서 상담의 방향을 결정짓고, 내담자와 상담자 간의 원활한 상담을 형성하는 요인들이다. 노인상담에서도 노인들이 가지고 있는 주요한 특성들, 그리고 상담자와의 관계가 중요하게 여겨진다. 다음의 내용들은 노인상담 시 상담자가 가져야 할 태도들이다.

1) 노인의 개인적 · 상황적 특성을 고려한다

노인은 신체적 · 심리적 · 경제적 · 사회적인 면에 있어 다양한 문제들을 복합적으로 겪으며, 이와 관련된 개인차도 적지 않게 발생한다. 따라서 노인상담 시 노인 내담자의 개인적인 특성과 그들이 처한 상황의 특성을 충분히 고려해야 한다. 즉, 노인들이 경험하고 있는 문제가 신체적인 것인지 심리적인 것인지, 혹은 경제적인 어려움에서 오는 것인지, 아니면 가족이나 친지, 친구들과의 관계적인 측면에서 오는 것인지를 신중하게 파악해야 한다. 적응 정도는 어떠한지, 심한 심리적 스트레스를 경험하는지, 문제가 단순한 것인지 복잡한 것인지, 문제해결을 위해 동원할 수 있는 재원은 있는지, 가족의 지지는 어느 정도인지, 상담 결과에 대해서는 어떠한 효과를 기대할 수 있는지에 대한 평가 역시 필요하다.

이를 위하여 상담자는 내담자에 대한 충분한 정보를 얻고 상담 초기 단계에서 내담자에게 얻을 수 있는 정보들을 탐색하는 것이 중요하다. 그리고 내담자의 언어적 표현뿐만 아니라 비언어적 표현까지도 충분히 파악해야 한다. 내담자에 대한 신중한 관찰과 적극적인 경청, 충분한 공감 능력은 내담자의 개인적 상황적 특성을 파악하는 데 중요한 요소들이다. 노인의 개인적 · 상황적 특성을 충분히 배려하고 그 특성에 따라 내담자에 대해 융통성 있는 태도를 보일 때, 노인 내담자는 상담자에 대한 신뢰를 갖고 상담에 적극적으로 임하며 변화를 향한 의지를 보이게 된다. 특히 상담자는 이러한 개인적 특성과 상황에 대한 비밀보장이 철저히 이루어질 것이라고 분명히 밝히고 이에 대해 내담자가 신뢰감을 갖도록 해야 할 것이다.

2) 상담 시 역동이 늦게 일어나는 것에 대해 여유를 갖는다

노인상담의 다양한 특징이 있겠지만, 그중 두드러진 것은 일반 상담에 비해 노인상담에서는 내담자 역동이 늦게 일어난다는 점이다. 노인들은 인생발달단계를 거치면서 죽음과 삶, 고통과 기쁨, 오르막길과 내리막길을 보고 들으며 많은 직간접적 경험을 하였다. 따라서 어느 정도의 자극에는 반응을 하지 않는 경우가 많다. 노인들의 역동은 개인의 주요한 인생 경험들 중 가장 인상적이었던 내용을 재진술, 반복하면서 도리어 줄어들거나 사라지는 때도 있다. 그만큼 상담자의 인내와 기술적인 노련함이 필요하다.

그러나 노인상담의 경우, 노인이 가지고 있는 경험의 다양성, 진술하고 있는 문제의 깊이, 상처 정도, 해결의 가능성 정도에 따라 차이는 있겠지만, 노인들의 재진술의 정도가 줄어들고 재진술 시간과 요약 정도가 약해짐에 따라 서서히 내담자와 상담자의 역동이 시작된다. 특히 여성 노인들의 경우 재진술의 빈도가 줄고 내담자 본인에게 있어 가장 중요하다고 여겨지는 문제들을 점차 요약하여 상담자에게 제시할 때부터 내담자 심층의 문제가 서서히 드러나는 경향이 많다. 그만큼 역동이 활발히 일어나기까지는 시간이 걸린다.

상담자는 이때 노인의 지나친 재진술과 반복진술 때문에 상담에 대한 의욕을 상실하거나, 내담자가 가지고 있는 문제 자체를 회피하려고도 한다. 상담 능력에 대한 자책감과 무력감에 빠지기도 한다. 상담자의 이런 감정들은 내담자에게 상당히 부정적인 영향을 미친다. 상담자가 자책감이나 무력감을 갖는 경우 내담자는 상담자의 신뢰성이나 전문성에 의문을 갖게 되며, 더 이상 상담에 참여하지 않으려 할 수도 있다. 노인상담에서 끊임없이 강조되는 경청 능력은 다른 어떤 발달단계에 있는 내담자들과의 상담에서보다 더 많이 요구된다.

이를 위하여 상담자는 노인상담의 특성을 충분히 이해하고 역동이 일어날 때까지 내담자의 진술을 놓치지 않고 들을 수 있어야 한다. 또한 재진술의 내용 변화나 빈도 변화에 신경을 쓰면서 마음속에 있는 이야기를 충분히 할 수 있도록 기다려야 한다. 공감 능력과 적극적인 경청이 필요하고, 특히 역동의 변화에 대해 민감하게 느낄 수 있도록 늘 준비해야 한다. 그리고 심층적인 부분까지 도달했을 때 내담자의 재진술이 갖는 의미와 반복을 통해서 얻게 되는 효과가 내담자의 문제를 해결하는 데 어느 정도 영향을 미치고 어떤 역할을 하는가를 신중하게 평가해야 한다.

3) 노인의 부정적인 감정을 적극 표현하도록 하며 긍정적인 감정으로 전환하게 한다

노인들은 자신의 내면에 있는 감정을 잘 드러내려 하지 않는다. 내면의 감정을 드러내는 일을 부끄러운 일로 여기고 마음속에 있는 문제나, 가족이 연루된 문제에 대해 함구하려 한다. 이는 표현하지 않는 것이 미덕으로 인식되고 있으며, 노인들은 이러한 미덕을 수용하는 사회 속에 익숙하거나 자신을 거기에 맞추고 있기 때문이다. 그리고 드러나지 않는 문제들을 묻어 두거나 억누르면서 노인들의 감정은 미해결된 인생의 문제와 긴밀히 연결되며 부정적인 특성을 갖게 된다.

상담자와의 관계에서 사회적인 관습을 깨고 경색되어 있는 감정을 한꺼번에 깨기는 어렵다. 또한 노인이 가지고 있는 부정적인 감정을 교정하려 하거나 강제로 인식을 전환시키려는 지시적인 태도는 노인들 내면의 부정적인 감정을 강화시키고 상담에 부정적인 영향을 미친다.

따라서 상담자는 노인의 감정을 저지하거나 교정하려는 의도를 버리고 노인이 자신의 문제를 솔직하고 분명하게 이야기할 수 있도록 해야 한다. 또한 부정적인 감정이 상담 상황 속에 드러나도록 하기 위해서는 상담자 자신이 우선 편안하고 포용적인 자세를 가져야 한다. 그러기 위해서는 상담자가 시간에 쫓기지 않고 충분한 시간적 · 심리적 여유를 가질 필요가 있다. 내담자는 상담자가 여유를 가지고 자신의 문제를 경청할 때, 상담자에 대한 확신을 갖게 되며 상담 상황에서 오는 긴장과 위축감에서 벗어날 수 있다. 그만큼 상담자는 상담 전략이나 기술의 문제보다는 내담자의 상황 전반에 대한 수용적인 자세를 취해야 한다. 또한 자신이 내담자를 가치 있고 의미 있는 존재로 받아들이고 있다는 것을 내담자에게 보여 줄 필요가 있다.

4) 연령 차이와 경험의 폭에 위축되지 않도록 한다

상담이라는 낯선 상황과 자신보다 어린 상담자와의 대면은 노인 내담자들에게 부담스러운 일이다. 우리나라의 여러 가지 정치적 · 경제적 · 사회적 변화와 인간관계의 다양한 변화 과정을 거친 노인 내담자들은 경험이 부족하거나 전혀 없는 젊은 상담자를 무시하거나 지도하려 할 수도 있다. 그러나 상담자는 연소자로서 연장자인 내담자를 만나는 것이 아니라 상담 전문가로서 내담자의 문제를 논의하고 내담자에게 전문적인 도움을 줄 수 있는 사람이라는 것을 늘 기억하고 있어야 한다.

연령 차이와 경험의 폭이 다르다는 것은 도리어 상담자에게 특별한 경험 모델을 제공하는 것이 될 수 있다. 이는 내담자가 겪고 있는 문제에 대한 내담자와 상담자의 전이 및 역전이 문제와 맞물려 있기 때문이다. 내담자와 상담자 사이의 시간적 간격과 경험적 공간의 간격은 상담자 자신의 다양한 사회망과 전문가로서의 자신감을 통해 줄어들 수 있다. 즉, 상담자는 숙련된 훈련과 경험을 통한 다양한 결과에 대한 예상, 내담자 관심과 문제에 대한 예리한 분석으로 내담자에게 신뢰를 줄 수 있으며, 이러한 신뢰를 바탕으로 노인 내담자는 연하의 상담자에게서 자신의 문제에 대한 해석과 모델 제공을 기대하게 된다.

5) 라포 형성에 신중해야 한다

라포는 상담자와 내담자의 신뢰에 바탕을 둔 상담적 치료관계를 말한다. 라포는 상담의 시작에서 상담이 종료되는 시기까지 상담의 전반적인 흐름과 과정 및 결과에 중대한 영향을 미치게 된다. 라포 형성을 통해 내담자는 상담자의 신뢰성과 돌봄을 기대하게 되고, 상담자는 내담자의 신뢰성과 적극성을 기대하게 된다.

노인상담에서의 라포 형성은 다른 발달단계에 있는 성인들과의 상담에서의 라포 형성과는 다를 수 있다. 연령차로 인한 라포 형성의 어려움, 비슷한 연령일 경우라도 내담자의 발달단계에 따른 다양한 경험으로 인한 상담자에 대한 저항, 성격에 따른 고집스러움, 지시하려는 특성, 상담에 대한 방관적인 태도 등 노인상담에서 나타나는 특정한 저항들은 라포 형성에 지대한 영향을 미치게 된다.

노인상담의 적절한 라포 형성을 위해서는 상담자의 역할이 다른 발달단계에 있는 성인에 대한 상담에서보다 중요하다. 적극적인 경청과 포용적인 수용, 인내가 무엇보다 절실하게 요구된다. 내담자가 가지고 있는 경험에 대한 자부심을 받아 주며, 내담자의 호소적이고 반복적인 상담 내용의 확인에 대해서도 몇 번이고 들어 주고 수용적인 모습을 보여 주는 것이 중요하다. 사소한 감정 표현에도 민감하게 대처하면서 내담자의 고충과 문제에 대해 동참하는 모습을 지속적으로 보여 줄 필요가 있다. 또한 내담자가 자신의 이야기를 충분히 할 수 있도록 해야 한다. 다만 라포를 형성하는 데 있어 지나치게 내담자를 치켜세우거나, 내담자가 굴욕감을 느낄 정도의 대처는 부정적인 결과를 가져오게 된다는 점을 잊지 말아야 한다.

6) 일방적이거나 지시적인 상담보다는 노인이 문제해결에 적극적으로 참여할 수 있도록 한다

노인들은 상담에 임하면서 자신의 호소문제를 상담자가 지쳐 버릴 정도로 반복하는 경우가 많다. 한 회기에도 같은 이야기를 몇 차례에 걸쳐서 하거나, 여러 회기 동안에도 상담이 진전되지 않고 같은 이야기만 반복하는 경우도 자주 일어난다. 이때 상담자는 수도 없이 반복하는 이야기에 지쳐서 상담을 빠르게 진행하고 싶은 마음이 들 수 있다. 이럴 경우 상담자는 무의식적으로 일방적인 자세를 갖거나 지시적인 자세를 취할 수 있다.

그러나 노인들에게 일방적인 입장, 혹은 지시적인 태도를 보이면 도리어 내담자의 저항을 강화시키거나 라포 관계를 깨뜨릴 수 있다. 즉, 오랜 시간에 걸쳐 어렵게 라포가 형성된 뒤에 나타나는 상담관계상의 고비가 이때 발생한다.

내담자는 상담자의 일방적이고 지시적인 태도에 대해 굴욕감을 느끼고, 자신의 문제에 상담자가 더 이상 관심이 없다고 여기게 된다. 또한 내담자는 연장자인 자신에게 상담자가 지시하고 있다는 느낌을 받을 때 강하게 저항하며, 이는 상담관계의 균형을 깨뜨리는 결과를 초래한다.

노인상담에서 상담자가 전문가로서 훈련을 받고 많은 임상 경험이 있어야 하는 이유는 이러한 노인상담의 특징 때문이기도 하다. 상담자는 충분한 훈련을 받고 노인에 대한 신중한 통찰을 가질 필요가 있다. 노인의 반복적인 문제 호소에 대해 경청을 게을리하지 않도록, 지시적이거나 일방적인 태도를 갖지 않도록 세심한 주의를 기울여야 한다.

상담자는 자신이 내담자의 이야기를 경청하며, 그것에 깊은 관심을 갖고 있음을 내담자가 느낄 수 있도록 해야 한다. 이와 더불어 상담자는 내담자 스스로 자신의 문제를 다루며 주도적인 상담 분위기를 형성할 수 있도록 도와야 한다. 내담자의 문제 안에는 내담자의 다양한 상황이 들어 있다. 그리고 그 상황을 가장 잘 이해하고 있는 사람도 내담자다. 노인의 경우 오랜 경험을 통해 다양한 대처 방식을 터득하고 있으며, 그 경험이 가지고 있는 긍정적인 측면과 부정적인 측면들도 이미 잘 알고 있는 경우가 많다. 그럼에도 상담의 장에 나오는 것은 그만큼 노인 내담자가 자신의 문제를 들어 주고 이해해 주는 공간을 필요로 한다는 것을 의미한다.

노인상담에서 상담자는 노인 내담자의 호소문제를 충분히 들어 주고 내담자가 상담에 적극적이고 주도적으로 참여할 수 있도록 하는 전문가적인 능력을 발휘해야 할 필요가 있다.

7) 문제 정의와 상담 목표 설정에 노인 내담자가 스스로 결정권을 갖도록 한다

노인 내담자가 가지고 있는 다양한 호소문제들은 그 종류와 내용이 다양하고 복잡하다. 또한 전생애에 걸친 환경적 · 상황적 · 성격적 특성들이 노년기의 주요 호소문제들 속에 응축되어 있다. 노인 내담자는 자신의 문제를 상담의 장에서 상담자에게 털어놓으면서 스스로의 문제를 정리하게 된다. 언어적 · 비언어적 표현을 통해 상담자는 내담자의 환경적 · 상황적 · 성격적 특성을 파악하며 문제의 본질을 읽게 된다. 그러나 상담에 가져온 내담자의 문제를 정의하고 상담의 목표를 설정하는 데 있어 상담자는 자신이 파악한 문제의 본질을 성급하게 적용해서는 안 된다.

노인 내담자는 대개 자신의 이야기를 구술하면서 이미 자신의 문제를 파악하고 정의하고 있다. 따라서 상담자는 내담자가 스스로 자신의 문제를 정의할 수 있도록 돕는 역할을 해야 한다. 내담자가 자신의 문제를 정의하였을 때, 상담자는 이를 반복하고 내담자에게 자신이 정의한 문제 정의가 맞는가를 확인할 필요가 있다. 목표 설정 시에도 노인 내담자 스스로 결정권을 갖도록 하는 것이 좋다. 상담 목표를 어디까지로 정할 것인지를 스스로 결정하도록 하며, 다만 이 시점에서 상담자는 내담자의 상황과 특성을 고려하면서 목표의 수위를 조절하도록 도울 수 있다.

8) 문제에 대한 개인적 죄책감을 완화시키며, 새로운 심리적 변화를 위한 개인의 준비 시간을 충분히 제공한다

노년기는 지난 발달단계를 지나오면서 겪었던 많은 일들을 회상하며 그 일에 대한 평가를 내리는 시기다. 긍정적인 결과를 낸 일들에 대해서는 좋은 평가를 내리고 심리적인 만족감을 느끼게 된다. 그러나 부정적인 결과를 낸 일들에 대해서는 좋지 않은 평가를 내리고 심리적으로 죄책감을 갖게 된다. 자녀, 손자녀, 배우자, 부모, 친인척, 이웃 등 자신에게 중요했던 사람들과 관련된 부정적인 결과들은 오랜 시간이 지난 후에도 잘 잊히지 않으며, 이는 노인들에게 죄책감을 갖게 한다. 특히 자녀에 대한 관심이 각별한 우리나라 노인들에게 자녀에 대한 죄책감은 자녀들이 성인으로 성장한 이후에도 여전히 남아서 심리적인 우울감과 죄책감을 줄 수 있다.

또한 현재 발생한 문제에 대한 모든 책임이 자신에게 있다고 느끼는 경우 역시 노인의 심리적인 위축감과 우울감에 영향을 미치게 된다. 신체적인 노화와 사회적인 역할상실로 약화된 자신의 위상 때문에, 자신이 무능력하기 때문에, 혹은 자신이 못나서 등 노인들은 자신들이 이미 개인적·가정적·사회적인 책임을 충실히 완수했음에도 발생하는 문제들에 대해 자책감을 가지는 경우가 많다.

상담자는 발생한 문제에 대한 통찰을 통해 이 문제의 핵심이 무엇인가를 노인과 함께 살피고, 그 문제의 전적인 책임, 혹은 과거의 부정적인 결과를 낸 사건의 책임이 자신에게 있다고 여기는 노인들의 죄책감을 완화시켜 행복한 노후생활을 누리도록 도와야 한다.

9) 상담 시 나타나는 전이, 역전이를 신중하게 살핀다

노인상담에서 노인의 문제를 듣고, 그 문제를 파악하며, 성공적인 라포 형성을 통해 노인에게 위로감과 존재감, 자신이 가치 있다는 느낌을 주는 것은 중요한 일이다. 그러나 노인상담에서는 전이, 역전이, 투사적 동일시의 문제가 간과되는 경우가 많다. 노인상담자들이 이러한 사항들을 쉽게 지나치는 경우가 많은데, 이는 상담적인 관계에서 노인에 대해 깊이 통찰하지 않거나, 상담자가 무의식적으로 자신을 약한 노인에게 도움을 주는 존재라고 여기거나, 상담자의 문제는 노인상담에서는 드러나지 않을 것이라고 생각하는 데서 온다.

그러나 노인상담에서도 전이, 역전이의 문제는 여전히 나타난다. 그리고 내담자와의 상담적 관계에서 전이, 역전이의 문제를 깊이 인식함으로써 상담의 역동을 형성하고 내담자가 상담자에게, 상담자가 내담자에게, 그리고 상담자와 내담자 스스로에게 통찰을 제공할 수 있다.

10) 죽음에 대한 불안에 대처하고 노년기를 만족스럽게 보낼 수 있도록 다양한 차원에서의 지지를 보내고, 통합성에 이르도록 유도한다

인생의 마지막 단계를 사는 노인들은 죽음문제에 민감하다. 죽음 상담의 주제는 대개 죽음 자체에 대한 불안감, 죽음 후 배우자의 문제, 죽음 후 자녀의 문제, 매장의 문제 등으로 나타난다. 또한 자신의 삶과 죽음의 문제를 어떻게 수용하느냐 역시 중요한 상담의 주제다. 따라서 상담자는 내담자가 죽음에 대한 불안감을 낮추고 회고하고 스스로를 돌보는 시간을 통해 통합적인 노년기를 보낼 수 있도록 도와야 한다.

4. 상담 과정

노인상담을 위하여 상담자는 노인에 대한 신체적 · 정서적 · 경제적 · 사회적 · 의학적인 다양한 정보를 획득해야 한다. 노인이 가지고 있는 질병의 유무, 정서적 위기와 환경의 상황, 경제적 상황, 사회문화적 특성, 의학 정보 등을 통해 상담자는 노인 내담자에 대한 기초 자료를 얻는다.

1) 내담자 관찰하기

상담 첫 장면은 만남에서 시작된다. 물론 넓은 의미에서 상담의 시작은 고민하는 내담자의 장면에서 시작할 수도 있다. 그러나 구체적으로 상담(相談)이라면 바라보고 마주보는 자리에서 시작된다고 하겠다. 관찰은 단순한 '보기'가 아니다. 관찰은 첫 상담에서 종결에 이르기까지 모든 상담 기술을 아우르는 포괄적 기술이며, 모든 문제해결을 위한 통로이기도 하다.

첫 회기부터 관찰은 시작된다. 외모는 청결한지, 장신구는 많은지, 오른손잡이인지, 장애가 있는지, 또래 노년에 비해 젊어 보이거나 늙어 보이는지, 고개를 떨구는지, 눈맞춤은 잘 되는지 등 관찰은 내담자의 비언어적 정보의 상당 부분을 제공하는 구체적 사실들의 탐색이다. 무엇을 보느냐, 어떻게 보았느냐가 내담자의 상태에 대한 평가에 주요하게 기여한다.

관찰의 결과에 따라 상담자의 시야확보에 긍정적 역할을 하기도 하고 부정적 역할을 하기도 한다. 내담자의 상태관찰 결과는 내담자와의 라포 형성 속도를 조절하는 근거가 되기도 하며, 나아가 상담의 주제를 결정하는 데에도 중요한 자료가 된다. 한편 상담자가 내담자를 잘못 관찰할 경우 내담자를 오해하기 쉽고 선입견에 빠져 상담의 걸림돌로 작용하기도 한다.

내담자 관찰 결과는 계속 바뀔 것이고, 이 또한 상담에 중요하게 작용한다. 내담자의 외모 변화는 내담자의 정서 변화를 보여 주는 단서가 될 수 있다. 또한 내담자의 눈빛, 내담자의 제스처는 상담 과정에 나타나는 내담자의 의지 변화, 상담 개입 정도(involvement) 및 문제해결 정도 등을 보여주기도 한다. 이런 과정은 상담자의 '민감성(sensitivity)'을 높일 기회이기도 하다. 지속적으로 내담자를 관찰하면서 상담자는 내담자에 대한 민감성을 높이고 상담의 깊이를 더할 수 있다. '좋은' 관찰을 위하여, 또한 '세련된' 민감성을 위하여 상담자는 다음의 요소에 관심을 둘 필요가 있다.

〈표 5-2〉 좋은 관찰을 위한 언어적 · 비언어적 단서

관찰단서	내용	
비언어적 단서	외모 살피기	• 청결 상태(머리, 몸, 냄새) • 의복 상태(계절 적절성, 색상, 낡은 정도, 액세서리, 직업 및 경제 수준)
	얼굴 표정	• 웃음(미소, 불편한 미소, 실소, 큰 웃음소리) • 찡그림(불편, 불만) • 멍한 표정(힘든 상태, 생각 없는 상태)

비언어적 단서		• 놀란 표정(새로운 제안, 새로운 사실 확인) • 거부하는 표정(거부, 부인) • 불쾌한 표정(불쾌감)
	눈빛	• 의심스러운 눈빛 • 놀란 눈빛 • 차가운 눈빛 • 실망스러운 눈빛 • 절망/포기한 눈빛
	자세	• 굽은 자세(실망/절망) • 반듯한 자세(자신감) • 기울어지는 자세(두려움, 호기심) • 웅크린 자세(낮은 자존감, 포기) • 얼굴을 숨기는 자세(수치심, 두려움, 학대경험)
	눈맞춤	• 지속적 눈맞춤 • 이따금씩 눈맞춤 • 시선을 피하기 • 강한 눈맞춤(너무 뚫어지듯 봄으로써 상담자가 도리어 부담스러워지는 경우) 등
	눈물	• 눈물 쏟기 • 눈물 감추기 • 눈물 닦기(안 닦기) • 훌쩍거리나 눈물은 안 나는 상태 등
	몸짓	• 손 만지작거리기 • 가방 등 사물을 지속적으로 만지기 • 주변 살피기(두리번거리기) • 다리 꼬기 • 손을 테이블에 톡톡 부딪히기 • 다리 떨기 등
	대화의 거리	• 상담자와 내담자의 대화 중 지속적으로 유지되거나 변경되는 물리적 거리 • 몸을 앞으로 가져오기(적극적) • 몸을 뒤로 젖히기(지루함, 무관심 주제, 상담 거부, 상담자 불신)

언어적 단서	말소리 크기	• 큰 말소리는 자신감이나 허풍을 나타냄 • 너무 작은 말소리는 낮은 자존감이나 의심 혹은 두려움, 우울
	사투리	• 사투리를 통해 지역적 특성 확인 • 배우자/친구의 고향 사투리를 쓰기도 함(동화 정도)
	속도	• 상담 중 속도가 빨라지는 경우는 관심사가 다루어지는 중임을 나타내거나 수줍음, 당황, 자기노출에 대한 불편한 심리, 두려움 등 심리적 불안을 나타냄 • 말이 늘어지는 경우는 관심 이외의 사건이 다루어지고 있음을 나타내거나 말을 하면서 생각하는 중임을 보여 줌. 우울증인 경우 느리면서 산만한 언어 사용이 특징임
	유창한 정도	• 대개 고학력 • 자신감 대변 • 상담자를 압도하고자 하는 의지 • 불편한 주제를 회피하기 위해 덜 불편한 주제로 변경
	선택 단어 수준	• 고급 단어 구사, 욕설이나 은어 혹은 비어 사용 정도로 학력 수준, 문화적 환경 파악 • 경우에 따라 상담자를 압도하거나(의도적으로 어려운 심리학 용어를 쓴다거나) 위협하는 방법으로 욕설이나 위협적인 단어를 사용하기도 함
	말 멈추기	• 감정 북받침 • 대화 거부 • 상담자에 대한 불신 • 할 말 잊어버림 • 말하기 싫음
	침묵	• 생각 중 • 말하고 싶지 않음 • 상담자 눈치 보기 • 비밀 누설에 대한 두려움 • 적당한 단어가 떠오르지 않음 • 감정 억제 • 다른 사람(가족 포함)의 비밀을 누설해야 하는 경우
	논리 정도	• 논리정연(정확, 완고함, 완벽주의, 실수에 대한 두려움, 고학력)

언어적 단서		• 횡설수설(두려움, 정신분열, 상황에 대한 부정확한 이해) • 일부분은 논리적이고, 일부분은 비논리적(거짓말, 수치심)
	웃음	• 재미 • 불안 • 걱정거리 숨기기 • 상담자 만족시키기
	반복 단어	• 중요하기 때문에 • 무의식적으로 반복 • 말을 더듬는 습관

2) 내담자 이해하기

감정은 상담자와 내담자 간 의사소통의 한 가지 방법이자 상담의 전체 분위기와 결과에 영향을 미치는 요인이다. 상담자는 내담자의 감정을 이해하고 수용하여 충분히 공감해야 한다. 공감은 마치 상대방의 신에 자기의 발을 넣어 보고 내담자가 왜 그렇게 느끼고 생각하는지 이해하고자 노력하는 것과 같다. 상담자는 내담자를 이해하기 위한 가장 중요하고도 기초적인 과정으로 내담자 감정에 공감해야 한다.

노인 내담자의 경우 상담자가 기억해야 할 몇 가지 사항이 있다.

- 모든 사람은 감정을 가지고 표현할 권리가 있다.
- 노인들의 감정은 다른 발달단계에 있는 사람들보다 억눌려 있다.
- 노인들은 감정적인 지지를 원한다.
- 노인들의 감정은 그들의 세계 속에서 항상 의미가 있다.
- 노인들의 분노감정은 자연스러운 것이며, 나쁜 것이 아니다.
- 노인들의 반복적인 표현 속에는 강한 감정적 역동이 있다.

또한 상담자가 내담자를 이해하는 데 있어 피해야 할 사항들은 다음과 같다.

- 내담자의 감정이 타당하다는 것을 부정하는 것
- 내담자의 감정과 내담자 자체의 중요성을 잊게 되는 것
- 내담자의 감정이 내담자의 고집일 뿐이라고 여기게 되는 것
- 내담자와 진지한 상담관계로 들어가지 못하게 되는 것

상담자가 내담자의 감정에 동참하지 못할 경우 상담 과정에서 효율성이 떨어질 수 있으며, 내담자를 정서적으로 공격하게 된다. 즉, 상담자는 내담자를 과소평가하거나 지나치게 이상하게 평가하게 되거나 내담자의 세계관 자체를 무시하게 된다.

(1) 감정 낱말

노인들이 사용하는 말들은 노인들의 감정 상태를 파악하는 데 중요하다. 특히 형용사들이 대체로 감정을 담고 있기 때문에, 감정에 관한 낱말을 파악하게 되면 내담자의 감정 파악이 용이해진다. 노인상담에서 감정 낱말은 내담자의 정서를 파악하는 데 기여한다. 〈표 5-3〉의 감정 낱말을 보라. 그중 상담자가 자주 사용하지 않는 단어에 동그라미를 쳐 보라. 상담 상황에서 지금 동그라미를 친 단어들을 내담자가 말한다면, 내담자의 감정을 이해하기가 쉽지 않을 것이다.

〈표 5-3〉 감정 낱말

기쁨	가슴이 탁 트이는, 갈채, 감격스러운, 감동적인, 감사한, 감회가 새로운, 경서(慶瑞), 고마운, 고무적인, 기꺼운, 기쁜, 꿈같은, 낙천적인, 날아갈 듯한, 낭보, 놀라운, 눈물겨운, 다된, 단맛이 나는, 득의만면, 든든한, 뛰노는, 뛸 듯한, 만족스러운, 맑아지는, 멋진, 명랑한, 뭉

기쁨	클한, 반가운, 벅찬, 복음, 빛이 보이는, 뿌듯한, 살맛나는, 시원한, 신명나는, 싱그러운, 운이 좋은, 웃음이 나오는, 작약, 잔칫날인, 좋은, 짜릿한, 축복받은, 쾌보(快報), 쾌적한, 탐탁한, 통쾌한, 포근한, 푸근한, 행복한, 환상적인, 환영하는, 환호성, 활짝 핀, 후련한, 후회없는, 흐뭇한, 흔연히, 흔쾌한, 홍분된, 희경(喜慶), 희보(喜報), 희열감, 힘껏 뛰는
분노	가혹한, 고통스러운, 골치 아픈, 괘씸한, 괴로운, 교만한, 구린, 구역질나는, 기가 막히는, 기분 상하는, 꼴사나운, 끓어오르는, 나쁜, 날뛰는, 노한, 더러운, 돼먹지 못한, 떫은, 모욕적, 목까지 차오르는, 무서운, 배반감, 복수심, 북받친, 분개한, 분노, 불만스러운, 불쾌한, 비아냥거리는, 섬뜩한, 성난, 소름끼치는, 속상한, 숨 막히는, 실망한, 쓰라린, 씁쓸한, 애끓는, 약 오르는, 억울한, 열받는, 웃음거리가 된, 주먹이 우는, 죽이고 싶은, 짓누름, 터지는, 파래지는
슬픔	가련한, 가슴 아픈, 감당할 수 없는, 걱정되는, 고단한, 고독한, 고민스러운, 공포에 질린, 공허한, 괴로운, 구슬픈, 권태로운, 근심되는, 근조, 기분 나쁜, 꼴이 말이 아닌, 꿀꿀한, 끈 떨어진, 낙담한, 눈물겨운, 눈물이 나는, 두려운, 등골이 빠지는, 마음이 무거운, 마음이 쓰린, 먹먹한, 멍한, 뭉클한, 미어지는, 부끄러운, 불쌍한, 불안한, 불편한, 불행한, 블루스, 비감스런, 비경(悲境), 비관, 비극적인, 비련, 비상히, 비운, 비참한, 비탄하는, 비통, 상처가 된, 서글픈, 서러운, 섭섭한, 소외감, 속 썩는, 속상한, 숨이 멎는, 슬픈, 시큰거리는, 실망한, 싫어하는, 심장이 터지는, 쓰라린, 쓸쓸한, 아린, 아쉬운, 안타까운, 암담한, 앞이 깜깜한, 애가 빠지는, 애간장이 녹는, 애끓다, 애모(愛慕), 애석한, 애소(哀訴), 애원성, 애절한, 애처로운, 애태우는, 애통한, 언짢은, 염려하는, 외로운, 우스워진, 우울한, 울리는, 울적한, 음울한, 음침한, 의기소침한, 절망적인, 좌절하는, 증오하는, 지루한, 착잡한, 참담한, 창피한, 처량한, 처연, 처참한, 측은한, 침울한, 침통한, 통곡, 패배한, 피눈물, 한스러운, 한탄스런, 허망한, 허전한, 허탈한, 허한, 헛된, 홍루(紅淚), 황량한, 홍타령을 부르는
즐거움	가벼운, 가뿐한, 간간(衎衎), 경사스러운, 경쾌한, 고양되는, 고요한, 기꺼운, 기분 좋은, 길시(吉時), 길신(吉辰), 노는, 담담한, 당당한, 명랑한, 밝은, 산뜻한, 상쾌한, 상큼한, 숨가쁜, 신나는, 신통한, 쌈박한, 여경(餘慶), 완전한, 유쾌한, 즐거운, 청명한, 콧노래, 쾌활한, 편안한, 홀가분한, 확신 있는, 환호성, 활기 있는, 활발한, 흐뭇한, 흔쾌히, 홍분된, 희망찬, 힘이 나는
사랑/증오	가슴이 저리는, 감미로운, 감사하는, 고통스러운, 곱다, 괴로운, 구역질나는, 귀여운, 귀염, 귀찮은, 그리운, 근심스러운, 끔찍한, 눈이 먼, 다정한, 덮두들기는, 따사로운, 만지는, 망설이는, 몸서리치는, 묘한, 무정한, 미운, 미운, 바람나다, 바람맞은, 부담스러운, 뿌듯한, 사랑스러운, 상냥한, 서운한, 순수한, 싫은, 싫증나는, 쌀쌀한, 애락, 애련, 애무, 애일(愛日), 애중히, 애틋한, 야속한, 얄미운, 어여쁜, 억울한, 얼빠진, 업는, 연연하는, 열렬한, 열망하는, 열애, 영원한, 예쁜, 옥오지애(屋烏之愛), 원망스러운, 원증(怨憎), 육욕(肉慾), 좋아하

	는, 죄스러운, 죄책감, 증오스러운, 지겨운, 짜증스러운, 차가운, 친숙한, 포근한, 호감이 가는, 화끈거리는, 환심을 사는, 황량한, 흠모, 흡족한, 흥애
바람	간절한, 갈망하는, 갖고 싶은, 궁금한, 기대하는, 대공망일(大空亡日), 마지않다, 만원(滿願), 바라는, 바람직한, 반드시 해야 하는, 본망(本望), 소망하는, 숙망, 애끓는, 야망, 야심만만히, 절박한, 찝찝한, 초라한, 초조한, 타령하는, 필요한, 헛된 소망, 호기심이 생기는, 후회스러운, 희망하는
기타	갈팡질팡하는, 겸연쩍은, 고뇌스러운, 고립된, 고만고만한, 고생스러운, 고통스러운, 곤란한, 과민한, 귀찮은, 기가 죽은, 긴장한, 넌더리나는, 다행스러운, 당황스러운, 따분한, 뜨끔거리는, 망측스런, 멋쩍은, 메스꺼운, 모호한, 못마땅한, 무기력한, 무력한, 무서운, 무시된, 무심한, 미심쩍은, 미안한, 미적지근한, 민망한, 버거운, 베이는, 부끄러운, 불안한, 불쾌한, 비참한, 비탄스러운, 뺑 뚫리는, 상한, 생생한, 수줍은, 숨을 고르는, 시린, 실감나는, 실망한, 싫증나는, 싱거운, 쑤시는, 쑥스러운, 쓰린, 아리는, 아릿아릿한, 아슬아슬한, 애매한, 애처로운, 어색한, 어이없는, 억눌린, 언짢은, 엉뚱한, 오싹한, 욕 나오는, 위태위태한, 유감스러운, 육갑하는, 재수 없는, 절망적인, 조마조마한, 좌절스러운, 지루한, 짜릿한, 쪽팔린, 창피한, 태연한, 평상심의

(2) 감정 경험

내담자가 어떤 상황에서 어떤 감정을 느끼고 있는가를 이해하기 위해서 상담자는 보다 깊은 수준에서 자신의 감정을 경험해야 한다. 또한 내담자가 상담자에게 진술한 내용을 통해 내담자가 어떻게 느끼고 있는지를 살펴야 한다.

감정 경험은 상담자가 자신의 느낌과 생각의 흐름을 점검하며, 기꺼이 내담자의 문제를 받아들이고, 내담자와 내담자의 문제에 대한 상담자 자신의 감정을 인식하는 훈련이다. 이런 훈련을 통해 상담자는 내담자의 감정을 이해할 수 있다. 또한 내담자의 감정을 지지하고, 내담자가 스스로 자신의 감정에 초점을 맞출 수 있도록 도울 수 있다. 이 과정을 통해 상담자와 내담자는 감정적 일치감을 경험하면서 라포를 형성하게 된다.

내담자의 연령이 상담자보다 많을 경우라도 감정적인 일치감을 경험할 때 내담자와 상담자 간의 공유감정은 상담 전반에 걸쳐 중요한 작용을 하게 된다. 다음의 질문들은 상담자가 스스로 내담자와 감정을 공유하는 데 검토해야 할 사항들이다.

- 내담자의 감정을 경험할 때 저항이 오는 부분은 무엇이었는가?
- 내담자의 감정을 경험할 때 상담자가 부정하고 있는 감정은 어떤 것이 있는가?
- 내담자의 감정을 경험할 때 상담자 스스로 놀란 나의 감정은 어떤 것이었는가?
- 내담자의 감정을 경험할 때 부적절하거나 혼란스러운 감정을 느낀 것은 어느 때였는가?
- 내담자의 감정을 경험할 때 상담자는 자신의 감정 표현을 어느 정도 했는가?

3) 라포 형성하기

일반 상담에서와 마찬가지로 노인상담에서 라포(rapport)는 내담자와 상담자 간의 구체적인 상담적 교환이 이루어지는 감정적 영역이자 치료적 공간이다. 노인상담에서 라포 형성은 적극적 경청, 존중, 내용 요약, 상호 공감(interpathy)을 요구한다.

적극적 경청이란 내담자의 이야기를 진지하게 듣고 상담자가 내담자와 내담자의 문제에 관심이 있다는 것을 보여 주는 것으로, 내담자의 내부적 · 외부적 문제에 대한 구체적인 분석을 위해 필요하다. 노인상담에서 적극적 경청이 중요한 것은 내담자가 같은 내용을 자주 반복하고 인생 역사를 지내 오면서 겪은 많은 일들이 상담 시간 동안 복잡하게 나타나게 됨에 따라 상담자가 자칫 새로운 정보를 놓치거나 중요한 진술을 간과하기 쉽기 때문이다.

상담자와 내담자 사이의 치료적 관계가 형성된 후에야, 상담자는 내담자의 문제 속으로 들어가 문제의 결과를 야기하는 주요 요인은 무엇인가, 그 문제를 해결하기 위해 행동해야 하는 사람은 누구인가, 그 문제로 근심하는 사람은 누구이며, 그 문제로 가장 영향을 받는 부분은 어떤 것인가, 문제의 근원은 어디에서 출발하는가 등을 파악할 수 있다.

적극적 경청을 방해하는 요인은 다음과 같다.

- 인내심의 부족
- 전이 · 역전이 인식
- 성급한 결론
- 선입견과 편견
- 집중 부족
- 인식과 경험의 차이
- 표현 능력 부족
- 문제에 압도당하는 느낌

이러한 요인에서 벗어나기 위해 상담자는 내담자의 특성과 상담자의 기술 및 능력을 신중히 살펴야 한다.

상담에서 존중은 내담자를 동등하게 대하며, 상대방이 보다 나은 변화를 이룰 수 있도록 하는 인격적인 대우와 대화 방식을 말한다. 노인들은 존중받고자 하는 욕구가 다른 발달단계에 있는 성인들에 비해 비교적 강하다. 상담자는 존중받고자 하는 노인 내담자의 욕구를 충족시킬 필요가 있다. 내담자의 주장이나 의견에 상담자가 동의하지 않는다고 할지라도 내담자의 관점을 존중해야 한다. 자신의 의지나 의견이 상대방에게 무시당했다고 느끼거나, 상대방에게 모멸감을 경험하게 되는 것은 노인들에게 결정적인 상처가 된다. 성급하게 결론이나 판정을 내리는 것도 피해야 한다. 이는 상담자가 내담자에 대한 자신의 선입견이나 편견에 기대지 말아야 한다는 점과 밀접하게 연결된다. 내담자가 제시한 상담 주제를 상담자 임의대로 바꾸어서도 안 된다. 노인들의 진술이 반복적이고 시간을 요하는 것일지라도 상담자는 내담자가 전달하고 있는 주제를 거부하거나 부담스럽게 여겨 이를 임의대로 변경해서는 안 된다. 상담자가 표면적인 관계에 머무르지 않고 보다 긴밀한 상담관계를 형성하기 위해서 존중은 필수적이다.

내용 요약은 내담자가 전달하고 있는 말의 내용과 감정을 상담자의 말로 줄여 내담자에게 되돌리는 것을 말한다. 내용 요약은 내담자가 가지고 있는 문제의 구체적인 사항을 상담자가 충분히 파악하였다는 것을 보여 준다. 내담자는 상담자가 자신의 진술과 감정을 요약하는 것을 통해 상담자가 자신의 문제에 가깝게 접근하고 있다는 것을 알게 되고, 상담자가 잘못 이해하고 있거나 오해하고 있는 부분을 재구성하게 할 수 있다.

노인상담에서는 내용 요약이 특히 중요하다. 노인의 경우 호소문제의 대부분이 이전 단계에서의 발달에서 나타나는 문제들과 깊은 관련이 있기 때문이다. 최근의 일이라 해도 상담 전반에 걸쳐 인생 경험에 대한 긴 이야기, 혹은 크고 작은 상담의 주제들이 진술 곳곳에 산발적으로 퍼져 나타나기 쉽다. 내용 요약을 통해 상담자와 내담자는 공유하고 있는 정보의 정확한 전달 정도를 파악하게 된다.

공감은 상대방이 그렇게 느끼는 이유를 묻는 것을 넘어서 그 이유 속에 동참하는 것을 말한다. 상담자는 내담자의 인지적 · 정서적인 차원에서 내담자에게 공감해야 한다. 정서 표층에 나타나는 기초적인 공감에 머물지 않고 보다 깊은 잠재적인 저변의 문제까지 들어가야 한다. 노인 내담자와 상담자 사이의 연령 차이가 클 때, 가장 문제가 되는 것은 공감이다. 즉, 내담자와 상담자의 연령과 경험의 차이가 크고, 상담자가 내담자가 가지고 있는 심리적 · 신체적 · 정서적인 문제에 깊이 들어가기가 쉽지 않기 때문이다. 자칫 공감은 동정 차원에 머무를 수 있다. 상담자는 내담자와 상담자

〈표 5-4〉 노인상담 중 공감을 방해하는 요소들

1. 비교와 해석	'늙으면 그러하다.' '그 상황에서는 다 그렇게 한다.' ' 상황이 그렇다면 어쩔 수 없다.' '법이 그러니까 받아들이는 것이 좋다.' 등 비교와 부적절한 해석은 내담자의 변화 의지를 방해하고 자발적 참여를 저해한다.
2. 당위	'부모라면 이렇게 하는 게 맞다.' '집에서는 이렇게 하는 것이 맞다.' '~가 당연하다.' '마땅히 ~해야 한다.' '~하지 않으면 안 된다.' 등 역할, 사회적 통념, 상담자의 가치관에 비추어 '당위'가 결정되기 쉽다. '당위'는 다분히 유동적인 것임을 기억하라.
3. 강요	'이 정도는 해야 하는 것 아닌가?' '반드시 해야 한다.' 등 내담자에 대한 도덕적 판단이나 상담자의 주장을 내세우는 것은 상담에 부정적 결과를 초래하기 쉽다.

출처: 이가옥 외(1994).

사이에 강한 전이 · 역전이가 일어나면서 치료적 관계가 깨어지거나 왜곡될 가능성을 고려하고 내담자와의 관계에 있어 필요한 공감의 요소들을 파악해야 한다. 상담자가 가지고 있는 공감의 기술 수준은 상담자와 내담자가 만나는 간격, 즉 공감의 간격을 결정한다. 상담의 시작에서 종결까지 이 간격은 공감 기술에 따라 좁혀지기도 하고, 혹은 넓어지기도 한다.

공감(empathy)이 상담자 방향에서 내담자 방향으로 움직이는 감정적 · 정서적 시지라면, 상호 공감(interpathy)은 내담자 방향에서 상담지 방향으로 움직이며, 지지와 협력 의지를 포함하는 내담자와 상담자 사이의 상호적인 감정 · 정서 공유 및 교환을 말한다. 상호 공감은 상담자의 공감과 지지에 대한 내담자의 반응을 포함하는 것으로, 내담자는 상담자가 보이는 적극적인 도움의 의지를 통해 감정적 공유 경험을 하며, 정서적 지지 수용 경험을 하게 된다. 상호 공감은 상담자와 내담자를 투명하게 비추어 서로를 변화시킨다. 이 속에서 상담자와 내담자와는 서로의 의미를 전달하는 가장 좋은 의사소통 형태를 발견하게 된다. 상호 공감은 상담자가 내담자를 깊이 이해하고, 내담자에게 집중해 주며, 적절히 내담자와 접촉하거나 잡아 주고 깊은 관심을 보일 때 나오는 내담자의 솔직한 반응을 담고 있기 때문이다.

4) 상담 목표 정하기

상담 목표는 내담자의 문제를 구체화하고 바람직한 상담 결과를 얻기 위한 과정으로, 구체적이고 실질적인 변화 목표를 담고 있다. 상담자는 내담자가 상담 목표를 정하는 데 있어 다음의 사항들을 살펴야 한다.

- 내담자가 무엇이, 언제 바뀌기를 원하는가?
- 상담이 끝난 후 내담자는 어떻게 달라지길 원하는가?
- 변화하기 위하여 내담자가 현재 어떤 일을 하고 있는가?
- 내담자의 문제를 어떻게 정의할 것인가?
- 내담자의 문제와 어떤 이슈가 관련되어 있는가?
- 어떤 상담 목표를 제안할 것인가?

상담 목표 설정은 내담자가 자신의 관심사를 이행하도록 하는 데 초점을 두어야 한다. 상담 목표 설정의 주요 목적은 내담자가 바람직한 변화를 시도하도록 동기를 부여하고 구체적인 실행 범위를 정하는 것이다. 이를 위해 상담자가 명심해야 할 것은 다음과 같다.

첫째, 한 번에 한 가지 목표에 초점을 맞춘다. 노인의 문제는 긴 인생 경험을 통해 대개 여러 차원에서 복잡하게 얽혀 있을 뿐 아니라 이전의 발달 단계까지 깊은 뿌리를 두고 있다. 그만큼 상담의 범위가 넓어지고 목표가 다양해질 수 있다. 그러나 상담자는 한 번에 여러 가지 목표를 세우기보다는 한 가지 목표에 초점을 둠으로써 문제해결의 가능성을 높이고, 내담자가 문제에 집중하도록 해야 한다.

둘째, 상담 목표는 구체적이고 측정이 가능한 것이어야 한다. 노인들은 긴 시간을 두고 문제를 해결하려고 하지 않는다. 특히 내담자의 연령이 높을 경우 상담의 목표는 단기적이고 구체적일 필요가 있다. 또한, 구체성만큼이나 구체성이 눈으로 보일 정도로 측정 가능한 것이어야 한다.

셋째, 상담 목표는 실행이 가능하고 도달 가능한 것이어야 한다. 허황된 목표는 내담자의 변화 의지를 꺾고, 상담 진행의 향방을 잃게 한다. 실행 가능한 목표는 내담자의 변화 의지를 고취할 뿐 아니라 도달 가능성에 대한 희망으로 변화를 촉진한다.

넷째, 상담 목표는 내담자가 동의, 승인하여야 한다. 내담자가 동의하지 않는 목표는 실행 가능성이 그만큼 낮아진다. 따라서 상담 목표를 설정한 후에는 상담 동의서, 혹은 치료 동의서를 받는 것이 중요하다. 상담 동의서, 혹은 치료 동의서는 내담자로 하여금 설정한 목표에 대한 책임을 분명하게 하고, 상담이 지연되는 것을 막는 역할을 한다.

상담 동의서가 강압적인 문구로 보일 수 있다. 그러나 내담자가 자신의 삶을 책임지듯 상담에도 의지를 가지고 적극적으로 참여하여야 한다는 분

상담 동의서

나는 상담자가 나의 문제, 목표, 목적을 분명히 하도록 도우며, 나의 문제에 대한 대안을 줄 것이라고 생각합니다. 이를 위해서 나는 상담자의 요청대로 상담에 적극적으로 임할 것입니다. 또한 상담 목표를 성실히 실행할 것을 약속합니다. 나아가 나의 삶과 행동, 태도에 대해 내가 내리는 결정은 전적으로 나의 책임임을 인정합니다.

상담자: ______________
내담자: ______________
내담자 서명: _________________
날짜: _____________

[그림 5-2] 상담 동의서

명한 취지를 담고 있다. 따라서 상담자와 내담자가 함께 작성한 후 상담이 느슨해지거나 문제 소유권이 상담자와 내담자를 오가는 시점에 상담자와 내담자 서로가 상담 현장에서 자신의 역할이 무엇이고 상담 시작 시점의 본래 목적이 무엇이었는가를 재확인하는 데 기여하게 될 것이다.

5) 문제 명확히 하기

내담자가 상담 목표를 정한 후에는 내담자가 가지고 있는 문제들을 명료화해야 한다. 사람들이 자신의 문제를 항상 명확하고 간단하게 파악할 수 있다면 문제해결을 위해 다른 사람의 도움을 얻을 필요가 거의 없을 것이다. 문제를 명확히 하는 단계에서는 상담에 가져온 내담자의 문제를 다시금 구체적으로 확인하고, 내담자의 문제해결을 방해하는 요인들을 분명히 해야 한다.

예를 들면, 함께 살고 있던 장남이 분가를 하자는 이야기를 꺼낸 것이 내담자에게는 고민거리가 되었다. 내담자가 경제적인 지원을 확보하지 못한 상태에서 갑작스럽게 대두된 상황이기 때문이었다. 어떻게 생활을 유지할 것인가? 아들에게 생활비를 달라고 말할 것인가? 현재 살고 있는 집에는 내담자가 살 것인가 혹은 매매할 것인가? 만일 분가를 하지 않겠다고 한다면 아들의 반응은 어떨 것인가? 며느리는 이에 대해 어떻게 느낄 것인가? 이런 모든 질문들이 내담자의 문제를 명확히 하기 위해 고려해야 하는 문제들이다. 내담자의 감정을 고려하는 것 역시 문제를 명확히 하는 단계에서 중요하다.

6) 대안 살피기

상담 목표를 잡고 문제를 명확히 한 후에는 상담적 대안을 살피게 된다.

대안은 바람직한 변화를 위한 내담자의 선택을 의미하며, 내담자가 자신의 목표를 성취하기 위해서 밟는 단계다. 이 단계에서는 대안 목록을 작성하고 이를 평가하고 분석한다. 대안 목록을 작성하기 위해서는 다음의 것들을 살펴야 한다.

- 상담 목표를 재확인한다. 상담자와 내담자 모두가 설정한 상담 목표를 이해하고 그 목표가 지금 상황에 적합하다는 것에 함께 동의하는지 확인한다.
- 내담자가 현재 설정한 목표를 달성하기 위해 그가 생각하고 있는 모든 종류의 대안을 살핀다. 여기에는 실행 가능한 대안, 가능하지 않은 대안 모두 포함시킨다.
- 내담자가 생각하는 모든 대안을 적은 후에는 상담자가 생각하고 있는 대안을 제시하고 부족한 부분을 상호 보충한다.

어떤 대안이든지 긍정적인 측면과 부정적인 측면을 가지고 있다. 따라서 상담자는 대안 실행 결정을 내리기 전에 내담자와 그 결과들에 대해 충분히 살펴야 한다. 긍정적인 효과와 부정적인 효과를 파악하기까지는 다소 시간이 소요되지만, 내담자가 자신이 제안한 대안들을 구체화하고 실효성을 검증하는 단계이기 때문에 그만큼 상담 목표 구체화에 기여한다. 이 시점에서 상담자와 내담자의 감정 또는 신념 차이로 인해 그 결과가 다르게 나타난다고 해도 상담자는 내담자의 대안들을 존중하고 끝까지 들어야 한다. 그리고 부정적인 결과에 대해서는 신중하게 검토해야 한다.

7) 결정 지지하기

상담자와 내담자가 가능한 대안들을 살피고 이에 대한 긍정적 · 부정적 결과를 검토한 후에 내담자는 변화를 위한 결정을 내리게 된다. 결정을 내리는 일은 내담자에게는 부담스럽고 어려운 일이다. 그러나 일단 내담자가 결정을 내리면, 상담자는 그 결정이 만족스럽지 않더라도 내담자의 결정을 존중해야 한다. 그 선택이 내담자 입장에서는 가장 현명한 선택일 수 있기 때문이다.

간혹 내담자가 결정을 내리지 않는 경우도 있다. 이런 경우 내담자들은 대개 변화하기보다는 그대로 유지하고자 한다. 이러한 경우라도 그대로 존중해 줄 필요가 있다. 이는 상담이 개인의 인생을 변화시키는 것 이전에 그들이 놓여 있는 상황을 보다 잘 이해하고 분석하게 하는 데 목적을 두고 있기 때문이다. 변화를 결심한다면 좋은 일이 되겠지만, 노인의 경우 변화에 신중할 뿐 아니라 변화에 대한 두려움도 가지고 있다는 점을 기억해야 한다.

8) 상담의 종결

상담의 종결은 상담 목표가 달성되었을 때 이루어진다. 그러나 내담자 문제를 상담하고 있는 중간에 종결이 되거나 다른 문제 상담을 위해 상담 관계가 지속될 수도 있다. 내담자의 상담 목표가 성취되고 상담자와 내담자 모두가 상담의 종결에 동의하는 경우 상담 종결이 이루어진다. 맥도널드와 해네이(McDonald & Haney, 2003)는 상담 종결 과정을 위한 안내 과정을 다음과 같이 제시하고 있다.

(1) 끝매듭을 잘 마무리하라

만일 상담자와 내담자 사이에 끝내지 못한 문제가 있다면 관계가 종결되기 전에 처리해야 한다. 이런 '끝내지 못한 문제'는 상담자와 사이에 해결되지 못한 감정으로 연결된다.

(2) 적절한 때를 맞추기

대개 내담자는 상담자와의 관계를 아주 친밀하게 느끼기 때문에 상담관계를 종결하는 것은 내담자에게 어려운 일이다. 내담자의 문제가 해결되면 상담자는 그 관계를 종결하고 다른 내담자와 상담을 시작하고자 한다. 이것이 상담자의 입장에서는 당연한 일이지만 내담자에게는 냉정하고 무관심하게 보일 수 있다. 따라서 상담자는 상담관계를 끝낼 때 내담자의 감정에 대해 민감하게 대처해야 한다. 만약 종결이 다가온다고 생각되면 상담 시 내담자에게 이야기를 해서 내담자가 겪을지 모르는 어려움에 대해서 대비해야 한다. 상담자와 내담자가 종결할 것을 서로 결정하게 되면, 한 번 더 상담하자고 내담자를 초대하는 것이 좋다. 이것은 두 사람 사이의 모든 문제가 해결되었다는 것을 확실하게 하는 또 다른 방법이다.

(3) 작별의 슬픔

밀접한 관계를 끝내는 것은 항상 상실감과 슬픔을 동반한다. 상담자와 내담자 모두 그런 상실에 수반하는 분노, 슬픔, 죄책감, 버려진다는 두려움, 새롭게 시작하는 흥분 등과 같은 감정들에 대해서 살펴야 한다. 상담자는 내담자가 이러한 감정들을 솔직하게 이야기하도록 도와야 한다. 이 시점에서 부각되는 한 가지 이슈는 내담자가 자신의 감정을 상담자만큼 친밀하게 나눌 수 있는 사람은 아무도 없다고 여기는 것이다. 내담자가 친구 등의 지지 체계를 개발하고 비밀을 지켜 줄 수 있는 친구를 한 사람이라도 갖는 것을 목표로 몇 번 더 상담하는 것도 좋다.

(4) 필요한 경우의 의뢰

상담자가 내담자와 필요한 만큼 상담 목표를 성취했지만 내담자가 그 이상의 상담 서비스를 원하는 경우 상담자는 내담자에게 더 도움이 될 만한 곳이나 사람에게 의뢰해야 한다. 예를 들어, 한 여성이 몸이 아픈 어머니를 더 이상 돌볼 수 없다고 결심한다면 상담자는 그 내담자를 적당한 요양소를 찾아 줄 수 있는 기관에 의뢰해야 한다. 때때로 상담자는 문제가 아주 심각해서 다루기에 부적절하다고 느끼는 내담자를 만나게 된다. 상담자는 그 내담자가 더 깊이 있는 치료를 받도록 다른 치료자나 슈퍼바이저에게 의뢰해야 한다.

(5) 미완성된 종결

내담자들이 마지막 상담을 하러 오지 않는 경우가 있다. 약속을 해 놓고 오지 않거나 전화나 편지로도 연락이 되지 않는 내담자가 있을 수 있다. 이런 경우 상담자는 혼자서 애도의 과정을 겪는다. 상담자의 상실감에 대해서는 슈퍼바이저의 도움을 얻을 수 있다.

(6) 초대

상담이 성공적으로 끝나게 되면 내담자는 앞으로 발생할지 모르는 새로운 문제들에 대처할 수 있는 자신감과 확신을 갖게 된다. 그러나 내담자 중에는 상담자나 상담기관과의 지지관계를 지속적으로 유지하고자 원하는 경우가 있다. 내담자가 미래의 어떤 일에 대해서 이야기하고 싶을 때 상담자나 상담기관에 전화로 연락을 취할 수 있거나 초대를 받는다면 훨씬 편안하고 자신 있게 느낄 것이다.

(7) 사후관리

사후관리(follow-up)란 상담자가 내담자와 종결한 후에 얼마가 지나고 나서 연락을 취하여 그가 어떻게 지내고 있는지 알아보는 사려 깊은 행동이다. 내담자에 대한 이러한 배려는 상담자의 관심을 나타내며, 다른 주제로 상담하게 될 때 내담자의 상황을 이해하는 데 도움이 된다.

9) 도움을 받아야 할 때

상담자가 내담자에게 줄 수 있는 도움을 넘어서는 경우도 있다. 정신적인 문제가 있거나 심각한 정신 증후를 보일 경우다. 다음의 경우는 슈퍼바이저나 전문의에게 의뢰해야 한다.

- 정신과적 질환으로 입원했던 경력이 있던 자
- 망상장애가 있는 자
- 환각 증상을 보이는 자
- 중독 증상을 보이는 자(알코올, 마약 등)
- 자살 가능성이 높은 자
- 먹지 않고 자지 않을 정도의 우울감이나 위축감을 느끼는 자
- 육체적 · 정신적으로 폭력에 노출되어 있는 자
- 성적으로 학대당하는 자
- 살인 의도를 표시하는 자

제6장 노인상담 기법

내담자의 연령과 특징, 학력, 인지력, 정서 상태, 경제 상태 등에 따라 상담의 상황이 달라진다. 상담 기법 역시 내담자의 특성과 문제의 특성에 따라 사용되어야 한다. 상담 초반에 형성된 라포, 즉 치료적 동맹은 상담 과정에 들어와 다양한 기법을 사용하는 데 기초가 된다.

유능한 상담자라면 상담에 필요한 전문적 기술과 기법을 습득할 필요가 있다. 상담 과정에서 내담자의 역동을 만들어 내는 것도 기술이고, 내담자와 함께 고통의 순간으로 들어가는 것 역시 기술이다. 즉, 상담 기법은 목표를 개발하고, 행동계획을 짜는 등 상담의 모든 상황에 적용될 수 있다. 그러나 이러한 기법은 단순히 돕는 기술일 뿐만 아니라 바람직한 방향으로의 변화를 위해 내담자와 함께하는 상담자의 창조적 능력이자, 전문성이 빛나는 장면이다. 서툰 기술은 상담의 과정을 저해하고 상담자에 대한 신뢰를 떨어뜨린다. 그런 의미에서 상담자가 좋은 기술을 사용할 수 있는 비결은 분명하다. 즉, 많이 보고, 자주 사용하고, 늘 평가해 보며 기술과 기법이 자연스럽게 몸에 배도록 하는 것이다.

1. 회상 기법

회상 기법(reminiscing technique)은 개인적으로 의미 있는 과거 경험을 생각하거나 그 경험을 현실의 문제와 연관시키는 것으로, 말로 진술하는 구술 방법, 글로 적어 내려가는 서술 방법, 혹은 혼자서 과거를 되돌아보는 명상법 등이 이에 해당한다. 회상의 긍정적인 결과로는 지난 과오를 살피고 그에 대한 기억과 화해하고 용서하게 되는 것, 현재의 심리적인 갈등의 해결, 과거와 현재 문제로 갈등하던 가족들과의 화해 등이 있다. 회상 기법은 개인상담과 집단상담 모두에서 긍정적인 결과를 보인다. 특히 지지집단이 형성되는 집단상담에서 회상 기법은 노인들에게 중요한 치료 기법으로 사용된다. 우리나라 노인들을 대상으로 한 회상 기법 집단상담 프로그램 선행 연구를 비교해 보면, 집단상담에 회상 기법을 적용한 경우 노인의 자존감 향상에 효과가 있다는 결과가 있었다.

〈표 6-1〉 회상 기법 집단상담 프로그램의 선행 연구 비교

	하양숙(1991)		구미영(1998)		김현주(2000)	
	주제	내용	주제	내용	주제	내용
1회기	시작 안내, 가능한 한 가장 옛 기억 회상	집단구성원 소개, 회상 소개, 초기 회상	자기소개, 프로그램 소개	자기소개를 통해 친밀감을 가짐, 프로그램의 전 과정 이해	소개, 가능한 한 가장 옛 기억 회상	연구자 및 보조원 소개, 회상 소개, 초기 회상
2회기	아동기의 회상, 초·중·고 시절 회상(놀이, 친구, 재미있었던 것)	회상을 자극, 집단 과정의 원만한 진행을 위해 선택된 과거의 사건이나 신문 기사 준비	우리 집 자랑	긍정적 측면의 가족관계 노출로 자기개방 거부감 줄임, 피드백	아동기	어린 시절 경험

3회기	성인 초기, 결혼, 자녀 양육 경험, 가족생활	회상 자극을 위한 준비물(결혼 사진, 배우자 사진, 가족생활 사진)	신뢰감 형성	가벼운 신체활동을 통해 긴장을 풀고 친밀감을 느끼도록 함	재미있었던 일 회상	친구와의 놀이(초·중·고 시절)
4회기	성인 후기, 부모로서의 교육적 역할, 가정치료, 민간요법	가정치료법, 잘 알려진 전통 처방, 민간요법	신뢰감 형성	있는 그대로의 개방, 일상생활 이야기에서 공감과 피드백	모임 결여(복지관 행사)	모임 결여(복지관 행사)
5회기	지방 관습, 과거 생활양식, 특별한 가르침, 과거 삶에 대한 평가	옛 고장(고향 또는 젊은 시절에 산 곳), 중요한 사건, 개인의 생활철학	기억 속으로 지나온 삶의 의미 찾음, 사진 가져오기	가장 기억에 남는 순간을 회상하고 한 사람씩 이야기(경험 나눔)	청년기와 결혼	가족생활·직장생활
6회기	가장 고통스러웠던 것, 새로운 삶의 계획	특별한 순간(기억)	추억이 담긴 물건 가져오기	추억이 담긴 물건에 대한 사연과 누구에게 유품으로 남길지 이야기	시부모와 자녀 양육	질병치료 과정
7회기			인생 곡선 그리기	과거사를 10년 단위로 구분(곡선으로 표현, 여생 소망)	과거에 대한 자기평가	가족 내 역할, 과거 생활양식 발표 및 마무리
8회기			가장 즐거웠던 기억	가장 고통스러운 기억		

출처: 하양숙(1991), 구미영(1998), 김현주(2000).

루이스와 버틀러(Lewis & Butler, 1974)는 숨겨진 기억을 밝혀내기 위한 기억상기 기법을 사용하여 좀 더 효과적인 인생회고 과정을 이끌어 낸 바 있다. 이 방법은 세대와 세대를 연결시켜 주며, 노인들이 자신의 인생에 대한 창조적인 작업을 하도록 돕고, 젊은이들에게는 노년이 되었을 때 도움이 될 수 있는 정보와 통찰력을 가져다준다(Papalia, Olds, & Feldman, 1989).

주요 회상 기법은 다음과 같다.

1) 자서전의 저술이나 녹음

자서전(autobiography) 방법은 내담자가 자신의 삶을 정리 · 기술하는 기법이다. 자서전 방법에서는 자서전에 기술되는 주요 사건, 관계 경험, 연관된 사람들이 중요하다. 또한 여기에 기술되지 '않은' 것에 대해서도 주의를 기울이는 것이 필요하다. 예를 들어, 자녀들에게 지나치게 공격적인 한 여성 노인은 자신의 부모관계에 대해 전혀 언급하지 않은 채 자서전을 기술하였다. 상담자가 이것을 누락한 점에 대해 질문하였을 때 이 내담자는 어린 시절 내담자 어머니에게서 학대를 받았다는 사실을 털어놓았다.

2) 생애 순례 여행

노인들은 자신이 태어나고, 아동기 · 청년기 · 성년기를 보낸 곳으로 여행을 떠남으로써 자신의 과거와 만날 수 있다. 생각을 정리하기 위해서 방문한 곳마다 사진을 찍고 기록을 하는 것도 좋다. 현실적으로 이 같은 일이 불가능하다면 그곳에서 지금껏 살고 있는 사람과 직간접적으로 접촉하는 것도 좋은 방법이다. 이것도 용이하지 않다면 기억을 최대한 활용하여 기억 여행을 떠나는 것도 가능하다.

각 시기별로 나누어 지난 행로를 기억해 보고 이 시절로 되돌아가 봄으로써 해결하지 못했던 과거의 감정들과 화해하고, 인생의 기억 속에 남아 있던 인물들과 만남으로써 과거 시기의 공백을 채울 수 있다. 이를 통해 노인들은 지난 일을 담담히 받아들이고 삶을 긍정적으로 정리해 보는 기회를 갖게 된다.

3) 중요 인물들과의 재회

사람들은 초 · 중 · 고교 동창, 대학 동창 모임이나 가족모임, 종교단체나 시민단체의 모임에서 친구들이나 인생에서 중요한 사람들을 보면서 자신을 돌아볼 수 있는 기회를 갖는다. 이러한 기회는 과거 희망을 얻었거나, 상처를 주고받았던 사람들과의 재회를 통해 자신의 가치를 느끼고 삶의 보람을 얻도록 시도하는 데 도움이 된다.

4) 가계족보

가계를 밝히는 일은 개인에게 역사의 연속성을 느끼게 해 주고, 자신이 역사의 어느 지점에 서 있는가를 알려 준다. 또한 얼마나 많은 가족성원들이 이미 사망했는가를 앎으로써 죽음의 두려움을 완화시키고, 죽음을 원만히 준비하는 데 도움이 된다. 노인들이 선친이나 일가 친인척의 묘지를 방문하고, 관련된 마을의 기록들을 찾아보고, 교회나 그 밖의 종교단체의 기록들을 조사하는 일 또한 가계를 밝히는 활동에 포함된다. 이는 그 자체만으로도 창조적인 행위이자 흥미로운 일이 된다.

5) 스크랩북, 사진첩, 오래된 편지, 보관된 비디오 자료 및 그 밖의 기억할 만한 중요 기사 살피기

사람들이 보관해 온 물건들은 보통 자신의 인생에서 특별하고 즐거운 기억을 담고 있다. 대개 보관해 온 물건들을 다시 꺼내어 보고 이와 관련된 기억을 특별한 방식으로 재구성하고, 재경험할 수 있다. 사진첩이나 기록된 비디오테이프 등에 관해 이야기함으로써 노인들이 오랫동안 잊고 있었던 사건들을 기억하며 지난 과거를 정서적으로 재경험하게 되면, 잊고 있던 친구와 친지들에 대한 관심을 갖게 된다.

6) 일생의 업적 정리

노인들은 세상에 기여했다고 여겨지는 일을 정리하는 것 자체로 통합감을 느끼는 계기를 갖게 된다. 지난 시절에 자신이 이룬 각 분야에서의 업적들을 구체적으로 나누어 적어 봄으로써 자신이 세상과 다음 세대에 의미 있는 기여를 했다는 성취감을 갖게 된다. 일부 노인들이 정리한 결과물은 책, 시집, 미술 작품, 음악 앨범, 자서전 등으로 발표되기도 한다.

7) 역사적 경험을 통해 획득한 정체감에 대한 관심

노인들은 자신들이 겪어 온 역사적 경험을 통해 획득한 정체감을 확인하고 이를 다음 세대에 전달할 수 있다. 전쟁의 경험, 가난의 경험, 성공의 경험, 정치적 변화의 경험, 가문의 전통, 세계 속의 한국인으로서의 자부심 등 자신들이 물려받고 경험했던 전통과 교훈들을 기억하고 이를 자라는 세대에게 전수할 수 있다.

2. 조각 기법

조각 기법(sculpting technique)은 주로 가족치료에서 사용된다. 여기서 노인은 조각가가 되어 다른 가족원들에게 자세를 취하게 한다. 이때 가족원들은 노인 내담자가 의도하는 방식대로 혹은 가족 간의 관계를 인식하는 바에 따라 하나의 모양을 이루며 위치하게 된다. 이때 노인이 자신에게 가깝다고 생각되는 사람은 가깝게 배치하고, 멀다고 생각하는 사람은 멀게 배치할 수 있다. 대체로 노인들은 손자녀들을 가깝게, 그리고 며느리나 사위 혹은 가족 내 갈등의 주요 대상자는 멀리 배치하는 경향이 있다. 가족원들의 배치도는 하나의 관계망을 확연하게 드러내어, 노인이 가족들과 형성하고 있는 관계망과 감정적 관계 거리를 가시화한다. 이때 상담자는 구성된 가족원들의 조각 구성 상태에서 노인 내담자에게 자신의 감정을 있는 그대로 표현하도록 한다. 또한 배치된 가족원들도 자신이 있는 자리에서 자신의 느낌을 말하도록 한다. 가족원들의 이야기를 모두 들은 후 노인은 자신의 생각을 정리하면서 자신이 원하는 가족 구조 형식대로 가족원들을 다시 한 번 배치한다. 그런 후 가족원들이 새로운 배치 형태에 대해 다시 한 번 느낌을 말한다. 그 후 노인이 제안한 바람직한 변화를 위해서 가족 내에서 어떤 변화가 일어나야 하는가를 함께 의논한다.

조각 기법은 가족원들이 가상의 위치와 자세를 형성해 봄으로써 가족 간의 관계를 경험하는 비언어적 방법을 동원하는 치료 방식이다. 따라서 가족 내의 관계가 분명해지며 갈등이 시각화 · 명료화되는 장점이 있다. 가족 내에서 갈등의 주요 원인이라고 여겨지는 노인들이 실제 갈등의 주요 요인으로 다른 가족원을 지목하는 경우 가족원들은 노인의 가족 내 위치와 상황을 새롭게 느끼면서 보다 나은 가족관계 형성을 위해 협력하게 된다.

3. 문장완성 기법

문장완성 기법(complete a sentence technique)은 주로 개인 · 집단상담 전 노인에 대한 사전 정보를 획득하기 위하여 사용한다. 이 기법은 노인들의 가치관과 고민 및 해결 방식, 여성관, 남성관, 가족관계, 노인 자신도 의

문장완성검사는 내담자의 가치관과 가족관계, 자아상 등에 대한 직간접적 정보를 제공한다.

식하고 있지 못한 자아상에 대해 직간접적인 정보를 제공한다.

문장완성검사에서는 우선 내담자 노인이 '내가 만일~' '나는 ~을 원한다' 등의 미완성 문장을 보고 떠오르는 것들을 이야기해 보며 여러 가지 문장이 나올 수 있음을 알게 한 후, 활동지를 나누어 주고 미완성의 문장을 읽고 자유롭게 떠오르는 생각을 아무런 제약 없이 쓰도록 한다. 이때 각 문항에 대하여 깊이 생각하기보다는 즉각 떠오르는 생각이 더욱 의미 있을 수 있으므로 너무 신중하게 생각하고 반응하지 않도록 한다. 그리고 이 자료는 앞으로 더욱 깊은 만남을 갖는데 도움이 될 것이라고 이야기하며 마무리한다.

진행 시 주의할 것은 다음과 같다.

- 심사나 시험이 아니므로 모든 문항에 대해 응답하며, 솔직하게 대답할 수 있도록 한다.
- 검사 결과는 확정적인 것이 아니라 다만 내담자 이해를 위한 참고자료로만 이해하며 해석된 내용이 선입견으로 작용되지 않게 주의한다.
- 이 자료는 내담자의 단편적 의식을 엿보는 단서로 활용하면서 다른 자료와 함께 종합적으로 판단하여 이해하여야 한다.
- 진행하는 동안 조용한 음악을 틀어 주어도 좋다.

4. 심리극 기법

심리극 기법(psychodrama technique)은 1912년 정신과의사인 모레노(J.

L. Moreno)에 의하여 창시된 집단정신 요법(group psychotherapy) 중의 하나다. 심리극은 연극적 방법을 통해서 인격의 구조, 대인관계, 갈등 및 정신적 문제들을 탐색하며, 집단치료의 의미도 내포하고 있다. 심리극의 목표는 내담자의 감정적 문제, 정서적 갈등이나 경험을 극화시켜 연기하게 하여 자신의 느낌을 동작으로 자유롭게 표현할 기회를 제공하는 것이다. 이로써 잘못된 편견이나 오해 등을 풀고 적응력을 회복시켜 치료를 돕는다. 이렇듯 내면의 문제를 통찰하고 탐구하게 하여 치료적 효과를 가져오는 심리극은 내담자에게 현실 문제를 직면시켜 주는 효과가 있다. 구체적으로는 내담자로 하여금 무대 위에서 여러 가지 역할을 연기하도록 함으로써 내적 갈등과 경험을 표현시켜 통찰을 얻게 하며 동시에 새로운 역할을 학습하게끔 하는 것이다. 연극이 끝나면 모든 가족들에게 느낀 소감을 털어놓거나 비판을 하게 하여 치료적인 대화를 계속한다.

심리극을 구성하는 요소로는 다른 사람의 도움으로 자신의 정서적 문제를 표현하는 주연기자(주연, protagonist, 내담자가 담당), 상담자의 조수로서 주연의 느낌 표현을 돕기 위하여 행동하고 연극화할 수 있는 훈련된 보조인물(보조자아), 무대 감독(director)이며 연출가인 상담자, 관중, 무대가 있다.

심리극 기법을 위해 상담자는 우선 내담자가 관중석에 있을 때 미리 이 내담자의 문제에 대해서 질문과 대화를 나누어 워밍업을 해 둔다. 이를 위해서 상담자는 의자를 옮기거나 다양한 화제로 집단과 이야기를 나누고, 언제까지 할 것인지, 어떻게 할 것인지에 대해 이야기해 보는 등 적극성을 보여야 한다. 그 후 주연기자(내담자)를 무대에 불러내어 자발적으로 대사를 결정하도록 하여 자기 스스로가 연기를 하게끔 한다. 이때 내담자가 "그 문제가 나를 힘들게 합니다."라고 말함으로써 심리극이 시작된다. 그리고 여러 다른 기법들을 사용하여 내담자의 문제를 탐구해 나간다. 그때 주연기자를 상대하게 되는 사람은 보조자아 또는 관중 중에서 자유로이 선택된다. 이렇게 하여 주연기자(내담자)는 무대 위에서 자신의 현실생활을 재현하고, 그 연기와 상담자의 치료적 지도 및 관중의 충고와 도움을 받아 자신의 장애를 극복하고 현실생활에 대한 자신감과 자발성을 되찾을 수 있게 된다. 드라마가 끝나면 내담자, 보조자아, 관객 모두가 숙고하는 자세로 감정을 가라앉힌다. 내담자의 감정을 함께 공유한 후, 가족원들이 내담자에 대해 갖고 있는 생활 감정에 대해서도 나눈다.

심리극의 기법으로는 혼자서 자신의 감정과 상황을 이야기하는 독백(soliloquy), 역할을 다른 사람과 서로 바꿔보는 역할 바꾸기(role reversal), 자신의 상황을 다른 사람이 거울에 비춰 보듯 연기하는 거울 기법(mirror technique), 자신의 가장 소중한 것을 찾고 이를 다른 것과 바꿔 보는 과정에서 통찰을 얻게 되는 마술 상점(magic shop), 여러 개의 의자를 놓고 자신과 중요한 관계에 있는 인물들을 설정한 후 혼자 대화하는 빈 의자(empty chair), 보조자아가 내담자와 함께 행동하며 내담자의 심리를 보여주는 이중자아(double technique), 몇 사람의 보조자아가 내담자가 각 상황에서 나타내는 행동을 재현함으로써 상황에 따른 내담자의 특성 변화를 알게끔 돕는 '복합이중성(multiple double)', 죽음에 대한 공포를 완화시키고 죽음 상황을 재연해 보는 '죽음과 재생의 장면(death and rebirth scene)', 죽음 이후의 상황에서 현재의 상황과 심리를 파악하는 '심판의 장면(judgemental scene)', 내담자가 없다는 가정하에 내담자에 대한 평가를 나누는 '등 보이기(behind your back)' 등이 있다. 심리극의 다양한 기법들은 각각 개별 기법으로 상담 상황에서 사용될 수 있다.

1) 독백

독백(soliloquy)은 말이 없는 노인, 혹은 대화 도중에 침묵이 자주 발생하는 경우에 사용하는 기법이다. 이 기법에서는 단순히 무슨 생각을 하고 있느냐고 물어보는 대신에 방금 스쳐 지나간 생각이나 느낌 같은 것을, 그것이 이야기하기가 곤란한 것이라 할지라도 그대로 이야기할 수 있을지를 묻고 내담자 혼자 말해 보도록 한다. 그 밖에도 집을 드나드는 동안 드는 생각, 문득문득 떠오르는 생각들, 친구나 또래를 만났을 때 드는 생각, 사람과 이야기하고 있던 도중의 생각, 상담실에 처음 와서 상담자를 만났을 때 느꼈던 점, 또는 과거 이야기 가운데 당시에는 특별한 반응을 보이지 않았던 문제에 관해 독백할 수도 있다. 일반적인 독백은 자유연상과 달리 특정 상황이 주어지며, 특정 상황에서 드러나지 않았던 숨겨진 사고 및 감정의 표현과 명료화에 도움이 된다.

특히 치료적 독백(therapeutic soliloquy)은 심리극에서 대화 도중에 고개를 돌려 자신의 내면의 느낌을 표현하는 기법을 말한다. 이는 내담자의 감정 표현을 고조시키고 촉진시키기 위해 주로 사용된다. 예를 들면, 다음과 같다. "방금 남편에 대해 이야기하셨는데 그 이야기를 하는 도중에 머리에 스쳐간 생각이나 어떤 느낌 같은 것이 있었는지요? 어떤 것이었습니까? 이야기 도중에라도 얼핏 다른 생각이 떠올랐다가 사라지는 생각이나 느낌이 있었다면 이야기해 보세요."

2) 역할 바꾸기

역할 바꾸기(role reversal)는 갈등상태에 있거나 문제를 포함하고 있다고 여기는 두 사람이 서로의 역할을 바꾸어 봄으로써 상대방의 입장에서 자신의 문제와 갈등을 보게 하는 기법이다. 이 기법을 통해 내담자는 상대의 역할과 상황을 이해하고 자신의 생각과 표현 방식도 더불어 이해하게 된다. 특히 가족 속에서 자신을 표현하는 데 어려움이 있는 노인들이 질문에 대한 답변을 스스로 찾도록 돕는 경우 상담자와의 내담자가 서로 역할을 바꾸어 보는 기법은 효과가 있다. 그러나 상담자–내담자 간 라포가 형성되지 못한 경우에는 내담자가 당황할 수 있기 때문에 신중해야 한다.

상담자는 역할 바꾸기 기법을 설명한 후 내담자에게 상담자 역할을 시도하게 한다.[1] 이때 상담자 역할을 맡은 내담자가 답변을 못하거나 어색해하는 경우가 많다. 그러나 실망을 해선 안 된다. 자신의 질문에 자신이 답변해 보려는 시도 자체만으로도 이미 자신에 대한 인식을 바꿀 수 있는 기회가 될 수도 있기 때문이다. 내담자의 반응을 더욱 촉진하기 위해서는 질문을 과장, 확대, 변경해서 반복하거나 상황을 달리하여 적용해 볼 수도 있다. 예를 들어 노년기에 갈등이 심화된 남편과 아내를 함께 초대하여 아내가 남편의 역할을 맡게 하고 남편이 아내의 역할을 맡게 하여 서로 상대방의 역할을 하고 다시 역할 교대를 하면서 노부부는 상호간에 상황과 감정을 파악할 수 있게 된다.

3) 거울 기법

거울 기법(mirror technique)은 자존감이 낮거나 대인관계가 어려운 노인, 비협조적인 노인, 우울 증상이 있는 노인들이 스스로를 살피도록 돕는데 유용한 기법이다. 이 기법은 상담자가 내담자의 행동, 자세, 말투 등 모든 것을 거울에 비추어 보듯 똑같이 흉내 내는 것이다. 이로써 내담자로 하여금 자신을 보다 객관적으로 보고 평가할 수 있게 해 주며 자신의 표현 방식을 변화시키고자 하는 의도를 불러일으킬 수가 있다. 이 기법은 내담자에게 불쾌감을 줄 수 있기 때문에 상담자와 내담자 간에 충분한 신뢰관계가 형성된 이후에 사용하는 것이 좋으며 내담자의 동의를 얻는 것이 바람

---

1) 역할 바꾸기 기법은 다음과 같이 시작한다. “이제 저와 자리를 한번 바꿔 앉아 보면 어떨까요? 제가 △△씨가 되고 △△씨는 제가 되는 겁니다. 서로 역할을 바꾸어 보는 것이지요.” (동의를 구한 후 자리를 바꿔 앉고, 방금 전 내담자가 했던 질문/진술을 그대로 기억하여 재진술한다.) “선생님…… 저어, 언제까지 제가 이렇게 살아야 하죠? 저는 이렇게밖에는 살 수가 없는 건가요? 정말 제가 달라질 수 있을까요? 이건 사는 게 아니에요.”

직하다.

4) 마술 상점

마술 상점(magic shop)은 내담자 내부의 긍정적인 자원을 탐색하고 생의 목표와 가치를 명백히 하는 데 도움이 된다. 이 기법은 이를테면, 가족원 모두가 가게 주인 흉내를 낸 후에,[2] 고객을 맞아 필요할 것을 고르게 한다. 살 물건을 선택한 후에 왜 그 물건을 원하는지, 언제부터 바라고 있었는지, 그걸 갖게 되면 정말 만족할 수 있는지 등을 물어본다. 어느 정도 충분한 설명이 있게 되면 이번에는 반대로 그 물건이 꼭 필요한 것인지 혹 필요 없는 것인데 사려고 하는 것은 아닌지를 질문한다. 만족할 만한 대답이 나온 후에는 버리고 싶어서 내어놓은 내용들에 대해 내던지거나 토해 내는 상징적 행위를 하게 한 후에 완전히 사라졌다는 느낌을 갖도록 한다. 마지막으로 사고자 했던 것들을 사려는 사람에게 건네준 뒤에 다시 한 번 앞으로 그걸 가지고 살아가게 될 인생에 대해서도 이야기를 나눈다. 이 기법에서 중요한 점은 그동안 자신이 원했던 것, 그리고 버리고 싶었던 것들이 실제로는 그렇게 많은 의미가 없었다는 사실을 발견하는 것이다. 도중에 발생된 예상치 못한 행동에 대한 문제나 관련된 심리적 문제는 차후 상담 상황으로 연결해 살피도록 한다.

---

2) "이제 우리 같이 장사를 한번 해 볼까요? 이번에 열 가게는 마술 상점은 어떨까요? 이 상점에는 없는 게 없습니다. 여러분이 지금까지 본 적도 없고, 들은 적도 없는 그런 신기한 물건들이 가득하죠. 다른 곳에서는 사 본 적이 없는 물건들이죠. 예를 들어 행복, 존경, 이해, 건강, 사랑, 우정, 용서, 믿음, 평화, 신뢰와 같은 여러분 모두 정말 원하고 있는 것들만 파는 거죠. 어떠세요? 여기에는 뭐든 다 있습니다. 여러분이 원하는 것은 무엇이든지 갖추어 놓았습니다. 많이 이용해 주시기 바랍니다. 얼마를 준비할지 고민하지 마세요. 돈은 받지 않습니다. 대신에 여러분이 제일 싫어하는 것, 제발 없었으면 하는 것들을 돈 대신 받습니다. 예를 들어 질병이라든가 미움, 의심, 속상함, 의존심, 슬픔, 불안한 마음, 우울함, 분노와 같은 정말 없어졌으면 좋을 것들을 돈 대신 내시고 원하는 것을 사 가는 겁니다. 자, 그럼 장사 시작합니다."

5) 빈 의자 기법

빈 의자 기법(empty chair)은 빈 의자들을 이용해서 내담자의 상상력을 자극하거나 역할연기(role playing)를 시도한다. 이 기법은 자신에 대한 이해나 내면의 답변을 찾는 데 도움이 되며, 또한 그 대상이 사람이 아닌 의자이기 때문에 보다 자유롭게 상상할 수가 있다. 따라서 내담자의 저항이 약화되는 강점이 있다.

상담자는 빈 의자를 앞에 두고 내담자를 그 상상의 인물과 대화를 하도록 유도한다. 또한 내담자 본인이 그 인물이 되어 의자에 앉아서 대답을 하도록 한다.[3] 필요시에는 의자 대신에 보조자아를 등장시켜 그 인물의 역할을 맡도록 할 수도 있다. 보고 싶은 사람 이외에도 제일 먼저 떠오르는 사람, 배우자, 자녀, 친구, 손자녀, 흠모하는 이, 돌아가신 분 등 구체적인 인물뿐만 아니라 한 번도 되어 보지 못했던 자기 자신, 이상적인 자기 자신을 형상화시켜 대화를 나눌 수도 있다. 또는 비특정인, 예를 들어 울고 있는 아이, 과거의 상처받던 상황의 자신의 모습, 어린 시절 늘 지니고 다녔던 인형, 슬픔에 잠긴 사람, 앉아서 떨고 있는 사람들을 상상하게 한 후 자신을 투사시켜 볼 수도 있다. 의자 이외에도 침대, 창가, 탁자, 식탁 등도 같은 이미지로 사용될 수 있다.

---

3) 빈 의자 기법은 다음과 같이 실행한다. "우리는 이런저런 상상들을 많이 합니다. 저는 이제부터 여러분을 상상의 세계로 안내할까 합니다. 여기 빈 의자가 하나 있습니다. 누군가가 앉아 있습니다. 누구일까요? 여러분이 몹시 보고 싶은 사람 혹은 정말 보고 싶지 않은 사람이 앉아 있다고 상상해 볼까요? 어떻게 앉아 있나요? 표정은 어떤가요? 시선은 어디를 보고 있죠? 뭐라고 첫마디를 하겠습니까? 그러면 그분은 뭐라고 대답하나요? 눈을 감아도 좋습니다. 자 이제 그분에게 정말 하고 싶었던 이야기를 해 보세요."

6) 이중자아 기법

이중자아 기법(double technique)은 내담자의 심리적 경험을 있는 그대로, 또 최고조로 묘사함으로써 문제를 평가하고 갈등을 분석하며 상호 관계를 자극하고 촉진하는 기법이다. 이를 위한 방법으로는 지지, 극대화, 확대, 강조, 풍자, 직면, 해석, 과장, 비언어적 소통의 언어화, 반대화 등 다양하다. 이 기법은 내담자가 자신의 깊은 감정을 표현하게 하는 데 효과적인 기법이다. 특히 의사소통이 어렵거나 말없는 노인, 우울증 노인, 양가적인 노인, 고립감을 느끼는 노인, 그리고 단절이 발생하는 경우에 유용한 기법이다.

이 기법은 무슨 일이든 반응을 잘 보이지 않는 노인 내담자와 어느 정도 치료적 관계가 형성된 후에 사용할 수 있다. 먼저 이중자아 기법에 대해 설명을 한 후[4] 내담자의 동의를 구한다. 상담자는 허공을 보거나 내담자를 쳐다보면서 마치 상담자가 내담자의 마음인 듯 이야기를 하고[5] 내담자의 반응을 기다린다. 반응이 없는 경우 비슷한 내용의 이야기를 강조해서 되풀이하고, 수정을 할 경우엔 수정된 내용으로 다시 한다. 공감을 표시할 경우엔 잠시 동안의 침묵을 지킨 후에 그럴 수밖에 없었던 심리적 원인들에 대한 접근을 시도한다.

---

4) "△△씨, 제가 지금부터 △△씨의 마음이 될 겁니다. 제게 뭔가 할 이야기가 있을 텐데요. 말하자면 뭔가 표현하기 어려운 그런 느낌들을 말해 보고 싶은 거죠. 물론 내가 △△씨의 마음과 똑같아질 수는 없을 겁니다. 제가 거울처럼 △△씨를 따라할 때 뭔가 틀렸다고 느끼시면 언제든지 수정해 주시면 됩니다."

5) 이중자아 기법에서는 상담자가 자리에서 허공을 쳐다보거나 내담자를 쳐다보면서 "참 이상해, 왜 난 언제나 반응이 없을까? 난 지금 울어도 시원찮은 이야기를 왜 아무렇지도 않은 듯 이야기를 하지? 남들이 오해할 수도 있을 텐데, 도대체 알 수가 없어. 난 늘 이렇단 말야, 왜 난 다른 사람 앞에서 진짜 내 마음을 숨기는 걸까?" 와 같이 내담자의 마음이 되어 대변하듯 이야기를 시작한다.

7) 죽음과 재생의 장면

죽음과 재생의 장면(death and rebirth scene)은 상담실의 의자, 긴 소파 혹은 바닥에서 진행된다. 이 기법은 주로 자살충동을 느끼는 노인, 죽음을 두려워하는 노인, 어느 한 가지 일에 지나친 집착을 보이는 노인, 가족 간의 갈등이 심한 노인, 의심이 많거나 증오심이 강한 노인 등의 경우에 유용하게 사용된다.

상담자는 내담자의 특징, 문제의 특성에 따라 그에 합당한 질문을 할 수 있다.[6] 때로는 보조자아들을 등장시켜 죽음을 애도하는 사람들의 역할을 맡도록 할 수도 있다. 이들은 울거나 손을 잡거나 몸을 흔들며 자연스러운 감정을 유도한다. 이 사람들은 내담자가 임종한 직후의 주위 반응을 표현한다. 이 기법의 중요한 점은 죽음의 장면은 반드시 재생 또는 부활의 장면으로 끝나야 된다는 사실이다.[7] 그리고 재생과 부활에 대해 긍정적이고 보다 긴 시간을 투여하도록 한다. 그리고 마지막으로 부활에 대한 피드백과 그 내용에 대한 고찰을 한다. 노인 자신의 죽음뿐 아니라 미워하는 사람,

---

6) 죽음과 재생 장면의 예를 들면 다음과 같다. "인생은 참으로 알 수 없습니다. 시작한 듯하면서 이내 끝을 향해 가니 말이죠. 그렇습니다. 언젠가 10년 후, 20년 후, 언젠가는 우리도 이 세상을 떠나게 될 겁니다. 저도 그리고 △△씨도요. 누구라도 죽음을 거부하거나 미룰 수 없습니다. 우리가 인간인 이상 그럴 수밖에 없습니다. 이제 우리가 함께 그 상황을 상상해 보기로 하죠. 자, 지금부터 약 10분 후면 당신이 이 세상을 떠나게 됩니다. 이 세상에서의 삶을 접고 이제 완전히 다른 세상, 죽음의 세상으로 들어가게 된다고 상상해 보십시오. 이제 10분 후면 영원히 다른 시간을 만나게 됩니다. 원하든 원하지 않든 10분 후면 이 세상을 떠나게 됩니다. 자, 여기 누우세요. 눈을 감아 보세요. 할 얘기들이 참으로 많지요? 가장 먼저 누가 떠오르나요? 제일 먼저 달려오는 사람이 누구입니까? 누가 제일 슬퍼할까요? 남기고 싶은 말은요? 이제 5분 남았습니다. 어떠세요? 살아온 인생에 만족하십니까? 아니라면 그 이유는 뭘까요?"

7) 부활과 재생의 장면은 다음과 같이 시행한다. "자 이제 다시 지상으로 돌아올 때가 되었습니다. 이제 눈을 뜨면 △△씨는 다시 부활하게 됩니다. 다시 지상에 내려오게 되는 것입니다. 준비가 되셨나요? 이제 셋까지 세면 눈을 뜨십시오. 하나, 둘, 셋! 자 이제 다시 지상으로 돌아오셨습니다. 돌아오고 나니 기분이 어떠신가요?"

죽기를 바라는 사람, 기타 의미 있는 인물의 죽음을 보조자아가 대신함으로써 내담자를 도울 수 있다.

8) 심판의 장면

심판의 장면 기법(judgemental scene)에서는 내담자가 하느님, 가상의 인물, 철학자, 이상적인 인물들과 만나게 되고 그 역할을 맡은 보조자아가 삶에 대한 평가, 죄의식, 가치관 등을 공개 재판 형식으로 진행하게 된다.[8)] 이 기법에서는 질문과 답변, 추궁과 방어, 및 상징적인 상벌 행위도 가능하다.

9) 등 보이기

등 보이기 기법(behind your back)은 가족관계에서 유난히 독단적이고 교만하거나, 다른 또래 동료들과 어울리지 못하거나, 자주 말썽을 일으키는 노인, 혹은 친구가 없거나, 우울하거나 다른 노인들로부터 배척을 당하고 있는 노인에게 사용한다. 이 기법을 통해 노인은 다른 사람들이 그에 관하여 이야기하는 것을 엿들음으로써 자신을 평가하고 다른 사람들과의 관계 변화에 도움을 얻을 수 있다.

상담자는 내담자의 동의를 구한 후에 마치 내담자가 그 자리에 있지 않은 듯 내담자의 등을 돌리게 한다.[9)] 내담자의 문제에 대한 원인을 가족들

---

8) 재판의 내용에는 다음과 같은 것들이 포함된다. "당신은 인생을 계획한 대로 살아왔습니까? 당신 삶은 스스로 의미 있다고 생각하십니까? 눈치만 보다 끝나지는 않았습니까? 어떤 죄를 지었습니까? 다른 사람들이나 가족들을 미워하고 불신하지는 않았는지요?"

9) 등 보이기 기법은 다음과 같은 말로 시작한다. "이제 △△씨가 나가셨습니다. 자 이제 △△씨에 관해 이야기를 해 볼까 합니다. △△씨는 더 이상 이곳에 존재하지 않습니다. 어떤 말이든지 좋습니다. 마음에 담고 있는 얘기들을 자유롭게 하실 수 있습니다."

과 함께 규명해 보고, 어느 정도 의견이 나오고 가족 간의 대화가 이루어지면 내담자는 다시 방에 들어온 걸로 한다. 그 후 그동안 느낀 바를 가족들에게 이야기하게 한다.

10) 공유

공유(sharing)는 타인에 의한 지지, 감정이입, 일반화로 통찰을 얻는 기법으로서 여러 사람 앞에서 자신의 깊은 내면, 감추고 싶었던 내용, 수치스럽거나 고통스러웠던 일 등을 내어놓고 그 내용을 함께 나누는 것이다.[10)]

5. 역할 기법

역할 기법(role playing)이란 내담자나 상담에 참여하는 내담자 가족들, 혹은 집단상담 참여자가 역할을 맡아 내담자의 문제와 관련된 일련의 상황들을 연극 형식으로 표현하는 것을 말한다. 여기서는 특별히 정해진 대본 없이 참가자들이 자신들의 이야기를 가지고 역할을 맡아 표현한다. 역할극은 내담자의 심층적인 문제들보다는 집단의 현 문제나 개인의 당면 문제를 가족원들이 미리 연습한 내용을 통해 다루고 보여 준다. 역할 기법은 상담 참여자들이 자신들의 이야기를 가지고 대본을 만들거나 연습을 해서 참가자들 스스로 역할을 맡아 보여 준다. 역할을 맡고 수행할 수 있는 능력은

---

10) 공유 기법은 다음과 같이 시작한다. "지금까지 △△씨께서는 여러분 앞에 아무에게도 드러내지 않았던 자신의 마음을 공개했습니다. 너무나 부끄러웠지만 용기를 내어 자신을 드러낸 것입니다. △△씨는 우리에게 어디서도 받을 수 없는 소중한 선물을 주신 겁니다. 우리 가운데 △△씨와 비슷한 경험을 하신 분이 있으신가요? 아니면 이와 비슷한 느낌을 겪어 보신 분이 계신가요? 우리 함께 그 이야기를 나누어 보죠. △△씨의 희로애락을 함께 나누어 갖는다는 의미에서 우리들도 같은 어려움, 같은 슬픔을 겪고 있다는 것을 보여 주시기를 바랍니다."

정상적인 경우 누구나 가지고 있는 능력이기 때문에 처음에는 어색해해도 역할극 과정을 통해 자신감을 갖게 된다. 역할극을 통해 개인이나 집단의 문제가 재연되고 재연된 문제를 가지고 전에는 해 보지 않았던 것을 해 보게 하고, 토론을 통해 새로운 대안을 찾아가게 된다. 이 과정에서 노인은 문제가 해결되는 것을 경험하게 된다.

6. 적극적 경청

적극적 경청(active listening)이란 내담자의 생각과 감정을 충분히 듣고 느끼며 내담자 입장에 서서 이해하는 것을 말한다. 적극적 경청은 내담자의 심정과 감정, 태도를 충분히 살피고 받아들이는 과정이며 이 과정을 통해서 노인은 마음의 문을 열고 경청을 하는 상대방과 충분한 감정적 · 정서적 관계를 형성한다. 적극적 경청을 위해서는 내담자가 무엇을 느끼고 있는가를 내담자의 입장에서 이해하는 공감적 이해가 중요하다. 또한 자신이 갖고 있는 편견이나 고정관념을 넘어서 내담자를 있는 그대로 받아들이는 수용의 자세, 그리고 자신의 감정을 솔직하게 전달하고 내담자를 속이지 않는 성실한 태도가 필요하다. 적극적 경청을 위해서는 언어적 표현뿐 아니라 비언어적 표현에도 신경을 쓰며, 상대가 말하고 있는 것을 피드백해 보고, 충분한 감정 표현의 동기를 만들어 주는 것 등이 중요하다. 노인상담 시 적극적 경청은 내담자 내부의 심층적인 문제들을 이끌어 낼 수 있는 중요한 역할을 한다.

7. 직면

직면(confrontation)은 갈등 상황에서 내담자와 가족원들에게 직접적으로 문제의 핵심과 저항의 내용을 지적해 주는 것을 말한다. 직면을 시도할 때는 노인과 가족들의 심리적인 부담감을 감안해야 하며, 무엇보다 내담자와 그 가족원들이 상담자의 호의적인 의도를 파악하고 있어야 한다. 정보 전달 또한 분명하게 이루어져 가족 내 혼란이 일어나지 않도록 해야 한다. 특히 노인상담에서는 용어 선택과 상황에 대한 책임 있는 진술, 예측할 수 없는 감정적 동요 등을 고려해야 한다.

8. 요약 · 반복 기법

노인들은 이야기를 길고 반복적으로 한다. 따라서 상담 상황에서는 상담 목표가 흐려지기 쉽고 초점이 흐트러지기 쉽다. 이는 자신을 인정받고 자신에게 관심을 집중시키려는 의도와 더불어 자신의 문제가 드러나는 것에 대한 불안감을 반영한다. 즉, 이야기를 반복적으로 길게 늘여서 상담자의 주의 집중을 흐리게 하고, 자신에 대한 파악을 방해하며, 상담자와의 거리를 두고자 하는 목적이 이면에 있다. 이때 필요한 것이 요약 · 반복 기법(recapitulating via summary)이다. 상담자는 내담자 이야기의 요점을 반복하여 이야기해 줌으로써 노인 스스로 자신의 생각을 정리하며, 이야기의 초점을 잡을 수 있게 된다. 이 과정은 내담자에게 상담자가 자신의 이야기를 주의 깊게 경청하고 있다는 것을 확신시켜 줌으로써 상담을 심화시키는 역할을 한다.

9. 의사소통 훈련

노인들은 지나치게 자기주장적이거나, 자신을 표현하고 이해시키는 데 미숙한 경향이 있다. 이는 감정 표현이 익숙하지 않기 때문이다. 이런 경우 의사소통 훈련이 필요하다. 상담자는 내담자가 가지고 있는 감정, 즉 부정적 감정과 긍정적 감정 모두를 직접적이고 분명하게 표현할 수 있도록 인지시키고 분명히 하는 훈련을 시킬 수 있다. 이를 위해서는 내담자를 격려하고 변화나 적응에 대한 안정감을 느끼도록 하는 과정을 가져야 한다.

10. 매체학습

매체학습(video-taping)은 이전 상담 전에 미리 설치해 두어 상담 상황을 담은 비디오테이프나 음성 녹음 테이프를 노인 내담자와 가족원들에게 제공하는 것이다. 이를 통해 노인 내담자와 그 가족들은 함께 이야기해 왔던 상담 시간들을 되돌아보고, 긍정적인 변화의 동력을 얻는다.

제7장

노인상담 유형

노인상담은 그 유형에 따라 대면상담과 비(非)대면상담으로 나눌 수 있다. 대면상담은 다시 1인 상담자와 1인 내담자가 상담하는 면접상담, 1인 상담자와 다수의 내담자 사이에서 이루어지는 집단상담으로 구분된다. 비대면상담은 매체의 종류에 따라 전화상담과 인터넷상담으로 세분화된다.

1. 면접상담

면접상담은 내담자가 직접 상담자와 얼굴을 보면서 자신의 문제를 내놓고 함께 풀어 가는 상담 과정을 말한다. 면접상담은 상담자가 내담자를 직접 보면서 내담자의 언어적 표현과 비언어적 의사소통 형태, 그 밖의 상황에 대한 자세하고 구체적인 정보를 얻을 수 있기 때문에 가장 이상적인 상담의 형태라고 할 수 있다. 그러나 내담자가 직접 상담의 장으로 나와 자신의 정보를 노출해야 한다는 부담감을 가질 수 있다. 상담자 역시 내담자의 문제해결에 대한 욕구를 만족시켜야 한다는 부담감이 있다.

노인들은 자기표현이 익숙하지 않고, 문제의 핵심을 제대로 파악하지 못하거나, 가족들의 협조가 필요한 경우가 많다. 또한 인생 기간이 길기 때문에 상담자에게 한 상황을 설명하기 위하여 지난 기간 동안의 많은 이야기를 하게 된다. 그 과정에서 내용이 반복되거나 기억이 분명치 않아 번복되는 경우가 있어 전체 상담의 핵심을 파악하기 어렵다. 무엇보다 내담자의 연령이 높을 경우, 상담자가 상대적으로 연소하므로 상담자와 내담자 사이의 감정적 연계가 어렵게 된다. 이 경우 상담자는 내담자의 넓은 경험의 폭과 높은 연령에 압도될 가능성이 있으며, 내담자는 상담자를 신뢰하지 못하거나, 자신의 문제를 꺼내는 데 어려움을 겪게 된다.

상담자는 내담자의 진술 및 행동 등 모든 부분에 대한 파악을 통해 내담자 마음속에 들어 있는 강한 욕구의 내용이 무엇인지를 파악할 필요가 있다. 노인들의 경우 자신의 결점을 자신보다 젊은 사람들에게 드러내고 싶어 하지 않으며, 특히 남성 노인이 젊은 여성 상담자와 상담을 하게 될 경우 자신을 은폐하거나 왜곡된 정보를 제공할 가능성이 높다.

내담자가 상담자를 관찰하게 될 경우 내담자는 상담자를 두려움과 염려의 눈빛으로 살피면서 자신이 어느 정도까지 어떤 방식으로 자신을 노출해야 할지를 탐색한다. 이런 경우 상담자는 내담자가 가진 두려움에 위축되거나 내담자를 방기하게 될 수 있다. 따라서 상담자는 전문성을 가지고 내담자의 진술, 비언어적 의사소통 형태, 내담자의 정서 및 성격을 파악하되, 진실함과 이해, 수용의 태도로 상담에 임해야 한다. 그러나 자신이 가진 지식을 강조하거나, 내담자의 자존감에 상처를 줄 수 있는 일을 피해야 하며, 존중과 경청에 중심을 두어야 한다.

노인들의 경우 상담자를 찾아오는 일이 쉽지 않다. 특히 상담료를 지불하는 경우 노인들이 갖는 경제적인 부담 때문에 노인들은 상담을 받으려 하지 않거나, 중간에 상담이 중지되는 경우도 있다.

그러나 노인상담은 대개 개인상담으로 끝나기보다는 가족 전체가 구조적으로 연결되면서 가족치료로 확대되는 경우가 많다. 가족원들의 원활한 협력은 노인 내담자의 문제를 해결하는 데 중요한 자원이 되며, 상담 후 노인의 삶의 질 향상에도 중요하게 기여한다.

면접상담은 내담자와 더불어 다양한 상담 기법들을 사용하여 내담자의 문제에 접근하기 때문에 내담자와 상담자 간에 깊은 이해관계가 형성된다. 이는 내담자를 위한 바람직한 상담 서비스 제공을 위한 기초가 된다.

2. 집단상담

집단상담은 상담자와 함께 자신의 태도와 행동을 수정하고자 하는 다수의 내담자들이 인간 상호간의 작용을 통하여 보다 깊은 자기이해와 자기수용을 이끌어 내는 과정이다. 집단상담을 통해 상담자는 좀 더 많은 내담자들과 상담할 수 있을 뿐 아니라, 집단상담 과정에서의 독특한 학습적 이점도 알게 된다. 또한 집단상담은 치료 목적이나 교육 목적 혹은 두 가지 목적 모두를 위해 사용될 수 있다.

집단상담은 보다 많은 내담자에게 도움을 줄 수 있기 때문에 경제성이 높고, 다른 동료들이 가진 다양한 경험을 공유할 수 있다. 또한 새로운 행동을 시도해 볼 수 있는 기회를 제공해 주는 장점을 가지고 있다. 반면, 상담자가 복잡한 역할을 담당할 수 있어야 하며, 집단상담 과정에서 개인이 심리적 손상을 받을 우려가 있고, 집단경험 자체로만 끝나 일상생활을 개선시켜 주지 못하는 제한점도 지니고 있다. 집단의 목표는 감정의 바람직한 표현, 혹은 자신의 문제나 관심사에 대한 직면과 해결뿐 아니라, 자아개념의 강화 혹은 자기표현의 향상, 대인관계 기술 향상 등을 포함한다. 따라서 효과적인 집단상담을 위해서는 상담자가 내담자들의 참여의식을 높이고 분명한 목표를 설정하며, 바람직한 수준의 긴장감을 제공하고, 내담자가 능동적으로 모임에 참여하고 자신을 노출하며 동시에 다른 참여자의 이야기를 경청하고 공감할 수 있도록 집단 내의 역동을 이끌 수 있어야 한다.

우리나라에서 집단상담에 대한 관심이 일기 시작한 것은 1970년대였다. 학교, 종교단체, 산업현장과 상담 현장을 중심으로 그 관심이 증가되면서 최근 집단상담의 중요성은 그 어느 때보다 크게 부각되고 있다. 공동체와 사회적 관계의 중요성이 부각되면서 공통의 관심사나 공동의 문제를 경험한 사람들을 중심으로 이루어진 집단상담은 아동부터 노인에 이르기까지 세대의 특성을 넘나들며 적용되고 있다. 집단상담이란 유사한 경험이나 공동의 관심사를 가진 내담자들이 자신의 태도와 가치관을 변화시키기 위하여 일정한 집단에 참여하여 개인의 문제를 바람직한 방향으로 해결하고자 하는 교정적이고 상호적인 상담 과정을 말한다. 집단상담에서는 전문적으로 훈련받은 상담자가 중심이 되며 공동의 문제를 가진 내담자들, 그리고 필요한 경우 코리더(co-leader)나 훈련된 도우미들이 상호 유기적으로 움직이며 적극적으로 노출된 공동의 문제에 개입하게 된다. 특히 노인의 특성상 노인 집단상담에서는 코리더나 훈련된 도우미가 거의 상담 회기 내내 동참하게 된다.

1) 노인 집단상담의 의의와 목표

노인 집단은 다른 발달단계에 있는 대상들보다 신체, 정신, 정서 등 다양한 측면에서 독특성을 가지고 있다. 노인 집단의 경우는 집단에 소속된 내담자가 다음에 해당하는 질문에 답을 얻도록 도울 수 있어야 한다. 즉, '늙어 가고 있는 나는 누구인가?' '나는 왜 무엇인가를 점차 잃어 가야만 하나?' '인생은 무엇 때문에 가치가 있는 것인가?' '가족과 배우자는 나에게 무엇인가?' '나는 또래들과 어떻게 유사하고 또 어떻게 다르며, 왜 다른 가?' 코리 등(Corey & Corey, 1992)는 집단상담의 목표를 다음과 같이 제시하고 있다.

- 자존감을 향상
- 자신의 한계 수용하기
- 친밀성을 저해하는 행동을 줄여 나가기
- 자기 자신과 타인을 신뢰하는 방법을 익히기
- 외적인 '압력'과 '부담'으로부터 자유로워지기
- 자기-인식 능력을 향상시켜서 선택과 행동의 가능성을 증가시키기
- 느끼는 것과 느끼는 대로 행동하는 것 간의 차이 알기
- 자신의 소망을 이루지 못하게끔 하는 부적절한 초기 결정에서 벗어나기
- 다른 사람들도 치열하게 살고 있다는 것을 알기
- 자신의 가치를 명료하게 하고 그 가치를 수정할 것인지, 그리고 수정한다면 어떻게 수정할 것인지를 결정하기
- 불확실한 세상에서 선택하는 방법을 배우기
- 개인적인 문제를 해결할 방법을 찾기
- 다른 사람을 배려하는 능력을 향상시키기
- 보다 개방적이고 정직해지기
- 지금-여기의 집단 상황에서 다른 구성원들을 직면하기
- 다른 사람들을 지지하고 다른 사람들에게 도전해 보기
- 배려 깊고 신중하게 다른 사람들과 대면하기
- 자신이 원하는 것을 요청하는 방법을 알기
- 다른 사람들의 욕구와 느낌에 대해 민감해지기
- 다른 사람들에게 유용한 피드백을 제공하기

노인 집단상담은 발달시기상 신체적으로나 정서적으로 동일한 경험을 하고 있는 노인들에게 심리적인 위로를 줄 수 있고 타인을 통해 얻는 대리학습 과정을 제공하며 높은 학습효과를 보인다. 노인 집단상담은 동일한 경험에 대해 다른 사람들은 어떻게 느끼고 있는가를 발견하고 자신의 경험을 노출함으로써 타인에게도 자신의 경험을 공유할 심리적 공간을 제공하게 된다는 면에서 심리정서적으로 큰 역할을 담당한다. 또한 자신의 생애에서 고민했던 심각한 잘못이나 실수가 수용되고 또래나 동료를 통하여 도움을 얻을 수 있게 되며, 자신이 다른 사람에게 영향을 미치거나 다른 사람의 삶에 긍정적인 역할을 할 수 있다는 보람찬 기분, 속임 없이 자신의 감정과 상황을 이야기할 수 있다는 안도감, 자신의 감정을 솔직히 노출해도 비난받지 않는 안정감 등은 노인 집단상담의 큰 장점이라고 하겠다.

2) 노인 집단의 형태

대개 집단상담은 지도집단, 집단치료, 감수성집단 등과 맥락을 함께 하고 있다. 이들 모두 고유의 운영 형태나 특성을 갖고 있다. 그러나 최근 노인 집단치료에서는 이러한 용어들을 구분하지 않고 사용하거나 혼용해서 사용한다.

(1) 노인 지도집단

노인 지도집단은 교육적 · 직업적 · 사회적 · 지적 정보와 같은 노인의 개인적 요구나 관심사에 반응하여 적절한 정보를 제공하고자 할 때 사용한다. 대개는 특정 지도집단이 정해져 있거나, 집단의 일부가 그 대상이 된다. 노인 지도집단은 구조화가 잘 되어 있고, 공동으로 논의될 주제는 대개 집단의 지도자에 의해 선정된다. 치료적이거나 사회적 관계 구성보다는 대개 정보와 지식 전달이 중심이 되기 때문에 심리적 장애의 치료보다는 문제 예방에 관심이 집중된다.

(2) 노인 집단상담

전달보다는 개인적 문제에 더 집중하는 노인 집단상담은 앞서 말한 노인 지도집단보다는 덜 구조화되어 있고 다루는 내용 역시 개인적인 주제들이다. 여기서 상담자의 역할은 집단원들이 자신의 삶의 제 문제들을 편안하게 꺼내어 놓고 이야기할 수 있도록 안정적인 분위기를 구성하는 것이다. 대개 노인 집단상담은 낯선 상담자의 지도하에 진행되는 경우가 많기 때문에 라포 형성에 각별히 신경을 써야 한다. 무엇보다 리더십과 전체를 아우를 수 있는 능력이 중요하며, 시간 조절 및 내담자 개개인의 발언을 보장하는 것도 노인 집단상담에서는 중요한 관건이 된다.

(3) 노인 집단치료

노인 집단치료는 말 그대로 치료, 즉 대개 노년기에 발생하는 다양한 정신적 문제들을 치료하는 것을 주된 목적으로 한다. 이와 같은 정신적 문제는 본래 개인치료가 적용되어야 할 부분이지만 노인이라는 특성과 전문가의 부족이라는 현실적인 문제로 집단치료를 적용하는 것이다. 노인 정신질환이 증가하면서 요양시설과 주간보호시설 등에서 정신건강 증진을 위해 주로 사용되면서 최근 주목받고 있다. 집단치료는 대개 '정상적으로' 기능할 수 없는 내담자를 대상으로 하므로 집단상담보다 장기간을 요하며 치료자도 더욱 높은 수준의 훈련을 받고 전문적인 기술을 갖추어야 한다. 초기 치매 환자들에게 주로 사용된다.

(4) 노인 감수성집단

노인 감수성집단은 앞서 살핀 집단들과 달리 신체적으로나 정신적으로 건강하고 정상적으로 기능을 하는 노인 집단을 대상으로 한다. 이 집단은 매슬로의 자아실현의 욕구를 노년기에 실현할 수 있도록 돕는다. 이를 위해서 이 집단은 개인의 자아인식을 발달시키고 개인의 잠재력을 발굴하는 데 초점을 둔다. 즉, 건강하고 잘 기능하고 있는 노인들에게 자기인식과 대인관계에 있어서 자신의 잠재력을 탐색하고 실험할 기회를 제공한다. 주로 신뢰확보, 개방성 강화, 욕구 발견하기, 의미 있는 새로운 시도하기 등을 통해 집중력을 향상시키고 개인적이고 친밀한 경험을 강화한다.

3) 집단지도자의 자질

집단지도자의 리더십은 집단상담의 가장 핵심적인 요소 중 하나다. 집단의 지도자는 인간에 대한 심층적 이해와 의사소통 능력 및 집단역동에 대한 충분한 이해를 가져야 한다. 집단지도자의 성격, 가치, 동기, 욕구, 인생경험, 종교 등 그의 이론적 토대와 전문적 치료방향에 따라 집단상담 진행 시 큰 개인차를 보인다.

집단역동을 만들어 내기 위해 필요한 기지, 유머, 재치는 집단의 라포 형성과 집단 내 상호작용에 영향을 미치고, 리더의 인간적인 품성은 집단의 운영 윤리와도 직결된다. 리더가 보이는 민감성(민감한 반응), 상대방에 대한 배려와 공평성, 적절한 자기노출은 성공적 집단상담의 중요한 요소가 된다. 따라서 리더는 자기 자신에 대한 구체적 분석과 파악을 통해 자신의 특성을 잘 살려 집단역동에 유익을 주어야 한다. 리더가 집단에 긍정적 영향력을 행사하며, 방향을 결정하고 열정과 의지를 통해 역동을 만들고, 반응에 집중할 때 집단상담의 성패가 결정된다.

리더는 집단의 기능이나 특성이 무엇인지, 또한 집단원들의 개별적 특성은 어떠한지 분석하고, 집단 운영에 필요한 기술과 기법을 습득해야 한다. 이를 위해서는 창조적 적용 과정과 다양성을 인정하는 자세가 더불어 필요하다.

집단상담을 이끄는 능력은 단순히 몇 권의 책을 읽어서 만들어지는 것은 아니다. 좋은 집단역동을 만드는 능력을 위하여 다음의 몇 가지 항목을 제안한다.

- 다양한 집단상담에 (집단원으로 혹은 코리더로) 많이 참여해 본다.
- 자신이 참여했던 집단상담 결과와 리더의 특성에 대해 분석한다.
- 유능한 지도자로부터 슈퍼비전을 받는다.

4) 노인 집단상담의 과정

노인 집단상담은 여러 단계를 거쳐 진행된다. 핸슨 등(Hansson et al., 1993)은 집단상담의 과정을 ① 집단의 시작, ② 갈등과 직면화, ③ 응집성의 발달, ④ 생산적 행동, ⑤ 종결 등의 5단계로 나누어 설명한다. 얄롬(Yalom, 1993)은 집단상담의 과정을 ① 오리엔테이션 단계(주저하는 참여, 의존성의 단계), ② 갈등 단계, ③ 응집성 발달의 단계, ④ 하위집단 형성의 단계, ⑤ 자기공개의 단계, ⑥ 종결 단계 등의 6단계로 나누고 있다. 여기서는 말러(Mahler, 1969)의 견해에 따라 집단의 발달 과정을 다음과 같이 4단계로 나누어 설명고자 한다.

- **참여 단계:** 이 단계에서는 집단 목표를 분명히 하고, 집단구성원들이 서로 낯선 느낌을 줄이고 신뢰할 수 있는 분위기를 만들어 가는 단계다. 상담자는 참여자들의 정서적 역동을 읽어 내는 민감성이 필요하며 상담분위기를 형성하고 유지시키는 데 주력해야 한다. 대개 이 단계는 한 번의 모임으로 완결되기도 하나 노인상담의 경우 2회까지 여유롭게 진행하도록 한다.
- **과도적 단계:** 이 단계에서는 집단원들이 각자 자신의 존재를 각인시키

고자 하며, 지도자를 사이에 두고 혹은 집단원 상호 간에 갈등이 생기며 상담자에 대한 저항도 증가한다. 따라서 이 단계에서 상담자의 기술이 특히 중요하다. 이 단계에서 상담자가 해야 할 주요 과제는 집단에 참여하는 과정에서 일어나는 망설임이나 저항, 방어 등을 잘 다루어 집단원들이 집단에 적극적으로 참여하며 자신과 다른 참여자들의 존재를 인식하도록 돕는 것이다.

- 작업 단계: 이 부분은 집단상담의 핵심이다. 즉, 이 단계에서 참여자들은 집단을 신뢰하고 자기를 솔직하게 노출한다. 또한 상당수의 참여자들이 자신의 구체적인 문제를 털어놓고 활발하게 논의하며 바람직한 관점과 행동방안을 모색하게 된다. 이때 상담자의 역할은 참여자들이 집단역동을 분석하고 문제를 다루어 나가는 데 참여자들이 자신감을 얻도록 돕는 것이다. 이 시기에 참여자들은 확신과 높은 사기, 소속감을 갖게 된다.
- 종결 단계: 상담 초반의 목표와 현재의 상태를 비교하는 것이 바로 이 시점이다. 이 단계에 상담자는 집단에서 다룬 문제를 생활에 어떻게 적용할 것인가를 생각하도록 해야 한다. 또한 상담종결을 준비하면서 종결에 대한 참여자들의 느낌을 나누고 평가를 나누도록 한다.

5) 노인 집단상담의 이점과 제한점

집단상담에서 얻을 수 있는 이점은 다음과 같다.

- 상담자는 집단상담을 통해 다양한 내담자들과 접촉할 수 있다.
- 집단상담의 경험은 개인상담에 대한 두려움을 줄여 개인상담 참여를 촉진시킨다.
- 집단상담 참여를 통해 노인들은 자신과 유사한 경험을 한 타인과 상호

교류를 할 수 있는 능력을 개발하게 된다.

- 집단상담은 개인상담에 비해 시간과 비용 면에서 경제적이다.
- 집단상담은 나와 유사한 경험을 하는 사람들을 통한 대리학습 과정을 경험하게 하며 이를 통해 현실적이고 실제생활에 적용할 수 있는 실질적 정보를 제공한다.
- 집단상담 참여자들은 같은 경험을 가진 동료들의 집단적인 공통의견에 대한 저항이 적고 수용적이다.
- 집단상담에서 참여자는 문제를 해결할 뿐 아니라, 문제를 발견하는 역할을 한다.
- 집단상담에서는 상호 간의 깊은 사회적 교류경험을 통해 상담치료가 끝난 후에도 자조(自助)집단을 형성하여 치료기간 후 상호협력 대상을 가질 수 있다.
- 집단상담에서는 학습을 통한 교육 효과를 제공한다.

집단상담의 장점은 관계를 촉진시키고, 사회화를 강화하는 경험을 제공하는 등 다양하다. 특히 현재 노인상담 분야에서는 집단상담이 개인상담 못지않게 많이 진행되고 있다. 개인상담에 대한 부담을 최소화하면서 문제해결에 접근하고, 나아가 자조집단을 형성하는 데까지 이를 수 있는 등 집단상담의 이점은 실로 크다.

한편, 코리 등(Corey & Corey, 1992)는 집단상담의 제한점을 다음과 같이 설명하고 있다.

- 어떤 상담자와 내담자는 집단경험에 너무나 큰 기대를 걸고 있어 집단상담을 만병통치약으로 생각한다.
- 집단규범을 따라야 한다는 압력 때문에 내담자가 자신의 규범을 집단의 규범으로 부적절하게 대치하는 경우가 있다.

- 어떤 내담자에게는 집단경험 그 자체가 목적이 되는 경우가 있다.
- 어떤 내담자는 집단경험의 이해와 수용을 잘못 사용하는 경우가 있다.
- 집단경험을 해 본 것 이외에는 훈련을 받아 본 적이 없는 사람이 집단을 구성해서 상담을 하려고 할 때는 부적절한 지도성 때문에 위험이 뒤따르게 된다.
- 집단으로 인한 심리적 피해의 가능성은 심리적 성장의 가능성만큼이나 크다.

6) 집단상담에서 고려할 사항들

우리나라 노인들의 경우, 개인상담에 대한 부담감이 크고 연소한 상담자에게 자신을 노출하기를 꺼려하기 때문에, 집단상담의 활용은 노인들의 상담 욕구를 크게 만족시킬 수 있을 것으로 보인다. 노인 집단상담에 참여하는 노인들은 대개 적극적이고 능동적인 경우가 많다. 그리고 그렇지 않을지라도 노인들 간에 형성하는 역동은 대개 서로를 지지해 주고, 노인들이 서로에게 치료자 역할을 하는 경우가 많다. 다만 노인 집단상담 시 상담자는 노인들이 자신들의 문제에 빠져서 집단의식을 잃거나, 한 주제에서 맴돌며 일부 참여자들에게 공격적인 방향으로 분위기가 흐르지 않도록 조절해 주어야 한다. 또한 집단 내에 흐르는 상담을 방해하는 분위기들, 즉 지나친 공격성, 일방적인 독백, 회피, 불안 등을 지적하고 원만히 해결할 수 있어야 한다. 그만큼 집단 인도자의 역할이 중요하다. 또한 상담자는 집단이 생산적일 수 있도록 하는 여러 가지 집단 기법에 익숙해져 있어야 하고, 집단원 개개인과 집단의 역동성에 민감할 수 있도록 감수성 훈련 등 많은 집단경험을 스스로 가져야 한다. 즉, 집단상담을 효과적으로 진행하기 위해서는 집단상담의 기법들을 이론으로만 알 것이 아니라 실제 노인상담의 현장에서 자연스럽게 몸에 익혀야 한다.

〈표 7-1〉 집단상담 시의 고려 항목

구분	내용
집단의 장면	편안한 곳(친화감)
집단의 크기	6~8명(인원 과다: 개인문제 탐색의 어려움, 집중력 저하, 인원과소: 개인에게 미치는 압력과 부담감 증가)
상담 횟수	8~10회(주 1~2회)
집단의 연령	주제에 따라, 가능한 한 또래로

7) 집단상담의 윤리적 문제

집단상담에서 발생하는 다양한 문제들은 집단상담 과정에 걸림돌이 될 뿐 아니라 내담자들에게 치명적 상처를 입히기도 한다. 집단상담에서는 기법의 미숙한 적용이나 오 · 남용, 비밀 누설, 부당한 압력이 가장 일반적인 문제로 나타난다.

기법의 미숙한 적용이나 오 · 남용은 대개 기법에 대한 확신이 없거나 직면에 대한 어려움 때문에, 혹은 자신의 두려움을 감추려는 리더 때문에 일어나는 경우가 많다. 리더가 실수를 인정하기 힘들어하거나 이를 극복할 수 있는 방안을 급하게 찾으려 할 때 기법의 오 · 남용이 많아진다. 경우에 따라서는 리더 자신이 기법의 오 · 남용 상태인지조차 모르는 경우도 많이 있다. 슈퍼비전은 이럴 때 크게 도움이 된다.

비밀보장의 문제는 상담 과정을 녹화 혹은 녹음하는 경우, 집단원들 간에 비밀이 지켜지지 않는 경우 등에서 나타난다. 먼저 상담 과정에 대한 녹음과 녹화는 반드시 집단원들의 동의 절차를 거쳐야 한다. 또한 집단원들 간의 비밀보장에 대해서는 동의서를 활용하거나 지속적으로 비밀보장에 대해 언급하여 주지시키는 것도 도움이 된다.

특정 집단원 혹은 전체 집단원에 대한 부당한 압력이 있다면 이 역시 윤리적인 문제로 다루어야 한다. 집단원의 수와 특성은 다양하므로 모든 집단의 역동이 달리 나타난다. 이 과정에서 적극적으로 참여하지 않는 집단원에 대해 적극적 참여를 독려하거나 촉진할 수 있지만, 모멸감을 준다거나 중도에 포기하고자 하는 집단원을 강제할 수는 없다. 결석을 하거나 집단을 이탈하려고 할 때조차 리더는 이를 허락해야 한다. 만일 집단 전체를 떠나려는 이유가 있다면 이를 말하게 하고, 남아 있는 집단 전체에 미칠 수 있는 부정적인 영향을 최소화하도록 해야 한다.

3. 전화상담

전화상담은 전화매체를 활용하므로 내담자의 요구에 신속하게 대응할 수 있으며 내담자의 문제와 위기에도 즉시 개입할 수 있다. 전화상담의 특징으로는 단기상담, 익명성, 신속성, 내담자의 선택 용이성 등을 들 수 있다.

전화상담은 내담자가 현재 처해 있는 어려움에 주로 집중한다. 그 이유는 전화상담이 주로 단회상담 혹은 단기상담으로 끝나는 경우가 많기 때문이다. 다시 말하면, 전화상담은 한 번의 상담을 통해 내담자에게 현재 가장 시급한 문제, 내담자가 가장 도움을 받고 싶은 영역을 보다 효율적으로 상담하는 데 용이하다.

노인들이 전화상담을 선호하는 큰 이유 중 하나는 익명성(匿名性)이다. 그만큼 자신을 밝히지 않고 문제를 해결하는 데 도움을 받을 수 있다는 장점이 있다. 또한 면접상담에서는 심중의 이야기로 들어가기까지 상당한 시간이 걸리지만, 전화상담에서는 보다 용이하게 문제의 핵심으로 들어가 문제의 깊은 감정적 차원까지 들어갈 수 있다는 장점이 있다. 그러나 전화상담은 이러한 강점과 더불어 면접상담에 비해 내담자의 진실성을 확보하기 어렵다는 단점도 있다.

전화상담은 보다 시급한 상황에 당면한 내담자에게 신속하게 대처하여 그 문제에 대응한다는 특징을 가지고 있다. 특정한 문제를 오랫동안 가지고 있는 내담자보다는 시급히 해결하고 싶은 당면 문제를 가진 내담자가 전화상담을 요청하는 경우가 많다. 따라서 그만큼 내담자에게 보다 강한 문제해결 의지를 엿볼 수 있다. 이럴 때 상담자가 적절히 상담을 할 수 있다면 그 도움의 효과는 그만큼 더 커질 수 있다.

전화상담은 내담자가 자신이 원하는 시기에 상담자의 의지에 무관하게 상담의 시간을 결정할 수 있다. 또한 상담 중 내담자의 현실적 상황이나 심리적 상황에 따라 상담의 중지를 결정하는 것도 내담자 자신이다. 전화상담자들은 전화상담의 이러한 특징을 잘 알고 있어야 하며 더 나아가 상담이 중도에 결렬되지 않고 유지될 수 있을지에 관한 꾸준한 분석을 해야 한다.

특히 전화상담은 노인상담에서 중요한 영역이다. 노인의 경우, 연소자와의 대면을 통한 상담에 부담감이 없고, 거동이 불편한 경우에도 심리적·신체적 부담감을 덜 수 있다. 기관에 찾아가거나 개인에게 찾아가 상담을 받는 경우보다는 심리적·경제적으로 부담이 덜하기 때문에 전화상담은 노인상담의 주요 방법으로 사용되고 있다.

한국노인의전화에 걸려온 가족 관련 상담 사례와 경남노인의전화 상담 사례를 분석해 보면 우리나라의 노인 전화상담의 특성은 다음과 같이 요약될 수 있다(현외성 외, 1998).

- 노인 전화상담은 상담 영역 면에 있어서 매우 다양하게 행해지고 있으나, 특히 취업, 노인 관련 주거시설이나 복지시설, 병원, 혹은 노인여가복지시설 등에 대한 정보문의를 위해 가장 많이 사용된다. 즉, 일회성과 즉시성, 편리성 등 전화상담의 특성은 유효한 정보를 제공해 주는 데 적합한 역할을 한다.
- 정보 제공 이외의 상담에서 노부모 부양의 정서적 문제, 노인의 건강상의 문제, 경제적 문제가 3대 문제로 드러나는 것으로 보아 우리 시

대 노인들은 가족 내 역할의 문제, 경제적 상실, 건강상의 어려움 등으로 고생하고 있다는 것을 알 수 있다.

- 노인 전화상담은 문제의 해결보다는 내담자의 호소를 들어 주고 공감해 줌으로써 내담자의 감정을 돌보아 주고, 지지해 주는 역할을 주로 하고 있다. 특히 노인들뿐 아니라 노인을 부양하는 가족원들에게도 노인으로 인한 갈등을 이해하는 데 도움을 준다.
- 노인 전화상담을 이용하는 내담자는 노인 이외의 가족원인 경우가 더 많다. 이는 우리 사회의 노인들이 문제가 없어서라기보다는 노인들로 하여금 상담이라는 채널을 이용하지 못하게 하는 장애 요인이 있기 때문으로 보인다. 예를 들면, 낮은 교육 수준이나 '참고 산다'는 식의 생활태도, 혹은 전화상담기관에 대한 홍보 부족과 상담에 대한 부정적인 인식이나 두려움 등의 복합적인 요인들이 작용한다. 그러나 이러한 현상은 현재의 성인 자녀들이 노년기에 접어들수록 점차 완화될 것이다.
- 노인들의 전화상담 이용은 지역 간에 많은 격차가 존재한다. 이는 노인들의 교육 수준과 의식 수준, 생활환경 등의 지역 차를 반영하고 있다. 노인들이 직면하는 문제들은 지역의 노인복지 수준과 관계가 있기 때문이다.
- 전화상담기관을 통해 이루어지는 노인 전화상담은 주로 전화상담 자원봉사자들이 담당하고 있다. 이는 노인 전화상담이 주로 단순한 정보제공이나 정서적 지지 등의 상담의 기초적 수준을 넘어서지 않는 단순 상담의 내용이 많기 때문이기도 하지만, 노인 전화상담의 질적인 측면에서 우려되는 점도 있다. 그러나 이러한 우려는 점차 불식될 것이다. 전화상담을 실시하는 기관들이 상담 자원봉사자들의 선발, 교육에 힘쓰고 있으며, 자원봉사자들은 삶의 경험과 지혜, 교육을 통한 지식과 상담 기술들을 통합하여 양질의 상담을 제공하기 위해 노력하고 있기 때문이다.

우리나라는 노인의 사회적 서비스 프로그램의 일환으로 전화방문 서비스를 시작하였다(최성재, 1999). 전화방문 서비스는 정부의 재정적 지원을 통해 민간 사회복지기관으로 이양되어 주로 저소득층 노인을 대상으로 실시되고 있다. 현재 경남 창원 소재 경남노인의전화에서는 창원시에 거주하고 있는 독거노인들에 대한 전화방문 서비스를 1996년 6월부터 실시하고 있다. 전화방문 서비스의 기능과 역할을 요약하면 다음과 같다.

- 전화방문 서비스는 노인들의 수동성을 고려하여 복지공급자 측면에서 적극적으로 수행하는 대인 서비스의 특성을 갖고 있다. 즉, 자신의 욕구를 구체적으로 요청하거나 드러내지 못하는 노인들을 위해 직접 그들의 생활 현장으로 들어가 그들의 욕구를 충족시켜 준다.
- 전화방문 서비스는 말벗의 역할을 통해 소외와 고립의 문제를 해결하여 주는 정서적 돌봄 행위일 뿐 아니라 숨겨진 문제를 발굴하는 탐색적 역할을 한다.
- 전화방문 서비스는 위기관리 및 위기대처를 위한 예방적 성격을 갖는다.

4. 인터넷상담

평균 수명 연장과 인터넷 보급 확산에 따라 노인들의 인터넷 사용이 증가하고 있다. 조사에 의하면 노인들이 가장 즐겨 이용하는 인터넷 서비스는 이메일, 신문 · 잡지, 게시판, 게임 · 오락 순으로 나타났다. 특히 이메일을 통한 서신 교환에 가장 큰 비중을 두는 것은 소외 극복 차원에서 친구나 친지들과 관계를 유지하기 위해 인터넷을 사용한다는 점과 일맥상통한다(홍명신, 2003).

최근 노인 인터넷 사용자가 늘면서 인터넷 상담은 노인상담의 새로운 매체로 자리매김하고 있다.

인터넷상담이란, 자신의 문제를 해결하고 바람직한 결과를 얻으려 하는 내담자가 인터넷 접속이 가능한 컴퓨터를 통해 훈련된 상담자와 상담적 교류를 나누는 것이다. 인터넷상담은 실시간으로 제공되는 경우도 늘고 있다.

인터넷상담은 내담자가 자신의 문제를 호소하며 글을 쓰는 과정에서 자신의 문제를 정리하는 시간을 주며, 상담자의 답변이 오기까지 기다리면서 문제에 대한 대안을 생각하고, 관심을 지속할 수 있다는 장점이 있다. 상담자는 내담자의 주요 호소문제를 글을 통해 읽고 주어진 호소 내용을 논구하고 숙고할 시간을 가질 수 있으며, 답변을 적어 가면서 다시 한 번 상담 내용을 정리하고 살필 수 있다.

내담자는 자신을 노출시키지 않아도 되며, 실명보다는 가명이나 ID를 사용하여 상담을 요청한다. 따라서 내담자는 자신이 노출되어야 한다는 불안감에서 벗어날 수 있기 때문에 여러 가지 문제(예: 성문제, 자녀문제)를 다양한 차원에서 호소할 수 있다.

그러나 주어진 글로만 상담을 하기 때문에, 내담자는 자신의 상황을 미화하거나 왜곡하여 전달할 수 있다. 혹은 내용이 지나치게 한정적이라 파악하기 힘들 경우도 있다. 또한 단회성 상담인 경우가 대부분이라 문제의 구체적인 상황 파악이나 문제의 심층적인 요인 파악이 어려우며, 내담자의 비언어적 특성을 문체나 한정된 단어 및 그 배열에서 찾아야 하는 어려움 등이 있을 수 있다.

그러나 최근 노인들의 인터넷상담 수요가 늘고 있고 앞으로 기술력 향상과 노인교육 수준의 확대로 인터넷상담은 향후 가장 수요가 커지게 될 상담 영역으로 여겨지고 있다. 인터넷상담의 장점을 정리하면 다음과 같다.

- 익명성이 보장된다.
- 실시간으로 상담이 진행된다.
- 단회적 상담이 대부분이나 다회로 연장될 수 있다.
- 비용이 절감된다.
- 다른 상담 사례들을 통해 상담적 간접경험을 할 수 있다.
- 다양한 정보를 얻는다.

제 3 부

노인의 특성과 상담

제8장

노인의 신체적 특성과 상담

1. 노년기 신체 변화

노년기 신체 변화와 노인성 질환은 동전의 양면과 같다. 노인성 질환이란 신체의 노화로 인하여 발병하는 질병의 총칭으로 장년기에 발병하여 노년기까지 만성적으로 진행되는 경우가 대부분이다. 노인성 질환은 만성퇴행성 질환 혹은 성인병이란 용어로 불리기도 한다. 노년기 신체 변화와 노인성 질환과 관련하여 다음의 사항들이 특징적으로 나타난다.

- 노년기 질병은 노화와 관련된 기능 저하와 밀접한 관련이 있다.
- 뇌 증상(의식장애)을 동반하기 쉽다.
- 회복이 늦고 합병증을 동반하기 쉽다.
- 전해질의 균형이 깨지거나 탈수가 일어나기 쉽다.
- 질병의 증상이 정형적이지 않다.
- 속발증과 합병증을 동반하기 쉽다.

• 일상생활동작(ADL)의 저하가 일어나며 와상 상태를 야기한다.

1) 신체적 변화

(1) 피부와 지방조직

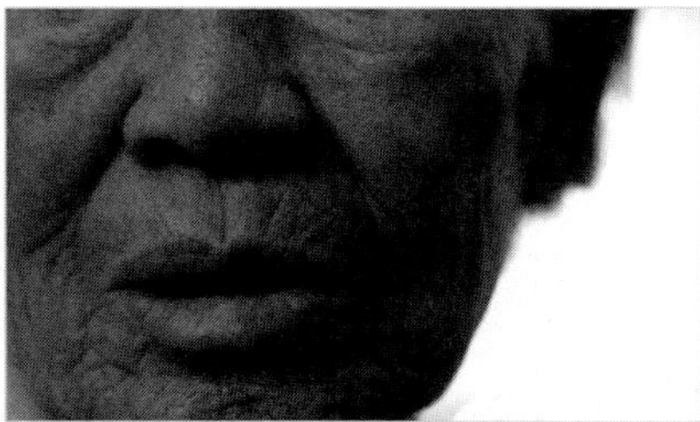

나이가 들어 가면서 검버섯이 생기며 주름이 증가한다.

피부는 조직을 덮어 신체를 보호해 주는 역할을 한다. 피부는 두 층으로 구성되어 있다. 즉, 외피(단단한 층) 그리고 안쪽의 수많은 분비선과 신경조직의 끝이 서로 연결되어 있는 진피가 있다. 연령이 증가하고 노화가 진행되면서 피부는 점점 메마르게 되고 혈색이 사라진다. 또한 탄력성을 잃으며 혈색을 잃게 되어, 얼룩반점(검버섯)이 많이 생기게 된다. 더불어 지방분이나 탄력이 떨어져 점차 피부에 주름이 생긴다. 사람은 중년기 이후에 점점 비대해지지만 피하지방의 감소로 주름살이 생기게 되며 수축력이 감퇴한다. 노년기가 되어 가면서 피하조직의 손실과 피부의 신경세포 수 감소 등으로 인해 체온을 일정하게 유지할 수 있는 능력이 감퇴하기 때문에 노인들은 추위를 쉽게 탄다.

(2) 골격

골격은 신체의 모양과 견고성을 유지하고 심장이나 폐 등과 같은 주요 기관을 보호해 준다. 신체골격은 20세 전후에 완전히 그 구조가 완성되며, 키는 20~25세까지 별다른 변화를 보이지 않고, 신체적인 힘도 25~30세 사이에 최대의 수준을 유지한다. 그러나 나이가 들면서 척추 사이에 있는 연골 조직들이 얇아지면서 척추가 굽고 압축되어 등이나 목 등이 굽기 시작한다. 또한 칼슘이 고갈됨에 따라 뼈가 가벼워지고 골밀도도 낮아져 신체 접합 부분이 약화된다. 따라서 연령이 높아짐에 따라 골다공증으로 인한 골절상을 당하기 쉽고 관절염 등의 질환이 증가한다.

(3) 수의근

수의근은 팔과 다리, 기타 골격에 붙어 있는 근육이다. 근육의 최고 능력은 25~30세에 나타나며, 이 연령이 지나면 근육 수축의 속도나 힘이 점차 감소하여 근육의 유지력도 감소한다. 나이가 들면서 근육의 힘과 크기가 감소된다. 수의근도 그 수축력이 약해져서 뼈에 더욱 많은 부담이 가게 된다. 수의근은 50세까지 그 양이나 크기가 증가되나 이후부터는 활동적인 근육섬유질의 수나 단백질의 양이 점차 감소한다. 그러나 근육의 효율성에는 개인차가 있으며 신체적으로 활동적인 사람은 훨씬 느리게 감소하는 경향이 있다.

(4) 감각기관

① 시각

노화가 진행되면서 시력이 저하된다. 노년기 시력의 감퇴 현상은 가까운 물체에 초점을 잘 맞추지 못하는 노안 또는 원시안으로 나타나며, 또한 당뇨병 등으로 촉진되는 백내장이 생기기도 한다. 눈은 대개 40세를 넘기면 예민성이 점차 떨어지고 시야가 좁아지는데 이러한 시각의 감퇴는 망막 주위에 있는 신경세포의 변화 때문에 생긴다. 수정체의 탄력성 감퇴는 노령현상 중 가장 두드러진 현상으로 42~50세 사이에 생겨나기 쉽다. 50세를 넘기면 점차 원시로 이행되는 사람이 많아지며 이는 각막의 저항 증가와 주변조직의 압력 감소에 의해 안구의 형상이 변화되고 수정체가 조절 능력을 잃게 되어 나타나는 현상이다. 따라서 10~20세에 시력이 1.2이었던 사람도 50세쯤 되면 0.9, 60세에는 0.8, 70세에 0.7, 80세가 되면 0.5 정도로 떨어지게 된다.

② 청각

청각 기능도 나이가 들수록 쇠퇴해 가며 노인성 난청이 나타나게 된다. 음에 대한 감도는 20세경부터 점차 떨어지기 시작하는데 청각 약화의 가장 일반적인 유형은 높은 음을 들을 수 있는 능력이 점진적으로 상실되는 것이다. 이는 고막의 탄력성이 줄어드는 데 원인이 있고, 청각의 변화는 여성보다 남성에게 더 영향을 미친다. 남자에게 감퇴 현상이 더 많이 나타나는 이유는 직장 생활로 인해 더 많은 소음공해에 노출되기 때문으로 여겨진다. 취업한 여성에게서도 그렇지 않은 여성에 비해 청력의 상실이 더 많이 발생하고 있다.

그러나 청각 기능은 개인차가 심해 80세인 사람이 50세인 사람보다 청각 능력이 높은 경우도 적지 않다. 따라서 청력을 척도로 노화를 판단하는 것은 신뢰도가 낮다. 노인성 난청의 원인으로서는 동맥경화, 영양장애, 청신경에 자극을 주는 소란스러운 곳에 오래 사는 것, 불충분한 일광 등이 있다.

③ 미각 · 후각

많은 연구들이 노화에 따라 미각과 후각 등이 상실된다고 말한다. 그러나 이런 결론을 완전히 지지할 만한 증거는 없으며 상반된 연구결과들이 나타나고 있다. 한편으로 후각과 미각은 50세 이후 감퇴되기 시작하여 80세부터는 맛봉우리 수의 감소로 기본적인 미각의 구별 능력이 감소되면서 자연히 미각에 따른 후각 기능도 쇠퇴하게 된다는 연구결과가 있다. 반면, 젊은이와 노인의 기본적 미각의 차이는 맛감각 기능의 쇠퇴보다는 맛에 대한 세대 간의 경험 차이 때문이라는 주장도 있다. 연령 증가에 따라 기본적인 후각 · 미각의 기능이 점차 상실된다는 점은 예상되지만 완전히 그 기능이 상실될 것이라는 보고는 없다.

(5) 치아

치아는 연령 증가에 따라 점차 빠지게 되고 45세를 경계로 이러한 경향이 현저하게 증가한다. 일반적으로 60대에 14개, 70대에 11개, 80대에 6개 정도의 치아가 남게 된다. 이가 빠지게 되면 전형적인 노인의 얼굴형을 띠게 되며 소화흡수의 저해를 가져오게 되어 영양 상태를 유지하는 데 나쁜 영향을 미치게 된다.

(6) 심장

노화 현상이 발생되는 시기인 40세 이후부터 대개 뇌나 신장, 간장 등의 장기 중량이 감소하는 현상이 나타난다. 그러나 심장은 말초혈관의 동맥경화에 의해서 심장비대와 지방분의 증가가 일어나므로 다른 장기와는 달리 노화와 더불어 중량이 늘어나는 현상을 보인다. 심장이 뿜어내는 피의 양이나 심장의 박동 능력은 노화에 따라 감소한다.

2) 생리적 변화

(1) 소화 기능

소화 기능은 30세 이후부터 침, 소화효소, 위액 분비의 감소와 치아 기능의 저하로 감퇴된다. 근육 약화와 함께 위의 연동 활동의 약화는 변비를 가져온다. 전반적으로 소화 기능은 노년기까지도 그다지 손상을 입지 않고 잘 유지되지만 타액의 분비가 감소되고 치아가 약해져 음식물을 씹는 활동이 저하된다. 따라서 노년기에는 영양이 되는 음식물의 섭취, 소화, 흡수, 배설 등의 기능 저하를 극복할 수 있는 방법이 모색되어야 하며 부드럽고 소화가 잘 되는 음식물을 섭취해야 한다. 소화기관에는 입, 타액, 기타 분비선, 식도, 위장, 췌장, 내장 등이 포함된다. 타액 및 위액의 분비나 소화효소 분비의 감퇴는 소화 기능의 감퇴를 가져오지만, 대체로 소화 기능은 노화에 의해서 심각하게 훼손되지 않는다고 보고 있다.

(2) 호흡 기능

20세 이후부터 나이를 먹음에 따라 폐의 용적이 감소되어 호흡기 감염증이 자주 발생하게 된다. 정상적인 호흡의 횟수는 성인의 경우 1분에 15~18회 정도다. 한 번의 호흡으로 들이마시고 내쉴 수 있는 폐활량은 연령에 따라 감소하는데, 70세의 폐활량은 50세에 비해 50%도 안 된다. 노인의 허파는 공기 수용 면적이 작고 호흡 후의 잔류량이 더 많아지며 심장혈액 박출량이 적다. 이는 산소의 전달과 확산을 저해하여 각 세포에 산소 부족을 가져올 수 있다. 따라서 호흡 기능의 저하로 인한 기관지 질환과 같은 호흡기 질환이 흔히 노인에게서 발생하게 된다.

(3) 기초대사율

휴식 상태에서의 산소소모량을 말하는 기초대사율은 세포의 전체적인 수효가 감소되고 간 근육과 같은 신체부분 활동이 약해지기 때문에 감퇴된다. 또한 간, 심장 등의 주요 기관의 대사도 노화에 따라 감퇴된다. 혈액 속에 당분이 어느 정도 함유되어 있는가를 보여 주는 탄수화물 대사율의 경우, 젊은이에 비해 노인은 신진대사가 늘어 혈당량이 점차 높아지게 되고 이로 인해 당뇨병 발생률이 높다.

노인은 젊은 사람보다 추위에 민감하고 적합하게 반응하지 못하기 때문에 추위에 노출되어 있거나 빈약한 생활조건에 있는 경우에는 체온이 비정상적으로 떨어지는 체온 저하증이 유발된다. 이러한 체온 저하증은 땀의 분비작용과 순환기관에 의한 신진대사가 원활하지 못하여 신체 내에서 많은 열을 생산하지 못하기 때문에 발생한다.

(4) 혈액순환

혈액은 산소와 영양분을 신체의 각 조직에 전달하고, 배설할 노폐물을 운반하는 작용을 한다. 정상적인 젊은 성인의 경우 심장박동은 휴식 상태에서 1분에 평균 72회 정도 뛴다. 혈액순환은 50세부터 둔화되어 노년기에는 심장박동의 리듬이 느려지고 불규칙해지며 흔히 동맥경화와 뇌출혈의 위험이 따르게 된다. 즉, 혈관의 세포 내에 지방질이 축적되어 혈관벽이 두꺼워지고 딱딱하게 굳어져 혈액순환을 방해하는 동맥경화증이 생긴다. 이러한 동맥경화 현상이 심하면 조직의 영양보급이 불량해지고 세포의 기능이 저하되어 노인의 장기 기능이 저하되는 큰 원인이 된다. 또한 혈압이 높아질 경우 혈관의 수축이 제대로 이루어지지 않아 뇌출혈이 발생할 확률이 높아진다. 연령에 따른 동맥의 변화는 뇌의 혈액 공급에 영향을 미칠 수 있으며, 영구적인 구조적 손상을 가져올 수도 있다.

(5) 수면

인간의 평균 수면시간(약 7시간 반)은 비록 개인차가 있지만 성인들에게 있어 비교적 일정한 편이다. 노년기에는 이러한 수면 양상이 흐트러지는데 이것은 주로 노인들의 신체적 활동이 줄어들기 때문이다. 보통 40세 이후부터 전체 수면 시간이 감소하며 특히 노년기에는 깊은 잠이 없어지는데 이러한 현상은 개인의 인지적 활동과 정서 상태에 커다란 악영향을 미친다. 노인의 불면은 감정 불안, 근심걱정, 가족 간의 갈등, 죽음에 대한 공포, 우울증, 정신분열증, 신경증의 증상을 유발한다. 따라서 정상적인 정신건강과 신체적 활동을 위해서는 어느 정도 깊은 잠을 이룰 수 있도록 노력해야 할 것이다.

(6) 신장과 야뇨

노화 과정 동안에 정상적으로 소변에서 배설되는 물질의 제거율이 감소되고 요관 및 방광 등의 약화로 소변정체나 요석 · 방광염 등이 발생할 위험이 커진다. 80대 노인의 신장 여과율과 신장을 통한 실제 혈액 유출량은 20대 청년의 약 절반 정도다. 노인들의 공통된 증상으로서 빈번한 배뇨 현상이 나타나는데, 이는 남자의 경우 전립선의 확대 때문인 듯하며, 55세 이상 남자의 75%가 이런 증상에 시달린다. 소변이나 대변 등은 개인이 사회적인 학습을 통하여 스스로 자발적인 통제를 하는 습관적인 현상이다. 요실금과 같은 통제의 상실은 노인에게 당혹감과 상실감을 줄 수 있다. 따라서 내장기관의 약화나 운동 부족, 질병 등으로부터 올 수 있는 노년기 야뇨증에 대해서 충분한 이해가 필요하다.

2. 노년기 신체질환과 상담

1) 급성 질환 상담

노인들은 노화를 경험하면서 다양한 신체질환에 노출된다. 노년기에는 신체 변화에 따른 약화, 부족, 변형, 악화 등 신체에 부정적인 영향을 미치는 요소들로 인해 급성의 질환이 발생하기 쉽다. 사고나 다양한 질병으로 인한 갑작스런 상황에 노인들은 심리적으로 위기감을 경험하며 불안, 초초, 안달감, 신경질적 반응, 몰려드는 슬픔, 두려움과 같은 정서적인 과민반응을 나타내기 쉽다. 예상치 못한 상황 변화와 통증에 대처하는 것에 어려움을 느끼거나 가족원의 도움을 받기 어려운 상황일 경우 노인들은 질환으로 인한 신체적인 고통과 더불어 심리적인 고통을 함께 경험하게 된다.

(1) 급성 질환을 가진 노인의 심리적 반응

① 당혹감

갑작스러운 신체질환이 생길 경우 노인들은 놀라고 당황한다. 평소에 건강하고 활력이 넘친다고 생각했던 노인들의 경우는 예상치 못한 질환에 더욱 놀란다. 노인들이 닥친 상황에 대해 놀라고 당혹스러워하는 것에 대해 상담자는 이러한 상황이 누구에게나 일어날 수 있음을 알리고 당혹감에 공감해 주며 놀란 마음을 이해하고 위로해 주어야 한다.

② 분노

예상치 못한 질병에 대해 노인들은 처음에는 당혹스러워하지만 곧 병 때문에 꼼짝못하게 되고, 지금껏 자신이 돌보던 가족들에게 돌봄을 받아야 한다는 생각, 그리고 스스로 아무것도 할 수 없다는 생각 때문에 강한 분노를 일으킨다. 이때 분노는 화, 억울함의 표현, 오랜 침묵, 비참한 표정, 대성통곡 등 다양한 형태로 나타날 수 있다.

③ 원망

급성 질환으로 다양한 의료 검사와 치료를 받으면서 노인은 여러 가지 어려움과 통증에 대해 이러한 고통의 원인이 어디에 있는지, 이것이 누구의 탓인지를 찾는다. 또한 노인 자신의 외부에 있는 여러 원인들을 살펴 그 중 특정 대상에게 책임을 돌린다. 특히 나타난 급성 질환이 만성 질환으로 진행되거나 후유증으로 장애를 유발하여 장기간 동안의 고통과 괴로움을 겪게 될 경우는 원망과 분노는 더욱 강해진다.

④ 불안

갑작스럽게 질병이 찾아오면 노인들은 불안감을 느낀다. 이를테면, 이

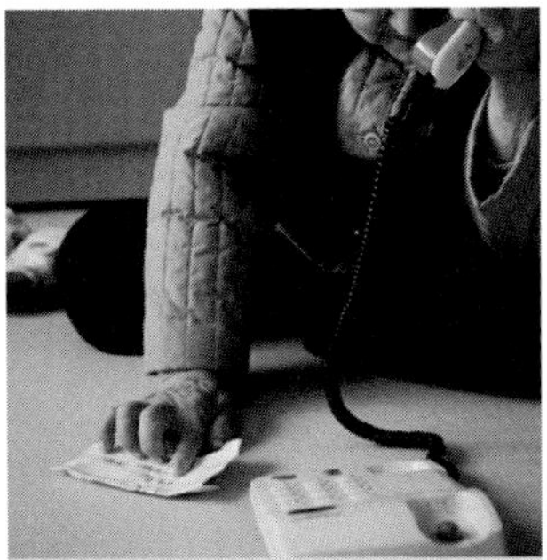
갑작스러운 질병은 노년기에 불안감을 가져오기 쉽다.

것으로 죽음에 이르지는 않을 것인지, 장애를 유발하지는 않을지, 가족들에게 짐이 되지는 않을지, 병이 확실히 나을 수 있는 것인지, 보다 큰 병이 있는 것은 아닌지 등 다양한 불안의 내용들이 노인 내담자의 정서를 지배하게 된다.

⑤ 정서적 퇴행

노인들은 자신들이 당한 갑작스러운 어려움에 맞서 지지받고 싶고, 누군가에게 자신의 상황을 알려 하소연하고자 한다. 이런 경우 한두 사람에게 집중적으로 자신의 상황을 설명하거나 여러 사람에게 당면한 어려움과 고통을 호소한다. 다시 말해 정서적으로 퇴행을 경험하면서 관심을 받고 싶어 하고 누군가에게 매달리고 싶어 한다.

⑥ 무기력감과 죄책감

급성 질환으로 입원 치료를 하거나 내원을 하고 나서 비교적 중증의 진단을 받았을 경우 노인들은 무기력감과 죄책감에 시달린다. 질병을 경험하게 되면서 더 이상 자신은 아무것도 할 수 없고 도움을 받아야 하는 존재라는 무기력감이 강하게 작용하게 되고 이는 강한 우울감을 유발하기도 한다. 한편 자녀들에게 경제적으로나 정신적으로 부담을 줄 것이라는 죄책감에 사로잡히기도 한다.

⑦ 늙었다는 느낌

노인들은 입원을 요하는 질병이 생기는 경우 자신이 늙었다는 생각을 하기 쉽다. '늙으면 아프다'라는 신념이 강하게 작용하기 때문이다. 실제 급성 질환을 겪은 후 여러 가지 장애를 호소하거나 인생관을 바꾸는 경향이 나타난다.

(2) 급성 질환 노인을 위한 상담

① 상황을 침착하게 받아들일 수 있도록 돕는다

예상치 못한 급성 질환을 경험하는 노인들은 흥분하거나 절망하고, 때에 따라서는 현재의 상황을 인정하려 하지 않을 수 있다. 이때 상담자는 내담자의 정서적 측면을 충분히 고려하여 내담자가 상황을 있는 그대로 받아들일 수 있도록 도와야 한다. 또한 내담자의 당혹감, 분노, 믿을 수 없다는 감정 등을 충분히 수용하며 내담자가 자신의 상황을 충분히 애도하고 감정을 표현할 수 있도록 도와야 한다. 더불어 현재의 상황을 차분히 설명하고 향후의 진료와 치료 과정이 안전하며 내담자의 보다 나은 삶을 위한 과정이라는 것을 알려 심리적인 안정을 갖도록 도와야 한다.

② 회복할 수 있다는 희망을 불어넣어 준다

노인들은 늙어 가면서 걸리게 되는 질병에 대해서는 보다 민감하게 반응한다. 이는 늙어서 걸리는 병은 회복이 어렵다는 잘못된 신념 때문이다. 상담자는 내담자가 안정감과 질병에 대한 긍정적인 태도를 갖도록 돕고 이 질병에서 회복할 수 있다는 희망을 갖도록 원조해야 한다. 건강염려증이 있는 노인들의 경우는 이러한 희망의 메시지가 더욱 중요하다. 이들은 자신들이 예상했던 대로 질병에 걸렸으며 더 이상 회복이 어려울 것이라고 생각한다. 이때 상담자는 내담자가 가지고 있는 잘못된 정보를 수정해 주고 회복에 대한 강한 희망을 불어넣어 줄 필요가 있다.

③ 질병 관리 전반을 통해 합리적인 결정을 내리도록 돕는다

급성 질환으로 수술을 하게 되거나, 혹은 입원조치가 필요한 때에 노인들은 수술에 대한 공포, 혹은 입원에 대한 불안 등을 느낀다. 또한 치료 상황에서도 어떤 결정을 어떻게 내려야 할지 몰라 난감해한다. 이때 상담자는 질병에 대한 정보를 충분히 제공하고, 내담자가 보다 긍정적인 결정을 내릴 수 있도록 도와야 한다. 또한 내담자가 결정을 내렸을 때에는 충분히 지지해 주어야 한다.

④ 정보를 수집하여 전달해 준다

노인들은 질병에 대한 정보가 부족하거나 왜곡된 정보를 가지고 있을 수 있다. 어떤 경우 잘못된 정보를 가지고 있는 내담자가 자신의 정보에 의지해 질병을 악화시키거나 꼭 해야 하는 수술을 거부하기도 한다. 상담자는 내담자에게 충분한 정보를 수집해 전달해 주어 내담자가 적절하고 충분한 정보를 가지고 보다 현명한 결정과 자기관리를 할 수 있게 도와야 한다.

⑤ 지지와 위로를 제공한다

급성 질환 노인들은 새로운 상황에 놀라고 당황한다. 노인들은 예상치 못한 질병으로 인해 변화된 환경에 적응해야 하고, 질병의 예후에 대한 두려움, 병원비에 대한 부담감, 돌보아야 할 것들에 대한 죄책감, 자녀들에 대한 미안함 등 다양한 감정을 동시에 갖게 된다. 이때 상담자는 내담자의 이야기를 충분히 들어 주고 위로하며 지지해야 한다.

2) 만성 질환 상담

만성 질환을 앓는 노인들은 지속적이고 고질적인 고통으로 점점 견디기 어려워하거나 병을 극복하고자 하는 의욕을 상실한다. 또 언제까지 이렇게 살 것인가 하는 의문을 갖게 된다.

심장질환, 뇌혈관성 질환, 폐질환, 동맥경화증, 관절염, 당뇨, 암 등의 만성 질환은 초기에는 가족들의 관심도 크고 본인 스스로도 고통을 이기고자 하는 의욕도 강하다. 그러나 병의 회복 조짐이 보이지 않고 기간이 점차 연장되면서 가족들은 정서적 · 경제적 · 사회적인 면에서 탈진하거나 내담자에게 무관심하게 된다. 만성 질환이 지속되면서 노인들은 가족들에 대한 미안함과 분노, 억울함, 무감각 등을 경험한다.

(1) 만성 질환을 가진 노인들의 심리적 반응

예상치 못한 위기가 닥치게 될 때 노인들은 이에 대해 부정, 억압, 주체할 수 없는 감정의 역동, 비합리적인 사고를 포함하여 다양한 반응을 한다. 그러나 점차 질환이 만성적인 특징을 나타내게 되면서 노인 자신의 태도나 가족들의 반응은 달라진다. 만성 질환자들은 삶의 목적이나, 자존감을 서서히 잃어 가기 때문에 상담자는 이러한 변화를 신중히 살펴야 한다.

① 무기력감

노인들은 오랜 기간 동안 병으로 어려움을 겪으면서 다른 사람들의 보호와 돌봄을 받게 된다. 더불어 모든 상황이 자신과는 무관하게 이루어지게 된다고 생각한다. 자신은 무능한 존재가 되었고, 이제는 할 수 있는 일이 없다는 무기력감에 빠진다. 이때 무기력감은 우울증으로 연결되기 쉽다.

② 통제력 상실감

무기력감과 더불어 오는 만성 질환 노인의 심리적 특성은 통제력을 상실하는 것이다. 다시 말해 감정 통제력, 환경에 대한 통제력, 가족과의 관계에 있어서의 통제력을 상실했다고 느낀다. 또한 자신은 삶의 주변에 머물며 앞으로도 계속적으로 타인의 보호와 통제 속에서 살아야 한다고 생각한다. 이러한 상실감은 무기력감과 더불어 모든 관계의 철회를 가져오기 때문에 상담자는 내담자의 통제력 상실감에 민감하게 반응해야 한다.

③ 자존감 저하

만성 질환 노인들은 대개 가족들이나 보호자의 도움을 경우가 많다. 따라서 이런 만성 질환을 앓고 있는 노인들은 신체를 돌보는 일이나 경제적인 측면에서 다른 사람들의 도움이 없이는 스스로 존재할 수가 없다고 느낀다. 특히 가족들이나 보호자가 대소변을 받아야 하는 경우 노인들은 강한 수치심을 느낀다.

④ 우울감

무기력, 통제력 상실, 자존감의 저하 등은 우울감에 영향을 미친다. 만성 질환 노인의 우울 증상은 오랜 침묵, 무반응, 생기가 없고 웃음이 없어지는 것 등이다. 또한 식사를 거부하거나 불면에 시달리고 두통과 이유 없는 신체 통증을 호소하는 경우도 있다. 상담자는 내담자가 보이는 신체적 · 심리적 특성을 세심하게 살펴 내담자가 우울 증상을 보이는가를 살펴야 한다.

⑤ 분노

노인들은 언제나 다른 사람의 도움을 받아야 한다는 것, 스스로 주변 상황을 통제할 수 없다는 것과 같은 감정들로 분노에 휩싸인다. 또한 오랜 고통과 가족들의 무관심 등으로 노인의 감정적 상태가 고조되기도 한다. 만성 질환 노인이 분노를 외부로 표현하기보다는 완전히 자신의 세계로 들어가 다른 사람들과의 접촉을 피하는 경우 우울 증상이 나타난다. 상담자는 내담자의 분노 및 그와 연관된 반응들을 살펴 이에 적절히 대처해 주어야 한다.

⑥ 무효용감

만성 질환 노인들이 느끼는 무효용감은 우울증과 연결되어 있다(예: '난 쓸모없는 인간이 되었어.' '나 같은 건 죽어야 돼.' '아이들 보기가 부끄럽다.'). 상담자는 내담자가 자기비난을 중지하고 자기효용감과 자존감을 높이며 삶의 즐거움을 느낄 수 있도록 도와야 한다.

(2) 만성 질환 노인을 위한 상담

만성 질환은 그 경과가 호조를 띄기도 하고 악화되기도 한다. 만성 질환의 경우 서서히 악화되는 경향이 있기 때문에 노인들은 병의 악화를 경험하면서 성격과 정서, 적응 면에서 변화를 경험한다. 만성 질환 노인들은 병의 증상 변화에 따라 감정과 그 표현이 수시로 변한다. 또한 오랜 고통과 장애로 인해 마치 어린아이처럼 퇴행을 보이며 자기만을 살피고 봐 달라고 조르기도 한다. 가족들은 만성 질환 노인을 살피는 과정에서 지치고, 경제적인 어려움에 봉착하며, 진전을 보이지 않는 질병에 대해 점차 관심을 멀리하게 된다. 이러한 상황에 직면하여 상담자는 다음의 사항을 살펴야 한다.

- 질환이 어떤 과정으로 악화되었는가?
- 질환이 악화되었을 때는 어떻게 극복했는가?
- 지금 필요한 것은 무엇인가?
- 질환이 호전되었을 때는 어떤 일들을 하는가?
- 질환에 따른 환경 변화에 어떻게 적응하고 있는가?
- 가족관계에 있어 변화된 점이나 어려운 점은 없는가?

상담자는 만성 질환 노인 내담자의 이야기를 진지하고 충분히 공감하는 자세로 경청해야 한다. 내담자는 어린아이처럼 매달리거나, 상담자를 모른 척하거나, 거친 말투, 지시적인 태도, 폭발적인 감정 노출, 자포자기하는 모습을 보일 수 있다. 이런 경우 상담자는 노인의 행동 이면에 있는 관계의 욕구를 파악하고 침묵이나, 무시, 매달림, 분노 이면의 정서가 무엇인지를 파악해야 한다.

대개 만성 질환은 초기 진단에서 만성화 가능성이 나타나기 때문에 가능한 한 빨리 상담을 시작하는 것이 좋다. 이는 내담자의 심리적 안정과 적응뿐 아니라 내담자와 내담자 가족들 사이의 긍정적인 관계 유지에도 기여한다.

둘째, 만성 질환 노인의 가족과의 상담에서는 다음 사항을 주의 깊게 살펴야 한다.

- 현재 가장 큰 고통은 무엇인가?
- 가족관계에 변화가 있는가?
- 분노나 죄책감이 있는가?
- 환자에 대한 관심이 저하되거나 환자를 방치하지는 않는가?
- 우울 증세를 경험하고 있거나 경험한 적이 있는가?
- 건강관리를 하고 있는가?
- 가족 간에 대화가 원활히 이루어지고 있는가?

만성 질환 노인을 돌보는 가족들은 오랜 병간호로 지치고 거의 탈진 상태에 이르러, 회피반응을 보이거나, 분노감정을 느끼고, 경제적인 부담에 버거워하다가, 환자에 대해 무관심해질 수 있다. 이런 태도는 만성 질환자를 위험한 상태로 빠뜨릴 수 있다. 즉, 정서적인 지지를 받지 못하기 때문에 노인은 우울증에 빠지거나 신체건강이 악화될 수 있다. 또한 영양실조에 걸리거나 위생 상태가 나빠지거나, 노인이 스스로를 방치할 수 있다. 특히 가정에서 가족들이 만성 질환 노인을 돌보는 경우 이럴 가능성이 더욱 높다. 따라서 만성 질환 노인 보호자들과의 상담이 중요하다.

3) 혼수상태 환자 상담

혼수상태란 삶에서 죽음으로 넘어 가는 상태를 말한다. 혼수상태에 들어

〈표 8-1〉 글라스고우 혼수상태 계수

	검사	환자의 반응	점수
개안	자발적	자발적으로 눈을 뜬다.	4
	말로 지시	큰 소리로 불러야 눈을 뜬다.	3
	통증	통증 자극에 의해서 눈을 뜬다.	2
	통증	전혀 눈을 뜨지 않는다.	1
운동반응	명령	간단한 명령을 따른다.	6
	통증	통증을 가할 때 검사자의 손을 잡아당긴다.	5
	통증	통증을 가할 때 검사자의 몸 일부분을 잡아당긴다.	4
	통증	통증을 가할 때 이상 굴절 반응이 일어난다.	3
	통증	통증을 가할 때 이상 신전 반응이 일어나며 몸이 경직된다.	2
	통증	통증을 가할 때 운동성 반응이 없다.	1
구두반응	말로 지시	명확하게 대화를 수행할 수 있고 검사자에게 자기가 누구이고 어디에 있으며 지금이 언제인가를 이야기할 수 있다.	5
	말로 지시	말이 혼돈되고 지남력이 상실되었다.	4
	말로 지시	혼란된 말을 한다.	3
	말로 지시	검사자가 이해하지 못하는 소리를 한다.	2
	말로 지시	아무런 소리를 내지 않는다.	1

간 사람들은 통증이나, 주변에서 하는 말 또는 변화 상황에 아무런 반응을 보이지 않는다. 글라스고우 혼수상태 계수(Glasgow Soma Scale)에서 점수가 15점인 환자는 의식이 완전하고 말을 알아들을 수 있으며 주위를 둘러볼 수 있다. 가장 깊은 혼수상태는 3점이며 주위 환경에 전혀 반응하지 못한다.

상담자는 환자의 혼수상태가 얼마나 심한지, 가족과 상담자가 보살펴 주는 것을 얼마나 알고 있는가 하는 상태에 따라 그 방법을 달리해야 한다. 혼수상태 환자의 반응은 주로 눈의 반응을 통해 확인한다.

상담자가 혼수상태에 있는 내담자를 상담할 때 가져야 할 태도는 다음과 같다.

- 환자의 상태에 대한 언급은 삼간다.
- 반응이 없는 경우라도 평소처럼 말을 건넨다.
- 부드러운 말투를 사용하고 따뜻한 신체적 접촉을 유지한다.
- 적극적으로 격려한다.
- 장기상담을 계획한다.

상담자는 내담자가 혼수상태에 들어간 경우 가능한 모든 방법을 동원해 내담자와 그 가족을 돌보아야 한다. 다시 말해 갑작스런 일에 놀라고 당황해 슬픔에 빠져 있는 가족들을 격려하고 위로해 주며 그들의 이야기를 신중하게 들어야 한다.

상담자는 의식이 없는 내담자에 대해 보다 적극적으로 임해야 한다. 또한 다수의 가족들을 만날 가능성이 높기 때문에 가족 간에 나타날 수 있는 다양한 정서 반응에 대처할 준비를 해야 한다.

4) 노년기 신체건강 유지를 위한 지침

노인들은 노화 과정을 거치면서 다양한 신체적 변화를 경험한다. 노인들의 신체적 변화는 많은 경우 심리적인 불안을 동반한다.

상담자는 정상적인 노화에서 오는 신체적 변화의 특성과 노인들에게 발생하는 건강상의 주요 변화에 대한 일반적 사항을 숙지해야 한다. 특히 중증 환자나 말기 환자를 상담할 경우 이들의 건강상의 호소는 중요한 상담 내용이기 때문이다. 상담자는 건강의 변화와 그에 따른 불안에 대해 호소 내용을 경청하고 이에 공감해 주어야 한다.

노인이 신체를 원활히 사용하지 않을 경우 힘이 줄어들고, 기능이 저하되는 경향이 있다. 몸의 균형과 식사 균형 역시 노년기 건강을 좌우하는 중요한 역할을 한다. 체중 조절과 수면 조절, 낮 시간 동안의 활동 수준 역시 노년기 건강을 유지하는 데 중요하다. 음주나 흡연, 불필요한 약 복용 등은 노화에 따른 신체 변화 정도를 악화시킬 수 있다. 상담자는 내담자의 생활 습관을 살피고 건강을 해치는 요인들을 검토함으로써 노인의 신체건강에 대한 조언을 줄 수 있다.

(1) 운동

규칙적인 운동은 노인들의 건강 유지에 가장 중요한 기능을 한다. 노인들의 신체적인 조건을 고려한 운동은 좋은 건강 상태를 유지하는 데 도움이 된다. 복합적인 노인성 질환을 가진 이들에게는 매일 가벼운 걷기가 좋다. 병상이 있는 이들은 가볍게 팔을 들어 올리고 내리거나 침대 주위를 걷는 것도 좋다. 최근 대중화되고 있는 수중 에어로빅(일명 아쿠아 에어로빅)은 신체에 큰 무리를 주지 않으면서도 노인들의 건강을 유지하는 좋은 운동용법으로 알려져 있다.

건강 상태가 이보다 좀 더 나은 노인들의 경우 동네를 한 바퀴 돈다거나 슈퍼마켓이나 백화점과 같은 넓은 실내 공간을 걷는 것을 권할 수 있다. 집 안에서 15분에서 30정도 걷는 것도 좋다. 가벼운 요가도 노인들이 몸의 균형을 유지하고 유연성을 기르는 데 좋다. 건강 상태가 좋은 노인들의 경우는 좀 더 먼 거리 걷기, 수영, 혹은 조깅이 스트레스를 줄이면서 몸의 균형 상태를 유지하는 데 좋다. 그러나 자신의 몸 상태에 비해 지나치게 많은 운동은 오히려 역효과를 가져올 수 있으므로 언제나 조금씩 운동의 양을 늘려 나가는 것이 중요하다.

(2) 영양

노인에게 좋다는 영양보조제나 건강보조식품, 비타민, 그리고 한국 노인들이 선호하는 보약은 실제 광고 효과나 예상 효과와는 달리 노인들의 신체건강 증진에 크게 기여하지 않는다. 오히려 균형 잡힌 식사, 신선한 과

일, 녹색잎 채소, 적절한 단백질 섭취(생선, 가금류, 콩류)가 노인들 건강에는 더욱 중요하다.

하루 세 번의 규칙적인 식사가 중요한데, 이는 소화 능력이 떨어지는 노인들에게 규칙적이고 균형 잡힌 식사가 소화 작용을 돕고 소화력을 강화시키기 때문이다. 다만 육류와 같이 체내 콜레스테롤 수치를 증가시키고, 동맥경화, 고혈압의 원인이 되는 음식은 피하는 것이 좋다.

(3) 건강 유지

최근 식생활이 개선되고 식생활 문화가 향상되면서 노인들에게 고지혈증이나 고혈압, 동맥경화, 대장암과 같은 선진국형 질병이 늘어나고 있다. 콜레스테롤은 우리 몸에 유익한 HDL 콜레스테롤과 우리 몸에 좋지 않은 LDL 콜레스테롤로 나누어진다. 노화가 진행되면서 HDL 콜레스테롤이 LDL 콜레스테롤로 대치되는 경향을 보인다. 따라서 전체적인 콜레스테롤 수치(HDL 수치 + LDL 수치)를 200 이하로 유지하는 것이 중요하다. 이를 위해서는 지방이나 어패류, 치즈와 같은 식품들을 피하는 저(低)콜레스테롤 식사를 하고, 체중을 줄이며, 규칙적으로 운동을 하는 것이 중요하다. 이렇게 해도 문제가 있을 경우에는 콜레스테롤 수치를 낮추도록 의사의 진단에 따른 처방약을 복용하는 것이 좋다.

혈압은 최고 혈압이 160, 최저 혈압이 90 정도를 유지하는 것이 좋다. 이를 위해서는 소금 섭취량을 줄이고, 체중을 줄이며, 기도나 명상을 통하여 근심걱정을 줄이는 것이 좋다.

지나친 음주나 불필요한 약물 복용을 피하고 담배도 피우지 않는 것이 좋다. 어느 정도의 음주는 심장질환을 완화시키고 HDL 콜레스테롤 수치를 낮춰 주기도 한다. 그러나 지나친 음주는 기억력을 감퇴시키고, 몸의 균형을 깨뜨리며, 예상치 못한 질병을 불러올 수 있다. 노화가 진행되면서 사람의 뇌와 신경체계는 이전보다 알코올에 민감하게 된다. 노년기의 지나친 음주는 알코올로 인한 치매를 유발할 수도 있다.

상담자는 노년기의 신체 변화에 대해 알아 둘 필요가 있다. 그러나 의학 전문가처럼 행동해서는 안 된다. 노인이 되면서 발생할 수 있는 여러 가지 질병들에 대해 모든 지식을 가지고 있지는 않기 때문이다. 상담 시 상담자는 정상적인 노화의 범주들을 알려 주되 노인의 심각한 건강문제에 대해서는 반드시 전문의를 찾아갈 것을 권해야 한다. 다만, 건강문제로 인해 발생되는 우울과 자살 충동 등 이어지는 일련의 문제들에 대해서는 상담자의 능동적인 대처가 필요하다.

3. 노인 신체 상담 사례연습

다음의 사례를 읽고 어떻게 상담을 진행할지를 생각하고 이를 적어 보라.

저(김영만, 가명, 74세)는 최근 오토바이 사고를 당했습니다. 20년이 넘도록 오토바이를 탔기 때문에 내가 다칠 거라는 생각은 해 본 적도 없어요. 사고가 나면서 큰 부상을 입어 퇴원 후에도 후유장애가 있을 것이라는 의사의 진단을 받았습니다. 나 때문에 발생한 일이고, 이후로 퇴원을 하더라도 결국 혼자 있는 딸에게 의지해 살아야 할 생각을 하니 정말 고통스러워요. 지금도 제대로 걷지를 못하고 있고, 몸도 생각처럼 움직이지 않으니 정말 어찌해야 할지 모르겠어요. 이런 일이 나에게 일어나다니 믿고 싶지 않아요. 마음도 마음인데 몸이 갑자기 이러니까. 지금까지 남에게 의지하지 않고 살아왔어요. 내가 병을 안고 살아간다니 정말 이 상황이 싫습니다.

문제 1. 지금 이 내담자의 감정과 생각은 어떤 것인가?

문제 2. 이 내담자에게 어떻게 공감해 줄 것인가? 공감을 위해 어떤 말을 할지 아래에 적어 보시오.

문제 3. 내담자의 문제를 구체적으로 나열해 보시오.

문제 4. 상담 목표와 긍정적 · 부정적 대안을 적고 그 효과를 예측해 보시오.

상담 목표	1.	
	2.	
	3.	
	가장 시급한 목표	
	가장 중요한 목표	
	긍정적 효과	부정적 효과
대안 1		
대안 2		
대안 3		

제9장

노인의 심리적 특성과 상담

1. 노년기의 심리 및 지적 능력 변화

노년기 심리 변화는 노인상담의 주요한 주제들을 포괄하는 만큼 자세히 살펴볼 필요가 있다. 심리 변화는 인지적 능력 변화와 뇌 상태 변화, 상황에 따른 변화 등의 원인에 따라 영향 요인이 다르게 나타난다.

1) 지능

일반적으로 연령 증가에 따라 지능이 감퇴한다고 여겨 왔다. 그러나 그 쇠퇴의 비율은 생각한 것보다 그리 심각한 것이 아니다. 지능의 변화는 노화에 따라 일률적으로 쇠퇴한다고 말하기 힘들며, 노인의 교육 수준, 세대 간의 차이, 사회경제적 지위, 건강 상태 등의 요인들을 고려해야 하는 복잡한 측면이 있다. 혼과 캐텔(Horn & Cattell, 1966)은 지능을 유동성 지능(fluid intelligence)과 결정화된 지능(crystalized intelligence)의 두 가지로 분류하였다.

- **유동성 지능**: 개인이 획득한 지식, 경험, 학습과 무관한 기본적인 일반 정신 능력을 의미하는 것으로 귀납적 추리, 기억용량, 도형지각 능력 등을 포함하는 지능
- **결정화된 지능**: 어휘, 일반상식, 정보저장 능력, 숫자 추리력, 언어이해와 같이 경험, 교육, 훈련을 통해 획득한 지식과 능력에 의존하는 지능

유동성 지능은 유기체의 생리적 특성과 관련된 것이므로 20대에 절정에 달하고 그 이후에는 쇠퇴하지만, 유기체의 생리적 특성과 무관하게 문화에 의해 전수되는 결정화된 지능은 연령이 증가할수록 오히려 더 증가하게 된다.

2) 기억력

기억력은 유아기에서 아동기에 걸쳐 급속히 증가하다가 그 후 차차 증가의 속도가 줄어들며 청년기의 어떤 시기의 정점에 달하여 그 이후 얼마 동안 같은 수준을 유지하게 되나 노년기에 접어들면서 서서히 감퇴한다. 일반적으로 노년기의 기억력에는 다음과 같은 특징이 나타난다.

- 최근 기억의 상실이 과거 기억의 상실보다 많이 일어난다.
- 기계적인 암기보다는 논리적인 기억 능력이 더 크게 감퇴되는 경향이 있다.
- 시각을 통해 들어온 정보에 대한 기억, 즉 본 것에 대한 기억보다는 청각을 통해 들어온 정보에 대한 기억, 즉 들은 것에 대한 기억이 더 오래 지속된다.

- 대부분 무의식적 · 습관적으로 익히게 되는 비서술기억보다는 어떤 사실이나 사건을 의식적으로 재조합해서 학습하는 기억인 서술기억 감퇴가 뚜렷이 나타난다.
- 미래에 수행해야 할 행동을 계획, 조직하고 자기검색하는 미래계획기억이 매우 취약해진다.

3) 학습 능력

학습 과정을 통한 능력의 성취도 면에서 노인은 젊은이보다 떨어진다. 연령이 증가할수록 과업수행이나 작업성취도 같은 학습 능력이 저하되기 때문이다. 그러나 학습기간과 반응기간의 길이가 충분할 경우 청년층보다 노인에게 학습의 증진이 더 많이 일어나기도 하며, 학습재료가 의미 있고 동기가 충분하면 젊은이들과의 차이가 줄어들 수도 있다.

4) 사고 및 문제해결 능력

보통 연령이 높아질수록 문제해결 능력이나 사고 능력이 저하된다. 그러나 사고 능력과 문제해결 능력은 교육 수준, 지능 및 직업 등의 영향을 받게 된다. 또한 문제해결에 대한 훈련을 미리 받으면 다시금 그 능력이 증진될 수 있으므로 노년기에 사고 능력 및 문제해결 능력을 높이기 위해서는 이를 고려할 필요가 있다.

2. 노인 심리와 상담

1) 노년기 심리적 위축감에 대한 상담적 접근

노년기에 경험하게 되는 심리적인 위축감은 개인적인 차원을 넘어서 가족과의 관계에서 강하게 나타난다. 상담자는 위축감을 가진 노인들에 대해 다음의 사항들을 충분히 파악할 필요가 있다.

(1) 증상의 이해 및 관찰

① 가족구성원에게 심각한 양가감정을 가진다

사회적으로는 은퇴와 자녀의 출가를 경험하고, 경제적으로 고정적인 수입이 중단되면서 노인들은 가족들에 대해 심리적인 변화감을 경험하게 된다. 남성 노인들은 은퇴를 통해 자신을 점검하고 이제는 스스로를 돌볼 때라고 생각하면서도, 가장으로서의 효용감을 상실하고 더 이상 가장으로서 인정받지 못하게 되었다고 느낀다. 과거 자신에게 의존하였던 자녀들에게 이제는 자신이 천덕꾸러기가 되어 경제적인 도움을 받게 되는 것에 대한 좌절감을 경험하게 된다. 여성 노인들은 성장한 자녀들이 출가를 하게 되면서 육아와 자녀들에 대한 책임감을 벗어 버리게 된다는 홀가분함과 더불어 더 이상 자녀들이 자신을 의지하지 않을 것이며 이제 할 일이 없어졌다는 감정이 동시에 한 개인 안에 공존하게 된다. 또한 자녀들의 결혼으로 인한 분가, 며느리 · 사위 · 손자녀 등과 같은 새로운 가족원의 출현 등은 노인들에게 새로운 변화의 기쁨과 더불어 기존 가족 체제의 변화를 현실화시켜 주고 이제 스스로 노인이 되었다는 자각을 하게 만듦으로써 노인들이 가족원들에 대하여 양가감정을 갖게 해 주는 역할을 하게 된다.

② 가족구성원과의 계속적인 혹은 잦은 갈등이 있다

노인은 심리적 위축감을 경험하게 되면서 가족들 간의 원치 않는 갈등에 휘말리기도 한다. 자녀들의 눈치를 본다거나 하여 자신의 입장을 분명하게 표명하지 못하면서 심리적인 불만족감이 쌓이고 이는 결국 가족원들과의 갈등으로 이어지게 된다. 가족원들은 노인들의 갑작스럽고 이해할 수 없는 분노 표현에 놀라게 되며, 자신들의 부모가 이제 노인이라는 점을 분노의 원인으로 이해한다. 이러한 상황은 노인들로 하여금 다시 한 번 심리적 위축감을 갖게 하며 갈등의 근원으로 작용하게 된다. 특히 이런 갈등은 친자녀, 며느리, 사위 등 가족원 전반에 부정적인 영향을 미치며 새로운 문제를 야기하는 진원이 되기도 한다.

③ 가족들로부터 인정받지 못한다고 느낀다

은퇴와 자녀의 출가를 경험하면서 노인들은 사회에서 자신은 더 이상 쓸모없는 존재가 되었다고 느낀다. 나아가 이제는 가정 내에서도 자신의 존재가 부담스럽고 얹혀 사는 존재가 되었다고 생각하게 된다. 그만큼 가족 내에서 자신들의 발언권이 약해지며 대부분의 결정과 판단은 성장한 자녀들을 통해서 이루어지게 된다. 때로 자신들의 결정이나 판단이 자녀들에 의해 중지되거나 거부되는 경험을 하기도 한다. 가족 내에서 결정권과 영향력 정도가 약해지면서 노인들은 자신들이 더 이상 가족들로부터 인정받지 못한다고 느끼게 되며 스스로 가족 안에서 퇴출감을 경험하게 된다.

④ 가족구성원과의 접촉이나 긍정적인 상호작용이 거의 없다

자녀들의 출가와 분가는 노인들이 친자녀와 손자녀와 접촉하는 데 장애요인이 되고 있다. 따라서 가족들이 한데 모이기도 어려워졌고, 그만큼 가족 간의 긍정적인 상호작용이 적어지게 되었다. 핵가족화가 진행되어 가면서 생일이나 명절과 같은 특수한 가정 내 행사가 있을 경우를 제외하고는

가족들 간의 왕래는 거의 전화를 통해 이루어지는 경우가 많아지면서 노인들이 자녀들과 접촉이 적어지고 그만큼 상호작용이 줄고 긍정적인 차원의 접촉이 줄어들게 되면서 노인들은 자녀들에게마저 버려지게 되었다고 느끼게 된다.

⑤ 가족구성원과 자신의 가치관이 매우 다르며 서로 이해할 수 없다고 느낀다

노인들은 부모는 부모이며 자식은 자식이라는 생각을 가지고 있다. 설혹 자녀가 부모가 되었다 해도 어디까지나 자식은 자식이다. 무엇보다 노인들은 가난이나 어려움을 크게 경험하지 못하고 자란 자녀 세대의 가치관이 일제강점기와 전쟁을 겪었으며 전쟁 복구를 위한 시대적인 노력과 변화에 따른 고통을 경험한 노인 세대의 가치관과는 연결되지 않는다고 여긴다. 그만큼 함께 공유하고 있는 삶의 지점이 많지 않다고 생각한다. 더불어 이제 힘도 없고 능력도 없는 자신들을 자녀 세대가 이해할 수 없다고 생각한다. 자녀들이 이러한 노인들의 생각을 인정하든 부정하든 간에 노인의 생각에는 큰 변화가 없다. 그만큼 가족들로부터 자신들은 분리되어 있다고 생각한다. 자녀가 분가하여 노인들과 분리되어 사는 경우 이러한 성향이 더욱 강하게 나타나는 것 같다.

⑥ 집에 들어가기를 회피한다

자녀들과 함께 거주하는 노인들은 집에 들어가는 것에 대해 불편하게 생각한다. 즉, 친자녀, 며느리나 사위가 자신들의 존재를 부담스러워한다고 여긴다. 따라서 집에 들어가는 것은 스스로가 불편한 일이며, 함께 살고 있는 가족원들에게 불편을 끼치는 일이라고 생각한다. 하루 세끼를 가정에서 먹는 것조차 미안하고 불편하게 생각하며 식사시간 이외에는 대부분 집 외부를 다니며 시간을 보내는 경우가 많다.

노인들이 밖으로 배회하는 것은 심리적인 원인 때문인 경우가 대부분이다. 자신들이 집에 있으면 가족원들이 부담스러워하며 귀찮아할 것이라는 점, 노인 스스로 집에 남아 있으면 눈치가 보이고 위축감이 든다는 것이 주된 이유다.

⑦ 오랫동안 자녀나 다른 가족과 의사소통이 없다

노인들은 가족들과 할 말이 없다. 매일 일상이 같은데 무슨 할 말이 있겠는가 하고 생각하는 것이다. 그렇다고 집 외부에서 노인들이 대화를 나눌 곳도 많지 않다. 무엇보다 노인들은 자녀들과 할 말이 없다는 것에 대해 심리적인 위축감을 느낀다. 무슨 말을 꺼내야 할지, 또 어떤 이야기를 잘못하지는 않을지 등에 대한 생각으로 가족원들이 모두 모여 있는 거실에서 함께 이야기를 나누며 있기보다는 슬며시 자신의 방으로 들어가서 텔레비전을 틀어 놓고 혼자 있는다. 이러한 상황은 가족들과의 관계를 한층 어색하게 만들고 노인 스스로도 자기만의 세계에 빠지게 되는 위험이 있다.

노년기 심리적 위축감을 해결하는 데 가족의 역할이 중요하다.

⑧ 가족에 대한 이야기를 잘 하지 않는다

심리적으로 위축감을 경험하는 노인들은 가족들에 대한 이야기를 잘 하지 않으며 자신과 관련된 이야기도 회피한다. 설혹 가족에 대한 이야기를 하더라도 자녀들에 대한 자랑을 중심으로 이야기한다. 그러나 위축감을 경험하거나 가족 내에서 고립되어 있는 노인들의 경우 자녀들에 대한 이야기의 앞뒤가 서로 맞지 않거나, 어디가 조심스럽게 이야기하는 인상을 주며, 전체적으로 이야기가 짧고 불분명하다.

⑨ **가족과의 갈등을 해결하는 데 무기력하고 절망감을 보인다**

노인들은 자신은 구세대이며 현재 가족 내에서 힘이 없는 사람들이라고 생각한다. 다만 주어진 일을 하고 자녀들과 함께 살아갈 뿐이다. 따라서 가족과의 갈등이 있다 해도 자신 있게 갈등을 주도할 자신이 없다. 오히려 가족원들과의 갈등은 묘한 감정적인 불신만을 가중시킨 채 흐지부지 끝나는 경우가 많다. 노인 스스로 갈등을 해결하고자 하는 의지는 약하다. 오히려 갈등 상황에서 노인들은 무기력함, 절망감을 보인다.

(2) 상담 목표

① **자신과 자녀나 가족 사이의 갈등을 기술하게 하고 그 갈등의 원인을 이해하도록 한다**

심리적 위축감으로 가족과의 관계에서 갈등을 겪는 노인들에게 무엇보다 중요한 것은 자신의 입장에서 갈등을 이해한 바를 표현하고 갈등의 원인을 스스로 찾게 하는 것이다. 상담자는 노인과 가족원 간의 갈등에 대해 노인이 가지고 있는 생각, 느낌, 원인, 배경, 주요 장애 등을 마음껏 표현할 수 있도록 동기를 부여할 필요가 있다. 노인이 갈등의 원인을 자신에게서 찾는지 외부에서 찾는지에 따라 상담의 목표 및 방향이 달라질 수 있으며 갈등의 원인에 따라 구체적인 상담 과정을 구상할 필요가 있다.

② **가족과의 갈등에서 노인 자신의 역할을 인식하도록 한다**

가족과의 갈등에서 노인 자신의 위치를 찾는 것은 중요하다. 노인이 갈등 사건에서 갈등 유발 원인을 자신 내부에서 찾는지 혹은 외부에서 찾는지를 살펴야 한다. 갈등의 원인을 외부에서 찾는 경우 노인의 역할은 무엇인지에 대해 살피고, 원인을 내부에서 찾는 경우 역시 왜 그렇게 생각하는지, 그 경위는 어떻게 된 것인지, 그 문제로 인해 노인 스스로 우울감을 갖지는 않는지, 문제해결에 대해 생각해 본 적이 있는지 등등의 내용을 구체적으로 살핌으로써 노인과 갈등문제의 관련성을 파악하여야 한다.

③ 내담자가 가족에게 계속적으로 느끼는 불편과 원망의 요인을 살펴보고, 그것을 어떻게 극복할 것인가를 알아낸다

심리적인 위축감을 가지고 있는 노인들은 가족들에게서 주관적인 피해의식을 가질 수 있다. 그만큼 가족들에 대해 불편해하고 원망하는 감정이 크다. 상담자는 각각의 불편한 사항들을 조목조목 살피고 원망의 감정이 어느 정도인지, 그 원인과 과정, 그리고 상황을 호전시키거나 악화시킬 수 있는 중재조건은 무엇인지를 살펴 긍정적인 해결 방안을 내담자와 논구할 필요가 있다. 내담자는 이러한 갈등 상황에서 불편함과 부정적인 감정들을 어떻게 극복할 것인지, 그에 대한 어떤 대안이 있는지 등을 살피도록 한다. 이때 대안으로는 현실적으로 적용 가능한 대안과 비현실적이라고 생각되는 대안까지 모두 내어놓고 살필 수 있도록 한다.

④ 가족역동을 탐색하고, 가족체계와의 관계성을 파악한다

상담자는 노인이 느끼는 심리적인 위축감의 주요 원인으로서 노인 개인 내부의 심리적인 역동을 파악하여야 한다. 그와 동시에 상담자는 가족 내의 역동을 파악하여 노인의 위축감에 부정적인 영향을 미치는 요인들에 대해 가족 체계를 살펴 노인의 위축감을 강화시키는 요인이 있는지, 있다면 그것은 어떤 것인지를 파악하여야 한다.

⑤ 노인 내담자의 긍정적인 자원을 사용하여 개인의 독립적 수준을 높인다

노인의 위축감은 심리적인 경우가 많다. 특히 노인의 개인적인 신념이 지배와 권위에 집중되어 있었다면, 개인의 역할 변화에 따라 위축감은 더욱 크게 나타날 수 있다. 이때 상담자는 노인 내담자의 긍정적인 자원들을 일깨워 줄 필요가 있다. 긍정적인 자원들이 그간 노인의 삶에 미쳤던 효과들과 현재 이 자원들이 여전히 유효함을 상기시키고 이러한 특성들을 적극적으로 활용할 것을 권하며 힘을 불어넣어 줄 수 있다. 이는 개인이 가지고 있는 효용감을 높이고 개인의 독립적 기능 수준을 향상시킨다.

⑥ 긍정적인 가족 간의 상호작용을 증가시킨다

노인의 문제는 대개 가족의 문제와 밀접한 관련을 가진다. 따라서 노인의 위축감을 제거하기 위해서는 가족들의 기능과 상호작용이 그만큼 중요하다. 상담자는 가족들과의 연대를 통해 노인 내담자의 문제를 공유하고 가족 간의 상호작용을 증대시킬 수 있다. 가족들이 직접 상담의 장에 나오기 어려울 경우 전화상담이나 방문상담을 이용할 수도 있다.

⑦ 자녀나 가족과의 갈등적인 상호작용의 빈도를 줄이도록 한다

상담자는 노인이 생각하는 갈등의 주요 요인들을 파악하고 갈등을 강화시키거나 약화시킬 수 있는 중재조건을 파악하고 이러한 중재조건 중 긍정적인 역할을 하는 요소들은 강화시키고 부정적인 요소들은 약화시키도록 하며, 무엇보다 갈등을 야기하는 상호작용을 줄이도록 내담자와 내담자 가족들에게 주지시킬 필요가 있다.

⑧ 공격적이고 방어적으로 이야기하지 않고 자신의 입장을 충분히 표현함으로써 갈등을 해결하는 능력을 증가시킨다

위축감을 갖는 노인일수록 공격적이고 방어적이다. 따라서 자신의 입장을 상대방에게 논리적으로 표현하기보다는 고집스럽게 자기주장만을 강조한다. 따라서 상담자는 노인의 의사소통 방법을 살피고 의사소통 방법 중 긍정적인 자원은 지원해 주고, 부정적인 자원들은 긍정적인 것으로 대치하도록 도울 수 있다.

(3) 상담적 개입

① 내담자와 가족의 갈등과 그 원인을 함께 탐색한다

상담자는 내담자가 가지고 있는 위축감의 원인을 파악할 필요가 있다. 노인들의 위축감은 대개 가족들과의 관계에서 비롯되기 쉽다. 따라서 상담자는 내담자와 가족 간의 갈등의 내용과 빈도, 그리고 주도적인 갈등 주제들을 살피고 그 원인을 구체적으로 구명할 필요가 있다. 다만 상담자는 이러한 과정을 진행하면서 노인 스스로가 갈등과 그 원인을 파악하여 상담의 장의 주체가 되도록 한다.

② 가족 간의 정서적 관계를 표현하도록 한다

상담자는 내담자가 가족과의 정서적 관계를 표현하게 도울 수 있다. 이렇게 함으로써 전체 가족을 살펴 가족 간의 심리적 거리와 정서적 밀착 정도를 파악하고 노인 내담자를 중심으로 한 가족의 구조를 볼 수 있기 때문이다. 여기서는 다양한 상담적 기법을 사용할 수도 있다.

③ 가족갈등을 유발하는 데 있어서 내담자의 역할을 탐색한다

내담자가 느끼는 위축감의 원인들은 내담자 외부의 원인일 수도 있고, 혹은 내담자 자신의 원인일 경우도 있다. 상담자는 내담자가 가지는 위축감에 관하여 발생하는 가족 간의 갈등문제에서 내담자의 역할이 무엇인지 내담자와 함께 탐색할 필요가 있다. 이는 역기능적인 가족 상태를 형성하는 내담자의 역할을 찾아내고 내담자의 역할이 순기능으로 작용하도록 하기 위함이다.

④ 내담자와 다른 가족구성원 간의 가치관의 차이를 검토해 보고 유사점, 상호 보완점, 문제점 등을 파악해 본다

위축감을 가진 노인들은 대개 가족 내에서 의사교환 상황에 동참하지 못하거나 스스로 대화의 장을 빠져나온다. 따라서 가족과의 대화나 진지한 의견 교환, 혹은 의사결정에 참여하는 일이 거의 없게 된다. 그만큼 가족 간에 가치관을 공유하거나 그들의 가치관에 관해 들을 기회가 적기 때문에 노인들은 시간이 지날수록 가족과의 유대가 약화되고 스스로 철회하는 상황을 만들게 된다. 상담자는 내담자와 더불어 내담자와 가족들의 가치관을 상호 비교해 보고 함께 공유하고 있는 감정, 사상, 가족 내의 정서적 특성들을 살펴 내담자가 가족원들과 더불어 살아가는 데 있어 강점, 유사점, 보완점, 문제점들에 접근할 수 있다. 이는 내담자가 가족들을 이해하고, 또한 가족들이 내담자를 이해할 수 있는 감정적 · 정서적 공간을 형성해 준다.

⑤ 자신의 감정이나 사고를 가족에게 표현하는 것을 격려한다

위축감을 가진 노인들은 자신을 표현하는 것에 어려움을 호소한다. 그것이 가족인 경우도 예외는 아니다. 따라서 노인이 자신의 감정이나 자신의 생각을 가족들에게 이야기하고 이를 나누도록 하는 것은 그만큼 어려운 일이기도 하다. 그럼에도 상담자는 내담자가 자신의 감정과 사고를 가능한 한 자주 솔직하게 가족들에게 표현하도록 격려할 필요가 있다. 내담자가 자신의 의견을 분명히 할 때 불필요한 오해를 줄이고, 불합리하거나 노인에게 불리한 가족 간의 결정에 대해 자신의 입장을 밝힐 수 있기 때문이다. 상담자는 상담 과정을 통해 지속적인 지지와 격려를 제공하여 노인 내담자가 자신을 표현하는 일에 자신감을 얻도록 도와야 한다.

⑥ 가족들에게 독립성을 나타낼 수 있는 말이나 행동의 목록을 작성한다

위축감을 가진 노인이 가족들에게 자신의 목소리를 낸다는 것은 쉽지 않은 일이다. 상담자는 내담자와 함께 가족들에게 할 수 있는 말과 행동의 목록들을 만들어 보고 이를 실제 연습해 보면서 내담자가 자신을 표현하도록 도울 수 있다.

⑦ 자율적이고 자기주장적인 행동을 강화한다

내담자가 가족 내에서 자율적이고 자기주장적인 행동을 했을 경우, 상담자는 이를 적극 격려해 주고 기회가 닿는 대로 자신을 표현하도록 지지해 줄 수 있다. 이러한 강화는 노인에게 자신감을 갖게 해 주고 다음번의 상황에 대한 의욕을 갖게 해 준다.

⑧ 자녀와 긍정적으로 상호작용할 수 있는 방법을 개발하도록 내담자를 돕는다

위축감을 가진 노인은 적극적이기보다는 주로 수동적이다. 자녀들이 먼저 말을 걸어오거나 의무적으로 해야만 하는 일 말고는 자녀와 거의 접촉하거나 대화하지 않는다. 상담자는 내담자가 가족들에게 먼저 말을 걸거나 자녀들의 물음이나 개입에 반응을 보이는 것 등 자녀와의 관계에 있어 상호작용을 가져올 수 있는 다양한 방법을 개발하도록 도울 수 있다.

2) 노년기 자존감 저하에 대한 상담적 접근

(1) 증상의 이해 및 관찰

① 긍정적 자기수용이 어렵다

자존감이 낮은 노인은 자기 스스로에 대한 긍정적인 평가를 많이 하지 않는다. 항상 자신은 부족하며 다른 사람들에 비해 열등하다고 느낀다. 특히 자녀와의 관계에 있어 사회적인 은퇴를 경험하고 경제적으로 자녀들에게 의지하고 있는 경우 자존감 저하의 문제는 더욱 심화될 수 있다.

② 스스로를 경시하고 자신을 자주 비난한다

자존감이 낮을 경우 스스로를 낮게 평가하고 지나칠 정도로 자신을 비난하게 된다. 노인의 경우 사회에서 생산적인 일을 하지 않고 자녀들에게 천덕꾸러기가 되었다는 생각을 하게 되면 자기비난이 한층 강해질 수 있다. 배우자가 아프거나 가족 내 중대 행사에 아무런 역할을 하지 못할 경우, 위기 상황에 아무런 도움이 되지 못했을 경우 자기비난은 강화된다.

③ 모든 면에 있어 자신감이 저하되어 있다

자존감이 낮은 것과 자신감 저하는 동전의 양면과 같다. 자신감이 없는 경우 점진적으로 자존감이 낮아지게 되며, 반대로 자존감이 낮은 사람은 자신감이 결여되어 있다. 자존감이 낮은 노인의 경우 가족관계에서 대화의 주도권을 잡지 못할 뿐 아니라 자녀들의 대화 시도에 부응하기도 어렵다. 그리고 그만큼 자신감은 함께 낮아질 수밖에 없다.

④ 다른 사람에게 적당한 거절 표현을 하지 못할 뿐 아니라 자신이 피해를 입는 상황에서조차도 다른 사람들이 좋아하지 않을 것 같다는 이유로 자기주장을 하지 못한다

자존감이 낮은 노인은 거절할 자신이 없다. 또한 다른 사람들의 의견을 거절했을 때 내가 거절한 그 사람들이 나를 버리거나 나를 무시할 것을 두려워해 자신의 의견을 밝히지도 못한 채 그들의 의사에 저절로 동의해 버리게 된다. 이런 경우 노인들은 동의한 의견에 대해 수동적인 자세를 보이거나 거의 자기주장을 펼치지 못한다. 이런 태도는 결국 노인 스스로 자신에 대해 화가 나고 수치심을 느끼게 만들고 다시 노인의 자존감을 약화시키는 결과를 초래한다.

낮은 자존감을 가진 노인들은 성취의욕 역시 낮으며, 실패할 경우 심리적 상처를 더 크게 받는다.

⑤ 자신의 능력보다 현저히 낮은 성취 목표를 정하여 실패를 미연에 방지한다

낮은 자존감을 가진 노인들은 성취의욕 역시 낮으며 성취한다고 할지라도 본인이 가지고 있는 능력에 훨씬 미치지 못하는 낮은 성취 목표를 선택한다. 이는 실패를 했을 때 받게 될 심리적인 상처를 스스로 사전에 예방하고 실패로 인해 다른 사람에게 거절당하거나 우습게 보이지 않도록 하기 위한 것이다.

⑥ 자신의 행복이나 즐거움에 대해서 경시하는 태도를 보인다

자존감이 낮은 노인들은 자신의 능력에 대해 의심하고 쉽게 무기력해진다. 그리고 타인의 인정이나 평가에 지나치게 영향을 받는다. '내가 무엇을 할 수 있을까?' '나는 무가치한 인간이야.' '내가 어떻게 보일까?' '그건 내가 바보 같아서 그렇게 된 거야.'와 같은 생각을 하게 되면서 노인들은 자신의 행복은 부차적인 것으로 여긴다. 이런 경우 노인들은 자기주장을 하지 못하고, 남들과 이야기할 때 눈을 맞추지 못한다. 또한 책임을 지려고 하지 않고 가능한 한 타인에게 의사결정권을 미룬다. 즉, 책임도 원치 않고 행복도 등한시하게 된다.

(2) 상담 목표

① 자기비난을 중지한다

상담자는 내담자가 자신을 비난하고 경시하는 태도를 지양하도록 도와야 한다. 내담자는 자신이 가지고 있는 가능성을 뒤로 감추고 자신의 부정적인 자원들을 크게 부각시켜 스스로를 비난하고 경시한다. 따라서 상담자는 내담자가 자신을 긍정적으로 바라보도록 격려하고 지지를 제공할 필요가 있다.

② 내담자의 긍정적인 자원을 수용하여 활용하도록 돕는다

상담자는 내담자가 가지고 있는 긍정적인 자원들을 사용할 수 있다. 내담자가 가지고 있는 다양한 경험 등의 자원과 성격의 긍정적 측면을 강화하면서 내담자 이면에 있는 개인적 특성을 확대시킬 필요가 있다. 긍정적 자원 활용은 내담자로 하여금 자기 속에 있는 좋은 자원들, 가능성의 자원들을 인식하게 해 주며, 상황을 보다 긍정적이고 적극적으로 해석하고 변화시켜 나갈 수 있다는 희망을 제공하게 된다.

③ 긍정적인 자기표현을 증가시킨다

자신 속에 있는 긍정적인 자원들을 인식하고 발견하고 확대한 후에는 긍정적인 차원에서의 자기표현을 시도해야 한다. 스스로에 대한 긍정적인 평가를 일상적인 대화 수준에서도 적극적으로 활용할 수 있도록 자기표현의 내용과 표현 빈도를 강화시키도록 한다.

④ 적절한 자기주장을 하도록 돕는다

자존감이 낮은 노인들이 자기주장을 시도하는 것은 자기비난의 수위를 대폭 낮춘 후에야 가능하다. 상담 세팅에서 자기주장을 시도하게 되면서 노인은 자신의 가능성을 확인하게 되고, 적절한 자기주장에 대해 긍정적 강화를 제공하게 되면 노인은 일상생활에서도 자기주장을 시도할 용기를 얻게 된다. 상담자는 내담자가 적절한 상황에 자기주장을 했을 때 격려와 칭찬 및 지지를 아끼지 말아야 한다.

⑤ 타인의 거절에 대한 공포를 감소시킨다

거절에 대한 공포는 자존감이 낮은 내담자에게 있어 반드시 넘어야 할 과정이다. 거절에 대한 공포는 확장된 자신감을 바탕으로 거절에 대해 대처하는 법을 앎으로써 극복될 수 있다. 상담자는 내담자와의 관계 속에서 이를 실제 상황에 적용할 수 있도록 도와야 한다. 그리고 거절에 대한 공포를 넘어서려는 시도에 대해서는 칭찬과 더불어 격려와 지지를 보내야 한다. 거절에 대한 공포를 넘어서기 위해서는 자신감을 증진할 수 있는 성공 경험을 계획하고 실행하는 것이 좋다.

⑥ 능력에 합당한 성취 목표를 정하고 단계별로 도전할 수 있는 과제를 계획하여 자기통제감을 증진하도록 한다

거절에 대한 공포가 강하고 자신감이 결여된 경우 자신의 능력에 훨씬 못 미치는 목표를 잡기 쉽다. 그리고 실패했을 경우 강한 자멸감을 경험하게 된다. 상담자는 실제 내담자가 보유하고 있는 능력을 다양한 차원에서 사용할 수 있도록 격려해 주며, 점차 자신의 능력에 맞는 목표를 정하여 스스로 자기통제감을 갖도록 도울 수 있다.

⑦ 칭찬을 수용하는 능력을 향상시키도록 돕는다

상담자는 자존감이 낮은 내담자에게서 자기비난이 강하게 나타나는 경우 타인의 칭찬을 받아들이지 않고 스스로를 칭찬하지도 않는다는 점을 기억해야 한다. 그만큼 이들에게는 수용의 의미가 중요하다. 특히 칭찬을 수용함으로써 자존감이 낮은 노인들은 스스로를 재평가하고 자신의 존재를 긍정적이고 희망적인 존재로 바라보기 시작한다.

⑧ 낮은 자존감을 형성하게 된 내면 과정을 탐색한다

자존감이 낮은 노인들은 그러한 낮은 자존감을 갖게 된 개인적인 역사나 과정이 있게 마련이다. 상담자는 내담자의 이러한 과정들을 살펴야 한다. 또한 더불어 자존감이 상승고도에 있던 시기의 성격적 특성과 상황을 파악하도록 한다.

⑨ 타인의 평가나 비평을 적절하게 수용하고 대처하는 방법을 학습한다

자존감이 낮은 노인들은 자기비난 성향이 강하며, 동시에 타인의 비난에 예민하게 반응한다. 이들은 타인의 비난을 평가하거나 수용하기보다는 공격하거나 거부한다. 따라서 상담자는 타인의 평가나 비평을 내담자가 적절하게 수용하고 이에 알맞게 대처하는 방법을 내담자와 함께 살펴야 한다. 이 과정에서 노인 내담자 스스로 원인과 과정 및 대처 방법을 찾아야 한다는 점을 잊지 말라.

자존감이 낮은 노인에 대한 상담 목표는 궁극적으로 긍정적 자아상을 확립하는 것이다.

⑩ 책임감을 가지고 독립적인 의사결정을 하도록 한다

낮은 자존감을 가졌을 경우 직면하기보다는 회피하기 쉽다. 또한 자신에게 돌아오는 비난을 피하기 위해 자기의 의견을 주장하기보다는 타인의 의견이 싫은데도 따라가기 쉽다. 상담자는 내담자가 자기 자신에게 책임감을 갖도록 힘을 불어넣어 주어야 한다. 또한 노인 스스로 자기주장을 가지고 독립적으로 의사결정을 하고 이를 표현할 수 있도록 도와야 한다.

⑪ 실패했을 때도 스스로 자신감을 고양시키도록 한다

상담자는 내담자가 가지고 있는 실패와 비난에 대한 공포를 알고 실패했을 때에 이에 적절히 대처하는 방법을 익히고 스스로를 북돋을 수 있도록 내담자를 격려하고 힘을 실어 주어야 한다. 스스로 자신감을 고양시키고 실패와 회복이 주는 긍정적인 힘을 스스로 느낄 수 있도록 도와야 한다.

⑫ 긍정적인 자아상을 확립하도록 한다

자존감이 낮은 노인의 상담 목표는 종국적으로는 긍정적인 자아상을 확립하는 것이다. 이를 위하여 상담자는 내담자가 행복과 즐거움을 누릴 수 있는 특권이 있음을 인식시킬 필요가 있다. 또한 내담자가 가지고 있는 긍정적이고 아름다운 개인적 특성과 자원을 충분히 일깨워 주고 스스로 자존감을 유지 및 증진하도록 도와야 한다.

(3) 상담적 개입

① 내담자의 언어, 행동, 생각 등을 통해 내담자의 자존감 정도를 파악한다

- 내담자가 자신을 표현하도록 격려하여 솔직하게 스스로를 나타내도록 도와야 한다.
- 내담자의 변화 의지를 확인한다.
- 내담자가 자신의 모습을 인식하고 받아들이도록 돕는다.
- 내담자에게 비판적이거나 평가하는 태도를 지양한다.

② 내담자가 자신을 긍정적으로 보도록 다양한 측면에서의 탐색을 돕는다

- 내담자의 성격, 관계, 능력 등 모든 면에서 긍정적인 요소들을 발견하도록 돕는다.
- 내담자가 과거에 자신의 긍정적인 자원을 사용하여 좋은 결과를 얻었던 경험을 되짚어 보게 함으로써 내담자로 하여금 자신을 새롭게 인식할 수 있도록 돕는다.
- 내담자의 자기비하적인 해석이나 평가를 수정한다.

③ 내담자가 내부의 감정을 인정하고 표현하도록 돕는다

- 내담자의 자신의 감정을 억압하지 않고 이를 수용하도록 격려한다.
- 감정을 억누르거나 제대로 표현하지 못하는 이유를 탐색한다.
- 내부의 감정을 인정하고 이를 표현하도록 유도한다.

④ 내담자가 자신에 대한 비난을 중지하고 자기긍정을 하도록 강화한다

- 내담자의 자기비하적인 주요 진술들을 탐색하고 자기비난을 멈추게 한다.
- 내담자의 긍정적인 표현을 강화하여 표현 능력을 높인다.
- 내담자가 자신을 향하여 긍정적인 이야기를 하도록 돕는다.
- 자신감을 증진하는 표현이나 행동에 대해 자율적인 피드백을 하고 이것을 항상 기록하여 스스로 변화감을 얻도록 유지한다.

⑤ 내담자가 자신을 가치 있게 생각하도록 힘을 불어넣어 주고 자기주장을 하도록 돕는다

- 자기주장 훈련을 통하여 자기를 표현하도록 한다.
- 내담자의 문제해결 방식을 탐색하고 가장 합리적인 대안을 찾도록 돕는다.
- 자신에게 유리한 의사결정 · 표현을 하지 못하는 내면적인 과정을 탐색한다.
- 내담자에게 지지와 격려를 제공하여 자기가치감을 갖도록 하며 자기주장을 표현하도록 유도한다.

⑥ 자신과 타인과의 관계에서 칭찬과 거절 표현을 할 수 있도록 한다

- 내담자가 진심으로 타인을 칭찬하도록 훈련한다.
- 내담자가 칭찬을 수용하기 어려운 이유를 파악한다. 비합리적 자기비난을 그치게 하고 자신의 긍정적인 자원을 불러오도록 한다.
- 거절에 대한 불안 요인을 탐색한다.
- 내담자가 자신 향해 내린 긍정적인 평가를 표현하고 자신을 칭찬하도록 훈련한다.
- 원치 않는 요구에 거절하는 연습을 한다.

⑦ 내담자가 자기효능감을 갖도록 한다

- 내담자가 현실적이고 합리적인 목표를 설정하여 긍정적인 경험을 할 수 있도록 한다.
- 적절한 목표를 성취하기 위한 구체적인 계획을 설정하도록 돕는다.
- 독립적인 의사결정을 하고 자신의 결정에 책임질 수 있도록 훈련한다.
- 자신의 행동에 대해 스스로 강화하고 적극적인 문제해결 기법을 습득함으로써 통제감을 함양하도록 돕는다.

⑧ 긍정적이고 적극적인 자아관과 세계관을 갖도록 돕는다

- 내담자 스스로 자신의 장점과 단점을 긍정적으로 수용할 수 있도록 한다.
- 내담자의 미래에 대한 합리적인 목표를 설정하여 긍정적인 결과를 탐색하고 성취 지향적인 태도를 확립하도록 한다.
- 타인 및 외부세계에 대해서 긍정적인 시각을 갖도록 돕는다.
- 좌절이나 실패경험에 대해서도 스스로를 위로하고 재도전하도록 한다.

3) 노년기 심리건강을 위한 지침

노년기가 되면서 기억력 저하가 두드러진다. 사람마다 다르게 나타나기는 하겠지만, 노인상담을 요청하는 경우 중 기억력의 저하를 치매로 오인하는 경우가 많다. 상담자는 의학적인 판단을 내리기보다는 노인이 자신의 심리적 불안감에 대처하도록 하여 행복한 노후를 보낼 수 있도록 도와야 한다.

알츠하이머와 같은 기억력 장애나 정신분열 및 다른 정신장애와 같이 유전적인 요소나 생물학적인 요인에서 기인한 장애가 발생한 경우 아무리 신체적으로 건강한 노인이라도 스스로를 조절할 수 없다. 그러나 정신건강의 상당 부분은 노인들의 노력과 치료를 통해 향상될 수 있다. 일반적으로 노인들이 사회적으로 왕성하게 활동하고 알코올과 약물류를 남용하지 않으며, 심리적인 스트레스를 줄이는 경우 노년기에도 최상의 정신건강을 유지할 수 있다.

(1) 사회활동 지속하기

분리 이론에서는 노인이 되면서 사회적인 관계에서 멀어져 스스로에게 몰입되는 것을 정상이라고 보았다. 그러나 분리 이론 연구의 대상들은 주로 치료를 요하는 정신적 혹은 신체적인 건강 상태(우울증, 치매, 혹은 기타 질병들)에 있는 사람들이었다. 이에 활동 이론가들은 정상적이고 건강한 노화에 대한 모델을 제시한 바 있다. 이 이론에 따르면 정신적 · 신체적으로 보다 왕성하게 사회활동에 참여하며 관계를 형성하는 사람들이 성공적인 노화에 도달한다. 신체건강을 위해 균형 잡힌 영양 공급이 필요한 것처럼 노인들의 정신적 · 심리적 건강을 위해서도 충분한 감정적 교류와 적절한 대인관계와 같은 균형 있는 관계가 필요하다.

(2) 알코올과 약물 남용 피하기

노년기를 건강하게 보내기 위해서는 정신건강에 부정적인 영향을 미치는 알코올이나 진정제, 수면제 등을 피하는 것이 중요하다. 노년기에 접어들면서 중추신경계와 뇌는 이러한 물질들에 대해 보다 민감하게 반응하기 때문이다. 특히 지나친 음주를 할 경우 노인들은 젊은 사람들보다 혈중 알코올 지수가 더 많이 올라가며 치매와 같은 정신질환에 걸릴 가능성이 높아진다. 적절한 운동과 충분한 수면습관은 정신건강에 도움을 주며 생활에 활력을 제공한다.

(3) 긍정적 사고와 행동

노년기 정신건강에 있어 가장 핵심적인 요소는 긍정적인 사고방식과 행동이다. 노년기에 겪는 여러 가지 상실, 즉 배우자의 죽음, 악화된 건강, 재정적 악화, 친구들의 사망과 같은 상실은 노인들로 하여금 부정적인 생각, 무기력함, 절망감, 포기하고 싶은 마음을 갖게 한다. 이때 긍정적인 사고는 현실적인 어려움을 극복하고 보다 만족스러운 노년기를 보내는 데 중요한 역할을 하게 된다. 긍정적인 사고와 행동은 노인들의 자신감을 고취시키고, 대인관계에서도 긍정적인 영향을 미치게 된다. 다른 이들을 돕고, 다른 발달단계에 있는 사람들에게 지혜를 전수하며, 종교를 통해 기쁨을 만끽하는 등의 적극적인 행동은 노인들의 우울감을 낮추고 자신감과 생활만족감에 긍정적인 영향을 미친다.

3. 노인 심리 상담 사례연습

다음의 사례를 읽고 어떻게 상담을 진행할지를 생각하고 이를 적어 보라.

> 젊어서도 가족에게 화를 잘 내곤 했던 황씨(남성, 66세)는 최근 새로운 일을 찾기 시작했다. 명예퇴직을 당한 후 7년간 집에 머물렀지만, 아직 자신의 능력이 녹슬지 않았다고 생각하고 선반 일을 할 만한 곳을 찾고 있다. 아직도 근육이 탄탄하고 자신감이 넘쳐 나는 황씨는 10장의 이력서를 준비하여 여러 곳에서 일자리를 찾았으나 모두 거절당했다. 아내는 그 나이에 누가 써 주겠냐며 경비 자리나 알아보라고 말하고 자녀들은 관심조차 없다. 자신이 한없이 무능해 보이고, 앞으로도 자신은 쓸모없는 사람일 것이라는 생각에 황씨는 눈물이 난다.

문제 1. 지금 이 내담자의 감정과 생각은 어떤 것인가?

문제 2. 이 내담자에게 어떻게 공감해 줄 것인가? 공감을 위해 어떤 말을 할지 아래에 적어 보시오.

문제 3. 내담자의 문제를 구체적으로 나열해 보시오.

문제 4. 상담 목표와 긍정적 · 부정적 대안을 적고 그 효과를 예측해 보시오.

<table>
<tr><td rowspan="5">상담 목표</td><td colspan="3">1.</td></tr>
<tr><td colspan="3">2.</td></tr>
<tr><td colspan="3">3.</td></tr>
<tr><td>가장 시급한 목표</td><td colspan="2"></td></tr>
<tr><td>가장 중요한 목표</td><td colspan="2"></td></tr>
<tr><td></td><td colspan="2">긍정적 효과</td><td>부정적 효과</td></tr>
<tr><td>대안 1</td><td colspan="2"></td><td></td></tr>
</table>

대안 2		
대안 3		

제10장

노인의 성격적 특성과 상담

1. 노년기 성격 변화

노년기 성격 특성은 일생 동안 지속되는 것도 있으나 변화하는 측면도 많다. 그러나 노인들의 성격 특성의 변화와 적응 형태에 대한 잘못된 인식들이 많다. 노인의 반응 방식에 대한 잘못된 사회적 인식으로는 다음과 같은 내용이 있다.

- 노인은 고집불통이고 기억을 잘 못하며, 아무것도 배울 수 없다.
- 노인이 되면 뇌가 퇴행하여 자연히 정신질환을 갖게 된다.
- 노인은 사망의 공포에 사로잡혀 있다.
- 노인에게 상실은 자연스러운 일이다.

그러나 노인들은 정신적으로나 경제적으로 안정감을 가지길 원하고 여전히 충분히 좋은 기억력을 가지고 있는 경우가 많다. 또한 아직도 무언가

할 수 있음을 보고 싶어 하고 배우기를 원한다. 친구나 자녀들과 정서적이고 감정적인 유대관계를 유지하기를 원하고 건강하게 오래 살기를 원하며 자신들의 존재가치를 인정받고 싶어 한다.

1) 성격 특성의 연속성

노년기 성격에 관한 첫 번째 주장은 이전 발달단계에서 형성된, 상황에 대한 적응력과 환경에 대한 평가가 거의 유사하게 유지되고 있는 것으로 볼 때 노년기에도 성격은 그대로 유지된다고 보는 견해다. 즉, 이전 발달단계에서 보유했던 개인의 지적 능력, 성격 특성, 인지 양식, 주위 환경에 대한 대처가 노년기에도 여전히 유지된다.

2) 성격 특성의 변화

개인의 성격 특성이 노년기에도 일관성을 가지고 유지된다는 주장이 있는 반면에 변화된다는 주장도 있다. 즉, 성격이 주어진 사회적 역할에 따라 결정되기 때문에 노인은 자신에게 적합하지 않은 상황을 맞게 되면서 성격도 변하게 된다는 것이다. 노년기가 되어 신체적 기력이 감소하고 이에 따라 건강 저하에 적응하면서, 은퇴를 통한 사회적 관계의 변화에 적응하면서, 경제적 구조의 변화에 따른 적응 과정에서, 배우자와의 사별 그리고 또래들의 사망과 그에 따른 변화에 적응하면서 노인의 성격은 변화하게 된다. 이때 노인들은 변화에 적응하기 위한 과정으로서 동료노인과의 관계 형성하기, 사회적 역할에 융통성 있게 대응하기, 만족스러운 신체활동에 대한 계획을 세우기 등을 실행하게 된다. 즉, 노년기의 성격은 이것들에 얼마나 적응하느냐에 따라 결정된다. 이를테면 에릭슨(Erickson, 1968, 1978, 1982)은 여덟 가지 성장발달단계 중 마지막 단계인 통합과 좌절을 설명하면서, 개인이 자신의 전생애를 성공적으로 해결하였다면 노년기 과업도 성공적으로 해결하게 된다고 주장했다. 그에 따르면, 노년기 성격은 이전 발달단계의 성격이 전생애에 걸쳐 서서히 적응하고 변화한 결과물이다. 에릭슨은 심리사회적 발달단계를 제시하면서 성격 변화의 과정과 생애주기에 따른 과업수행 사이의 관계를 설명하였다. 그에 따르면, 제7단계(장년기 45~55세)의 특성은 신체에 대한 민감한 반응으로 건강 상태에 대한 과민반응, 건강염려증 등이 있으며, 시간 전망의 변화로는 연령은 늘지만 생애는 짧게 느껴지는 점을 들었다. 또한 노인들은 수동적이고 내향적인 경향을 보이고, 새로운 지식에는 신중하게 반응하는 반면, 오랜 경험에서 비롯된 사고와 행동 그리고 의사결정을 중시하며, 폐경기 반응으로 인한 생식 능력 상실에 따라 노화를 실감하게 된다. 그리고 노년기인 60세 이후의 제8단계에서 나타나는 다음과 같은 일반적 특성들을 주목하고 있다.

(1) 내향성 및 수동성의 증가

내향성의 증가는 중년기부터 두드러지게 나타나는 현상으로, 나이가 들어 감에 따라 사회적 활동이 감소하고 사물의 판단과 활동 방향을 외부보다는 내부로 돌리는 경향이 나타나는 것을 말한다. 즉, 외부의 자극에 대한 반응이나 평가보다는 자기 자신의 사고나 감정에 의해서 사물을 판단하게 되는 경향이 많아진다. 일반적으로, 청년기나 장년기에는 사회적으로나 가정적으로 이루어야 할 일들이 많이 있다. 직장을 가지고 있는 사람은 직장 내에서 승진과 과업 성취를 해야 하고 이룩해야 할 일이 있으므로 이 과제들을 효과적으로 수행하기 위해서 심리적 에너지가 대체로 외부를 향하게 된다. 따라서 자신의 내부에서 일어나는 변화나 내면세계에 대해서는 상대적으로 주의를 기울이지 않는다. 그러나 노년기는 이러한 성취를 위한 계속적인 도전을 하지 않아도 되는 시기이므로 지금까지 외부로 향해 있던 심리적 에너지들이 이제껏 돌보지 않았던 내면의 세계로 향하게 되면서 내향성이 증가하게 된다.

내향성 증가와 더불어서 나타나는 노인의 특징 중 하나는 수동성의 증가다. 청장년기에 비해서 노년기에는 심리적 에너지가 내면으로 향하고 실제로 적극적으로 개입해야 할 일이 많지 않으므로 노인들은 문제해결에 있어서 수동적이 되고 새로운 일에 도전하려는 경향이 감소된다. 그러므로 노년기에는 문제해결 태도에 있어서 청년기 때의 능동적 태도에서 누군가에게 도움을 받아 해결하려는 수동적 태도를 거쳐 적극적인 노력과 시도를 하지 않은 채 신비적 힘이나 우연에 맡기려는 비현실적인 태도로 나아간다.

(2) 조심성 및 경직성의 증가

노인이 될수록 조심성이 증가한다. 노년기에 시각과 청각 등의 감각 능력 감퇴를 경험하게 되면서 신체적 · 심리적 기능 쇠퇴를 직접적으로 느끼게 된다. 조심성의 증가 현상으로 인해 노인들은 새로운 사업을 시작하거나 익숙지 않은 쪽으로 직업을 변경한다거나 혹은 문제해결을 하는 데 망설이게 되고 과거의 것을 고집하려는 보수적인 성향을 보인다. 이러한 경향은 경직성을 동반하게 된다. 경직성이란 융통성과 대조되는 개념으로서 현재의 어떤 태도, 의견 그리고 문제해결에 있어서 그 해결 방법이나 행동이 옳지 않거나 이득이 없음에도 불구하고, 옛날의 방법을 고집하고 이를 여전히 계속하는 행동 경향을 말한다. 즉, 노인이 될수록 종래의 안전한 방법을 고집하고 새로운 지식의 흡수에 주저하는 경향이 있다.

(3) 우울증 경향의 증가

노인이 되면서 우울증 경향이 증가하는데 그 주요 원인은 신체 노화 그리고 상황 변화와 대처에 따른 스트레스다. 즉, 신체적 질병, 배우자의 죽음, 경제사정의 악화, 지나온 세월에 대한 회한, 노화로 인한 고독 및 소외감 등으로 우울증이 증가하고 있다. 이러한 우울증의 경향은 불면증, 체중 감소,

감정적 무감각, 강박관념 및 증오심 등의 구체적인 증상을 유발한다. 그러나 우울증은 개인의 적응 능력에 따라 그 정도가 달라지거나 변화된다.

(4) 과거에 대한 회상의 증가

노인들은 현실적인 상황보다는 과거의 상황과 결과에 대한 회고와 평가에 관심을 둔다. 그러나 과거에 대한 노인들의 회상에는 긍정적인 의미도 있다.

첫째, 과거에 대한 노인들의 회상은 현재의 자존감을 높여 주는 기능을 한다. 비록 현재에는 많은 노력을 쏟아서 성취하여야 할 중요한 역할을 맡고 있지는 못하지만 노인들이 과거에 겪은 다양한 경험과 그 경험에서 유래하는 정보는 청년들이 갖지 못하는 귀한 자산이 되는 경우가 많다.

둘째, 노년기의 발달과제는 과거를 돌아보며 의미 있는 한평생을 살았다는 느낌을 갖게 하여 자아통합감을 얻도록 한다. 이런 자아통합을 이루기 위해서는 과거 사건들의 의미를 재구성하고 재해석하고자 하는 능동적인 노력이 필요하다. 다시 말해 과거의 부정적인 사건들이나 미해결 과제들이 해결되지 않는다면 노인들이 현재의 만족감을 얻는 데 부정적인 영향을 미치게 되는 것이다. 따라서 과거 회상을 통해 생애를 회고해 봄으로써 지금까지 살아오면서 풀지 못했던 부정적인 감정의 응어리를 풀고 과거의 삶을 받아들여 나름대로의 의미를 찾음으로써 현재의 삶을 긍정적으로 수용할 수 있게 된다. 이러한 과정은 생애의 마지막 단계에서 최종적으로 지나온 삶을 되돌아보며 긍정적인 결론을 얻고자 하는 적극적인 심리적 과정이다.

(5) 친숙한 사물에 대한 애착심

과거를 회상하는 빈도는 상대적으로 나이가 들어 감에 따라 점차 증가하며 노년기에 이르러서는 가장 높아진다. 회상을 통하여 노인들은 오랫동안 간직해 오거나 사용해 온 물건이나 대상에 대한 애착심이 증가한다. 지금껏 살아왔던 집이나 추억이 있는 물건, 사진, 기념물 등 친숙한 물건들에 대해서 각별한 감정을 갖게 된다. 이 물건들은 노인들의 삶의 여정과 희로애락을 담고 있을 뿐만 아니라, 변화하는 상황 속에서도 변치 않고 자신들 곁에 있어 주는 말없는 벗이기도 하다. 노인들은 새로운 사물보다는 익숙한 것에 대해 편안함을 느낀다. 노인들은 새로운 것에 감정을 이입하는 경향이 적어지므로 과거에 친숙했던 것에 대한 애착심이 증가하게 된다.

(6) 성역할 지각의 변화

어떤 문화에나 남자와 여자에게는 예상되는 사회적인 행동규범이 있다. 그 내용과 강조에 있어 차이는 있더라도 대개 자율성의 추구, 경쟁심, 통제하려는 노력, 독립성, 공격성, 자기주장성 등은 남성적 특성으로 간주된다. 반면 친밀성, 수동성, 의존성, 관계 지향성, 타협 등은 여성적인 특성으로 간주된다. 노인이 되면 지금까지 억제해 왔기 때문에 표현되지 않았던 행동 특성이 드러난다. 따라서 나이가 들수록 남성은 여성들의 특징인 친밀성, 의존성, 관계 지향성 등을 나타내고 반면에 여성들은 공격성, 자기주장성, 자기중심성 및 권위주의 등의 성향을 보이게 된다. 또한 노인이 되면 젊었을 때 남자와 여자 사이에 보이던 큰 성차가 줄어들게 되어서 양성적으로 변해 간다. 노인이 되면서 점차 심리적 에너지가 내면으로 향하게 되고 자신의 내부에서 일어나는 자극에 대해 관심을 가지게 되면서 지금까지 억압했던 특징들을 비교적 자유롭게 표현하게 된다.

(7) 의존성의 증가

노년기 의존성은 병리적인 것이 아니다. 이는 생활주기상 자연스럽게 나타나는 현상으로 유아기와 노년기는 절대적 의존기에 속한다. 노년기에는 신체적 · 정신적 능력이 쇠퇴하고 사회적 역할이 상실되며, 경제적 수입이 감소하고, 사회적 유대관계가 축소되는 등의 상황 변화로 자연히 타인의 도움을 필요로 하므로 의존성이 증가하게 된다. 이런 의존 성향은 경제적 능력 쇠퇴(연금, 국가보조금 및 용돈으로 해결), 신체적 의존성(목욕, 청소, 세탁 등), 정신적 의존성(사물에 대한 과거의 기억에 의존, 중요한 결정이나 의사소통에서 타인에게 의존), 사회적 의존성(사회적 접촉 기회 감소), 정서적 의존성(자녀 또는 친지에게 심리적 의존)으로 나누어 설명된다.

3) 노년기의 성격적 적응

인생의 황혼기인 노년기에 이르러 우울증 경향 등 정신건강상의 문제없이 심리적인 만족을 누리며 사는 것이 가장 바람직한 '성공적 노화'라 할 것이다. 이러한 심리적 적응을 이루기 위한 접근으로는 사회분리 이론과 활동 이론, 라이카르트(Reichard) 등의 성격 적응 연구, 뉴가르텐(Neugarten)의 노인 연구 등이 있다.

커밍과 헨리(Cumming & Henry, 1961)는 노인은 사회적 상호관계의 역할과 활동이 감소하면서 신체적 활력의 쇠퇴, 사회적 역할 쇠퇴, 배우자의 죽음, 가정적 · 사회적 역할 감소를 겪게 되며 노쇠 현상으로 발생한 질병은 치료와 회복이 불가능하게 된다고 말한다. 따라서 노년기에 적극적인 활동에서 벗어나 은둔생활을 하는 것이 가장 바람직하다고 말한다. 그러나 최근에는 이와 같이 사회적으로 유리된 노인보다 일정한 수준의 활동과 역할을 수행하는 노인의 정신건강 수준이 더욱 높다는 활동설이 지지를 얻고 있다. 즉, 활동 능력이 있을 때 마음껏 활동하고 잔여 능력을 충분히 발휘하는 것이 노인들의 심리적 적응에 긍정적인 작용을 한다는 것이다.

라이카르트 등(Reichard et al., 1962)은 노인의 성격 적응 연구를 통하여 다섯 가지 성격 유형을 찾아내고 이를 적응과 부적응 형태로 나눈 바 있다. 그들이 제시한 노년기 성격 유형은 다음과 같다.

- 성숙형: 늙음을 현실로 받아들이고 감사하며 일상활동에 적극적인 유형. 이 유형은 자신의 삶을 긍정적으로 평가하고 지난 과오들을 너그럽게 받아들이며 노년기를 보다 만족스럽게 살아가고자 다짐한다. 또한 일상생활에 적극적으로 참여하며 현재에 충실하다.
- 은둔형: 사회활동에서 은퇴를 경험한 후 노년기를 수동적이고 조용히 사는 유형. 여기에 속하는 사람들은 은퇴 이전의 관계들을 정리하고 더 이상 사회적 활동에 참여하지 않는다. 도리어 개인의 삶을 추구하며 조용히 여생을 지낸다.
- 무장형: 늙음에 대한 불안을 방어하기 위해 사회활동을 계속하는 유형. 이 유형은 은퇴 이후에도 지속적이고 활동적으로 사회적 역할을 수행하고자 한다. 여기에 속하는 사람들은 노화의 불안을 벗어나고자 대인관계에 몰입하고 사회적 활동 정도에 가치를 둔다.
- 분노형: 늙음에 대한 비통함과 실패의 원인을 시대와 경제의 탓으로 돌리는 유형. 이 유형은 노년기에 겪게 되는 여러 가지 상실과 변화의 원인을 외부에서 찾는다. 즉, 자신을 시대와 경제적 환경의 희생양으로 여기고 사회에 대한 강한 분노와 반발감을 보인다.
- 자학형: 이 유형은 노년기에 스스로를 보잘것없는 존재로 여기고 심한 우울감을 느끼거나 자살을 기도한다. 이 유형에 속하는 사람들은 자기비난이 강하고 심리적인 박탈감을 자학적인 형태로 표현한다.

라이카르트는 성숙형, 은둔형, 무장형은 노년기에 잘 적응하는 형태로, 분노형과 자학형은 부적응하는 형태로 분류하고 있다.

뉴가르텐(Neugarten, 1979, 1994)은 노년기 성격 연구를 위해 미국 미주리 주 캔사스시티 40~90세 정상인 700명을 7년간 반복 면접하여 노년기 성격의 주요 형태를 통합된 성격, 방어적인 성격, 수동-의존적인 성격, 비통합적인 성격으로 나누어 제시한 바 있다.

첫 번째인 통합된(integrated) 성격을 가진 이들은 의미 있는 내면생활을 하고 동시에 완전한 인식 능력과 충분한 자아감을 가지고 충분히 기능하는 사람들이다. 이들은 스스로를 조절하면서 삶의 충동성을 잘 조절하며, 유연하고 새로운 자극에 개방적이며 성숙하다. 이들은 삶의 만족도가 높으며 동시에 많은 역할에 따라 분리된다.

통합된 성격은 충분한 자아감을 가지고 높은 삶의 만족도를 보인다.

- **재구성형**(reorganizers): 이들은 은퇴했을 때 공동체 일이나 교회 혹은 다른 조직에 투자하는 사람들이다. 그들은 자신들의 활동 유형을 재조직한다.
- **초점형**(the focused): 이들은 삶에 대한 만족도는 높지만 활동 수준은 중간이다. 그들은 시간에 따라서 선택적인 활동을 하며 한 가지나 두 가지 역할로부터 주요 만족을 얻도록 에너지를 투자한다.
- **유리형**(the disengaged): 이들은 삶의 만족도가 높지만 활동 수준은 낮은 편이며, 스스로 역할 구속에서 자유로워진다. 이것은 외부적 · 신체적 상실에 대한 대응이 아니라 선호도 때문이다. 이들은 자기감독적인 사람들로서 외부 세계에 흥미를 가지고 있지만 사회적 상호작용의 연결망에 깊이 관여하지는 않는다. 앞의 두 그룹과 마찬가지로 자신을 높게 평가하지만 일은 별로 없고 혼자 잘 지내는 사람들이다.

두 번째는 방어적인 성격이다. 여기에 해당하는 사람들은 노력형이며 야망이 있고 성취를 이루려는 성격 유형으로, 불안에 대항하는 방어력과 충동적인 삶을 조절할 수 있는 능력을 가지고 있다.

• 계속형(the holing-on pattern): 이들은 노년을 위협으로 보고 가능한 한 중년기 상태를 유지하려고 일에 매달린다. 삶의 만족도는 높은 편이다.
• 위축형(the constricted pattern): 이들은 노화에 대해 감각적으로 반응하며, 상실과 결정에 몰입되어 있다. 이러한 긴장은 낮은 활동을 초래하고 높거나 낮은 삶의 만족도를 유지한다.

세 번째는 수동-의존적 성격이며 다음과 같은 유형이 있다.

• 구원요청형(the succorance-seeking): 가족구성원에게 심리적으로 의존하며, 활동 수준과 삶의 만족도는 중간 단계다. 이들은 자신의 감정적인 요구들을 충족시켜 주고 자신들이 의존할 수 있는 두세 명의 사람들이 있다면 잘 지낼 수 있다.
• 무감각형(the apathetic pattern): 이들은 수동적이고 낮은 활동 수준과 중간 혹은 낮은 삶의 만족도를 갖는다. 이런 사람들은 무감각하고 무기력하여 완전히 수동적 행동을 한다. 이러한 성격 유형은 오랜 기간 동안 수동적이고 냉담한 성격을 강화해 온 사람들에게 나타나는 것으로 보인다.

네 번째는 비통합적인 성격이다. 이들은 심리적인 기능에 커다란 결점이 있고 사고 과정이 퇴보했으며 감정 조절 능력이 상실된 사람들이다. 이들은 공동체에서 살기는 하지만 활동이나 삶의 만족도 모두 낮다.

• 조직와해형(the disorganized): 이들은 판단 능력 결핍으로 인해 정서적 반응의 일관성이 부족해진 사람들로, 불안 반응을 보이며 격한 감정이나 우울 감정을 보이는 경향이 있다.

2. 노년기 성격 적응과 상담

늙어 감에 따라 노인들은 활동력을 잃고 삶의 의미를 다른 이들에게 빼앗겼다고 느껴 가치감을 상실하게 된다. 역할상실과 가치감 상실로 노인들은 스스로 존재감을 갖기 위해 고집스러워지고 대인관계에 있어서도 불필요한 감정을 형성하게 된다. 노인들은 자신들이 유용한 존재이며 사회와 가족과 친구들에게 필요한 사람임을 확인하고 싶어 한다. 노인들은 자신들이 다른 사람들을 괴롭히거나 그들에게 의존하고 있는 사람으로 인식되는 것을 싫어한다.

노인들은 자신들이 사회에서 소외되었다는 느낌, 그리고 앞으로도 자신들이 사회의 중요한 일원으로서 활동하거나 인정받지 못할 것이라는 생각 때문에 때로는 화가 나고 때로는 절망한다. 자신을 표현하기 위해 노인들은 경우에 따라서는 적절하지 않은 대화의 주제를 지나치게 반복하거나 불필요한 이야기를 길게 한다. 젊은 사람들은 노인들의 이러한 특성을 무시하거나 부정적으로 평가하는 경우가 많다.

노인들이나 그 가족들 간의 갈등은 의사소통 방식의 문제인 경우가 많다. 이는 노인과 그 가족 공동의 문제다. 노인이 의사소통 훈련을 통해 다른 사람들의 의견을 존중하고 받아들이며 경청하는 방식을 배우고, 또한 자신을 표현하는 방법에 대해 훈련을 받는 경우 보다 원활한 대화가 이루어질 수 있다.

또한 노인들은 자신들이 무시당하거나 자신들이 가지고 있는 지식이 시대에 뒤떨어져 있다고 생각한다. 예를 들어 최근에 출시되는 가전제품들은 그 기능이 복잡하고 자칫 잘못했다가 고가의 제품을 망가뜨릴 수 있다는 생각에 가정 내에서 가전제품조차도 제대로 만지지 못하는 경우가 있다. 복잡화된 사회에서 작은 부품뿐 아니라 각종 시설들 역시 젊은 층들을 주요 대상으로 하고 있기 때문에 노인들은 가정 안팎에서 간단한 것도 사용할 수 없는 무능력한 존재가 되어 버린다. 노인들은 자신감을 잃어버리게 되고 다른 가족원들과의 대화도 그만큼 한정된다.

노인들은 자신들이 할 수 없는 부분에 집착하기보다는 자신들이 사용할 수 있고 이용할 수 있는 부분을 강화시키고 새로운 기술을 습득하기 위해 노력할 필요가 있다. 이를 통해 생활상에서의 자신감뿐 아니라 대인관계에서의 자신감도 강화시킬 수 있다.

1) 정체감의 혼란을 겪는 내담자

(1) 증상의 이해 및 관찰

① 자신이 처한 상황에 대해 불만족감이나 부적절감을 느낀다

직장에서 은퇴를 경험하고 자녀들을 출가시키게 되면서 노인들은 역할 상실감이나 빈둥우리 증후군을 경험하게 된다. 이 단계에서 적절히 대처하지 못할 경우 노인들은 정체감 혼란을 경험하게 된다. 아직은 건강하고 일을 할 수 있는 나이에 일 없이 세월을 보낸다는 느낌, 자기 삶이 더 이상 가치가 없다는 느낌 등으로 인해 개인의 삶에 만족감을 느끼지 못하고 자신의 내부 · 외부에서 부적절감을 경험하게 된다. 이러한 감정은 단기간 혹은 장기간 유지될 수 있다. 그러나 나이가 많이 들어가면서 이러한 불만족감이나 부적절감은 줄어들게 된다.

② 현재 상황을 생각하면 불안하고 우울하다

정체감 혼란을 겪는 노인들은 현재 자신이 처한 상황을 통제할 수 없다는 감정을 강하게 갖게 되면서 불안감과 우울감을 경험한다. 현 상황은 더 이상 개선될 것 같지 않으며, 이러한 상황에서 무기력한 자신을 바라보면서 앞으로 다가올 상황들이 더 악화될 수도 있다는 불안감을 갖게 되고, 점차 늙어 가며 대처 능력이 더 떨어지게 될 것을 생각하며 우울감이 심화될 수 있다.

③ 자신의 무능감을 강하게 느낀다

노년기에 접어들면서 사회적 · 경제적 · 대인관계상에서의 통제력이 점차 약화되기 쉽다. 노인들이 느끼는 무능감은 건강상의 변화를 경험하거나 신체의 약화를 자각하게 되었을 때, 가정이나 소속된 곳에서 결정권이 약화되었을 때, 변화하는 환경에 예전과 달리 적절히 대응하지 못하였을 때, 스스로 시대의 퇴물이 되었다고 느끼는 때에 강하게 나타난다. 이러한 무능감은 개인이 변화된 사회적 · 경제적 · 문화적 상황이 더 이상 자신의 통제하에 있지 않다고 느낄 때 우울감과 더불어 사회관계에서의 위축을 가져온다.

④ 가족원과 갈등관계에 있다

노년기의 정체감 혼란은 가족 내 권력관계에서도 올 수 있다. 자녀들의 성장과 노인의 노화 진행으로 가족 내 주요한 결정권이 자녀들에게로 넘어가고 예전과는 달리 가족 내의 갈등에서 지배적인 위치에 있지 못하게 되면서 노인들은 심각한 정체감 혼란을 경험하게 된다. 사회경제적인 위치가 이전과는 달라지면서 노인들은 가족들과의 갈등 속에서 강한 위축감과 변화된 환경에 대한 괴리감을 갖게 된다.

⑤ 다시는 사회적인 성공을 경험할 수 없을 것이라는 두려움이 크다

신체 노화, 은퇴, 가족 구조의 변화 그리고 사회관계에서의 위축 등으로 노인들은 앞으로 다시는 젊은 날의 성공 경험을 할 수 없을 것이라고 생각하게 된다. 더불어 앞으로 나는 무엇을 할 수 있을 것인가, 나는 누구인가 등 자신의 존재에 대한 강한 불안을 경험하게 된다.

⑥ 다른 사람들이 자신을 무능하거나 아무것도 아닌 사람이라고 여길 것으로 생각하며 슬퍼한다

노인이 되어도 인정욕구는 유지된다. 정체감 혼란을 겪는 노인들은 자신의 무능감, 그리고 이제는 아무것도 아닌 사람, 누구도 인정해 주지 않는 사람이 되었다는 것을 슬퍼한다. 인정욕구가 강한 노인일수록 정체감 혼란을 크게 느끼며, 강한 감정적 표현을 하기 쉽다.

⑦ 자신에게 잘 맞는 일이 무엇인지, 이제 무엇을 해야 할지 알지 못해 불안하다

내가 무엇을 할 수 있을까, 지금 내 나이에 할 수 있는 일이 무엇인가 등 노인들은 자신들의 존재감을 확인할 수 없는 상황에 불안해한다.

⑧ 자신의 삶에 대해서 생각할 때 불안하고 혼란스럽다

정체감 혼란을 겪는 노인들은 현재의 상황은 물론 향후 자신의 삶이 어떻게 될지에 대한 강한 불안감을 보인다. 정체감 혼란을 강하게 느끼는 경우, 불안감을 견디지 못하고 자살에 대해 생각해 보거나 심한 우울 상태로 빠져들기도 한다.

(2) 상담 목표

① 현재 느끼는 갈등이 무엇인지를 구체적으로 파악하고 이를 다룬다

정체감 혼란을 가진 내담자는 강한 불안감을 보이기는 하지만 그것이 구체적으로 무엇인지 어떻게 그러한 생각을 갖게 되었는지, 또한 그 갈등의 근본적인 원인은 무엇인지에 대해서는 구체적으로 파악하고 있지 못한 경우가 많다. 상담자는 상담 목표를 설정하면서 현재 내담자가 느끼는 갈등의 전반적인 내용을 구체적으로 파악하고 이에 대한 탐색을 해야 한다.

② 현재 처한 상황에 대한 내담자의 사고와 정서를 다룬다

내담자가 현재 느끼는 갈등에 대한 탐색을 진행할 때 내담자의 사고와 정서에 대한 탐색도 함께 이루어진다. 상담자는 상담을 진행하면서 내담자가 가지고 있는 사고의 틀과 정서적인 색채, 내담자의 정서적 특징 등을 살펴 이에 대해 구체적으로 접근해야 한다.

③ 이면에 있는 개인적인 갈등이나 불안을 다룬다

정체감 혼란을 가진 내담자에게 현재 나타나는 갈등과 그에 따른 사고구조와 정서 내용을 다룬 후에는 내담자의 상황 이면에 있는 심리를 다루어야 한다. 내담자가 가지고 있는 외부적인 갈등 이면에 있는 내면의 갈등과 불안은 반드시 탐색해야 하고 이에 대한 상담자의 세심한 분석과 상담적 접근이 요구된다.

④ 가족이나 대인관계의 갈등을 다룬다

노인문제의 대부분은 그 가족이나 노인을 중심으로 하는 다른 대상과 연결되어 있다. 따라서 상담자는 내담자의 가족이나 노인의 삶에 영향을 미치는 대인관계를 살펴 이들과의 갈등에 대해 탐색할 필요가 있다.

⑤ 다른 사람들의 판단이나 기대가 미치는 영향을 인식하도록 한다

정체감 혼란을 겪는 내담자들은 다른 사람들이 자신을 어떻게 보는가를 중요하게 여긴다. 따라서 내담자가 다른 사람의 판단이나 기대에 어느 정도의 중요성을 부과하고 있는지, 또한 다른 사람들의 판단이나 기대에 어느 정도 좌우되는지에 대한 충분한 이해를 가지고 있어야 한다.

⑥ 자신의 특성이나 성격에 대한 이해를 돕는다

정체감 혼란을 겪는 내담자는 대개 주변의 영향을 강하게 받기 때문에 자기 내면의 통찰이 제대로 이루어지지 않는 경우가 많다. 따라서 상담자는 상담 목표를 설정하는 데 있어 내담자가 스스로를 탐색하도록 해야 함을 염두에 두어야 한다.

⑦ 구체적으로 자신이 원하는 것이 무엇인지를 인식하도록 한다

정체감 혼란을 겪는 내담자에게는 다른 사람들의 평가와 관심이 중요하기 때문에, 상대적으로 자신에 대한 관심이나 분석이 부족하다. 따라서 상담자는 내담자가 정말로 원하는 것이 무엇인지에 대해 탐색하도록 해야 한다.

⑧ 현재의 생활 적응의 어려움을 다룬다

적응의 문제는 혼란을 겪는 사람들에게 중요한 문제다. 특히 노년기에 정체감 혼란을 경험하는 내담자의 경우 이전 시기와 현재와의 큰 차이 때문에 적응에서의 어려움을 강하게 호소한다. 상담자는 내담자가 현재 처한 어려움, 그리고 적응에서의 고민들을 충분히 다루어 줄 필요가 있다.

⑨ 자신의 장점을 수용하고 단점을 인정하여 이를 극복하도록 한다

내면에 대한 탐색이 정체감 혼란을 겪는 내담자에게 중요한 것은 탐색을 통해 내담자의 긍정적인 자원들을 찾아낼 수 있기 때문이다. 노년기에 접어들면서 긍정적이기보다는 부정적인 자기평가를 하게 되기 쉽다. 이때 상담자는 내담자가 노년기에 자신을 새로이 탐색하고 드러나지 않았던 자신의 장점들을 확인하고, 부정했던 단점들을 수용하여 받아들일 수 있도록 상담 목표를 설정해야 한다.

⑩ 자신의 역할을 구체적으로 모색하고 이를 위해 필요한 일들을 단계적으로 수행해 나가도록 한다

정체감 혼란을 겪는 노인들은 자신들이 어디에 있는지, 왜 있는지, 무엇을 해야 하는지, 어떻게 해야 하는지 등 모든 것에 있어 어려움을 호소한다. 상담자는 서두르지 말고 단계적으로 일을 하나하나 진행해야 한다. 또한 내담자에게 있어 가장 절실하고 가장 필요한 일들부터 차례로 풀어 나가는 여유와 지혜를 발휘할 필요가 있다.

(3) 상담적 개입

① 현재 느끼는 갈등이 무엇인지를 구체적으로 탐색한다

정체감 혼란을 경험하는 노인 내담자가 갖고 있는 현재의 갈등에 대해 상담자는 내담자가 자신의 일이나 환경에 대해 느끼는 만족감의 수준이 어느 정도인지 파악하고, 부적절감이나 불만족을 느끼는 구체적인 원인을 탐색하여야 한다. 또한 가족원이나 친구들과 관련하여 대인관계의 갈등이 있는지 파악하고, 현재의 상황에 대한 위협감이나 두려움이 있는지 알아보아야 한다. 탐색을 할 때에는 내담자의 감정적 호소를 충분히 들어 주면서 탐색의 내용을 살펴야 한다. 또한 초기 상담에서 모든 것을 얻어 내려 하기보다는 좀 더 여유 있는 자세와 긴 안목을 갖고 충분한 탐색을 해야 한다.

② 알코올 및 기타 물질 남용 문제가 있는지를 탐색한다

정체감 혼란을 겪는 내담자는 가족이나 대인관계에서 문제해결의 가능성을 찾지 않는 경향이 있다. 따라서 스스로를 위로하거나 화풀이를 하는 방법으로 알코올을 남용하거나, 기타 약물에 의존하는 경우가 있다. 이런 경우 상담자는 알코올이나 약물 남용 정도를 파악하고 이것이 내담자의 문제를 악화시키는지, 혹은 알코올이나 약물로 인해 다른 정신질환이 나타나지는 않는지를 살펴야 한다. 심각한 알코올 남용이나 약물 남용이 있는 경우는 전문의에게 의뢰하거나 슈퍼바이저에게 의뢰하는 것이 바람직하다.

③ 호소문제에 나타나는 갈등에서 내담자의 역할이나 개인적인 영향력을 탐색한다

내담자가 호소하는 정체감 혼란의 문제가 내담자 외부에서 오는 경우도 있지만, 내담자 자신이 갈등의 주요 역할을 하는 경우도 있다. 대개 정체감 혼란의 문제는 외부와 내부 모두에서 오는 경우가 많다. 이럴 경우 다음의 단계를 밟는 것이 바람직하다.

- 일이나 다른 사람에 대해 어떻게 느끼고 생각하는지를 탐색하고 명료화한다.
- 환경에서 오는 압력이나 스트레스에 대한 대응 양식과 내담자의 호소문제가 어떻게 관련되는지를 파악한다.
- 대인관계의 패턴을 탐색한다.

④ 현재 상황에 대한 왜곡된 인지적 메시지가 있는지를 탐색한다

내담자가 정체감 혼란을 경험하게 되는 경우 내담자 내부의 상황에 대한 왜곡된 인지적 메시지가 있는가를 탐색할 필요가 있다. 그 과정은 다음과 같다.

- 어떤 상황에서 불안과 위협을 느끼는지를 탐색하고 명료화한다.
- 자기부정적인 사고(무가치감, 거절의 느낌, 미래에 대한 부정적인 예견 등)를 탐색한다.

⑤ 내담자의 현실 개선을 위한 과다한 기대를 탐색한다

내담자가 겪는 정체감 혼란이 내담자의 현실 감각이 떨어지거나 개선을 위해 고안한 대안이 현실에서 할 수 있는 것을 초과하기 때문일 수 있다. 이럴 경우 상담자는 내담자와 이에 대해 탐색할 필요가 있다. 내담자가 현실 개선을 위해 가지고 있는 기대와 이에 대한 대안을 모두 적어 보는 것도 한 가지 방법이 될 수 있다. 가능한 대안, 불가능해 보이는 대안까지 모두 쓰도록 하고 이를 내담자와 함께 그 가능성, 성공 가능성을 함께 파악하여 봄으로써 내담자가 가지고 있는 현실 초과적인 기대감을 내담자에게 인식시킬 수 있다.

⑥ 내담자가 내면의 억압된 감정, 부적절감, 무력감 등의 숨겨진 정서를 드러내고 표현하도록 돕는다

상담자는 내담자가 가지고 있는 현재의 정서, 즉 부적절감, 무력감 등을 솔직하고 정직하게 표현해 낼 수 있도록 해야 한다. 상담자는 빈 의자 기법 등 다양한 기법을 통해 내담자가 가지고 있는 내면의 정서를 표현하도록 도울 수 있다.

⑦ 내담자의 가치관과 인생관, 내재된 갈등 및 욕구를 탐색하고 이들의 상호 관련성을 파악한다

상담자는 내담자가 자기탐색을 하도록 도움으로써 내담자 내부에 있는 숨겨지거나 억압된 갈등의 요소들, 그리고 드러나지 않았던 욕구들, 미해결 과제들을 함께 살피고 이것이 각각 어떤 의미인지, 그리고 그것이 서로 어떤 관계가 있는지 탐색하도록 도와야 한다. 이 과정을 통하여 내담자는 자신의 내면의 지도를 보게 되며 드러난 문제의 내부적인 원인을 파악하게 된다.

⑧ 내담자의 자기인식과 평가를 확인한다

정체감 혼란을 겪는 내담자들은 다른 사람들이 자신을 어떻게 평가하는가에 지대한 관심을 가지고 있다. 따라서 상담자는 내담자가 스스로를 살피고, 자신에 대해 어떻게 생각하고 평가하는지를 살피도록 도와야 한다. 이 과정을 통해 내담자는 다른 사람들 속에 묻혀 있던 자신을 발견하고 현재까지 알고 있던 자신에 대한 구체적인 파악과 평가를 하게 된다.

⑨ 내담자가 자신의 특성이나 성격을 보다 객관적으로 평가할 수 있도록 돕는다

내담자가 스스로를 탐색하고 평가한 후에는 자신과 다른 사람들과의 관계 속에서 자신은 어떠한가에 대해 평가하도록 한다. 이 과정을 통해 내담자는 관계라는 지도 속에 자신의 위치를 보고 자신을 더욱 객관적으로 평가할 수 있게 되어 새로운 방식으로 자신을 바라보게 된다. 이를 위하여 다음의 과정을 포함시킬 수 있다.

- 자신이 가진 긍정적인 자원들을 탐색하고 인식하도록 한다.
- 자신의 부정적인 특성을 인정하고 수용하도록 한다.

⑩ 내담자로 하여금 정말로 자신이 원하는 것이 무엇인지를 구체적으로 탐색해 보도록 한다

정체감 혼란을 겪는 내담자들은 다른 사람들의 시선에 자신의 평가를 맡겨 왔기 때문에 정작 자신 스스로는 어떠한지, 자신은 무엇을 원하는지에 대해서는 미처 살피지 못한다. 상담자는 내담자가 원하는 것이 무엇인지 살피도록 돕고, 내담자가 가지고 있는 스스로에 대한 정보와 상담자가 가지고 있는 정보를 통해 내담자의 진정한 욕구를 파악하는 데 주력해야 한다.

• 내담자의 역할에 대한 기대와 욕구와 다룬다.
• 내담자 정보 및 주위에서 얻을 수 있는 자료와 정보를 충분히 활용하도록 한다.

⑪ 내담자의 기대가 내담자의 특성이나 환경조건에 상응하는가를 평가하게 한다

상담자는 내담자에게 자신의 기대, 기대에 대한 대안을 살피게 한다. 이를 통해 내담자는 자신이 가지고 있는 특성과 환경을 자신의 기대 및 대안과 비교하게 된다. 이 과정을 통해 내담자는 보다 현실에 기초하는 기대와 욕구 성취 과정을 살필 수 있게 된다.

⑫ 실행 가능한 목표를 구체적으로 정하고 수행을 위한 단계적인 계획을 세운다

• 실행 가능한 것, 실행의 우선순위를 상세히 기록하도록 한다.
• 자신의 역할에 대한 적극적인 평가를 할 수 있도록 돕는다.
• 가족이나 친구 등 지지자를 찾고 긍정적인 관계를 형성하도록 한다.
• 도움을 얻을 수 있는 정보나 지지자를 개발하도록 돕는다.

⑬ 변화 가능하고 긍정적인 실행단계를 밟아가도록 돕는다.

보다 현실에 기초하고 실행 가능한 목표들을 설정하고 이를 수행하는 것은 정체감 혼란을 겪고 있는 내담자에게 무엇보다 중요한 과정이다. 이와 더불어 설정한 목표를 불변하고 고정적인 것으로 유지하기보다는 융통성 있게 다양한 상황에 대처할 수 있는 방향으로 이끌어 가는 것 역시 적응과 대처에 있어 내담자에게 긍정적으로 작용한다.

⑭ **수행 결과를 구체적으로 평가한다.**

정체감 확인은 노년기 삶의 질을 높이고 삶의 만족감을 준다.

정체감 혼란을 겪는 내담자가 실행 목표를 어느 정도 달성했는가, 어떻게 달성했는가는 향후 상담 과정 및 내담자 의지에 중요한 지표로 작용한다. 내담자가 설정한 초기 상담 목표, 수행 가능한 실행 목표의 달성은 수행 결과에 대한 평가를 통해서 점검한다. 상담자는 수행 결과에 대한 개괄적인 평가를 실시하되 성공적인 결과와 실패한 결과를 분명히 구분하고 성공과 실패의 원인과 과정에 대한 철저한 분석을 해야 한다. 이러한 분석을 통하여 내담자는 자신의 성공 가능성, 그리고 실패를 줄일 수 있는 원인과 과정들을 탐색하고 인지하게 된다.

- 성공과 실패에 대한 자기평가를 강화해 나간다.
- 일의 결과를 수용하고 다음 단계의 적용에 활용한다.

⑮ **결과에 대한 책임이 궁극적으로 자신에게 있음을 인정하고 받아들이도록 하여 책임감을 갖도록 한다**

수행 결과에 대한 평가는 내담자가 상담 과정을 통하여 얻게 되는 다양한 탐색과 인지, 그리고 책임 있는 행동의 결과를 보여 준다. 따라서 상담자는 내담자에게 지금까지 나타난 상담 과정 결과의 책임이 내담자에게 있다는 점을 주지시키고 이를 인정하도록 하여 내담자가 자신의 문제에 대한 주체감, 책임감을 갖도록 해야 한다.

⑯ 일의 성취를 통해 긍정적인 자기개념과 자신감 및 자기효능감을 획득하도록 지지하고 격려한다.

긍정적인 수행 결과는 내담자에게 자신감과 할 수 있다는 느낌, 자신이 능력을 발휘할 수 있는 사람이라는 생각을 갖게 한다. 이러한 감정들은 내담자에게 향후 자신이 겪어야 할 일들에 대한 자신감과 확신을 제공하는 단초가 되며 나아가 일의 성취에서 긍정적인 자기개념을 주게 된다. 상담자는 내담자가 보여 준 긍정적인 수행 결과들을 충분히 사용하여 내담자의 성취감과 자신감을 고취시켜 향후 새로이 시작하는 일에 대한 확신을 갖도록 도모할 수 있다.

⑰ 개개인의 가치는 자기만족감 및 자기수용에 있음을 교육하고 이를 인식하도록 한다

내담자가 스스로를 긍정적인 사람, 할 수 있는 사람으로 인식할 때 긍정적인 자기개념을 가질 수 있다. 또한 이러한 경험을 통해 내담자는 자신에게서 만족감을 찾고 자신의 모습을 받아들이고자 하는 의지를 갖게 된다. 상담자는 내담자가 해낸 일의 성과를 통해 자기만족감의 의미를 확인시키고 자기를 있는 그대로 받아들일 수 있도록 격려하고 지지하여야 한다. 이러한 인식을 통해 내담자는 안정감을 찾고 외부 환경의 변화에 차분히 대처하여 보다 만족스러운 선택과 생활을 누릴 수 있다.

3. 노인 성격 상담 사례연습

다음의 사례를 읽고 어떻게 상담을 진행할지를 생각하고 이를 적어 보라.

김씨(여성, 74세)는 최근 사별을 하고 큰아들과 함께 새로운 집으로 이사하여 살게 되었다. 젊은 시절부터 항상 씩씩하고 당차다는 말을 들을 만큼 적극적이었던 김씨가 이사를 한 후 점점 화를 많이 낸다. 이렇게 된 지가 2~3년 정도 되었는데 얼마 전에는 집안에 화분을 놓는 이야기를 하다 말고 버럭 화를 내며 "나를 무시하겠다 이거지!" 라며 크게 소리를 지르고 문을 박차고 밖으로 나갔다. 집에 남은 가족들은 당황스러웠을 뿐 아니라 전에 없는 반응을 보이시는 어머니를 이해할 수가 없었다. 최근 이런 일들이 잦아지면서, 김씨는 가족과도 서먹해지고 또 가족을 보면 자신을 무시하는 것 같아 점점 더 화가 난다. 자신이 잘못하는 일도 있다는 것을 알고 있지만, 절대 며느리에게나 아들에게 지고 싶지 않고, 자식들이 자신을 무시하는 것 같아 지금도 얼굴이 붉어지고 화가 머리끝까지 난다.

문제 1. 지금 이 내담자의 감정과 생각은 어떤 것인가?

문제 2. 이 내담자에게 어떻게 공감해 줄 것인가? 공감을 위해 어떤 말을 할지 아래에 적어 보시오.

문제 3. 내담자의 문제를 구체적으로 나열해 보시오.

문제 4. 상담 목표와 긍정적 · 부정적 대안을 적고 그 효과를 예측해 보시오.

<table>
<tr><td rowspan="5">상담 목표</td><td colspan="2">1.</td></tr>
<tr><td colspan="2">2.</td></tr>
<tr><td colspan="2">3.</td></tr>
<tr><td>가장 시급한 목표</td><td></td></tr>
<tr><td>가장 중요한 목표</td><td></td></tr>
</table>

	긍정적 효과	부정적 효과
대안 1		
대안 2		
대안 3		

제 4 부

노인문제와 상담

제11장

노인 우울증과 상담

노인들에게 우울증은 가장 일반적인 정신장애로, 인생 후기 삶의 만족도를 저하시키고 자아완성을 억제하며 실제적으로 삶의 기대를 저하시킬 수도 있다. 또한 상대적으로 우울증이 있는 노인들의 자살률이 높기 때문에 노인 우울증 치료는 그만큼 중요하다. 우리나라 노인 5명 중 1명은 우울증을 겪고 있다는 보고에서 알 수 있듯이 우울증은 노인에게 있어 흔한 증상이다. 노인 우울증이 노인들의 삶의 질을 저하시킴에도 불구하고 노인 본인은 물론 주변의 가족들이나 친지나 친척들조차 이를 대수롭지 않게 여기고 있다. 그러나 노인 우울증은 개인적 · 의학적 · 사회적 · 경제적으로 매우 중대한 건강문제로, 노인들 자신에게 큰 고통을 줄 뿐만 아니라 사망 가능성과 기능상실 혹은 수축을 강화시키고 가정의 파탄까지 초래할 수도 있다.

1. 노인 우울증

1) 노인 우울증의 원인

(1) 인구통계학적 요인

성별에 따른 노인 우울증 역학조사를 보면 남성에 비하여 여성에서 우울 증상의 빈도가 높은 것으로 나타난다. 즉, 여성 노인 우울증 환자들은 신체질환, 자기 역할의 불만족, 결혼관계 유지문제 등과 관련된 우울장애가 많고, 남성 노인 환자에게는 생명을 위협하는 중병이 우울증과 더 관련이 깊다.

(2) 사회적 요인

노인 우울증의 발생과 관련된 사회적 요인으로는 신체적 질병과 기능상실, 사별과 같은 부정적인 생활사건, 사회적 지지, 재정적 문제, 자아통제감, 교육 수준 등이 있다.

신체적인 영역에서 만성 질환 및 기능상실의 정도는 우울증의 정도와 비례한다. 또한 건강 악화는 노인들에게 새로운 우울 증상을 유발시키기 쉽다. 만성 질환의 경우 중 만성 질환의 개수가 많을수록, 그리고 일상생활의 활동 능력이 저조하여 수족을 움직이기 어렵거나 타인의 도움에 의존하는 정도가 높을수록 우울 증상이 강하게 나타난다.

노인에게 우울증을 유발시키는 가장 중요한 단일 생활사건은 사별이다. 우울한 노인은 최근에 배우자나 자식의 죽음을 경험한 경우가 많으며, 이러한 사별을 경험한 노인들은 우울증에 걸릴 위험도가 높다. 그러나 노인의 우울 증상은 사별 후 몇 주 동안은 매우 흔하지만 대부분 시간이 지날수록 우울 증상이 서서히 감소하여 완전한 우울장애까지 진행되는 경우는 드물다. 배우자의 존재는 우울증의 발생을 줄여 주는 데 중요한 역할을 한다.

노인 우울증 환자는 우울증이 발생하기 전 1년 이내에 심각한 생활사건을 많이 경험하는 것으로 나타난다. 우울증과 관련성이 높은 생활사건으로는 친척이나 친구의 죽음, 가족이나 친구와의 다툼 등이 있다. 최근 들어 나타나는 노인 우울증의 주요 원인 중 하나는 경제적인 상황의 악화다. 취약한 경제력으로 인해 노인들이 생활고에 시달리면서 경제성 노인 우울증이 증가하고 있다.

(3) 생물학적 요인

노인 우울장애의 생물학적 원인은 현재까지 명확하게 밝혀지지는 않았다. 그러나 말초의 신경화학적 및 신경내분비적 측정치와 뇌구조 및 기능 등의 측정치에서 정상 노인과 우울 증상을 보이는 노인 간에 다소의 차이를 보인다. 뇌혈관질환(중풍) 환자의 약 24%에서 우울장애가 발생되는 것으로 보고되고 있다. 피질성 경색과 열공성 경색이 우울장애와 가장 높은 관련성을 보였다. 알츠하이머병이나 뇌혈관 증후군뿐 아니라 파킨슨병 환자들도 우울장애의 발생이 50%에 이른다.

2) 노년기 우울 증상

우울증 자체는 노화의 과정이 아니라 일종의 정서장애이며, 다양한 요인들을 통해서 나타나는 심리적 변화 상태다. 노인들에게서 발견되는 우울 증상은 다양하며 우울 양상이 가성 치매 형태로 나타나기도 한다. 노인들에게서 나타나는 우울 증상은 아래와 같다.

- 부적절한 슬픔 표현: 슬픔 표현 없음
- 신체적 증상: 가슴이 답답함, 두통, 식욕부진 등

- 건강염려증: 건강보조식품에 지나치게 의지함
- 최근에 발생된 신경증적 증상: 히스테릭한 반응
- 자해적/가해적 행동
- 가성 치매: 일시적인 기억력 감퇴 심화, 관계상의 위축
- 치매에 동반된 우울증
- 행동장애
- 비정상적 성격 성향의 강화: 강한 분노, 의기소침, 대인관계 회피
- 뒤늦게 발생한 알코올 의존

3) 노인 우울증 진단

우울증은 일상생활이나 사회적 관계를 하는 개인의 능력 기능을 지속적으로 방해하며 우울증을 경험하는 이들 중 15% 정도는 자살한다. DSM-IV의 진단 기준에 따르면, 주요 우울장애는 다음의 증상 5개 또는 그 이상의 증상이 연속 2주 기간 동안 지속되며, 이러한 상태가 이전 기능으로부터의 변화를 나타내는 경우를 말한다.

- 하루의 대부분, 그리고 거의 매일 지속되는 우울한 기분이 주관적인 보고(슬프거나 공허하다고 느낀다)나 객관적인 관찰(울 것처럼 보인다)에서 드러난다.
- 모든 또는 거의 모든 일상 활동에 대한 흥미나 즐거움이 하루의 대부분 동안 또는 거의 매일같이 뚜렷하게 저하되어 있을 경우(주관적인 설명이나 타인에 의한 관찰에서 드러난다)
- 체중 조절을 하고 있지 않을 상태(예: 1개월 동안 체중 5% 이상의 변화)에서 의미 있는 체중 감소나 체중 증가, 거의 매일 나타나는 식욕 감소나 증가가 있을 때

- 거의 매일 나타나는 불면이나 과다수면
- 거의 매일 나타나는 정신 운동성 초조나 지체
- 거의 매일의 피로나 활력 상실
- 거의 매일 무가치감 또는 과도하거나 부적절한 죄책감을 느낌
- 거의 매일 나타나는 사고력이나 집중력의 감소, 또는 우유부단함
- 반복되는 죽음에 대한 생각, 특정한 계획 없이 반복되는 자살 사고 또는 자살 시도나 자살 수행에 대한 특정 계획

2. 노인 우울증의 치료와 상담

우울증은 거의 모든 경우 심리치료, 항우울약물 복용, 전기쇼크 요법으로 치료가 가능하다. 심리치료는 가벼운 정도의 우울증 환자에서 항우울약물 복용이나 전기쇼크 요법을 요하는 중증 우울증 환자에 이르기까지 사용된다.

우울증 치료를 위한 심리치료 방법으로 가장 일반적인 치료법은 인지행동치료(cognitive-behavioral therapy), 관계 요법(interpersonal therapy), 회상 요법(reminiscent therapy), 지지치료(supportive therapy) 등이 있다. 인지행동치료에서는 우울증을 유발하는 개인적인 신념과 태도를 보다 건강하고 현실적으로 바꾸려 한다. 즉, 기쁨과 성취감을 얻도록 격려한다. 대부분의 노인 우울증 환자들은 자신의 삶에 대해 '더 이상 희망이 없어.' '되는 일이 하나도 없다구.' '나는 바보야.' '나는 늙고 쓸모가 없어.' '내가 늙기는 늙었나 봐, 제대로 하는 일이 하나도 없어.'와 같은 반응을 보인다. 우울 증상이 있는 노인들은 상황을 최악의 상태로 결론짓고, 부정적인 요소들을 늘 자기 것이라고 생각하며 긍정적인 요소들에 가치를 두지 않는다. 인지행동치료는 이렇게 노인들 스스로 자신의 현실이며 미래라고 생각

하는 이러한 비관적인 자동적 생각을 중지시키거나 수정한다. 만일 이런 개인적인 생각을 드러내어 보여 주지 않거나 그러한 생각에 도전을 하지 않고 방치하면, 이런 생각 왜곡은 가속화되면서 우울증을 심화시킬 수 있다. 따라서 이런 왜곡된 생각을 중지하도록 하는 것이 중요하다. 대개 인지행동치료에서는 내담자 자신의 생각과 행동을 말하거나 적거나 사진으로 촬영하여 직접 살피도록 한다.

관계 요법(interpersonal therapy)은 정신역동치료 형태로 내담자의 과거와 현재 관계를 살펴서 내담자가 관계 속에 나타난 갈등을 풀어 가도록 돕는 방법이다. 회상 요법(reminiscent therapy)은 내담자가 인생관을 새롭게 갖도록 용기를 주어 현재 어려움을 주고 있는 문제에 영향을 미친 과거의 미해결 문제들을 재정의하게 하는 방법이다. 지지치료(supportive therapy)는 최근에 심각한 스트레스나 상처, 상실을 경험했을 때 그 경험에 대처하기 위해서 다른 이들의 지지를 제공하는 것이다. 지지치료는 종종 노인들이 사회적 관계나 신체건강을 잃게 되었을 때 가장 좋은 효과를 보인다. 우울증이 심한 경우, 특히 자살을 생각하거나 눈에 띄게 체중이 감소하는 경우, 다른 생물학적 우울 증상을 보이는 경우는 심리치료와 더불어 전문의의 도움을 받아 항우울제 복용을 병행해야 한다. 항우울제는 우울 증상을 빠르게 완화시킨다. 항우울제 약물류는 세로토닌과 노레피네프린과 같은 뇌의 화학물질을 회복시켜 우울 증상을 제거한다.

항우울제에 반응하지 않거나, 심각한 자살충동이나 생존에 위협을 줄 만한 체중 감소와 같이 우울 증상이 생명을 위협할 정도인 노인은 즉각적인 치료가 필요하다. 전기쇼크 요법은 특히 망상이 있는 노인 우울증 환자 치료에 효과적이다. 전기쇼크 요법은 항우울제에 비해 부작용이 거의 없기 때문에 의약품 복용이나 사용에 문제가 있는 노인 환자를 대상으로 사용한다. 이 요법은 보다 안전하고 효과적인 방법으로서 최근 선호되고 있다.

배우자나 사랑하는 사람을 상실하였거나 신체건강의 문제 등으로 우울

〈표 11-1〉 우울증 완화 및 치료를 위한 집단상담 프로그램 예시

회기	인지행동치료 프로그램	긍정심리 프로그램	이야기치료 프로그램
1	프로그램 소개, 참가자 소개, 서약서 작성	VIA-IS 검사를 통한 강점 활용하기	고향에 대한 기억(나는 이런 사람)
2	자신의 가치관, 인생관, 생활관을 알아보고 자신을 개방하고 이해하며 수용하기	긍정 경험에 주목하기	유년 시절: 부모님이 주신 사랑(부모님의 인생과 나)
3	어린 시절 친구에 대한 기억 나누기	인생의 의미와 목적 발견하기	유년 시절: 그리운 내 동무(어깨동무, 내 동무)
4	과거의 즐거웠던 때 회상하기(인생 곡선을 따라)	감사 · 친절 · 선행하는 법 배우기	청소년기: 젊은 날의 용기와 도전(내 인생 최고의 날)
5	내 짝꿍을 찾아서 (단짝 만들기)	자신의 일에 긍정적이고 열정적인 방식으로 반응하기	성인 초기: 결혼의 의미 (나의 러브스토리)
6	상대방 이해하기, 용서하기	나만의 성공 노화 플랜 짜기	성인 중기: 첫아이가 준 기쁨
7	내 가족 그리기, 친구 가족 그리기		성인 중기: 나만의 고생, 고난 극복기(고난을 이겨 낸 나!)
8	대화법 연습하기, 미소법 활용하기		성인 후기: 자식농사에 기울인 나의 노고(내가 지은 자식 농사)
9	자신의 삶에 대한 감정 표현하기, 전체 프로그램에 대한 정리		노년기: 노화, 나이가 든다는 것은(내 주름, 남편 주름)
10			노년기: 죽음에 대한 나의 체험(나의 삶, 그리고 또 다른 ……)
11			생애 최고: 나의 인생 이야기(바로 지금이 최고의 순간)
12			생애 설계: 미완성의 아름다운 인생 이야기(100세 인생 계획)

증상을 보이는 노인들처럼 우울 증상이 심각하지 않은 경우는 누군가에게 이야기를 하는 것만으로도 호전될 가능성이 높다. 따라서 상담자는 노인의 이야기를 들어 주고 노인이 현재 겪고 있는 일들을 충분히 이해하려고 해야 한다. 특히, 상담자는 슬픔을 다루어 주어야 한다. 노인 내담자가 충분히 자신의 상황과 고통을 슬퍼할 수 있도록, 충분한 애도의 시간을 가질 수 있도록 해 주어야 한다. 상담자는 내담자로 하여금 다른 사람이 자신과 고통을 함께 나누고 있고 그 감정을 이해해 주고 싶어 하며 자신의 짐을 기꺼이 나누고 싶어 한다는 것을 알도록 하기 위해 내담자가 애도 과정을 충분히 경험하도록 해야 한다.

애도 과정을 충분히 겪도록 하기 위해서는 시간이 걸린다. 노인들의 경우 애도 과정을 거치는 데 보다 오랜 시간이 걸린다. 그 이유는 노인의 경우 한 번에 몇 가지의 상실을 한꺼번에 겪게 되는 경우가 많기 때문이다. 예를 들어 사랑했던 사람의 상실, 독립성 상실, 재정적인 능력 상실, 소유 상실, 역할이나 지위 상실 등 두 가지 이상의 상실이 겹치는 경우가 많다. 상담자는 우울 증상이 심각한 노인들이 의사의 진단을 받아 필요한 처방과 치료가 이루어지도록 하는 것이 중요하다. 우울증 환자의 15%는 자살한다는 것을 기억해야 한다. 따라서 심각한 정서장애를 경험하고 있는 노인들에게는 특별한 관심을 두어야 하며 다음의 상태를 보이는 경우 전문의에게 의뢰해야 한다.

- 수 주간의 상담에도 불구하고 지속적인 슬픔과 즐거움 경험에 진전이 없을 경우
- 수 주간의 상담 동안에도 5kg 이상의 체중 감소나 10kg 이상의 체중 증가를 보인 경우
- 수 주간의 상담 동안/후에도 불면이나 지나친 수면 정도를 보인 경우
- 수 주간의 상담 동안/후에도 지나친 피로감을 보이거나 움직임이 더

던 경우
- 수 주간의 상담 동안/후에도 눈에 띄게 만사를 귀찮아하거나, 심하게 짜증을 내거나 심각할 정도로 부산한 경우
- 수 주간의 상담 동안/후에도 이상한 생각이나 망상을 보이는 경우
- 수 주간의 상담 동안/후에도 자살 사고를 하거나 죽고자 할 경우

상담 시 내담자의 우울증을 완화시키거나 예방할 수 있도록 상담자가 제시할 수 있는 방법을 소개하면 다음과 같다.

- 오랜 기간 집에만 머물지 않도록 한다.
- 규칙적인 식사와 운동을 한다.
- 운동, 영화, 종교생활과 같은 사회활동을 한다.
- 다른 사람과 함께 지낸다.
- 갑자기 우울 증세가 좋아질 것이라고 생각하지 않는다.
- 말없이 참지 않는다.
- 자신이 가지고 있는 부정적인 생각을 그대로 받아들이지 않는다.
- 스트레스를 줄인다.
- 잠이 오지 않는 경우 억지로 자려고 하지 말고 산책을 하거나 다른 일을 한다.
- 집 안에만 있지 말고 밖으로 나와 햇볕을 많이 쬔다.
- 즐거운 생각을 한다.
- 자녀에 대한 기대감이나 실망감에 크게 흔들리지 않도록 한다.
- 취미생활을 즐긴다.
- 잔뜩 웅크린 자세를 피하고 자세를 바로 갖는다.
- 커피와 같은 카페인이 많은 음식을 피하고 충분한 수분 섭취를 한다.

3. 노인 우울증의 주요 증상과 내용 및 노인 우울 척도

〈표 11-2〉 노인 우울증의 주요 증상과 내용

우울증 영역	우울증 증상과 내용
주요 영역	불쾌한 표정을 지으며 언짢고 못마땅해한다.
주요 영역	슬픔에 잠겨 있으며 애처롭고 풀이 죽어 있다.
	금방이라도 울음이 터질 듯하며 잘 운다.
	침울해하고 슬픈 감정을 호소한다.
	친구나 이웃, 가족과의 관계에서 즐거움을 느끼지 못한다.
	타인과 어울리지 못하고 혼자 다닌다.
	방이나 자신의 공간에서 잘 나오지 않는다.
	TV나 라디오를 시청하면서 하루의 대부분을 보낸다.
자살에 대한 유혹	죽음에 대해 자주 생각한다.
	죽은 사람(배우자나 친구, 주요 인물)에 대해 자주 언급한다.
	이렇게 사는 것보다는 죽는 것이 낫다고 자주 말한다.
	자살을 시도한다.
무가치감	무력감을 호소한다.
	자신이 아무런 기여를 하지 못한다고 여긴다.
	한 가지 일에 지나치게 걱정을 한다.
	만성적인 질병에 대해 더 이상은 참을 수 없다고 자주 언급한다.
삶의 의미 및 방향 상실	자신의 삶이 의미 없는 것이라고 말한다.
	열등감을 강하게 느끼거나 미래에 대한 지나친 걱정을 한다.
	누구도 자신을 좋아하지 않는다고 느낀다.
	삶에 무슨 의미가 있는지, 뭘 해야 할지 모르겠다고 말한다.
사회적 위축	즐겨 하던 취미활동에 대해 흥미가 줄어든다.
	인간관계나 사람에 대해서 무관심하다.
	늘 다니던 기관이나 장소에 출입이 현저히 줄어든다.
	다른 사람들의 방문을 원하지 않는다.
신체 증상	피곤해하며 매사에 활력이 없다.
	늘 누워 있거나 앉아 있는다.
	두통을 호소한다.
	소화불량을 호소한다.

신체 증상	변비 증상을 호소한다.
	입이 마르고 시력 저하를 호소한다.
	모든 일에 의욕이 없다고 말한다.
말과 행동 증상	천천히 말한다.
	느리게 행동한다.
	말끝이 길어지거나 단어를 여러 번 반복한다.
	상황에 적절히 대처하지 못한다.
기억	최근의 사건을 잘 기억하지 못한다.
	이전 발달단계에서의 중요한 일들을 기억하지 못한다.
	기억을 잘 하던 사항에 대해 갑자기 잊어버린다.
	이름이나 장소에 대한 기억력이 떨어진다.
혼돈	이야기 중 갑자기 주제에 벗어난 이야기를 한다.
	이전에 자연스럽게 하던 행동에 대해 어색해하거나 비난한다.
	일어나는 상황을 파악하는 데 어려움을 호소한다.
	다른 사람들이 자신을 싫어하거나 피한다고 느낀다.
수면	생활 리듬이 깨어진다.
	불면증을 호소한다.
	과수면을 호소한다.
영양	식욕을 상실하며 현저하게 체중이 감소된다.
	과식욕을 보이거나 이식증을 보이기도 한다.
주의 집중	주의 집중에 어려움을 호소한다.
	행동하는 모든 면을 다시 점검하는 등 자신이 실수를 할 가능성이 높다고 생각한다.
성기능	성에 대한 관심이 갑자기 줄어든다.
	이전에 느끼던 성에 대한 쾌감이 현저히 줄어든다.

〈표 11-3〉 노인 우울 척도(Geriatric Depression Screening Scale)

문항	문항 내용	응답
1	평소 내 생활에 기본적으로 만족한다.	예 아니요
2	활동과 흥미가 많이 줄었다.	예 아니요
3	사는 게 허전하다.	예 아니요
4	자주 따분해진다.	예 아니요
5	앞날에 대해 희망적으로 생각한다.	예 아니요

6	쓸데없는 생각들이 자꾸 떠올라 괴롭다.	예 아니요
7	몸과 마음이 가뿐하다.	예 아니요
8	나쁜 일이 일어나지 않을까 두렵다.	예 아니요
9	대체로 행복하다고 느낀다.	예 아니요
10	아무것도 할 수 없을 것처럼 무기력하게 느낀다.	예 아니요
11	안절부절못하고 초조할 때가 자주 있다.	예 아니요
12	밖에 나가기보다는 주로 집에 있으려고 한다.	예 아니요
13	앞날에 대해 걱정할 때가 많다.	예 아니요
14	기억력이 많이 약해졌다.	예 아니요
15	지금 내가 살아 있다는 것이 참 기쁘다.	예 아니요
16	기분이 처지고 울적할 때가 있다.	예 아니요
17	지금 내 처지가 참 볼품이 없다고 느낀다.	예 아니요
18	지난 일들에 대해서 걱정을 많이 한다.	예 아니요
19	인생은 즐거운 것이다.	예 아니요
20	새로운 일을 시작하는 것이 어렵다.	예 아니요
21	기운이 넘치는 것 같다.	예 아니요
22	지금 내가 처한 상황이 절망스럽게 느껴진다.	예 아니요
23	다른 사람들은 나보다 잘 지내는 것 같다.	예 아니요
24	사소한 일에도 화가 날 때가 많이 있다.	예 아니요
25	울고 싶을 때가 많이 있다.	예 아니요
26	정신을 집중하기가 어렵다.	예 아니요
27	아침에 기분 좋게 일어난다.	예 아니요
28	사람들이 모이는 데 가기가 싫다.	예 아니요
29	결정 내리기가 어렵지 않다.	예 아니요
30	예전처럼 정신이 맑다.	예 아니요

출처: 대한노인정신의학회 편(2003), p. 351.

4. 노인 우울증 상담 사례연습

다음의 사례를 읽고 어떻게 상담을 진행할지를 생각하고 이를 적어 보라.

69세 김연분(여성)은 남편과 함께 살고 있다. 아들 둘이 있지만, 큰아들은 행방불명되어 지금은 연락조차 되지 않고 있으며, 작은 아들은 가까운 곳에서 살지만, 아들 내외가 와도 좀처럼 방에서도 나오지 않는다. 집 밖으로 나간 지 4개월이 넘었고 이미 관절염도 심해진 상태라 걷기도 점점 힘들어지고 있다.

"나는 이렇게는 살고 싶지 않아요. 우리 큰애(큰아들) 한번 보고 죽는 게 내 소원입니다. 우리 아들은 공부도 잘했고 참 착한 아들이었어요. 그런데 9년 전에 지방에 간다고 하고는 안 와요. 며느리도 아들이 어디로 갔는지 모르니까 몇 년 있다가 그냥 어디로 가 버리고는 손주하고도 연락이 안 돼요. 얼마나 속이 상하고 억울한지 몰라요. 내가 무슨 잘못을 한 것도 아닌데 나한테 이런 일이 벌어지나요. 밥도 먹고 싶지 않아요. 살아서 뭐하겠어요. 몸도 이 모양이니. 관절염으로 잘 걷지도 못해요. 어디 나가면 다른 사람들은 다 자식 자랑하는데 나는 그렇지 못하니까 난 사람들 안 만나요. 복지관도 안 가요. 가면 뭐해요. 다 자식들이 있는데, 나만 없잖아요. 장남이 있어야 하는데. 내 인생은 실패한 겁니다.

문제 1. 지금 이 내담자의 감정과 생각은 어떤 것인가?

문제 2. 이 내담자에게 어떻게 공감해 줄 것인가? 공감을 위해 어떤 말을 할지 아래에 적어 보시오.

문제 3. 내담자의 문제를 구체적으로 나열해 보시오.

문제 4. 상담 목표와 긍정적 · 부정적 대안을 적고 그 효과를 예측해 보시오.

상담 목표	1.	
	2.	
	3.	
	가장 시급한 목표	
	가장 중요한 목표	
	긍정적 효과	부정적 효과
대안 1		
대안 2		
대안 3		

제12장

노인의 성문제와 상담

1. 노인의 성문제

성(sexuality)은 생리적 · 문화적 · 사회적 · 발달적 차원 전반에 걸쳐 포괄적으로 이해되어야 한다. 슈타인케와 베르겐(Steinke & Bergen, 1986)은 "인간의 발달주기를 고려해 볼 때 노년기의 성은 그 자체의 목적으로서의 성, 즉 기쁨, 이완, 의사소통, 친밀감을 함께하는 것"이라 정의한 바 있다. 그러나 노인 성에 대한 연구들은 상당 부분 신체적 차원에서의 성에 집중되어 있다.

노인의 성기능에 관한 최초의 실험실 연구자였던 매스터스와 존슨(Masters & Johnson, 1966)은 인간의 성적 반응은 노화 과정에 의해 느려지기는 하나 없어지지는 않는다고 보고하였다. 그들은 미국의 여성 노인들이 노년기에도 원만한 성적 능력을 유지한다고 보고하였다. 그들의 보고에 의하면, 특히 규칙적이고 효율적인 성 자극에 노출된 노인일수록 그 경향이 강해지며, 남성 노인들의 경우 지속적인 성생활이 이어지고 그와 유사한 환경이 규칙적으로 주어질 때 건강 여부에 따라 80대까지도 만족스러운 성생활을 할 수 있다. 더불어 페퍼 등(Pfeiffer et al., 1968)의 조사에서도 노인부부의 54%가 성관계를 가진다고 보고하였으며 와인버그(Weinberg, 1982)도 65세 이상 노인 800명을 대상으로 한 조사를 바탕으로 결혼한 남성의 70%가 성관계를 규칙적으로 하고 있음을 보고한 바 있다.

건강한 노인(Borgan, 1996)뿐 아니라 신체적 · 정신적 질병을 가지고 있는 노인(Harris, 1998)이나 시설에 입소한 노인들(Archibald, 1998) 및 여성노인들을 대상으로 한 연구결과들(Fooken, 1994)은 노인들의 성이 비교적 규칙적으로 이루어지고 있으며 그 기능과 욕구도 무시할 수 없음을 보여주고 있다.

1999년 미국은퇴자협회(AARP)가 미국 전역 45세 이상 성인 1,384명을 대상으로 벌인 성 의식 조사결과 만 60~75세 남자 그룹의 경우 64%가 '배우자가 신체적으로 대단히 매력 있다'는 응답을 하였다. 이 수치는 만 45~59세 그룹의 59%보다 높은 수치로, 나이가 들어도 성적 욕구가 줄지 않는다는 것을 보여 준다. 또 남성 72%, 여성 75%가 적어도 한 달에 한 차례 이상의 성관계를 맺고 있고, 만 75세 이상 노인 가운데 남성은 26%, 여성은 24%가 부부관계를 갖고 있는 것으로 밝혀졌다(권명순, 2002). 더불어 카츠와 마셜(Katz & Marshall, 2003)은 노인들의 생활 방식과 소비문제, 성공적 노화에서의 윤리문제 차원에서 노년기의 성이 노년의 신체에 맞는 성공적인 생활양식으로 자리매김하는 시점에서 새로운 성의 개념을 다루고 있으며, 미스코(Myskow, 2002)는 성생활에서 폐경기가 미치는 영향에 대해 연구한 바 있다. 그는 폐경기를 심리사회적 및 심리학적 변화의 때라고 정의하며 이 시기에 모든 성적인 문제들이 발현될 수 있다고 말한다. 미스코는 여성의 경우 남성과 달리 비성적인 요소가 배우자와의 성관계에 주요 변수가 될 수 있으며 몇 년에서 몇십 년에 이르는 장기적인 성문제를 야기할 수 있다는 점을 지적하고 있다.

우리나라에서는 주로 노인의 성생활 실태를 중심으로 연구가 진행되었다(정동철, 1996; 송미순, 김신미, 오진주, 1997; 서혜경, 이영진, 1997; 이미경, 1998; 권명순, 2002). 서혜경과 이영진(1997)은 '노년기 성에 관한 다각적 고찰'을 시도하면서 한 지역사회에 거주하며 독립적인 일상생활 수행 능력이 있는 노인 응답자 40여 명에 대한 자료를 분석하였다. 노인과 성에 관한 여러 연구결과를 살펴보면, 노년기의 성적 활동은 ① 성 능력이 감퇴되는 것은 아니며, ② 그 빈도가 줄어드는 것이고, ③ 빈도는 남녀 간 차이가 있고, ④ 생리적인 반응 유형이 변하는 것은 아니며, ⑤ 성 반응의 시간상 유형은 변화하며, ⑥ 질병이 성행위의 제한 요인이 되며, ⑦ 부부의 상태와 성적 활동 간에는 깊은 관계가 있고, ⑧ 초기에 형성된 성행위의 유형이 계속되는 경향이 있으나, ⑨ 연령 증가에 따라 수행 능력은 부진하고, ⑩ 성적 수행 능력의 개인차가 크며, ⑪ 심리적 · 신체적 요인이 성행위에 큰 영향을 미치고, ⑫ 노인이 성생활을 안 한다는 인식은 잘못된 것이다.

김주희와 이창은(2000)은 유배우자 노인의 성 관련 특성, 성 욕구, 성 태도, 성의 중요성 정도를 알아보기 위한 탐색적 연구로서 65세 이상의 배우자가 있는 노인을 대상으로 일대일 면접을 통해 총 64부의 자료를 얻어 그 자료를 분석하였다. 이 결과 유배우자 노인 64명중 21명(32.8%)만이 현재 성생활을 유지하고 있으며 성 욕구는 최저점수 0점, 최고점수 4점 만점에 2.60점, 성 태도는 2.52점, 성의 중요성은 2.36으로 나타나 노인에게서 성

〈표 12-1〉 성별에 따른 노년기 성생활 장애 요인

남성	여성
성생활을 성공적으로 할 수 없다는 걱정	오르가슴을 자주 못 느낌
발기 유지 불능	파트너의 발기불능
오르가슴에 도달하지 못함	섹스 외 다른 문제에 대한 걱정
발기 불능	성 파트너를 만날 기회 부족
성교 시 파트너의 질 통증	섹스에 대한 욕구 부족

(性)이 차지하는 의미나 중요성은 욕구에 비해 감소한다는 점을 밝혔다. 오진주(1998)는 노인의 성 실태 조사를 통해 월평균 성생활 빈도와 성별, 건강 상태, 성 태도, 성의 중요성 정도를 연구하였다. 이 연구에 의하면 월평균 성생활 빈도는 2.38회로, 성별, 경제적 능력, 교육 수준이 성 욕구에 영향을 미치며, 건강 상태에 따른 유의미한 차이는 없었다. 성 태도는 남성 노인의 경우 그리고 교육 수준이 높은 경우 긍정적으로 나타났고, 성의 중요성 정도는 남성 노인의 경우, 노부부만 생활하는 동거 형태의 경우, 비종교인의 경우, 교육 수준이 높은 경우에서 높게 나타났다. 또한 남성 노인은 여성 노인의 경우보다 성 욕구, 성 태도, 성의 중요성 정도에서 모두 높은 점수를 나타냈다. 이러한 연구결과들은 성생활에 대한 남녀 비율에 큰 차이가 없다는 미국은퇴자협회의 1999년 연구결과와 더불어 우리나라 여성들의 성생활 영위 정도가 매우 낮으며 대개 수동적이고 억압적인 성 태도를 가지고 있음을 보여 준다(권명순, 2002).

벨랭거, 로프리어 그리고 라퐁텐(Bélanger, Laughrea, & Lafontaine, 2001)은 192명의 프랑스계 캐나다 기혼 커플을 대상으로 성적 불만족에 따른 분노에 대해 살핀 바 있다. 그들은 결혼생활에서 성적 불만족에 대한 분노(anger)를 크게 네 가지 유형으로 나누고 있다. 특성 분노(trait anger), 내재 분노(anger-in), 발현 분노(anger-out) 및 상태 분노(state-anger) 등이다. 그중 남성 배우자가 내재 분노를, 여성 배우자가 발현 분노를 나타낼 때 성적 만족도에 가장 큰 영향을 미치는 것으로 평가되었다.

노인 성(性)의 제한 요소들을 규명하는 연구들에 의하면, 노년기에 성생활이 중단되는 가장 중요한 이유는 배우자의 상실이며(Drench & Losee, 1996), 죄책감, 우울, 단조로움, 미해결된 슬픔, 분노, 수행 불안, 자기의심과 같은 심리적 요인들이 성기능을 방해할 수 있다(Ebersole & Hess, 1990). 또 다른 요인으로 노인들이 스스로 갖는 성에 대한 편견이 제한적 요소로 작용하기도 했다(이창은, 1999).

노인의 성생활에 있어 친밀감(intimacy)은 중요한 주제 중 하나다. 브레처(Brecher, 1984)는 능동적인 성생활과 친밀한 관계(intimacy relationship)를 즐기는 노인은 그렇지 않은 노인보다 삶의 만족도가 높았다고 보고하고 있다. 드렌치와 로시(Drench & Losee, 1996)는 친밀감의 다섯 가지 요소로 선택, 상호관계, 상호호혜, 신뢰, 기쁨을 제시하면서 노년기 친밀감 형성의 중요성을 강조하였다. 우리나라의 경우, 이창은(1999)의 연구에서 현재 성생활을 하고 있는 노인이 그렇지 않은 노인에 비해 삶의 만족도가 높게 나타났으며, 남성 노인의 성생활은 자존감과, 여성 노인의 성생활은 현실만족감과 관련성을 가지는 것으로 나타났다.

노인의 성에서는 심리정서적인 측면의 중요성도 강조되고 있는데, 노년기의 성생활은 서로의 삶에 대한 자신감을 주며, 연대감을 부여하고 자기효용감을 얻게 하는 등의 정신적 만족감을 얻는 데 기여한다(김태현, 한혜신, 1996).

이상의 연구결과들이 대체로 노인의 성행위에 관심을 집중하고 있더라도, 노인의 성에 대한 중요성을 각인시키고 노년기 성생활의 변화와 특성을 결정하는 요소로서 문화적 · 심리적 · 사회적 측면을 어느 정도 고려하고 있기 때문에, 노인의 성이 신체적인 측면을 넘어 정서적 · 인지사회적 측면과 관계가 있다는 점을 제시하였다는 점에서 의의를 찾을 수 있을 것이다.

노인의 성은 생리적 · 사회적 · 문화적 · 윤리적 차원에서 역동적으로 이루어지는 복합적인 개념이다. 즉, 노년기의 성은 노인의 근본적 존재 표현방식이며, 동시에 관계와 그 역동 속에서 일어나는 심리사회적 함의가 구체적으로 표현된 장인 것이다. 따라서 상담자는 내담자의 성(性)에 관련된 호소문제를 충실히 듣고 적극적으로 상담에 임해야 할 것이다.

2. 노인 성 상담

1) 노인 성(性) 상담을 위한 일반적 지침

지속적인 관계 상황에서 갈등이 발생할 때 그 관계에서 개인의 행동은 상대방의 행동에 대한 반응이며, 각 행동이 상호작용의 연속선상에서 어떻게 이루어지느냐에 따라 갈등의 원인이 될 수도 있고 결과가 될 수도 있다. 따라서 행동의 주체인 개인이 자신의 행동에 대한 책임을 지도록 하는 것이 갈등의 해소에 있어 바람직하다.

임상의들은 남성 노인들의 조루 원인을 파악할 때 여섯 가지 정도의 사전 검사를 한다(McDonald & Haney, 2003).

- 특정 약(특히 고혈압 환자)
- 성 파트너에 대한 권태
- 충분하지 않은 접촉상의 자극
- 질병(예: 당뇨)
- 노년에 대한 두려움 혹은 고령이 조루를 가져온다는 생각
- 과도한 술

이는 노화의 진행에 따라 생기는 신체 기능상의 변화에 따른 요인들에 대한 조사라 할 수 있다. 임상의들이 조루의 원인 파악을 위한 사전 검사에서 실시하는 이와 같은 내용들은 대부분 중년기 남성의 조루 원인 파악과 크게 다르지 않다. 그럼에도 불구하고 상담자들이 가질 수 있는 노인들에 대한 인식은 '노인은 노인이다'라는 것이다. 이는 노인에 대한 상담자의 선입견과 연관된다.

여기서는 노인들의 성 갈등 조정을 위해 상담자가 알아야 할 노인 성 상담에서의 일반적 지침에 대해 살피고자 한다.

(1) 노인에 대한 잘못된 믿음을 점검한다

블록과 베이코스(Block & Bacos, 1999)는 50대 이상의 성생활에 관한 열두 가지의 잘못된 믿음(myth)을 소개하고 있다. 그 내용은 다음과 같다.

- 나이가 듦에 따라 성생활의 질은 남성 여성 모두에서 저하된다.
- 여성이 충분히 질 윤활이 안 되거나 남성이 즉시 발기되지 않는다면, 흥분이 안 되는 것이다.
- 발기문제는 불가피한 것이며 의학적 개입 없이는 치유가 불가능하다.
- 여성의 성적 욕망은 폐경 이후 극적으로 감소한다.
- 일단 남성이 아내를 진지하게 쳐다보는데도 흥분이 되지 않는다면 그 사람은 성생활에 큰 지장을 겪을 것이다.
- 남성은 10대가 최정점이다.
- 여성은 30대가 최정점이다.
- 젊은이들이 느끼는 오르가슴이 더 강렬하다.
- 심근계 질병을 가진 남성과 여성은 성행위를 피해야 한다.
- 성행위는 오르가슴을 느껴야 비로소 이루어지는 것이다.
- 구강 성교는 젊은 층에서만 하는 것이다.
- 삽입 성교만이 성교의 영역에 포함된다. 다른 것은 '섹스'라고 할 수 없다.

노인의 성(性)에 대한 잘못된 믿음은 실제 노년의 삶을 살고 있지 않은 상담자들에게도 해당하는 문제일 것이다. 이는 우리나라 상담자가 가지고 있는 문화적인 영향에서 기인한 것으로 생각된다. 그러나 최근의 노인 성생활에 관한 연구를 통해 볼 때 이는 잘못된 믿음일 뿐 실제가 아니라는 점을 충분히 확인할 수 있다.

(2) 성에 대한 상담자 자신의 이해를 파악한다

상담자가 성 상담을 하기 위해서는 성에 대한 상담자 자신의 이해 전반을 파악할 필요가 있다. 이는 성에 대한 개개인 간의 이해 기준과 판단 기준이 다르기 때문에 상담자 자신에 대한 평가를 통하여 상담의 전체적인 질을 향상시키고자 함이다. 특히 성에 대한 상담자의 가치 이해는 성 상담에 있어 중요한 요소다.

맥도널드와 해네이(McDonald & Haney, 2003)는 상담자가 인식하는 성의 가치에 대한 평가 감정 항목을 제시하며, 제시한 항목들에 대해 상담자가 가지고 있는 가치가 어떠한가에 따라 성 상담의 내용과 결과가 달라질 수 있다는 점을 밝히고 있다.

- 구강 성교
- 당신의 의사와 성에 대하여 논의하는 것
- 당신의 성적 파트너와 성에 대하여 논의하는 것
- 항문 성교
- 호모 성교
- 누가 성생활에서 주도권을 가져야 하는가?
- 당신이 성관계를 도덕적이고 적절한 것으로 간주하는 기준(당신 자신에 대한 것, 다른 사람에 대한 것)
- 근친상간

(3) 상담자 자신의 세계관 · 여성차별주의 · 가부장주의를 점검한다

상담자는 과거 남성 중심의 문화적 사고틀에서 사고하고 있는지, 혹은

무의식적으로라도 여성차별주의에 젖어 있지 않은지, 남성 배우자의 강압적 행동이나 폭력을 정당화하는 가부장주의에 젖어 있지 않은지를 점검해야 한다. 즉, 상담자가 여성의 역할에 대한 자신의 이해로 인해 남성 배우자의 폭력을 정당화하거나 여성의 존재 이유를 정서적 · 직업적 · 성적 필요충족 조건으로 여기고 있지 않은지를 살펴야 한다.

(4) 노인상담 기본 모델에 충실하도록 한다

노인상담의 기본적인 원칙은 개인의 성공적인 발달을 위해서는 개인의 노력과 더불어 가족의 지원과 사회의 공적 개입이 필요하다는 관점에서 출발한다(현외성 외, 1998). 이 중 노인 부부의 문제는 오랜 결혼생활을 통해 누적된 감정에 대한 부부 상호간의 노력이 필요한 부분이다.

우리 문화는 자신의 문제를 타인에게 쉽게 이야기하거나 자신의 감정을 드러내어 보이기를 꺼려하는 수동적인 문화이고, 또한 체면을 중시한다. 무엇보다 연장자들이 연하의 타인에게 자신의 개인적인 약점을 드러내고 상의하고자 하는 기본적인 태도가 없으며, 자기 가족이나 자녀의 결점을 타인에게 드러내는 것을 수치스럽게 여기는 가치관을 가지고 있다(현외성 외, 1998). 특히 부부의 성문제일 경우 그 인식이 더욱 견고하다. 이러한 사회문화적 배경은 노인상담에서는 일반 상담이나 여성상담과는 다른 맥락에서 접근해야 한다는 점을 보여 주며 상담자의 태도나 상담의 목표도 달라져야 한다는 점을 시사해 준다.

노인 성 상담의 경우 내담자에 대한 세심한 고려와 더불어 무엇보다 상담자의 태도에 각별히 주의를 기울여야 할 것이다. 노인의 삶과 성문제가 긴밀히 연결되어 있고, 상담의 장이 노인의 삶 전반을 열어 놓을 수 있는 해결의 장이 될 수 있다면, 이는 노인 성 상담에도 동일하게 적용되어야 할 것이다.

노인상담의 이러한 일반적 지침은 성 치료 임상의나 일반 성 상담자들에게 중요한 지침으로 받아들여지고 있다. 그러나 노인 성 상담에서의 일반적 지침은 상담자들에게도 동일하게 준수되어야 할 지침으로 작용해야 할 것이다. 이는 성에 대해 보다 엄격한 입장을 취하는 상담자들이 보다 깊숙이 내담자와 만나게 하고, 성에 대한 상담자의 가치에 자기통찰을 가져오기 때문이다.

2) 배우자가 없는 노인의 성과 상담

(1) 노인을 대상으로 한 성매매

건강 수명이 늘어나면서 노인들의 성(性)문제가 표면화되고 있다. 이제 노인의 성문제는 이제 '세상에 그런 일이'라며 놀랄 일도, 망측한 일도 아니다. 정작 문제가 되는 것은 홀몸 노인의 증가에 따른 매춘과 성병의 증가다.

노인을 대상으로 하는 성매매의 대표적인 장소로 알려진 서울 종로구의 탑골공원과 대구 소재 공원 주변에는 이른바, '박카스 아줌마'나 등산로 주변의 '다람쥐 아줌마' 또는 '낙타부대'라고 부르는 이들이 있다. 이들은 노인을 대상으로 성매매를 하는 여성들로 연령층은 40~60대이며 그중엔 남편이 있는 사람들도 적지 않은 것으로 알려져 있다.

비아그라를 구하기 위해 비뇨기과를 찾는 노인이 하루 4~5명에 이르며 노인에게 발견되는 성병 발병률이 증가하고 있다고 보고되고 있다. 또한 비아그라와 같은 약물 이외에도 노인들 사이에서는 이른바 '정력제'라는 이름으로 호르몬제 계통의 약물이 공공연하게 유통되고 있다. 이러한 약물들은 비아그라를 구입할 형편이 되지 않는 노인들이 성매매를 위해 사용하는 주요 약물로 알려져 있다. 의사의 진단이나 처방 없이 암암리에 이루어지는 약물복용은 노인들의 건강에 큰 위협이 되며 자칫 사망의 요인으로 작용할 수 있다.

공원 주변에서 성매매를 하는 여성들은 남성 노인들의 성기능을 일시적으로 강화하고 유지시키는 소형 펌프 모양의 기계를 소지하고 다니면서 노인들을 기다리고 있으며, 콘돔과 같은 성병 예방 기구들은 거의 사용되지 않는다. 이렇다 보니 공원 등지에서 하루를 보내며 성매매를 시도하는 노인들 중 상당수가 성병에 노출될 수밖에 없다.

특히 의약분업으로 경제적인 상황이 어려운 노인들은 성병이나 전립선염을 앓고 있더라도 병원을 찾지 않아 노인 성병은 그 통계조차 나오지 않는 상황이다. 사회적 이목도 노인 성병의 통계나 치료를 막는 주요 요인이 되고 있다. 최근 확산되고 있는 노인 성병은 노인들이 가지고 있는 성적 욕구를 무시하는 사회적 분위기를 반영하고 있으며 이에 대한 정책적 차원에서의 의료지원과 대책 및 상담이 필요한 실정이다.

(2) 무배우자 노인 성 상담

노인들이 가지고 있는 성적 욕구는 인간으로서 갖는 기본적 · 생리적 욕구다. 따라서 노인들이 욕구를 억제하거나 통제하기보다는 바람직한 방향의 해결책을 찾도록 도와야 한다. 상담자는 독신 노인 성 상담을 할 때 다음의 사항을 살핀다.

① 내담자가 대인관계에 대한 자신의 욕구를 성적 욕구로 해석하고 있는가를 살핀다

노인 내담자가 강한 성적 욕구를 표시하거나 이성에 대한 강한 관심을 보이는 경우, 상담자는 우선적으로 내담자가 대인관계에 대한 욕구를 성적인 욕구와 혼동하고 있는가를 살펴야 한다. 대인 간의 접촉이나 사회적 활동이 부족한 경우, 혹은 보다 많은 이성 간, 동성 간 사회관계를 원하는 경우 대인관계 욕구는 성적 욕구로 대치되는 것처럼 보일 수 있다.

② 내담자가 복용하고 있는 약물 중 성욕에 변화를 주는 약물이 있는가를 확인한다

노인들은 복합적인 건강상의 위기로 다양한 약물을 동시에 다량 복용하는 경우가 많다. 독신 노인의 경우나, 배우자가 있더라도 장기간 성생활을 하지 않는 경우 물론 강한 성적 욕구를 느낄 수 있다. 그러나 그 외에 특정한 약물을 사용한 이후 성적 욕구가 증가하였는지, 혹은 복합적인 약물복용으로 인해 나타나는 성적 욕구 증가 요인은 없는가에 대해 전문가와의 상의를 통해 확인하도록 한다.

③ 성에 대한 내담자의 개인적 신념 내용과 정도를 파악한다

남성 노인의 경우 성생활을 주기적으로, 혹은 일정 기간이 넘도록 하지 않는 경우 개인의 성기능이 저하되거나 정지될 것이라고 믿는 경우가 많다. 이러한 신념이 틀린 것은 아니다. 실제 장기간 성생활을 하지 않는 남성의 경우 성기능이 저하될 수 있다. 또한 성기능 저하를 죽음과 연결시키는 경향이 강한 경우 성기능 저하와 더불어 심각한 대인관계 장애나 자존감 저하를 경험하기도 한다. 상담자는 성에 대한 내담자의 개인적 신념을 확인하고 이에 대한 충분한 이해를 도모하도록 해야 한다.

④ 내담자가 강한 인정욕구를 가졌는가를 살핀다

노인들의 인정욕구가 성에 대한 관심으로 드러나기도 한다. 배우자가 없는 노인의 경우 자신이 성적으로 아직 왕성한 기능을 한다는 것은 곧 자신이 젊은 사람들에게나 이성 노인들에게 인정을 받는 일이라고 생각하기 쉽다. 따라서 상담자는 내담자가 호소하는 성문제가 강한 인정욕구의 표현은 아닌가 살피도록 한다.

⑤ 내담자가 성적 욕구를 해결하는 방법에 대해 구체적으로 질문하고 성적 욕구를 비정상적이거나 불합리한 방법으로 해결했거나/하려고 하는가를 확인한다

성과 관련한 내담자의 행동에 대해 구체적으로 질문하고 이에 대해 평가할 수 있다. 욕구의 정도가 강한가, 성적 욕구를 어떻게 해결하는가, 성적 욕구 해결을 위해 비정상적이거나 위험한 방식을 사용하는 것은 아닌가, 의료적인 문제가 있는가 등을 살핌으로써 내담자가 호소하는 다양한 성문제에 대한 정보를 얻고 심리적인 반응을 살필 수 있다.

건강한 홀몸 노인들에게 성적 욕구는 풀어야 할 중요한 숙제다.

⑥ 내담자가 성적 욕구와 에너지를 직접적으로 해결하기 어려울 경우, 성적 불만족에서 오는 스트레스와 공격적 태도를 긍정적이고 바람직한 방향으로 전환하도록 돕는다

배우자가 없는 노인들이 성적 욕구를 적절히 해결하지 못하거나 만족스러운 성생활을 영위하지 못할 경우 강한 공격적인 태도를 보이거나 스트레스 반응을 보일 수 있다. 상담자는 내담자가 가지고 있는 개인적 특성을 충분히 고려하되 성적인 문제가 감정적 변화 요인으로 크게 작용하는가를 살피도록 한다.

⑦ 내담자에게 성병이나 성과 관련된 질환이 있을 경우 의사의 진단과 치료를 받도록 한다

배우자가 없는 노인들의 경우 성적 욕구를 해소할 수 있는 방법이 많지 않다. 남성 노인들의 경우 성적 욕구를 해소하는 주요 통로로 성매매를 시도할 수 있다. 성매매라든가 필요 이상의 약물복용으로 인해 남성 노인들은 성과 관련된 여러 가지 질환을 얻을 가능성이 있다. 이 경우 상담자는 내담자가 반드시 의사의 진단과 치료를 받도록 권해야 한다.

3) 노인 부부의 성과 상담

(1) 노년기 부부의 성 갈등

노인들의 평균 수명 연장과 더불어 유배우자율도 함께 증가하고 있다. 이는 부부간 가족주기가 늘어나고 있으며 그만큼 부부들이 함께 살아가야 할 시간이 길어지고 있다는 것을 말한다. 노년기가 늘어나고 의학의 지원을 받으면서 노인들의 건강조건 역시 과거보다 좋아지고 있다. 성생활은 노인 부부에게 있어 중요한 요소로 떠오르고 있다.

노년기 부부들에게 성생활은 인생에서의 새로운 기간의 시작과 아주 비슷하다. 남성들은 은퇴를 통해 사회의 주도적인 역할에서 떠나 가정으로 돌아온다. 여성들은 노년기가 되어 자녀들이 출가하면서 빈둥우리 기간을 경험하게 된다. 노년기는 보통의 부부가 결혼한 이후 하루에 함께 있는 시간이 가장 많은 기간이라고 할 수 있다.

젊은 시절 대부분의 남성들은 이른 아침에 출근하여 저녁 늦게 집에 돌아오고, 가정의 모든 일들은 여성들의 몫이고 가정 내의 운영 대부분은 여성들에게 맡겨져 있었다. 대부분 주말을 제외하고는 아침과 저녁 시간 잠시 동안 부부간의 만남과 대화가 이루어진다. 그러나 남성이 은퇴를 하고 집에 머무르는 시간이 많아지면서 여성은 결혼 이후 처음으로 하루 중 아주 오랜 시간을 날마다 남편과 함께 머무르게 된다.

가정에 남겨진 남편들은 아내와 가사 전반에 관한 관심을 두루 나누며, 가정 내 활동 영역과 결정권을 나누게 된다. 그러나 접촉이 많은 만큼 부부간 갈등 역시 두드러지게 나타나게 된다. 특별히 이러한 갈등은 부부간 성 갈등에서 두드러지게 나타나는 경향을 보인다. 그리고 부부간 성 갈등은 부부간 의사소통 유형과 밀접한 관계를 가지면서 노년기 부부생활에 지대한 영향을 미친다.

(2) 노년기 부부간 성 갈등 유형

노년기 부부간 성 갈등은 제1유형인 언쟁형, 제2유형인 포기형, 제3유형인 대립형, 제4유형인 폭력형 등의 네 가지 유형으로 나눌 수 있다.

① 제1유형: 언쟁형 성 갈등 형태

제1유형은 언쟁형 성 갈등 형태다. 이 유형은 부부간의 갈등이 크지 않고 부부간 관계에 있어서도 비교적 원만한 관계를 유지하는 유형이다. 노년기 부부간 성 갈등 유형 중 언쟁형 성 갈등 형태로 볼 수 있는 경우가 가장 많다.

거부-언쟁형은 남성 배우자의 성교 제의에 대해 여성 배우자가 성교를 거부하며, 이에 대해 양 배우자 간 일정 기간의 언쟁과 남성 배우자의 재시도를 통해 최종적으로 성교에 합의하는 유형이다. 이 유형은 성교에 대하여 여성 배우자가 좋은 감정을 가지고 있지는 않으나 남성 배우자의 설득과 촉구 등에 의해 성교가 이루어지는 것을 특징으로 한다.

② 제2유형: 포기형 성 갈등 형태

제2유형은 포기형 성 갈등 형태다. 이 유형은 남성 배우자가 성교 제의를 했을 때 여성 배우자가 이 성교 제의를 거부하고 이에 대해 남성 배우자가 별다른 저항 없이 성교를 포기하는 유형이다. 그러나 성교 포기 후에는 강한 스트레스 반응을 표출하게 된다.

포기형 성 갈등 형태는 여성 배우자의 성교 제의 거부에 대해 남성 배우자가 특별한 저항 없이 성교를 포기하는 것을 특징으로 한다. 그러나 몇 차례의 포기 과정에서는 남성 배우자의 심한 짜증과 불만 등 심한 스트레스 반응이 나타나며 일정 시간 경과 후에는 여성 배우자가 연민의 감정으로 성교에 합의하면서 성교에 이르게 된다. 부부관계는 비교적 원만하게 유지된다. 이는 남성 배우자가 여성 배우자의 성교 거부에 대해 갈등의 소지를 파악하고 있음에도 불구하고 갈등 양상으로 가지 않고 이전 단계에서 충돌을 피하기 때문이다. 그러나 이 상황에서 성 스트레스 반응은 보다 심하게 나타난다.

③ 제3유형: 대립형 성 갈등 형태

제3유형은 대립형 성 갈등 형태다. 대립형 성 갈등 형태는 부부간 갈등 유지 기간이 다른 유형들에 비해 상대적으로 길며 배우자 간 갈등이 대치 형국을 이루고 있는 형태다.

대립형 성 갈등 형태는 여성 배우자의 성교 제의 거부와 이에 대한 남성 배우자의 감정적 대응에 따른 갈등 양상이 두드러진다. 부부간 갈등의 기간이 다른 유형에 비해 상대적으로 길며 갈등의 해소에도 상당한 시간을 요한다. 이 형태에서 부부관계는 상당 기간 적대적으로 유지된다. 여성 배우자의 성교 거부 이면에 있는 감정과, 여성 배우자의 성교 거부에 대한 남성 배우자의 감정적 대응 속에 있는 내부 감정이 부딪히면서 대개 대화가 단절되고 감정적 대치 상태가 상당 시간 동안 지속된다.

④ 제4유형: 폭력형 성 갈등 형태

제4유형은 폭력형 성 갈등 형태다. 폭력형 성 갈등 유형은 성 갈등 양상이 폭력과 더불어 나타나는 형태로 거부/회피–권위적 폭력형, 무시–보복적 폭력형, 수용–가학적 폭력형으로 세분된다.

- 거부/회피–권위적 폭력형: 거부/회피–권위적 폭력형은 갈등의 결과로 폭력이 포함된 성교가 이루어진다. 이 경우 여성 배우자가 남성 배우

자의 성교 제의를 거부하거나 회피하며, 남편은 여성의 거부나 회피를 권위에 대한 도전으로 해석하고 이에 대한 반응으로 폭력을 사용한다. 여성 배우자는 남성 배우자의 폭력에 대해 약간의 저항을 하며, 강제적으로 성교가 이루어진다. 부부관계는 남성 배우자가 과거 혼외정사의 경험을 가지고 있는 경우가 많으며 남성 자신이 이 경험을 남성으로서의 일종의 권리로 해석한다. 이에 대해 여성 배우자는 과거 남편의 혼외정사에 대해 풀리지 않은 감정을 가지고 있으며 이에 대한 보복 행위로 성교를 거부한다. 남성 배우자는 이를 자신에 대한 도전으로 해석하기 때문에 부부간 관계는 여성이 폭력의 희생자임에도 불구하고 적대적인 관계가 지속된다.

- **무시-보복적 폭력형**: 무시-보복적 폭력형은 남성 배우자의 성교 제의에 대해 여성 배우자가 성교를 거절하면서 남성 배우자를 강하게 무시하게 되고, 이에 대한 반응으로 남성 배우자가 여성 배우자에게 폭력을 행사하며 강제적으로 성교가 이루어지는 형태다. 이 형태는 여성 배우자의 성교 거부에 대해 남성 배우자가 이에 대한 보복으로 폭력을 행사한다. 이 경우 여성 배우자는 노년기에 접어들어 무능력해진 남성 배우자에 대해 무시와 인격적인 모멸감을 주는 발언을 제공한다. 이에 대해 남성 배우자는 아내의 무시를 참지 않았으며 곧 폭언을 동반한 구타를 행한다. 부부관계는 심각하게 적대적이며, 이 관계는 중년기 이후 지속되는 경향이 있다.
- **수용-가학적 폭력형**: 수용-가학적 폭력형은 남성 배우자의 성교 제의에 대해 여성 배우자가 성교를 수락했음에도 불구하고 남성 배우자가 여성 배우자를 대상으로 폭력을 행사하여 강제적으로 성교를 행하는 유형이다. 이 경우 여성 배우자는 일체 저항하지 않으며, 남성 배우자는 무차별적으로 폭력을 행사한다. 이 형태의 부부관계는 엄격한 상명하복 관계다. 즉, 남성 배우자가 명령하고 여성 배우자는 복종하는 위

치에서 성생활이 이루어진다. 여성 배우자는 남성 배우자에 대한 심한 공포감을 가지고 있으며, 일체의 저항을 포기한다. 남성 배우자는 여성 배우자에 대한 일체의 고려가 없다.

3. 노인 성 상담 사례연습

다음의 두 가지 사례를 읽고 어떻게 상담을 진행할지를 생각하고 이를 적어 보라.

1) 이성교제와 성관계

3년 전부터 사귄 남성이 있습니다. 복지관에서 만났죠. 저는 67세고, 그분은 71세입니다. 참 점잖고 배려심이 있어서 복지관에 있는 여자들이 그분을 다 좋게 보았어요. 그러다가 저와 인연이 되어서 지금까지 만나고 있습니다. 사귄 지 1년쯤 되어서 반지도 받았습니다. 그분 아이들은 완강히 반대해요. 우리 아이들은 저만 좋다면 괜찮답니다. 그런데 얼마 전 그분과 함께 기차 여행을 당일로 돌아온다는 조건으로 갔어요. 그분이 제게 문득 같이 잠자리를 하자고 했습니다. 저는 놀라기도 하고 당황스럽기도 했지요. 어찌할 줄 몰라 고민을 하자 그분이 화를 내며 벌떡 일어나 나가더군요. 그 길로 어색하게 집으로 돌아왔습니다. 저도 그분이 정말 좋고, 그분을 놓치고 싶지는 않아요. 하지만 돌아간 남편 생각이 나고 교회를 다니는 사람이라 잠자리까지는 영 내키지를 않아요. 어쩜 좋지요?

문제 1. 지금 이 내담자의 감정과 생각은 어떤 것인가? 또한 상담자의 생각과 감정은 어떤 것인지 적어 보라.

문제 2. 이 내담자에게 어떻게 공감해 줄 것인가? 공감을 위해 어떤 말을 할지 아래에 적어 보시오.

문제 3. 내담자의 문제를 구체적으로 나열해 보시오.

문제 4. 상담 목표와 긍정적 · 부정적 대안을 적고 그 효과를 예측해 보시오.

<table>
<tr><td rowspan="5">상담 목표</td><td colspan="2">1.</td></tr>
<tr><td colspan="2">2.</td></tr>
<tr><td colspan="2">3.</td></tr>
<tr><td>가장 시급한 목표</td><td></td></tr>
<tr><td>가장 중요한 목표</td><td></td></tr>
<tr><td></td><td>긍정적 효과</td><td>부정적 효과</td></tr>
<tr><td>대안 1</td><td></td><td></td></tr>
<tr><td>대안 2</td><td></td><td></td></tr>
<tr><td>대안 3</td><td></td><td></td></tr>
</table>

2) 혼외정사

저희 부부는 제가 스물두 살 때, 제 남편이 스물다섯 살 때 결혼을 했습니다. 벌써 결혼한 지 50년이 다 되어 가네요. 지금 저는 66세, 남편은 69세입니다. 중매로 결혼을 해서 애틋하진 않아도 그 사람은 워낙 성실한 사람이라 저는 그렇게 믿고 40년이 넘도록 살았지요. 남편이 은퇴한 뒤 적적해하길래 내가 복지관에 가 보자고 제안을 했어요. 그리고 복지관에서 사교댄스를 시작했습니다. 부끄럼을 많이 타던 남편은 처음에는 힘들어하더니 차차 댄스를 즐거워했습니다. 그런데 거기에서 여자를 만났어요. 처음에는 파트너로만 지내는 줄 알았는데, 나중에 보니 둘이 잠도 자고 돌아다니고 남편이 그 여자에게 차도 사 주었더라고요. 처음에는 그러다 말겠지 했어요. 그런데 그렇지 않더라고요. 외박도 하고 저한테 화를 내면서 집에 안 들어오는 날이 많아졌습니다. 나는 왜 이렇게 사는지, 억울하고 화가 나고, 울어도 소용이 없고, 화를 내도 소용이 없어요. 애들 보기도 부끄럽고 내가 이렇게 살아야 하나 싶어요. 이혼을 할까도 생각해 봤습니다. 뭘 하며 살아야 할지도 모르겠지만, 남편이 그 여자한테 미쳐 있으니……. 지금은 정말 이혼하고 싶은 마음이 더 커요. 이혼을 해야 하나요? 어떻게 해야 할지 모르겠어요. 도와주세요.

문제 1. 지금 이 내담자의 감정과 생각은 어떤 것인가?

문제 2. 지금 상담자의 감정과 생각은 어떤 것인가? 어떤 생각 · 감정이 드는지를 적어 보라.

문제 3. 내담자의 문제를 구체적으로 나열해 보시오.

문제 4. 상담 목표와 긍정적 · 부정적 대안을 적고 그 효과를 예측해 보시오.

<table>
<tr><td rowspan="5">상담 목표</td><td colspan="2">1.</td></tr>
<tr><td colspan="2">2.</td></tr>
<tr><td colspan="2">3.</td></tr>
<tr><td>가장 시급한 목표</td><td></td></tr>
<tr><td>가장 중요한 목표</td><td></td></tr>
<tr><td></td><td>긍정적 효과</td><td>부정적 효과</td></tr>
<tr><td>대안 1</td><td></td><td></td></tr>
<tr><td>대안 2</td><td></td><td></td></tr>
<tr><td>대안 3</td><td></td><td></td></tr>
</table>

제13장

노인 장애와 상담

노년기에는 노화에 따른 여러 신체적 쇠퇴 현상과 더불어 사고나 질병에 의해 유발되는 신체장애나 정신장애가 동반되기도 한다.

1. 노인의 신체장애와 상담

1) 신체장애

노인의 신체장애는 연령이 증가할수록 그 비율이 늘어난다.

2009년 12월 말 현재 등록장애인의 연령별 비율을 살펴보면, 60대 22.3%, 50대 20.6%, 70대 18.2% 등의 순이며, 40세 이상 등록장애인은 전체의 83.2%, 50세 이상은 66.8%, 60세 이상은 46.2%를 차지하고 있다(보건복지부, 2010b). 우리나라 노인들의 장애 종류를 살펴

〈표 13-1〉 장애 종류별 · 연령별 출현율

(단위: 명, %)

연령	지체장애	뇌병변장애	시각장애	청각장애	언어장애	장루 · 요루장애	호흡기장애	신장장애
60~69세	24.0	27.2	24.5	22.8	20.1	31.4	34.5	22.7
70세 이상	18.0	27.1	19.2	27.7	15.5	30.6	27.8	13.3

출처: 보건복지부(2010b).

보면, 지체장애, 뇌병변장애, 시각장애, 청각장애, 언어장애, 장루 · 요루장애, 호흡기장애, 정신장애, 신장장애, 심장장애 등이 있다. 이 중 이동과 생활에 큰 지장을 주는 지체장애와 뇌병변장애가 가장 두드러지고 있다.

2) 신체장애 상담

노년기에 발생하는 신체장애에 대해 상담자는 노인들이 자신감을 갖고 보다 독립적으로 생활할 수 있는 적절한 방법을 제시해 주고 내담자의 상황에 대해 살펴보고 이해해 주도록 노력해야 한다. 또한 내담자들이 자신의 감정을 조절하도록 돕고 그들이 가진 특별한 재능을 발견하고 사용하도록 도와야 한다.

(1) 사용할 수 있는 기능을 최대화하라

신체장애를 가진 노인들은 자신들의 신체장애 자체에 매달려 다른 사용 가능한 기능들까지 사용하지 않는 경우가 많다. 이럴 경우 나머지 건강한 신체 부분까지 기능이 약화된다. 예를 들어 상체의 일부에 장애가 있다는 이유로 걷지 않고 장시간을 누워 있거나 앉아만 있는 경우 하체의 기능까지 약화되면서 나중에는 걷지 못하게 될 수도 있다. 이럴 경우 노인들은 자신이 신체를 완전히 사용할 수 없고 이동에도 다른 사람의 도움을 받아야만 하기 때문에 의존감이 강해지고, 그만큼 의지력과 자존감이 낮아질 수 있다.

신체의 일부에 장애를 가지고 있는 경우 신체의 나머지 기능을 강화시키도록 노력해야 한다. 아직 사용할 수 있는 신체 부위를 충분히 활용하여 나머지 기능을 활성화시킴으로써 독립적인 생활을 할 수 있도록 노력해야 한다. 또한 장애 부위에 대한 운동 요법들을 충실히 이행하여 재활의 가능성을 늘 염두해야 한다.

(2) 상황에 대해 익숙해지도록 하라

노인이 장애를 가지고 있는 경우 그만큼 다른 사람에 대한 의존도가 높아진다. 가볍게는 밥을 먹는 문제에서 대소변을 받아 내는 경우까지 그 의존의 정도는 다양하다. 이렇게 장애로 인해 다른 사람의 도움을 받아야 할 경우, 노인 자신의 독립심, 자존감이 낮아져 상처를 입거나 의존 정도가 심화될 수 있다. 또한 노인에게 도움을 제공하는 가족이나 돌보는 이의 경제적 · 심리적 부담감이 커질 수 있다.

상담자는 '내담자가 장애를 겪기 전에는 어떠했는가?' '어떤 활동을 가장 좋아하는가?' '인생의 의미와 목적은 어떤 것인가?' '어떤 점에서 스스로를 좋게 평가하는가?' '가족이나 친구들과의 긍정적인 관계는 유지되고 있는가?' '가족이나 친구들과의 부정적인 관계는 어떤 면이 있는가?' '성장기에 의존적이지는 않았는가?' '자신의 장애를 어떻게 생각하는가?' 등을 살필 필요가 있다. 장애를 가진 노인 내담자와의 상담은 사랑과 신뢰, 믿음 그리고 무엇보다 시간이 필요하다.

(3) 감정을 조절하도록 도우라

일단 상담자가 내담자의 상황을 파악한 후에는 내담자의 고통과 그 경험에 대해 충분히 들어 줄 필요가 있다. 다른 사람의 고통에 함께 참여하면서 상담자는 내담자가 느끼고 있는 고통을 함께 나누게 된다. 내담자의 감정을 뚫고 들어가면서 상담자는 천천히, 서두르지 말고, 애정을 가지고 지혜롭게 내담자의 고통과 절망을 살펴보아야 한다.

(4) 자신감을 갖도록 격려하라

장애를 가진 노인들은 자신들의 신체적인 장애와 그에 따른 의존 때문에 자존심이 상해 있는 경우가 많다. 때문에 상담자의 도움을 수용하지 않으려고 하기도 한다. 정말 도움이 필요한 때에도, 도움을 제공하려는 사람들에게 불편한 감정을 표현한다. 다른 사람에게 의존을 해야 하면서도 고집이 세고 다른 사람의 도움을 거부하는 노인들의 경우, 그 이면에는 자신감이 결여되어 있다. 상담자는 내담자가 다른 사람들의 도움에 대해 감사를 표시하고 자신의 감정을 충실히 드러낼 수 있도록 도와야 한다. 자신을 솔직히 드러낼 수 있을 때 자신감은 강화될 수 있다.

2. 노인의 정신장애와 상담

1) 치매

치매라는 용어는 희랍어 'demens'에서 유래하며, 원래의 뜻은 'mad'이다. 이른바 노인성 치매라고 불리는 알츠하이머는 일명 '노인의 에이즈'로 불리며 환자 자신의 생존 능력과 인격을 파괴할 뿐 아니라 가족원들의 삶에도 정신적 고통과 사회적 부담을 주고 있다.

치매에는 여러 가지 종류가 있는데 알츠하이머병, 노인성 치매, 혈관성 치매, 두부 외상으로 인한 치매, 파킨슨병으로 인한 치매 등 100여 종에 이르고 있다. 알츠하이머병(Alzheimer's Disease: AD)이나 노인성 치매(Senile Dementia)는 뇌에 영향을 미쳐서 점진적으로 기억, 생각, 행동에 손상을 일으키는 진행성·퇴행성 질환이다. 혈관성 치매는 뇌 속에 있는

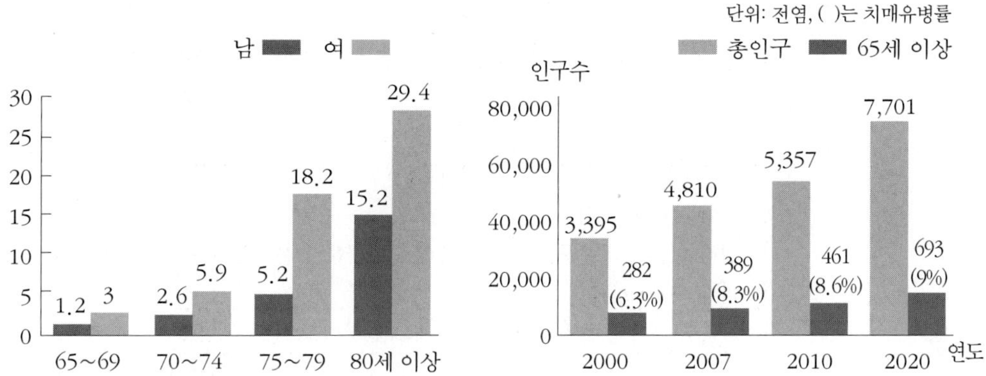

[그림 13-1] 노인 치매 관련 통계

출처: 한국보건사회연구원(2008).

크고 작은 혈관이 좁아지거나 막혀서 뇌 기능에 장애가 오는 경우로, 70~80대의 노년층에서는 뇌의 내부에 있는 기저핵에 혈액을 공급해 주는 중대뇌 동맥의 하나인 세동맥이 막히면서 국소경색이 다발적으로 일어나 치매를 야기한다.

DSM-IV에 의하면, 치매 진단을 내리기 위해서는 ① 기억장애가 있거나, ② 실어증, 실행증, 실인증, 수행 기능의 손상 중 최소한 한 가지 이상을 포함하는 복합적인 인지결손이 있어야 한다. ①과 ②의 증상은 직업적·사회적 장해를 초래할 정도여야 하고 병전의 기능 상태보다 악화되어 있어야 한다(〈표 13-2〉 참조).

기억장애는 치매 진단에 있어서 필수적이며 치매의 뚜렷한 초기 증상이다. 치매가 있는 사람들은 새로운 정보를 학습하는 데 장애가 있거나 과거에 학습한 내용을 망각하게 된다. 치매가 있는 대부분의 사람들은 이 두 가지 형태의 기억장애를 모두 갖게 되는데, 물론 장애의 초기에는 과거에 학습했던 내용을 망각하고 있음을 증명해 내는 일이 어려운 경우도 있다. 지갑이나 열쇠 등의 중요 물건을 잃어버리거나 난로 위에서 음식을 요리하고 있는 중임을 잊어버리거나, 낯선 동네에서 길을 잃어버리기도 한다. 치매

〈표 13-2〉 치매의 진단 기준(DSM-IV)

A. 여러 가지 인지결핍이 발생하는데, 다음 두 가지로 나타난다.
  1. 기억장애(새로운 정보를 학습하는 능력의 장애 또는 과거 학습한 정보를 회상하는 능력의 장애)
  2. 다음 인지장애 중 하나 또는 그 이상
    a. 실어증(언어장애)
    b. 실행증(건강한 운동 기능이 있음에도 불구하고 운동성 활동을 수행하는 능력의 장애가 있음)
    c. 실인증(건강한 감각 기능이 있음에도 불구하고 대상을 인지하거나 알아보지 못함)
    d. 수행 기능의 장애(예: 계획, 조직, 연속, 추상)
B. A1 및 A2 기준의 인지적 결함 각각이 사회적 · 직업적 기능의 유의한 장애를 초래하며, 과거 기능 수준으로부터 유의한 감퇴가 나타난다.

가 진행되면 기억장애가 심해지고, 이에 따라 자신의 직업, 학교, 생일, 가족을 망각하고 때로는 심지어 자기 이름까지도 망각한다.

언어 기능의 장애(실어증)는 사람과 사물의 이름을 말하는 데 어려움이 있는 것으로 나타난다. 실어증이 있는 사람은 모호하고 공허하며 장황하고 빙빙 돌려 말하는 어투와 '그런 일'이나 '그것' 등의 대명사를 지나치게 사용한다. 말을 이해하고 글로 쓰인 문장을 이해하는 능력이 손상되어 있고 말을 따라 반복하는 능력도 저하되어 있다. 치매가 더 진행되면 개인은 침묵하게 되고, 반향언어증(즉, 들은 대로 반복하기) 또는 동어반복증(즉, 소리나 단어를 계속적으로 반복하기)이 특징적인 언어장애로 나타난다.

치매가 있는 경우 실행증이 나타나기도 한다. 운동 기능, 감각 기능, 지시를 이해하는 기능이 정상인데도 어떠한 운동 행동을 실행하는 능력에 문제가 오는 것이다. 어떤 물건의 용도를 동작으로 흉내 내거나(예: 빗질하기), 또는 어떤 행동(예: 잘 가라는 손짓)을 하는 능력이 손상된다. 실행증은 요리하고 옷을 입고, 그림을 그리는 행동에 장애를 초래한다.

실인증은 감각 기능이 정상인데도 사물을 인지하거나 구별하지 못하는 것이다. 예를 들어 시력이 정상임에도 불구하고 의자나 연필 등의 사물을 구별하지 못한다. 결국 그들은 가족이나 심지어 거울에 비친 자신의 모습도 인식하지 못하게 된다.

치매를 측정하는 몇 가지 기준을 제시하면 〈표 13-3〉과 같다.

〈표 13-3〉 치매 증상 진단을 위한 기준

지적 기능	• 사물 이름을 잘 기억하지 못한다. • 물건을 잘 잊어버린다. • TV 드라마 등이 이해되지 않는다. • 간단한 계산을 빠른 시간 내에 할 수 없다. • 전철에서 내리는 역을 지나가 버린다. • 약속을 기억하지 못한다. • 날짜와 시간을 잘 잊어버린다. • 가족의 생일이나 이름을 잊어버린다.
생활 기능	• 수도꼭지나 가스 밸브 잠그는 것을 잊어버린다. • 익숙한 길을 잃어버린다. • 특이한 복장을 한다. • 씻기를 하기 싫어한다. • 음식을 태운다. • 약을 복용하는 것을 잊어버린다. • 의자와 연필 같은 일상생활용품을 구별하지 못한다. • 대소변을 아무 곳에서나 본다. • 이해할 수 없는 행동을 한다. • 음식에 대한 강한 집착을 보인다.
감정	• 화를 잘 내거나 잘 운다. • 우울하거나 밖에 나가지 않는다. • 감정의 기복이 심하다. • 평소에 하지 않던 심한 욕설을 퍼붓는다.
의지와 관심	• 끈기가 없다. • 흥미와 관심이 없어진다. • 자신감이 없어진다. • 특정 물건에 집착하며 혼자 지낸다. • 강한 소유욕을 보인다(특히, 음식과 돈).

(1) 알츠하이머병

알츠하이머병(Alzheimer's disease)은 치매를 일으키는 많은 질환들 중에 가장 흔한 것으로 독일인 의사인 알로이스 알츠하이머(Alois Alzheimer)의 이름을 따서 그 병명이 붙여졌다. 1906년 알츠하이머 박사는 당시로는 매우 희귀한 뇌신경질환으로 생각되는 병을 앓다가 사망한 여자의 뇌조직에 나타난 병리학적 변화를 관찰하여, 이 병에 특징적인 병리 소견들을 발견하였다. 그가 발견한 것은 어떤 비정상적인 물질들이 모여 있는 집합체들(plaques, 노인성반)과 신경세포 안에서 신경원 섬유들이 비정상적으로 꼬여 있는 소견(tangles, 신경섬유원 농축)이었다. 그 외에도 알츠하이머병 환자는 기억과 다른 지적 능력을 유지하는 데 중요한 뇌 부위의 신경세포들이 많이 소실되어 있으며, 이러한 뇌신경세포 사이에서 오가는 아주 복잡한 신호들을 서로 전달해 주는 데 필요한 어떤 특정 화학물질의 양이 많이 감소되어 있다는 것을 발견하였다.

알츠하이머병은 아주 가벼운 건망증에서 시작하여 점차 언어 구사력, 이해력, 읽고 쓰는 능력 등의 장애를 가져오게 된다. 알츠하이머병에 걸린 환자들은 불안해하기도 하고, 매우 공격적이 될 수도 있으며, 방향 감각을 상실하여 집을 잃어버리기도 한다.

알츠하이머병에 걸릴 위험 요소들로는 고령, 유전적인 요소, 머리 부상, 항산화성 영양소의 결핍 등이 있다. 여성의 경우 남성보다 더 발병률이 높으며, 전신 마취 수술과 아포리포 단백질 E4와도 연관이 있다.

알츠하이머병의 증상으로는 기억력 상실, 성격 변화 등이 있다. 쉽게 피로해지거나 화를 내고, 걱정이 많고 우울증 증상을 나타내며 말이 적어지게 된다. 새로운 변화에 잘 대처하지 못하여 익숙한 길은 잘 따라가지만 새로운 길로 갈 때 자주 길을 잃어버리게 된다. 대화 중에 자연스럽게 대화를 잇지 못하고 자주 머뭇거린다. 기억력과 관련된 실수를 부정한다든지 어떤 일이나 다른 사람들에게 자신의 실수를 떠넘기려 한다. 병이 좀 더 진행되

〈표 13-4〉 치매 6단계

치매 단계	내용
1단계	• 물건을 어디에 놓았는지 모름 • 물건이나 친구 이름 잊어버림
2단계	• 방금 소개받은 사람의 이름 잊어버림 • 가족들이 환자의 기억력 감퇴를 눈치 챔
3단계	• 과거 기억도 사라짐 • 혼자 여행하거나 돈 관리에 어려움을 겪음 • 새로운 일 회피
4단계	• 남의 도움이 필요 • 가족의 이름을 잊어버림 • 시간과 장소에 대한 인지력 상실
5단계	• 배우자의 이름 잊어버림 • 최근 기억 거의 상실 • 계절 및 연도 인식 상실
6단계	• 언어 능력 상실 • 말을 못함 • 대소변 못 가림 • 보행불능

면 기억력 상실이 악화되고 계속 반복하여 같은 질문을 하기도 한다.

또한 올바른 결정을 하지 못하고, 가족이 도움을 주려고 하거나 아무런 반응이 없을 때에도 매우 화를 낸다. 운전을 잘 하지 못하게 되고 운전 시 장애물에 대해 빨리 대처하지 못하게 된다. 이 단계로 병이 진행되면 오래된 친구의 이름을 기억하지 못하게 되고 사회적 활동이 어려워져서 더욱 고립된다. 알츠하이머병 말기 증상으로는 육체적 능력을 상실하여 옷 입은 상태로 목욕하는 것을 들 수 있는데 이 시기에는 반드시 치료를 받아야 된다. 자주 가족 및 자신을 구별하지 못하게 되기도 하고 결국 걷지도 못하게 되고 접촉 감각도 완전히 상실하게 되어 타인의 지속적 간호가 필요하게 된다.

(2) 초로성 치매(알츠하이머형 치매)와 노인성 치매

이 두 가지 질환은 초기에는 기억력 감퇴, 우울증, 인지력 감퇴 등의 증세를 나타내는데 점차 병세가 발전하면 정서적 안정감을 잃고 난폭해지며, 인지력을 완전히 상실하여 인간성을 유지하지 못하게 된다. 연령에 관계없이, 심할 경우 30대 연령층에서도 발병하는 알츠하이머형 치매와 달리 노인성 치매는 노화 과정에서 여러 가지 원인들에 의해 발병한다.

(3) 혈관성 치매

혈관성 치매(vascular dementia)는 치매 중에서는 두 번째로 흔한 것으로, 뇌를 공급하는 뇌혈관들이 막히거나 좁아진 것이 원인이 되어 나타나거나, 반복되는 뇌졸중(중풍 또는 풍)에 의해 뇌 안으로 흐르는 혈액의 양이 줄거나 막혀 발생하게 된다. 팔, 다리 등의 마비가 오거나 언어장애나 구동장애 또는 시각장애 등도 흔하게 나타난다. 대개는 일단 발생하면 완치될 수 없으나, 초기에 진단을 받고 적절한 치료를 받으면 더 이상의 악화는 막을 수 있다.

(4) 파킨슨병

파킨슨병(Parkinson's disease)은 근육 경련과 경화, 약화 등이 나타나는 뇌질환이다. 이 질환은 1,000명당 1명꼴로 나타나며 60세 이상의 노인에게서는 200명당 1명꼴로 나타난다. 발병 확률은 여자보다 남자가 약간 높고 흡연자는 낮게 나타난다. 이 질환은 세포의 진행성 퇴행으로 생기는데 특히 흑질이라는 뇌의 작은 영역에서 나타나는 세포의 퇴행이 그 원인이 된다. 이러한 퇴행은 운동의 정상적인 조절에 필요한 신경 전달물질인 도파민의 결핍을 초래하게 된다. 항정신병제의 단기 복용, 일산화탄소 중독, 기면성 뇌염이라는 뇌 감염, 불법 약물의 남용이나 단기간 복용 등이 원인이 될 수도 있다.

주요 증상으로는 수지진전(손 떨림), 사지경직(뻣뻣함), 운동완서(느린 행동) 등이 있으며, 약물치료로 이 병이 더 이상 진행되지 않게 하거나 증세를 최소화할 수 있다. 그러나 무엇보다 환자의 낫겠다는 의욕과 가족의 관심과 격려가 있어야만 회복 속도가 빨라질 수 있다.

(5) 루이 소체 치매

루이 소체 치매(diffuse Lewy body dementia)는 세 번째로 흔한 치매의 원인 질환이다. 루이 소체는 망가져 가는 신경세포 안에서 발견되는 단백질 덩어리로서 파킨슨병 환자의 주요 병변 부위인 뇌간의 흑질 부위에서 잘 관찰된다. 이런 루이 소체가 대뇌 전체에 걸쳐서 광범위하게 발견될 때에는 알츠하이머병의 증상과 매우 유사한 치매 증상을 보이게 된다. 다만, 루이 소체 치매는 그 병의 진행 양상이 알츠하이머병과는 다르고 인지 능력 장애의 심한 변화를 보이면서 간혹 의식장애도 나타날 수 있다. 간혹 환자가 환각을 경험하기도 한다.

루이 소체 치매의 초기 증상들은 시간이 지나감에 따라 심해졌다가 좋아졌다 하는 심한 증상의 변동 추이를 보이지만 결국은 매우 심해지고 심해진 증상이 지속된다. 알츠하이머형 치매와 같이 질병 자체의 치료는 현재까지 불가능하다.

(6) 헌팅턴병

헌팅턴병(Huntington's disease)은 뇌의 특정 부위의 신경세포들이 선택적으로 파괴되어 가는 진행성·퇴행성 뇌질환이다. 이 병은 병의 진행에 따라서 인격과 지적 능력이 점차 떨어지고 기억력, 언어 능력, 판단력 등도 점차 감소하게 된다. 치매는 이 병의 말기에 나타난다. 헌팅턴병은 유전적 질환으로 알려져 있고, 원인이 되는 유전자가 이미 밝혀져 있다.

(7) 크로이츠펠트야콥병

크로이츠펠트야콥병(Creutzfeldt-Jakob's disease)은 주로 젊은 층과 중년층에서 발생한다. 매우 드물지만 치명적인 뇌질환이며 프리온(prion) 단백질이라 불리는 물질에 의하여 발생하는 것으로 생각되고 있다. 가장 초기 증상으로는 기억력 장애가 발생할 수 있으며, 시야장애나 행동장애가 나타난다. 이후 의식장애와 불수의적 운동, 예를 들면 근육의 간대성 근경련 또는 팔다리의 허약감, 또는 앞이 잘 안 보이는 등의 시각 증상으로 시작해서 매우 빠르게 진행하여 결국은 혼수상태에 이르게 된다.

(8) 픽병

픽병(Pick's disease)은 행동장애, 인격장애 그리고 결국은 기억장애가 나타나는 것을 특징으로 하는 비교적 드문 뇌질환으로 빠르게 증상이 심해져 결국은 언어장애와 이상행동증 그리고 치매를 유발하게 된다. 이 병은 매우 이상한 행동 양식을 보이기 때문에 종종 정신과의사에 의해서 발견되기도 한다. 알츠하이머병과 같이 부검에 의해서만 확진할 수 있다.

(9) 치매의 다른 원인과 치매와 유사한 양상을 보일 수 있는 질환

치매의 다른 요인들로는 뇌종양, 두부 손상, 대사성 뇌질환, 갑상선 질환, 영양결핍증 등이 있다. 알코올 등의 독성 물질 또는 다른 이유로 사용하는 약물에 의해 뇌 기능장애나 혼돈 상태가 유발될 수 있고 인지장애나 치매 증상도 나타날 수 있다. 치매와 유사한 양상을 나타내기도 하는 정상압 뇌수두증은 흔하지 않은 질환으로 뇌 안을 흐르고 있는 뇌척수액의 흐름이 막혀 뇌실 안에 뇌척수액이 점차 많이 고임으로써 발생한다.

상담자는 내담자가 가지고 있는 치매의 특징을 살피고 증상의 경중과 기타 다른 장애와의 차이를 파악하여야 한다. 특히 노인 연령층에서 우울증에 걸리게 되면 치매와 비슷한 증상을 보일 수가 있다. 그러한 증상 중 섬망(delirium)은 일시적이고 매우 갑작스럽게 나타나는 정신 상태의 혼동을 말한다. 섬망은 가끔 치매의 증상과 혼동되기도 하지만 갑작스러운 인지능력의 장애를 보이거나 지남력 상실 또는 의식 소실 등의 증상을 보이는 경우에는 치매보다는 섬망일 가능성이 높다.

2) 치매 상담

치매 환자들은 상태 완화를 위하여 의사의 진단과 처방에 따른 다양한 인지학습 및 약물복용을 하게 된다. 상담자는 이러한 처방과 진단을 가족이나 본인을 통해 듣고 가능한 한 환자에 대한 상세한 병력을 파악할 필요가 있다.

(1) 회상

치매는 뇌의 신경세포가 계속적으로 장애를 일으켜 생기는 상태이지만 남아 있는 건강한 신경세포가 대신 역할을 해 줄 수 있다는 점을 기억해야 한다. 치매의 주요 증상으로 나타나는 기억장애를 극복하기 위해서는 노인이 기억할 수 있는 과거 이야기들을 말하게 하고 그들의 과거 이야기를 들음으로써 기억력 상실을 완화시킬 수 있다. 이런 회상 요법은 노인이 스스로 자신의 과거를 돌아봄으로써 잊고 있던 기억을 재생시키고 남은 삶에 대한 긍정적인 평가를 내리도록 돕는다.

(2) 감정 교류

치매노인은 기억이나 지능에 장애가 있으므로 일상생활에 어려움이 있다. 그러나 기억이나 지능과 관계없는 감정의 움직임은 남아 있다. 상담자는 기쁨, 서글픔, 자신의 장애 악화에 대한 불안감, 가족에 대한 죄책감 등 노인에게서 나타날 수 있는 다양한 감정을 이해해 주고 이들에게 심리적인 안정감과 희망을 줄 필요가 있다.

(3) 기본적 욕구 충족

치매노인은 습관적으로 해 오던 일상생활을 할 수 없게 된다. 그러므로 생활의 리듬을 잘 지켜 주는 것이 중요하고 이렇게 함으로써 이상행동을 다소 줄일 수 있다. 지나치게 많이 먹는다든가, 성적인 욕구를 강하게 보이는 등 치매노인들이 보이는 일부 증상들은 기본적인 생리적 욕구와 맞닿아 있는 경우가 있다. 상담자는 치매노인의 기본적인 욕구를 살펴야 한다.

(4) 건강 상태 파악

상담자는 치매노인들의 건강 상태를 파악할 필요가 있다. 치매노인들에 대해 부양자가 식사를 제대로 공급하지 않거나, 혹은 과잉 공급하여 심각한 비만을 초래할 수 있기 때문이다. 부양자가 식사를 제대로 공급하지 않는 경우 일부 환자들에게서는 심각한 영양결핍이 나타나기도 한다. 영양 상태는 치매 질환의 정도를 악화시킬 가능성이 높기 때문에 상담자는 내담자의 영양 상태를 포함하여 여러 측면의 건강 상태를 살필 필요가 있다.

(5) 치매 상담 시 고려해야 할 사항

치매노인과의 상담은 상담자에게 일종의 무력감을 줄 수 있다. 내담자가 변화하기 힘들 것이라는 고정관념과 치매는 진행성 질환이라는 이해 때문이다. 그러나 상담자는 자신 앞에 앉아 있는 치매노인이 자신의 내담자라는 것을 기억해야 한다. 그리고 다음의 고려사항을 살펴 상담을 진행한다면 상담자의 전문성이 더욱 빛나게 될 것이다. 아래의 항목들을 체크리스트로 만들어 상담 시마다 점검해 보는 것도 좋을 것이다.

- 대화를 하기 전에 내담자의 주의를 끌도록 하고, 내담자의 인지력, 시력, 청력 등 신체 기능이 저하되지 않았는지 살펴보아야 한다. 또한 상담 중 내담자의 신체 변화나 인지 변화가 두드러지게 나타날 경우 반드시 가족에게 알린다.
- 내담자의 눈을 바라보고 접촉을 최대화하여(손을 잡거나 가까이 앉기) 내담자의 말을 경청하고, 존경과 관심을 전달한다.
- 상담자 자신을 소개하고 내담자의 이름이나 존칭을 부르며 대화한다(청력이 저하되었을 때에는 큰 소리로 말한다).
- 기억을 점검하거나(무슨 말인지 아시겠어요?) 내담자의 말을 무시하는 듯한 대화는 피한다.
- 한 번에 한 가지씩 질문하며, 질문을 한 경우에는 인내심을 가지고 대답을 기다리고, 반응이 없을 경우에 다시 반복하여 질문한다.
- 짧고 분명하며 익숙한 단어를 사용하고, 천천히 부드럽게 이야기한다.
- 내담자가 어떤 실수를 저질렀을 때에 찡그리거나 화를 내기보다는 가볍게 웃으며 넘어가는 여유를 갖는다.
- 내담자에게 이야기할 수 있는 충분한 시간을 주고, 상담자와 교대로 이야기하도록 한다.
- 내담자가 위축되어 있거나 초조한 징후를 보이면 대화를 중단하거나 증상을 살핀다.
- 적합한 단어를 생각해 내지 못하는 경우에는 비슷한 말을 하거나 충분한 단서를 제공하는 것이 좋다.
- 경우에 따라 언어적 칭찬 등 즉각적인 보상을 해 주거나 재확인하는 반응이 필요하다.
- 내담자의 말이 사실과 다르더라도 감정을 수용하고 중시한다.

3. 치매노인 가족 상담

노인성 치매는 단기간에 회복되는 질병이라고 보기 어렵다. 질병의 경중에 따라 차이가 있을 수는 있으나, 치매라는 것 자체가 환자의 보호자, 특히 그 가족들에게는 심각한 정신적 · 사회적 불안과 부담을 줄 수밖에 없다.

대부분 치매노인을 돌보는 보호자는 가족 내에서나 요양소 내에서도 정해져 있다. 그러나 치매노인의 경우 1인의 보호자가 돌보기에는 어려움이 크며 정신적으로도 지치기 쉽다. 따라서 치매노인 보호자에 대한 상담자의 돌봄이 필요하다. 간호하는 사람이 건강하고 정신적으로 안정되는 것이 치매노인에게 좋은 영향을 미치게 된다. 또한 보호자의 정신적 · 육체적 건강은 보호자 자신의 우울 정도와 긴밀하게 연결되어 있다.

상담자는 치매노인 보호자들에게 지지와 격려를 해 주면서 동시에 보호자가 가지고 있는 개인적인 어려움에 관해 듣고 충분한 돌봄을 제공해 줄 수 있어야 한다.

1) 치매노인 가족 상담 시 고려 사항

(1) 치매노인과 가족구성원의 관계를 파악한다

치매노인 가족 상담 시 가족구성원과의 관계를 파악함으로써 노인 보호를 하는 가족 간의 관계에 대한 다양한 정보를 얻을 수 있다. 즉, 주 보호자가 누구인가, 치매노인을 보호할 수 있는 가족적 자원은 무엇인가, 노인 보호에 나타나는 가족 간의 친밀감이나 갈등은 어떠한가 등을 파악할 수 있다. 치매노인의 질병으로 인해 나타나는 가족 간의 갈등과 감정적 고조 상태는 질병이 장기화되면서 더욱 악화될 수 있다. 가족 중 한 사람이 모든 것을 희생하고 전적으로 치매노인 간호에 임하게 되는 경우가 많은데, 이러한 경우 주 보호자의 심리적 압박감과 고충은 다른 가족들과의 관계에 의미 있는 영향을 미친다. 상담자는 치매노인의 주 보호자가 겪고 있는 다층적인 심리적 고충을 파악하여 도움을 줄 수 있다. 가족관계 파악은 치매노인의 과거 성격과 생활 방식, 가족 간의 관계 파악에 도움이 되며 이를 통해 장기적인 노인 보호에 있어 주 보호자의 대처 방식에 도움을 줄 수 있다.

① 주 보호자

치매노인 가족 상담을 요청하는 사람들은 대부분 주 보호자들이다. 이들은 오랜 병간호에 심신이 지쳐 있고, 개인적인 사회활동을 철회하고 전적으로 치매노인에게 매달려야 하는 데서 사회적 고립감을 느낀다. 또한 경제적인 어려움 역시 주 보호자들의 주요 호소문제다. 내담자는 주 보호자들이 가지고 있는 다차원적인 고충들에 관해 경청하면서 이들을 심리적으로 위로하고 격려하면서 정서적인 환기를 돕고, 개인적인 고립감에서 벗어나도록 도와야 한다.

② 주 보호자 이외의 가족

주 보호자가 치매노인을 보살피는 일 대부분을 담당하지만, 주 보호자 이외의 가족들도 치매노인과 관련하여 다양한 문제에 직면하게 된다. 정상적이고 친밀한 가족관계를 유지하기 어렵다는 점, 주 보호자에 대한 안타까움, 끝나지 않는 가족 내의 긴장 등 치매노인과 관련한 가족 내의 다양한 문제들은 주 보호자를 포함한 다른 모든 가족구성원들에게 심리적인 문제를 제공한다. 상담자는 치매에 대한 정보를 제공하여 정보 부족으로 인한 가족 간의 오해나 어려움을 해소하도록 돕고, 주 보호자 이외의 가족들이 느끼는 정서적인 어려움들에 대해 경청하도록 한다. 또한 주 보호자에게 면밀히 협조할 수 있도록 가족 간의 유대와 친밀감을 강화시킬 수 있다.

③ 가족이 아닌 사람

가족 이외의 사람들도 치매노인과 관련한 상담의 대상이 된다. 이를테면 주 보호자가 상담할 시간적 여유가 없거나, 주 보호자의 간호 소홀에 대해 가족 이외의 사람들이 안타까워 혹은 자신도 치매에 걸렸을 때 가족들이 방관하지 않을까 하는 두려움에 상담에 임하기도 한다. 이런 경우는 상담과 교육 및 정보 제공이 동시에 이루어진다.

(2) 주 보호자 및 그 가족들의 신체적 · 정신적 · 사회적 · 경제적 고충과 어려움을 충분히 고려한다

치매는 대개 거의 모든 경우에 보호자가 늘 환자 가까이에 상주해 모든 가능한 상황에 대처해야 한다. 또한 치매는 장기화되는 경향이 있기 때문에 치매노인을 중심으로 한 주 보호자와 그 가족들의 고충은 신체적 · 정신적 · 경제적 · 사회적인 부분에까지 두루 영향을 미친다. 상담자는 이들의 피곤함, 어려움, 재정적인 곤란, 사회적 관계의 단절 등을 충분히 고려하고 이에 대한 심리적 안정감을 갖도록 도와야 한다.

(3) 원하는 경우 시설 입소에 대한 정보를 제공한다

시설 입소를 원하는 경우 상담자는 가족들에게 시설에 대한 다양한 정보를 제공해 줄 수 있다. 이때 가족들의 경제적인 능력을 고려해야 한다. 가족들이 유료 요양소를 희망할 경우 비용 부담이 크기 때문에 치매노인이 가지고 있는 개인 재산 정도나 가족들의 부양 능력 등을 고려하여야 한다. 대부분의 시설들은 그 입소대상의 경제적인 능력과 연고자 유무에 따라 생활보호대상자 시설, 저소득층 시설, 일반 시설 등으로 구분된다. 최근에는 장기요양보험제도가 시행되면서 장기요양보험 혜택을 받는 사람들의 숫자가 증가하고 있다. 이런 경우는 심사절차에 따라 보험적용 등급이 달라지게 된다. 상담자는 치매 관련 시설 정보를 충분히 확보하고 가족들에게 이를 제공하여 가족들의 결정을 도울 수 있다.

2) 치매노인 가족 상담자의 태도

치매노인 가족들은 치매 발병 시점부터 거의 치매노인이 사망하는 시점까지 장기간에 걸쳐 간호와 보호를 감당해야 한다. 상담자는 주 보호자가 가지고 있는 욕구를 분명히 하도록 돕고 현실적으로 주 보호자에게 도움이 될 수 있는 지지기반을 최대한 이용하여 주 보호자와 그 가족들을 돕도록 해야 한다.

- 치매노인 가족들이 겪는 위기감과 긴장감에 대해 충분히 공감해 주고 경청한다.
- 치매노인 가족들의 심리적 반응에 대해 평가하고 이에 적절히 대처한다.
- 치매에 대해 보다 효과적으로 이해하고 치매와 관련한 여러 상황들에 적절히 대응하기 위해 치매에 대한 다양한 정보, 즉 의학적인 정보, 치매노인의 문제행동과 이에 대한 대처, 치매의 진단, 치매 기관 정보, 치매노인과 그 가족을 도울 수 있는 사회적 자원 등의 폭넓은 정보를 확보한다.

〈표 13-5〉 노인의료복지시설

시설 구분	내용
노인요양시설	치매 · 중풍 등 노인성질환 등으로 심신에 상당한 장애가 발생하여 도움을 필요로 하는 노인을 입소시켜 급식 · 요양과 그 밖에 일상생활에 필요한 편의를 제공함을 목적으로 하는 시설

노인요양공동생활가정	치매 · 중풍 등 노인성 질환 등으로 심신에 상당한 장애가 발생하여 도움을 필요로 하는 노인에게 가정과 같은 주거여건과 급식 · 요양, 그 밖에 일상생활에 필요한 편의를 제공함을 목적으로 하는 시설

출처: 「노인복지법」(2007. 8. 3. 개정).

〈표 13-6〉 노인주거복지시설

시설 구분	내용
양로시설	노인을 입소시켜 급식과 그 밖에 일상생활에 필요한 편의를 제공함을 목적으로 하는 시설
노인공동생활가정	노인들에게 가정과 같은 주거여건과 급식, 그 밖에 일상생활에 필요한 편의를 제공함을 목적으로 하는 시설

출처: 「노인복지법」(2007. 8. 3. 개정).

4. 치매노인 가족 상담 사례연습

다음의 사례를 읽고 어떻게 상담을 진행할지를 생각하고 이를 적어 보라.

저희 아버님이 치매 진단을 받은 게 2년 전이에요. 사실 그때만 해도 어머니 없이 혼자 계시니까 외롭고 쓸쓸해서 우울증이 있나 했어요. 그런데 점점 말이 없어지고 이상한 행동을 하시는 겁니다. 이상하다는 생각이 들어 병원에 모시고 갔더니 치매가 꽤 진행되었다는 진단을 받았습니다. 처음에는 집에서 모시는 게 크게 문제가 되지 않았어요. 저도 전업주부이고 하니까 아버님을 잘 모시면 좋아지겠지 생각했어요. 그런데 아버님은 약 먹는 것도 싫어하셔서 약을 먹은 척하고 나중에 뱉어 버리시기도 하더니 점점 상태가 나빠지시는 겁니다. 화를 내시는 일도 많아졌고 나중엔 길을 잃어버리셨어요. 그때 경찰서를 오가며 얼마나 마음을 졸였나 몰라요. 그런데 일주일 전 정말…… 말하기도 창피한 일이 생겼어요. 아버님이 방에서 바지를 내리고 자위행위를 하는 걸 봤어요. 제가 들어가서 놀랐는데도 아무렇지도 않은 듯이 계속 하시는 걸 보고 저는 그만 문을 쾅 닫고 나와 버렸어요. 나중에 보니 온 방에 정액 냄새가 가득하더라고요. 아무리 시아버지시지만, 구토도 나오고 화도 나고, 역겨웠어요. 아이들이 보면 어떻게 하나 걱정도 되고요. 앞으로 점점 나빠지실 텐데 어떻해야 할지 모르겠습니다.

남편에게 시설로 아버님을 모시자고 하자 펄쩍 뛰면서 아버님을 그런 곳에 모실 수는 없다고 하네요. 장기요양보험 얘기도 들었지만, 어떻게 하는지도 모르겠고, 또 안다 해도 저희 같은 상황에 도움이 될까요? 저희 아버님 어찌해야 하나요? 저는 정말 지쳤습니다.

문제 1. 지금 이 내담자의 감정과 생각은 어떤 것인가?

문제 2. 이 내담자에게 어떻게 공감해 줄 것인가? 공감을 위해 어떤 말을 할지 아래에 적어 보시오.

문제 3. 내담자의 문제를 구체적으로 나열해 보시오.

문제 4. 내담자에게 제공할 수 있는 시설 정보는 어떤 것이 있는가?

문제 5. 상담 목표와 긍정적 · 부정적 대안을 적고 그 효과를 예측해 보시오.

<table>
<tr><td rowspan="5">상담 목표</td><td colspan="2">1.</td></tr>
<tr><td colspan="2">2.</td></tr>
<tr><td colspan="2">3.</td></tr>
<tr><td>가장 시급한 목표</td><td></td></tr>
<tr><td>가장 중요한 목표</td><td></td></tr>
</table>

	긍정적 효과	부정적 효과
대안 1		
대안 2		
대안 3		

제14장

노인 학대와 상담

1. 노인 학대

1) 노인 학대의 개념

노인 인구가 늘어나고 노인부양에 대한 부담이 늘어나면서 노인 학대도 늘어나고 있다. 노인 학대의 유형도 신체적 학대, 정서적 학대, 재정적 학대, 언어적 학대, 방임, 성적 학대, 의료적 학대 등으로 다양하게 나타나고 있다. 일반적으로 여성 노인이 남성 노인에 비하여 학대를 더 많이 받는 것으로 나타났으며, 교육 수준이 낮을수록, 연령이 높을수록 학대에 노출될 위험이 많은 것으로 나타났다. 이는 노인의 교육 수준이 낮고 연령이 높을수록 경제적 상황, 대처 차원의 인지 능력 등이 상대적으로 낮기 때문이라 할 것이다(한은주, 김태현, 2000).

결혼 상태에 따라서는 배우자 없이 성인 자녀와 동거하는 노인이 학대를 받을 위험이 더 높은 것으로 나타났으며, 노인의 건강이 나쁘거나, 일상생활상의 의존성이 높을수록 노인 학대의 발생 가능성이 더 높아지는 것으로 나타났다(여미옥, 2002). 또 경제적 여유가 없는 노인일수록, 자존감이 낮은 노인일수록(권중돈, 2002), 노인이 자녀와 동거하는 경우일수록 학대 발생률이 높게 나타났다(까리따스방배종합사회복지관, 2001). 가족성원들 간의 밀착 정도와 지지도가 낮을수록(반형욱, 1997), 노인과 부양자가 사회적으로 고립될수록(여미옥, 2002) 노인 학대 발생률이 높았다.

강한 가족주의 의식이 노인 학대의 은폐와 반복적 발생을 촉진하는 요인이 될 수 있다(권중돈, 2002). 가족주의 의식이 강하게 남아 있는 상황에서는 학대 자체가 은폐될 가능성이 높기 때문에 가해자가 학대를 하여도 사회적 비난을 받지 않을 가능성이 높아지고, 그로 인해 노인이 잠재적 학대 상황에 지속적으로 노출되는 결과를 초래하게 된다. 이와 같이 가족주의 의식이 강한 우리의 문화적인 특성으로 인하여 노인 학대의 위험이 지속적으로 높아지게 된다(권중돈, 2004).

한국보건사회연구원(1999) 발표에 따르면 우리나라에서 노인 학대를 경험한 노인의 비율이 8.2%로 나타났다. 그리고 한국형사정책연구원(1995)의 연구에서는 유기나 학대를 당한 경험이 노인이 17.3%인 것으로 나타났다. 그리고 최근 노인 770명을 대상으로 노인 학대 경험을 연구한 권중돈(2004)에 따르면 노인 학대 발생률이 전체의 30.8%에 이르는 것으로 나타났다.

2) 노인 학대의 발생 배경과 원인

노인 학대는 가족 내의 갈등이나 사회적 가치의 변화 때문에 일어난다기보다는 다음과 같은 다양한 원인이 복합적으로 작용하여 발생하고 있다고 하겠다.

첫째, 노인 인구의 급속한 증가와 평균 수명의 연장으로 인한 고령노인

수의 절대적 팽창이다. 특히 초고령노인, 와상 상태의 노인, 치매노인 등 신체적 · 심리적 · 경제적으로 의존적인 노인의 문제가 부각되고 있다.

둘째, 현대 가족의 구조와 기능의 변화를 들 수 있다. 산업화과 진행되면서 가족분화와 핵가족화 현상이 두드러지면서 가족규모의 축소와 출생인구의 감소 등으로 부모를 부양할 수 있는 능력에 한계를 갖게 되었다. 또한 여성의 취업과 사회활동이 증가하게 되었다. 이러한 요인들은 전통적으로 가족기반에 존재했던 가족의 연대 기능 및 결합력을 약화시키게 되었다. 이런 가족의 구조적 · 기능적 변화는 노후를 자녀에게 의지하던 한국의 노인들에게 현실적 문제를 발생시키고 있다.

셋째, 젊은 세대들의 가치관 변화와 노인부양 의식의 변화다. 현대로 접어들면서 부부 중심의 가족문화와 만연한 개인주의의 팽배로 가족 간의 일

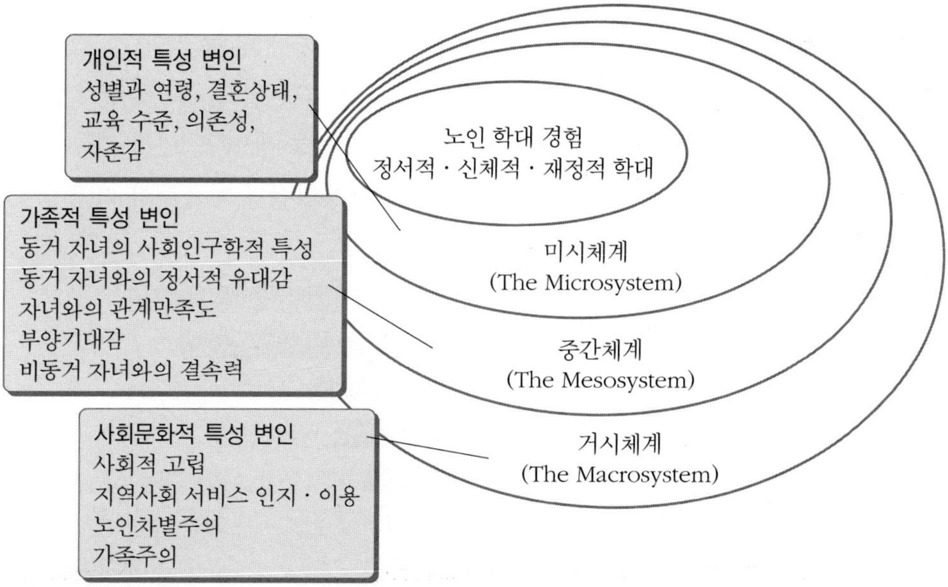

[그림 14-1] 생태학적 관점에 입각한 노인 학대의 원인분석

출처: 한은주, 김태현(2000).

체감과 연대성이 많이 약화되었다. 이러한 가족가치에 대한 변화는 가족의 부양 의식 역시 변화시키게 되었다. 최근 학대에 관한 연구에 따르면 노인 학대는 많은 경우 가족폭력의 형태로 대두되고 있다.

넷째, 사회적 관심과 지원의 부족이다. 현재 우리나라의 노인에 대한 정책적 · 제도적 지원은 늘어나는 노인 인구의 수적인 면이나, 변화하고 있는 가치체계에 적절히 대처하지 못하는 실정이다. 이렇듯 사회구조 변화에 뒤떨어진 정책 및 제반 프로그램은 노인의 학대와 방임의 문제를 가중시키고 있다. 최근에야 「가정폭력방지 및 피해자보호 등에 관한 법률」이 제정되는 등 가정 내 폭력문제가 사회적 문제로 인식되기 시작하였지만 노인 학대는 그 심각한 현실에 비하여 제대로 인식되지 못하는 실정이다.

권중돈의 연구(2002)에 의하면, 신체적 학대, 심리적 학대 그리고 재정적 학대라는 세 가지 학대 중 한 가지 이상의 학대를 뜻하는 '협의의 학대'를 당한 경험이 있는 노인이 12.1%, 그리고 협의의 학대에 방임과 자기방임을 추가한 다섯 가지 학대 중 한 가지 이상의 학대를 뜻하는 '광의의 학대'를 당한 노인이 30.8%로 나타났다. 그리고 노인의 일상생활 동작 능력이 제한될수록, 노인의 연령, 자존감, 사회활동 참여도, 인지 기능이 낮을수록, 동거 가족원의 수가 많을수록, 가족통합성과 가족주의 의식이 낮을

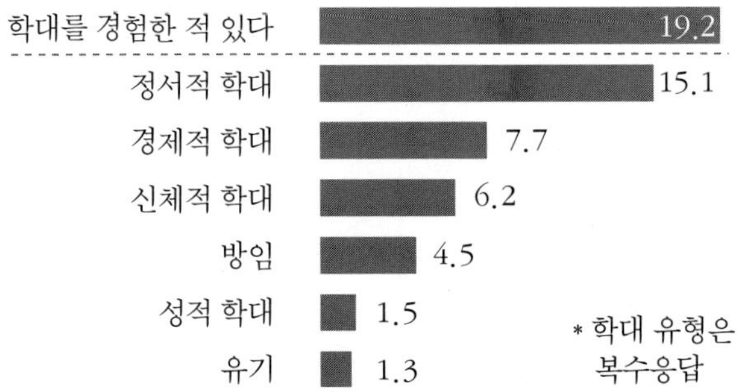

[그림 14-2] 노인들의 학대 경험 비율과 유형

출처: 보건복지부(2010a).

수록 노인이 협의의 학대를 당할 가능성이 높아지며, 자녀와 별거하여 가족의 지지도가 낮고 이웃이나 친구 등을 포함하는 비공식적 관계망의 지지도가 낮을 경우 방임이나 자기방임 등을 포함하는 광의의 학대가 발생할 가능성이 높았다.

2. 노인 학대 상담

1) 노인 학대 표시 살피기

우리나라 노인 학대는 잘 드러나지 않는다. 심각한 경우일지라도 노인들이 자녀들을 보호하려는 경향이 강하고, 노인들이 신고할 의지를 상실했거나 신체적 · 정신적 장애로 인해 신고를 할 수 없어 노인 학대가 드러나지 않는 경우가 많다. 따라서 상담자는 내담자에게서 노인 학대를 당한 표시가 있는지를 살필 필요가 있다.

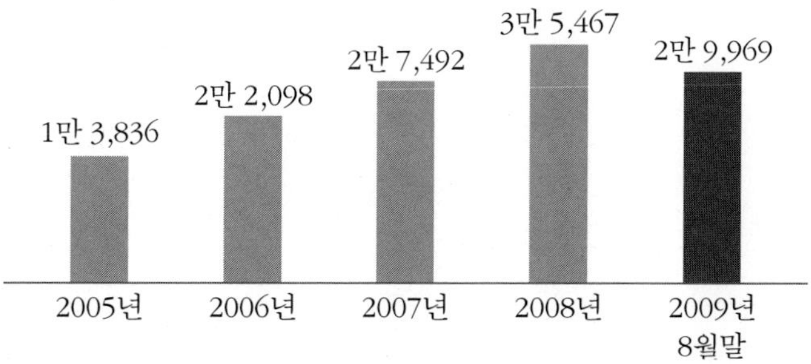

[그림 14-3] 연간 노인 학대 상담 건수

출처: 보건복지가족부(2010a).

(1) 신체적 학대의 표시들

- 얼굴, 목, 가슴, 복부, 골반 부위의 부상
- 칼과 같은 예리한 도구로 베거나 찔린 상처
- 타박상, 멍든 부위
- 설명과 부합되지 않는 상처
- 옷이나 머리카락 등 신체의 일부로 가려진 상처
- 빈약한 피부위생 상태
- 머리카락이 뽑힌 흔적이나 머리의 출혈 흔적
- 탈수증, 영양실조
- 몸무게의 감소
- 화상
- 행동이나 활동 수준의 변화

(2) 정서적 학대의 표시들

- 무기력함
- 공포감
- 말하기를 꺼려하거나 주저함
- 은폐
- 우울증
- 혼돈 상태
- 부정
- 분노
- 흥분
- 수동적 태도
- 믿기지 않는 이야기들

(3) 경제적 학대의 표시들

- 은행계좌의 잦은 혹은 부적절한 거래 상황
- 노인의 서명이 아닌 혹은 노인의 서명과 유사하게 날인된 수표
- 노인의 지나친 부양비
- 지불되지 않은 많은 청구서, 기한이 지난 월세금 통지서
- 의복이 남루하고 부족한 상태
- 개인소지품이 분실됨
- 부양자에 의한 고의적인 노인의 격리

(4) 부양자에 의한 방임의 표시들

- 오물, 대소변 냄새
- 땀띠, 이, 염증
- 부적절한 옷차림
- 영양실조, 탈수 상태
- 의약품이나 병원치료의 소홀함
- 더러워진 옷이나 이불

(5) 부양자에 의한 학대의 표시

- 노인에 대한 무관심이나 분노, 혹은 원조를 하지 않음
- 노인에 대한 비난
- 노인을 위협, 모욕, 추행
- 알코올 중독이나 마약 · 약물 중독 문제
- 노인의 사회적 고립이나 활동의 제한
- 복지 관련자들과 부양자의 비협조적인 관계

〈표 14-1〉 학대 유형별 노인 학대 경험 유무

(단위: %)

	학대 상황	있다	없다
방임적	스스로 식사 준비를 할 수 없는 노인을 혼자 집에 내버려 둔다.	8.6	91.4
정서적	노인의 친구나 친지 등이 방문하는 것을 싫어한다.	7.7	92.3
	노인이 의견을 말하면 간섭한다고 불평하거나 화를 낸다.	12.3	87.7
	부양자나 가족들이 노인에게 무관심하거나 냉담하게 대한다.	19.9	80.1
언어적	노인에게 욕설을 하거나 고함을 지른다.	6.6	93.4
	노인의 실수를 비난하거나 자존심을 상하게 하는 말을 한다.	10.5	89.5
경제적	노인에게서 빌린 돈이나 물건을 일부러 갚지 않는다.	5.9	94.1

출처: 국가인권위원회(2002).

2) 상담적 개입

상담자는 학대받는 노인들을 충분히 지지하고 격려해야 한다. 학대를 당하는 노인들의 경우 심리적·정서적인 위축감과 심각한 우울 증세를 보이기 쉽다. 상담 상황에서도 말을 하지 않거나 두려워하며 자신들에게 있었거나 있을 일에 대해 침묵한다. 상담자는 노인들이 학대 상황을 설명하고 자신들의 문제를 표현할 수 있도록 심리적·정서적 지지를 지속해야 한다.

특히 학대 상담의 경우 가해자와의 관계를 신중히 고려하고 개인상담과 집단상담 등 복합적인 상담 방법을 사용하는 것이 좋다. 특히 노인의 경우, 비슷한 학대를 받은 경험이 있는 노인들을 대상으로 한 집단상담을 실시하면 좋다. 다만, 상담의 기간이 길고 재발의 가능성이 있음을 염두에 두어야 하며, 가해자를 포함한 가족들을 대상으로 한 가족치료로까지 확대시키도록 노력해야 한다. 심각한 노인 학대의 경우 관련 기관에 노인을 의뢰하여 법적인 보호를 받도록 도울 수 있다.

(1) 내담자와 충분한 신뢰관계를 확보한다

앞서 살핀 바와 같이 학대의 증상은 다양하게 나타난다. 상담자는 내담자가 상담자와의 관계에 있어 심한 기피 현상을 보이거나, 가족 내 관계나 개인적 상황에 대해 지나친 과장이나 회피 현상을 나타내는지 살펴야 한다. 내담자 상태에 대한 탐색이 있은 후 상담자는 내담자의 정서적 상태를 충분히 고려하며 신뢰관계로 들어가야 한다.

내담자가 상담자에 대한 충분한 신뢰를 확보한 때라야 비로소 학대에 대한 현재의 심정과 자신의 감정에 대한 심리적 반응을 나타낸다. 따라서 상담자는 내담자에 대해 최대한의 지지와 격려를 보내고 내담자가 자신을 드러내도 안심할 수 있다는 안도감을 갖도록 도와야 한다.

(2) 학대 상황에 대해 구체적으로 파악한다

학대 상황에 대한 탐색에서는 학대의 구체적인 양상이 어떤 것인지에 대한 내용, 학대에 따른 내담자의 신체적 · 심리적 피해와 상처에 대한 전반적인 내용을 포함한다. 그리고 학대의 시작 시기와 현재의 학대 정도, 학대를 당할 때의 상황과 학대에 연루되어 있는 자, 또한 학대를 당할 때 도피처가 있는지에 관한 다양한 정보를 확보한다.

(3) 학대의 원인에 대한 내담자의 이해를 파악한다

학대를 당하게 된 원인에 대해 내담자는 학대의 원인을 자신의 외부에서 찾을 수도 있고, 자신의 내부에서 찾을 수도 있다. 상담자는 내담자가 학대의 원인을 어디에서 찾고 있는지를 살피고 이에 대한 내담자의 평가에 주목한다. 내담자가 학대의 원인을 자신의 외부에서 찾는 경우 그 내용과 경위에 대한 심리적 평가를 얻도록 한다. 학대의 원인을 내부에서 찾는 경우에는 수치심, 죄책감, 자살하고 싶은 감정 등이 있는가에 대한 정서적 반응도 함께 살피도록 한다.

(4) 자책감과 수치심에 대해 충분한 애도 시간을 갖도록 돕는다

학대받는 노인들은 자신이 다른 사람에게 자신이 학대를 받고 있다는 사실을 알리는 것에 대해 부정적인 감정을 가지고 있는 경우가 있다. 특히 자녀들이 학대자일 경우에는 현재 학대의 상황이 자신들이 자녀를 잘못 양육했기 때문에 이런 일이 생겼으며, 이 일은 벗어날 수 없는 것으로 여기고 자포자기하는 경우가 많다. 따라서 상담자는 내담자가 처한 학대의 상황에서 스스로의 잘못을 탓하며 우울감을 느끼지 않는지, 자책감이나 수치심 수준이 어느 정도인지를 파악하도록 한다. 이때 내담자가 자신의 무기력한 감정을 토로할 때 자신의 상황이나 감정에 대해 충분히 애도할 수 있는 시간을 제공하도록 한다.

(5) 무기력감에서 벗어나도록 돕고 자살의 가능성을 살핀다

스스로는 더 이상 어찌할 수 없다고 느끼는 경우 내담자는 심한 무기력감을 느끼거나 자살에 대한 강한 유혹을 느낄 수 있다. 상담자는 내담자가 가지고 있는 이런 감정 상태를 신중히 살피고 자살의 가능성이 없는지를 살피도록 한다.

(6) 심리적 · 정서적으로 지지를 제공한다

학대를 받는 노인들의 경우 실제 가족들의 지지를 얻지 못하거나 심리적으로 고립감을 느낄 수 있다. 상담자는 내담자에게 심리적 · 정서적 지지를 제공함으로써 자신의 존재감을 찾도록 돕는다.

(7) 학대 상황을 벗어날 수 있는 지지망을 찾는다

노인 학대의 경우 상담자가 학대 상황에 적극적으로 개입하기가 어려운 경우가 많다. 상담자는 노인이 학대 상황에서 벗어날 수 있는 지지망을 형성하도록 도울 수 있다.

〈표 14-2〉 노인 학대의 종류와 내용

학대의 종류	학대의 내용
신체적 학대(노인 자신의 배우자 또는 성인이 된 자녀나 친척이나 다른 보호자에 의해 언어적 혹은 육체적으로 폭력을 당하는 경우)	노인을 강제로 지하실이나 방에 가둔다.
	노인을 강제로 의자나 침대에 묶어 둔다.
	부식제, 산 등의 화공약품을 사용하여 노인에게 의도적으로 화상을 입힌다.
	노인을 담뱃불로 지진다.
	노인을 발로 차거나 주먹으로 때린다.
	의사의 처방을 받은 약품을 주지 않거나 노인의 행동을 통제하기 위해 의사의 처방을 받지 않은 약물을 강제로 복용시킨다.
	노인을 밀어서 넘어뜨린다.
	부양자가 노인의 머리채를 잡아당기거나 움켜잡아 뽑는다.
	스스로 식사 준비를 할 수 없는 노인을 2~3일 이상 혼자 집에 방치한다.
심리적 학대(노인을 의도적으로 자주 구박, 무시, 방해, 비난, 소외, 격리 등 유·무형의 방법으로 괴롭히는 것)	부양자가 부양부담으로 인한 스트레스를 노인에게 노골적으로 표현한다.
	노인에게 모욕적인 말을 하여 노인의 감정을 상하게 하거나 수치심을 느끼도록 한다.
	가족 모임이나 의사결정 과정에서 고의로 노인을 소외시킨다.
	위협적이고 무례한 태도를 취하여 노인으로 하여금 불안한 마음을 갖게 한다.
	거동이 불편한 노인에게 청소나 빨래를 시키는 등 노인이 실행하기 어려운 일을 강요한다.
	노인의 친구나 친지 등이 방문하는 것을 싫어한다.
	노인에게 욕설을 하거나 고함을 지른다.
	노인을 양로원 등의 시설로 보내겠다고 위협한다.
	노인이 보는 앞에서 물건을 던지거나 부수면서 화풀이를 한다.
	노인의 친구나 친지가 방문하여 노인과 대화를 할 때마다 부양자가 참여하여 개입하려 한다.
	노인이 가족을 타이르거나 의견을 말하면 간섭이라며 불평하거나 화를 낸다.
	실금(요실금과 실변) 등 신체 기능의 저하로 인한 노인의 실수를 비난한다.
	노인의 일상적인 사회활동이나 종교활동 등을 노골적으로 방해한다.
	노인을 향해 발을 구르거나 방문을 세게 닫는 등 거친 행동으로 의사표시를 한다.

	노인을 움켜잡고 흔든다.
경제적 착취(노인들이 소유하고 있는 재산이나 돈이 본인의 의지와 상반되게 불법적으로 이용되는 것)	노인이 작성하였던 유언장을 노인의 동의 없이 수정하거나 새로운 수혜자를 지명한다.
	노인의 유언장을 허위로 작성한다.
	노인의 허락 없이 부양자가 마음대로 노인의 부동산 소유권 이전 등과 같은 재산권을 행사한다.
	연금이나 임대료 등 노인의 소득을 가족이나 친지가 가로챈다.
	노인에게서 빌린 노인의 물건을 훔친다.
	보석 등 값나가는 노인의 물건은 훔친다.
방임(노인들이 신체적 · 정신적으로 건강을 유지하는 데 필요한 음식 제공, 동반자 역할, 불편함에 대한 제거 등의 조치가 강구되지 않고 방치되는 것)	병원에서 치료를 받아야 할 상황인데도 노인을 병원에 모셔가지 않는다.
	주변환경을 정비하지 않고 불결하게 방치하거나 노인이 사고를 당할 수 있는 위험한 상황에 처하게 한다.
	목욕이나 배변 시 도움이 필요한 노인에게 도움을 주지 않는다.
	경제적인 능력이 있는데도 불구하고 돋보기, 보청기, 틀니 등 필수적인 보장구를 제대로 마련해 주지 않는다.
	부양자나 가족들이 노인에게 무관심하거나 냉담하게 대한다.
	치매 등으로 인하여 인지 기능을 상실한 노인에게 주의를 기울이지 않아 노인을 배회하게 한다.
자기방임	노인 스스로 외부와의 접촉을 기피하여 고립을 자초한다.
	노인이 의사의 처방에 의한 약을 정해진 시간에 복용하지 않거나 복용을 거부한다.
	노인이 자신의 개인 위생에 관심을 기울이지 않는다.
	노인 스스로 식사 횟수를 제한하거나 식사량을 줄여서 영양실조나 탈수 상태에 빠진다.
	노인이 정상적인 노화 과정으로 인한 자신의 신체 기능의 저하를 비관한다.
	노인이 자신의 처지를 비관하여 자살을 시도한다.
	노인이 죽고 싶다는 말을 자주 하는 등 삶에 대한 체념적인 태도를 갖는다.
	가족들이 경제적인 지원이나 정서적 지지를 제공할 의사가 있는데도 불구하고 노인이 어려운 생활에서도 도움을 청하지 않는다.

출처: 김미혜, 이선희(1988).

3. 노인 학대 상담 사례연습

저는 고영상(가명, 남성, 87세)입니다. 큰아들과 함께 살고 있습니다. 아들은 유산을 하루빨리 상속해 주지 않는다는 이유로 저를 9년이 넘도록 계속 때리고 협박합니다. 처음에는 제게 잘한다고만 생각하고 같이 살게 되었는데 같이 산 지 1년이 넘으면서 재산을 달라고 하더라고요. 다른 형제들도 있으니까 큰아들에게 모든 재산을 다 줄 수도 없고 또 나도 재산이 없으면 나중에 어떻게 될지 모르니까 안 된다고 했어요. 나중에 주겠다고. 그랬더니 갑자기 화를 내면서 앞에 있는 밥상을 걷어차는 거예요. 그때부터 아들은 제게 잘해 준 것도 없으면서 지금 자기가 어려운데 모른 척한다고 쌍욕을 하고 물건을 집어던졌어요. 나중에는 저를 밀고 때렸어요. 작년에는 칼을 들이대기도 했어요. 인감도장 찾는다고 속옷까지 모조리 벗긴 적도 있어요. 그것도 며느리가 보는 앞에서……. 그래도 며느리는 그렇지 않았었는데 작년부터는 며느리까지 나를 밀고 때렸어요. 제 아들도 예순 살이 넘고 며느리는 쉰여섯이에요. 제가 가진 재산이라고는 땅 1,800평하고 시골에 있는 집 하나뿐인데 그걸 모두 달라고 계속 저를……. 정말 무섭습니다. 저 좀 살려 주세요. 저뿐만이 아닙니다. 제 아내도 거의 매일 아들에게 맞고 있어요. 저희 좀 도와주세요. 이렇게 있다가는 저희 둘 다 죽습니다.

문제 1. 지금 이 내담자의 감정과 생각은 어떤 것인가?

문제 2. 이 내담자에게 어떻게 공감해 줄 것인가? 공감을 위해 어떤 말을 할지 아래에 적어 보시오.

문제 3. 내담자의 문제를 구체적으로 나열해 보시오.

문제 4. 상담 목표와 긍정적 · 부정적 대안을 적고 그 효과를 예측해 보시오.

<table>
<tr><td rowspan="5">상담 목표</td><td colspan="2">1.</td></tr>
<tr><td colspan="2">2.</td></tr>
<tr><td colspan="2">3.</td></tr>
<tr><td>가장 시급한 목표</td><td></td></tr>
<tr><td>가장 중요한 목표</td><td></td></tr>
<tr><td></td><td>긍정적 효과</td><td>부정적 효과</td></tr>
<tr><td>대안 1</td><td></td><td></td></tr>
<tr><td>대안 2</td><td></td><td></td></tr>
<tr><td>대안 3</td><td></td><td></td></tr>
</table>

제15장

노인 자살과 상담

1. 노인 자살

우리 사회에서 청소년의 자살 현상은 사회적인 관심의 대상이 되고 있으나, 노인 자살은 그렇지 않다. 이는 청소년에 비해 노인에 대한 차별적 인식이 존재하고, 노인 공경 등 전통적 사상에 반하는 노인 자살에 대한 논의를 사회적으로 은폐하려는 경향이 있으며, 또한 노인층의 자살률이 그리 높지 않다고 생각하고 있다는 점에서 연유될 수 있다(김형수, 2000).

2009년 우리나라의 노인 자살률은 OECD 국가 중 최고다. 인구 10만 명당 65~74세 노인 자살률은 81.8명으로 일본의 17.9명, 미국 14.1명에 비하면 4~5배 이상 높다. 75세 이상 자살률은 160.4명에 달한다. 통계청 자료에 따르면 최근 10년 사이 자살 건수도 3배나 증가했다. 2009년에만 우리나라 노인 자살 사망자는 5,051명이었다(통계청, 2011). 노인들의 자살은 이른바 '황혼 자살'이라고 불리는데, 공식적인 노인 자살 통계가 한국의 사회문화적 특성상 누락되는 비율이 적지 않을 것이라는 추론을 감안하고 또

〈표 15-1〉 연령별 자살 원인(2007~2010년 9월)

(단위: 명, %)

구분	총계	신병 비관	생계 곤란	우울증	가정불화	성적 비관	기타
총계	518(100)	284(54.8)	95(18.4)	69(13.3)	53(10.2)	6(12)	11(2.1)
0~19세	25	17	1	0	1	4	2
20~29세	56	33	1	7	10	1	4
30~39세	80	46	13	12	8	1	0
40~49세	91	53	13	14	8	0	3
50~59세	74	39	14	11	9	0	1
60~64세	40	18	5	6	10	0	1
65세 이상	52	78	46	19	7	0	0

자살의 범위에 자살 사고(suicidal thought)와 자살 시도(attempted suicide)까지 포함할 때 한국 노인 자살의 문제는 보다 심각한 양상을 띠게 된다(김형수, 2002).

노인 자살의 원인은 복합적이어서 그 현상을 이해하기란 쉽지 않다. 일반적으로 노인 자살과 관련된 요인으로는 퇴직(직업역할의 상실), 건강 약화, 만성 질환, 신체적 · 정신적 장애, 사회관계 범위의 축소, 배우자의 상실, 경제적 불안정, 가정불화, 우울 증상 등을 들 수 있다. 이러한 요인들 중 단일 요인에 의해 노인 자살이 발생하는 것이 아니라 여러 가지 요인들이 복합적으로 작용하여 발생한다(김형수, 2002). 또한 최근 자살 기도의 원인 중 경제적 원인이 많아지고 있다.

노인 자살의 원인 이론의 주요 내용으로는 주로 사회적 위치 변화, 사회통합 구조의 약화, 아노미적 유형, 우울 증상 등이 있다. 코길(Cowgill, 1974)은 사회의 현대화 과정을 통해 노인들이 소유했던 재산, 전통적인 지식과 기능, 노동력 등의 각종 자원의 가치가 크게 위축 · 상실됨에 따라 기여 부분은 축소되고 도움을 받는 상황이 되면서 노인 지위의 하락이 발생한다고 보았다. 뒤르켕(Durkheim, 1951)은 연령과 자살의 밀접한 관계를 보고하면서 사회통합의 약화가 노인들의 삶에 미치는 부정적인 결과물로서 자살이 나타난다고 보았다. 뒤르켕은 노년기에 처해진 상황이 청장년층의 그것과는 급격히 달라져 현재 노인 역할에 대한 뚜렷한 행동규범 없이 혼란감이 조성되는 일종의 아노미(anomie) 상태에 봉착하면서 자살률이 증가한다고 주장했다. 노인의 자살을 우울 증상과 연결하여 이해하는 관점(조맹제, 홍진표, 2000)에서는 노년기에 배우자의 죽음, 직업과 지위의 상실, 수입 감소, 신체건강 약화 등으로 우울 증상을 경험하기 쉬우며 이 우울 증상이 자살을 이끌게 된다고 본다.

충남 천안 지역 노인들을 대상으로 자살에 대한 노인들의 생각 및 관련 요인에 대해 실시한 조사(김형수, 2002)에서는 우울감이 높은 노인일수록, 경제적 상태가 불안정한 노인일수록 자살 사고를 할 가능성이 높다는 결과가 나왔다.

우리나라에는 자살위험성이 높고 우울 증세를 보이는 노인들을 대상으로 하는 대처 프로그램이 전무하다. 따라서 노인 전용 전화상담 서비스, 노인 자살 예방 전용 센터 운용, 게이트키퍼(Gatekeeper) 프로그램(모니터 프로그램) 등의 적용을 고려해 볼 필요가 있다. 또한 지역 사회 내 교육 및 훈련 프로그램을 통하여 전문가 혹은 일반시민이 자살위험이 높은 노인들, 우울 증상을 보이는 노인들을 판별할 수 있는 정보와 이들을 원조할 수 있는 지역사회 내 활용 가능한 자원에 관한 정보를 제공하여야 한다. 아울러 노인들 중 우울 증상이 있는 사람들을 대상으로 사례관리 기법을 도입하여 해당 노인의 신체적 · 심리적 욕구를 평가한 후 지역사회 서비스 기관과 연계하거나 지속적인 상담 서비스를 제공하여야 할 것이다.

2. 노인 자살 상담

노인들의 자살 시도와 자살 성공률이 증가하고 있다. 정서장애 환자의 사망원인 중 15%가 자살이라는 점을 볼 때 노인에게 우울 증상이 있을 경우 자살의 가능성을 충분히 평가해야 한다. 우울증 환자에게 자살에 대한 질문을 하게 되면 자살 사고를 심어 준다거나 자살 시도를 촉발하게 될 것이라는 공포감 때문에 자살에 대한 논의를 회피하는 경우가 있는데 이는 잘못된 생각이다. 도리어 자살에 대해서 직접적으로 토론하는 것이 내담자를 안정시키게 되며, 내담자는 자신의 생각과 계획을 대부분 있는 그대로 이야기한다. 노인이 자살할 위험이 가장 높은 시기는 우울증에서 어느 정도 회복되었다고 평가되는 시기이기 때문에 심각한 위험 시기가 지난 후에도 상담자는 수개월 동안 내담자의 상태를 주의 깊게 살펴야 한다.

노인 자살 예방 포스터

출처: 경기도노인종합상담센터.

〈표 15-2〉 자살 신화

<table>
<tr><td>신화 1: 자살은 경고 신호 없이 일어난다.</td><td rowspan="5">자살 신화는 '신화'일 뿐이다. 자살의 가능성은 항상 존재하며, 자살에 대한 생각, 의지 등에 대해 언급되었을 경우 상담자는 반드시 짚고 넘어가야 한다.</td></tr>
<tr><td>신화 2: 자살 이야기를 들먹이는 사람은 위험하지 않다.</td></tr>
<tr><td>신화 3: 자살 주제를 꺼내는 것은 아이디어를 주기 위해서다.</td></tr>
<tr><td>신화 4: 자살을 시도하는 것은 단지 관심을 끌기 위해서다.</td></tr>
<tr><td>신화 5: 자살 위협에 대한 최상의 반응은 '어디 한번 해 봐라'는 식이다.</td></tr>
</table>

자살을 시도하려는 노인들에게 무엇보다 시급한 것이 바로 우울증의 치료다. 이를 위해서는 전문의의 진단을 받도록 하고 자살을 예방하도록 주의하여 살펴야 한다. 약물치료를 동반한 지속적인 상담이 자살 예방과 우울 증상 개선에 중요한 역할을 한다.

1) 노인의 자살 경고 증상

노인의 자살 경고 증상으로는 언어성 증상('죽고 싶다' '모든 것이 소용없다' '차라리 내가 없는 것이 모든 사람들에게 더 낫다' '모든 게 나 때문이다'), 행동성 증상(시신기증, 사업이나 관계 정리, 유언 작성 및 변경, 보험해지, 연금이나 보험금 수령인 변경, 갑작스럽게 신앙에 대한 관심이 증가하거나 감소, 이유 없이 의사나 상담자 찾기), 상황적 증상(배우자의 사망, 말기 질환 진단, 가족, 친지, 가까운 친구에게 이유 없이 화를 냄, 후기 우울증 증상, 신체 기능에 지나친 관심, 예를 들어 변비, 설사, 통증, 어지럼증, 심장 증상 등의 빈번한 호소, 자존감 저하, 무가치감, 무시당한다는 느낌, 특별한 이유 없이 공포와 불안 표현) 등이 있다.

2) 치료와 상담

노인 자살과 관련하여 가장 중요한 것은 우울 증상이 있는 노인이 자살을 하고자 하는 증상이나 양상이 보일 때 내담자 상담자가 신속하게 이를 알아차리는 것이다. 거의 76%의 자살이 의사를 만난 이후 한 달 이내에 발생하고 있기 때문이다.

자살을 하고자 하는 충동이 정점에 달한 사람들은 다음과 같은 양상을 보인다.

- 자살에 관한 이야기를 자주 한다.
- 심한 우울증과 알코올 남용
- 주의 산만, 짜증, 염려가 두드러짐
- 만성 질환을 겪고 있거나 고통스러운 의학적 치료를 받고 있는 경우
- 기억력의 현저한 저하나 기억 혼란
- 상황에 대한 절망과 포기
- 가족이나, 친구 등 지지자가 없거나 사망한 경우

〈표 15-3〉 어떻게 내담자의 자살 증후를 알 수 있는가

누가	죽음의 주제가 내담자에 관한 것인가를 물어보라.
언제	몇 년, 몇 월, 몇 일, 몇 시 언제쯤 등 구체적 시간을 물어보라.
어디서	구체적 장소를 물어보라(집인지, 집이라면 안방인지, 부엌인지, 뒷동산인지 등).
무엇을	자살 의도인지 구체적으로 물어보라.
어떻게	방법(목을 맬지, 뛰어내릴지 등), 도구(농약, 연탄, 칼 등)를 사용할 것인지 등을 자세히 물어보라(가장 중요, 질문이 너무나 생생하고 구체적이라면 오히려 위험도 증가).
왜	자살의 이유를 물어보라(돈 문제인지, 불화인지, 건강인지 등).
자살할 가능성을 반드시 살피고, 자살 방지 계약을 맺으라!	

노인 자살은 대부분 노인 우울증과 깊이 연결되어 있기 때문에 상담자는 노인 우울 증세가 아무리 가볍다고 해도 자살 사고에 대해 반드시 확인할 필요가 있다. 노인들에게 죽음이나 자살에 대해 물어보기가 쉽지 않기 때문에 상담자나 가족들이 죽음에 대한 언급이나 자살에 대한 질문을 회피하기 쉽다. 따라서 자살에 대한 질문은 최대한 정중하고 천천히 해야 한다. 또한 상황이 긴급할 경우는 119에 신고하도록 한다.

노년기 기분장애는 신체적 질환과 동반될 가능성이 높으므로 진단적 평가는 철저하고 포괄적이어야 한다. 노년기 기분장애에 대한 치료 방법으로는 약물치료, 정신치료, 가족치료 등이 있으며, 또한 관련된 신체적 질환에

〈표 15-4〉 자살 방지 계약의 내용

1. 상담을 받는 동안에는 절대 자살하지 않는다.
2. 상담을 받는 동안 자살 사고, 자살 의도가 생길 경우 상담자에게 반드시 알린다.
3. 자살 방지 계약서 작성 시 반드시 문서화하고, 상담 시 필요한 경우 내담자에게 재확인시킨다.

대한 치료도 함께 이루어져야 한다. 상담자는 노인의 자살 원인에 대해 진지하게 듣고 노인이 자살을 생각하게 된 상황에 대해 충분한 지지를 해야 한다.

(1) 증상의 이해 및 관찰

① 죽음과 관련된 생각을 지속한다

자살을 생각하고 있는 노인은 죽음과 관련된 구체적 계획을 갖고 있거나, 과거 몇 차례 실행의 역사를 갖고 있거나, 혹은 구체적인 계획이 없이 자살 사고에 몰입되어 있을 수 있다. 상담자는 내담자가 자살에 대해 가지고 있는 생각과 그 구체성을 살피고 이에 대한 구체적인 증상들을 살펴야 한다.

② 세상과 삶에 대한 비관적 냉소적인 태도를 가지고 있다

자살을 생각하는 노인에게서 삶에 대한 애착이나 즐거움을 찾기란 어렵다. 대개 노인 자살은 노인 우울증이 지속된 결과인 경우가 많다. 상담자는 내담자의 가치관과 생의 즐거움, 즐거웠던 기억들에 대한 평가, 비참하거나 슬펐던 기억들에 대한 인식 평가 등을 신중히 살펴 노인이 가지고 있는 삶의 적응 방식과 태도를 살피도록 한다.

③ 자신의 과거사, 현실 및 객관적 자기 능력 평가에 대하여 무능력감을 강하게 나타낸다

심각한 무기력감을 느끼는 노인들은 자살에 대해 자주 생각하게 된다. 변화된 환경에서 이전 발달단계만큼 자신의 능력을 인정받지 못하거나 자신의 능력이 더 이상 필요하지 않다고 느낄 때 자살에 대한 노인들의 생각은 강화되기 쉽다. 상담자는 노인이 가지고 있는 자기효능감, 변화된 환경에 대한 자신의 적응 평가, 자기확신, 자기만족감에 대한 상세한 파악을 해야 한다.

④ 경우에 따라 통제되지 않는 현실을 도피하고자 하는 우발적인 선택으로 자살이나 자기손상적 시도를 할 수 있다

외부 환경에 대한 강한 통제감을 원하거나 자신의 능력과 존재를 알리는 수단으로 자살을 선택하는 경우가 있다. 이런 경우는 계획적이라기보다는 우발적이고, 과도하게 감정이 집중될 때 주로 나타난다. 상담자는 내담자의 특성을 살펴 이러한 시도가 일시적이고 우발적인 행동이었는지, 계획적이고 의도적인 것이었는가를 살펴 상담 목표 설정에 이를 적용해야 한다.

⑤ 자주 죽음에 관한 이야기를 하거나 정말 자살하고 싶다는 표현을 한다

'살고 싶지 않다' '죽고 싶다' '죽는 게 낫겠다' '희망이 없으니 죽는 게 낫다'와 같이 자살을 의미하거나 자살 가능성을 담고 있는 표현을 자주 하거나 진지하게 자살 의도를 표현하는 경우 상담자는 내담자의 자살 가능성을 살펴야 한다. 어려움에 직면하여 죽고 싶다고 감정적인 토로를 하는 것인지 혹은 진정 자살의 의도를 담고 있는 것인가에 대한 신중한 평가가 필요하다.

⑥ 우울증의 초기, 우울증 상담이 종료되는 시점, 그리고 양극성 장애 중 우울 단계에서 조증 단계로 이전하는 시기에 자살 가능성을 기억하여야 한다

노인들의 우울증은 다양한 영역, 차원, 수준으로 나타난다. 이 중 우울증 초기와 양극성 장애에서 조증으로 옮겨 가는 시기, 그리고 상담의 종결을 통해 이별을 경험해야 할 경우 노인들이 자살할 가능성이 높아진다. 따라서 상담자는 이러한 가능성을 염두에 두고 각각의 경우에 신중하게 대처해야 한다.

⑦ 구체적인 관찰을 필요로 하는 세부 영역

- **정서 영역:** 자포자기, 분노, 몰려오는 슬픔, 죄책감, 무가치감, 외로움, 상실감, 희망 없음, 무기력함, 무의미
- **사고 영역:** '이 일은 끝나지 않을 거야.' '이 상황이 지나면 모든 것이 끝이야.' '이제는 혼자야. 혼자 이 모든 것을 해내야 해.' '더는 못 참아. 이제는 참을 수가 없어.' '나만 없으면 이 문제는 다 해결돼. 내가 문제야.'
- **행동 영역**
  - 아끼던 물건들을 나누어 준다.
  - 평소에 알고 있는 사람들에게 전화나 편지를 보내어 고마움을 표시하거나 덕담을 전한다.
  - 가족, 친구 등과 일절 접촉하지 않는다.
  - 규칙적으로 하던 일을 중단하거나 좋아하던 일에 흥미를 잃는다.
  - 술이나 약물을 과용한다.
  - 자해 행위를 한다.
- **신체 영역**
  - 외모에 관심을 갖지 않는다.
  - 식욕이나 체중에 눈에 띄는 변화가 나타난다.

– 거의 잠을 자지 않거나 과수면한다.

– 성적 욕망이 감소하고 이성에 관심을 보이지 않는다.

(2) 상담 목표

① 자살 사고의 위험 수준을 진단 · 파악하여 타 기관에 의뢰하거나 가족통지 여부를 결정한다

내담자가 자살 가능성이 있는가를 평가하고(자살 위험 진단 척도를 사용하면 도움이 된다.) 진단하여, 내담자의 자살 위험성이 현저하게 높을 경우 상담자는 내담자가 약물치료를 받을 수 있도록 하거나 가족에게 통지할 것인지를 결정해야 한다. 사고 위험성이 비교적 낮고 상담자와 내담자의 긴밀한 상담관계를 통하여 내담자의 문제가 다루어질 수 있다고 여겨지면 상담을 진행한다.

② 자살 위기를 안정시킨다

내담자의 자살 위기는 상담 상황에서 오히려 급박해질 수 있다. 자살에 대한 의도를 가지고 있는 내담자가 상담자를 찾는 것은 마지막 희망으로 최후의 선택을 한 것일 가능성이 있다. 따라서 내담자는 일단 시급히 내담자의 자살 위기를 안정시키는 것이 무엇보다 중요하다.

③ 필요한 경우 내담자와 약물치료의 가능성과 방법, 그 효과에 대해 논의한다

상담자는 내담자와 충분한 논의를 통하여 약물치료의 장점과 현 상황의 변화 가능성 등을 내담자에게 인식시켜야 한다. 자살에 대한 충동이나 강한 우울감은 약물치료를 통해 현저하게 좋아지는 경우가 많기 때문에 상담자는 이러한 가능성을 내담자에게 알려 주고 이에 대한 반응을 살피도록 한다.

④ **자살과 관련하여 내담자와 상담자 간의 일련의 계약을 설정하고 이에 대한 약속이행을 주지시킨다**

상담자는 내담자에게 자살을 할 것인지를 물어보고 정말 자살을 하겠다고 하면, 내담자를 일차적으로 안정시켜야 한다. 그 후 자살의 방법과 경로 등을 자세히 묻고 자살을 하게 될 경우 반드시 상담자에게 미리 알려 줄 것을 약속받는다. 만일 자살을 유보하거나 자살하지 않겠다고 하는 경우는 자살하지 않겠다는 계약서를 작성하고 이에 서명하도록 한다. 그 외에 자살과 관련한 자세한 내용들을 상담자와 더불어 구체적으로 살피고 이를 적어 분명한 기록으로 남기도록 한다. 그리고 기록에 대한 상담자와 내담자와의 약속을 분명하게 하도록 한다.

⑤ **수면과 섭식 패턴이 안정될 때까지 신중하게 관찰한다**

자살 의도를 가지고 있는 경우 대체로 수면이 불규칙적이고 음식섭취가 제대로 이루어지지 않는 경우가 많다. 상담자는 상담 과정을 통하여 내담자와 맺은 주요 계약에서 충분한 수면과 적절한 음식섭취에 관해 함께 약속하도록 하며 내담자가 수면과 섭식에서 안정을 찾을 때까지 이에 대한 지속적인 관찰을 해야 한다.

⑥ **억압된 정서와 감정을 자유롭게 표현하도록 돕는다**

자살을 생각하는 노인들은 감정에 대한 억압이 강하고 그만큼 자신들의 심리적 상처, 아픔, 정서 상태 등을 잘 표현하지 않는다. 이는 현재 겪고 있는 심각한 상황 때문이기도 하지만 동시에 노인의 의사표현 방식과 자기대처 방식이기도 하다. 상담자는 노인이 억압된 감정을 충분히 이야기하고 자신의 정서를 표현할 수 있도록 도와야 한다. 이때 상담자는 보다 오랜 시간이 걸릴지라도 인내하면서 내담자의 심리적 변화를 주시해야 한다.

⑦ 자살과 관련된 모든 것들, 즉 생각, 감정, 계획 등을 자세하게 말할 수 있게 한다

상담자는 목표를 설정하는 데 있어 내담자가 자살과 관련한 자세한 내용과 상황, 그리고 계획까지 자세히 이야기하도록 지원하고 격려할 필요가 있다. 이 부분은 실제 자살의 과정을 파악하고 이에 대한 적극적인 대처를 위한 것으로 자살 상담에 있어서 중요한 목표가 된다.

⑧ 자살 사고를 중심으로 한 개인적 역사 및 사건을 확인한다

노인이 자살을 결심하거나 자살을 시도했던 이유는 대개 최근 일어난 복잡다단한 일들과 풀릴 것 같지 않은 일들이 한꺼번에 노인에게 일어난 것일 때가 많다. 특히 사별을 경험했거나 환경 변화와 원치 않는 사건들이 일시에 발생한 경우 자살 의도가 자극될 가능성이 높다. 상담자는 목표를 설정하는 데 있어 내담자의 개인의 인생 역사와 더불어 최근 발생하여 내담자에게 영향을 미친 사건들을 탐색해야 한다.

⑨ 자살 사고가 없거나 미약하였던 이전의 기능 수준으로의 회복을 도모한다

자살을 시도하거나 자살을 생각하는 노인들과의 상담의 주요 목표는 이들이 안전하고 심리적으로 스스로를 지지할 수 있었던 이전의 기능 수준으로 회복되도록 돕는 것이다. 따라서 상담자는 상담 내내 이러한 목표를 기억하고 상담의 과정에 임해야 한다.

⑩ 자기효능감 및 자신의 삶에 대한 긍정적 시각을 모색한다

상담자는 자살을 생각하고 있는 내담자가 삶과 이 시기에 자신이 이루어 놓은 결과들에 대한 실패감, 생의 좌절감, 무가치감을 가지고 있는가를 탐색하고 보다 긍정적인 방향으로 삶을 바라보고 새로운 시각을 갖도록 도움을 줄 수 있다.

⑪ 자살에 이르기까지의 내면적 과정을 탐색하고 긍정적인 변화 모델을 살핀다

개인의 내면의 세계를 탐색하고 그 세계 속에 나타나는 다양한 삶의 변인들을 살펴 이 변인들이 긍정적인 역할을 하도록 하는 것이다. 이때 상담자는 내면 과정을 탐색할 때 내담자가 가지고 있는 상처나 불안에 안정적으로 대처해야 한다. 긍정적인 변화 모델의 모색은 내담자에 대한 충분한 파악 이후 중요한 대안으로 작용할 수 있다.

⑫ 술이나 약물 의존 여부를 확인하며 별도의 치료계획을 세운다

자살 의도는 알코올에 의존하거나 특정 약물에 의존할 때에 보다 강해질 수 있다. 상담자는 알코올이나 약물에 대한 의존 여부를 살펴 상담 과정에 이를 적용하도록 해야 한다.

(3) 상담적 개입

① 내담자가 자살 의도를 갖고 있거나 자살에 대한 구체적인 생각을 하고 있는지 여부를 탐색한다

- 자살이라는 주제에 대하여 내담자 스스로 탐색할 기회를 제공하고 내담자의 탐색 내용에 대해 판단하기보다는 지지한다.
- 내담자가 스스로 존중받고 있으며 감정적 공감을 충분히 얻고 있다고 느끼도록 돕는다.
- 내담자가 자살 의도를 갖게 된 사유를 진지하게 받아들인다.

② 자살 사고 가능성에 대해 그 정도를 직접적으로 질문한다

- 현재 자살의 시도 계획을 가지고 있는가? 있다면 구체적으로 말해 보시오.
- 과거에 자살 시도 경험이 있는가? 혹은 가족이나 친구의 자살을 목격한 적이 있는가?
- 가정적 · 사회적인 지지망이 형성되어 있는가?
- 현재 더 이상 견딜 수 없는 상황, 혹은 스트레스가 있는가?
- 현재 술이나 약물을 남용하고 있는가?

노인에게 자살에 대해 구체적으로 질문을 할 때 다음의 단계를 밟는다.

ⓐ 지금처럼 사는 게 의미가 있는지, 죽는 게 더 나은지를 묻는다.
(만일 그렇다면 ⓑ로)
ⓑ 죽음을 앞당길 생각이 있는지를 묻는다.
(만일 그렇다면 ⓒ로)
ⓒ 빠른 시일 안에 일을 시도할 것인지를 묻는다.
(만일 그렇다면 ⓓ로)
ⓓ 어떻게 실행에 옮길 것인지를 묻는다.
(만일 그렇다면 ⓔ로)
ⓔ 언제 실행에 옮길 것인지를 묻는다.

이 질문을 하는 동안 무엇보다 중요한 것은 노인 내담자가 자살에 대한 답변을 하는 동안 성급하게 답변을 막는다든가 답을 할 용기를 잃도록 해서는 안 된다는 점이다. 단지 듣고 그의 고통을 이해하고 정보를 얻는 것에 집중해야 한다.

ⓒ 혹은 ⓓ, ⓔ 질문에 그렇다는 답변을 한 경우, 상담자는 내담자의 안

전을 위해 행동을 취해야 하며 정신과 전문의를 만나게 해야 한다. 만일 내담자가 정신과 전문의를 만나고 싶어 하지 않거나 상담자가 내담자를 치료할 생각을 분명하게 가지고 있을 경우는 내담자의 가족에게 연락하여 가족들이 상담에 참여하도록 하며 반드시 법적인 확인 조치를 거쳐야 한다.

③ 자살 시도를 막도록 구체적 차원에서 합의를 하고 실천한다

ⓐ 자살 사고 정도와 자살 가능성 정도를 평가하여 타 기관 입원 의뢰 여부를 결정한다.

ⓑ 가족 및 보호자에게 내담자의 자살 사고와 자살 가능성에 관해 이야기할 것인가를 결정한다.

(단, ⓐ와 ⓑ의 결정은 내담자의 의사보다 치료자의 판단에 따른다.)

ⓒ 내담자가 자살하고 싶은 생각이 들 때 구체적으로 어떻게 할 것인지 의논한다.

ⓓ 위험을 막기 위한 실제적 방안을 강구하여 내담자의 동의를 구한 후 이에 대한 구체적인 기록이 남는 약속을 한다. 이를테면, 신체적 활동량 증가를 위한 운동, 사회활동 증가, 감정 표현의 강화 및 구체화, 자살에 대처하는 개인적인 방법들(술과 약을 함께 사지 않는다. 총기를 구입하거나 총기 가까이 가지 않는다.)이 있다.

ⓔ 상담자와 약속한 특정 시간까지는 결코 자살 시도나 자해를 하지 않겠다는 '자살 방지 계약서'를 구체적으로 기술하고 이를 내담자가 큰 소리로 읽도록 한다.

ⓕ 다음 상담을 위한 구체적 시간과 장소를 분명히 하여 내담자가 희망을 가지고 버틸 수 있는 기간을 한정시켜 준다.

ⓖ 무조건적으로 '일단 살면 당신은 무엇이든 할 수 있다.' '모든 일이 다 잘될 것이다.'와 같은 발언들은 내담자에게 비현실적인 기대를 주게 되므로 주의한다.

④ 술이나 약물에 의존하는 뚜렷한 양상을 보이는 경우 우선적으로 이 문제에 개입한다

자살에 대한 의지가 있는 내담자가 술이나 약물에 의존하는 경우 자살 상담 이전에 약물이나 알코올에 대한 문제에 우선적인 관심을 갖도록 한다. 이는 알코올이나 약물 의존의 결과가 자살 의도를 높일 수 있고, 이 문제들이 먼저 다루어져야 자살 상담 이후의 예후가 비교적 안정적이기 때문이다.

⑤ 감정 표현을 격려하여 내담자 스스로에 대한 이해를 돕는다

- 자살 사고를 가진 내담자를 대하는 상담자는 지지적이며 격려하는 태도와 더불어 분명하고 단호한 태도를 가져야 하며 때로는 권위적인 태도가 도움이 될 경우도 있다.
- 내담자의 정서 상태를 파악하여 이해하며 내담자의 자존감이 매우 낮다는 것을 기억한다.
- 오랫동안 무가치감과 무력감을 느껴 온 노인들은 내면의 정서 표현에 익숙하지 않기 때문에 상담자는 지속적인 격려를 통하여 노인 스스로 자신의 감정에 닿을 수 있도록 돕는다.
- 심리적 아픔과 무가치감의 근원을 탐색하여 그 원인에 대한 통찰을 할 수 있도록 격려한다.

⑥ 자살과 관련된 자신의 사고를 인식하고 탐색하도록 돕는다

- 자살하려는 이유와 현재의 상황 등을 말로 표현할 수 있도록 돕는다.
- 자살 사고 이면에서 무력감과 무가치감을 강화시키는 자동적 사고의 존재를 인식할 수 있도록 격려한다.
- 자살 사고가 시작된 시점과 연관된 개인적 사건을 탐색하도록 돕는다.
- 삶의 의미와 가치에 대한 개인적인 평가를 긍정적 차원과 부정적인 차

원에서 살펴 삶에 대한 전반적인 통찰을 시도하도록 돕는다.

⑦ 내담자가 가지고 있는 개인적 장점과 자원을 탐색한다

- 내담자의 긍정적 자원과 장점을 탐색·평가한다.
- 인생의 최저점과 최고점을 살펴 당시 개인의 대처내용을 탐색한다.
- 현재 내담자에게 가장 어려움을 주어 자살 의도에 영향을 미치는 상황에 대한 탐색 및 대처 방략을 논의한다.
- 통제력을 상실하였거나 대처 능력이 현저히 떨어져 있는 경우는 문제로부터 내담자가 회피하도록 한다.
- 가족 및 친구의 지지 가능성을 살피다.

3. 노인 자살에 대한 상담 기법 및 진단 척도

1) 노인 자살 상담 기법

① 인지도 그리기

인지도 그리기(cognitive mapping)는 노인들이 본래적으로 가지고 있는 지적 능력과 호기심을 사용하여 자살 문제에 대한 정보를 얻는 방법이다.

노인 내담자는 인지도 그리기를 통해 자신의 신체적 증상, 느낌, 바라는 바를 언어로 표현하고 무엇이 문제인지를 검토하여 그 원인과 나름의 해법을 모색해 보게 된다. 상담자는 정보의 전반적인 형태를 그림으로 표시하여 내담자가 자신의 사고 과정을 살피게 한다. 내담자는 상담자가 보여 주는 그림들을 점차 정교화해 가면서 자신이 가지고 있는 문제에 대한 그림을 수정하고 확장해 가며 스스로의 문제를 해결해 간다.

② 회피

회피(avoidance)는 개인에게 문제가 되는 상황을 가능한 한 피하는 방법이다. 예를 들어 노인 내담자가 자신의 아들과 사이가 좋지 않고 그로 인해 깊은 고민 끝에 자살에 대한 생각을 하게 되었다면, 상담자는 내담자가 아들과 떨어져 있게 한다.

회피 기법은 내담자를 문제와 분리시킴으로써 문제가 야기하는 구체적인 갈등과 스트레스를 중단시키고 심리적인 안정을 도모한다. 거리를 두고 문제를 보면서 내담자는 자신의 문제를 보다 객관적으로 보며 다른 해법을 강구하게 된다.

③ 도움 요청

도움 요청(help-seeking)은 우리가 몸이 아프면 의사의 도움을 받듯이 내담자가 직면한 문제에 대해 다른 사람의 도움을 요청하는 방법이다. 노인은 자신의 어려움을 이해해 주거나 실질적인 도움을 줄 수 있는 사람에게 구체적인 도움을 요청해야 한다. 상담자는 내담자가 가장 믿을 만하고 도움을 받을 수 있다고 생각하는 사람에게 내담자 스스로 도움을 요청하도록 하거나 상담자가 요청할 수 있다.

④ 최소화

최소화(minimizing) 방법은 노인이 자신에게 발생한 문제의 심각성이나 그 중요성을 의식적으로 최소화시키게 하는 방법이다. 상담자는 노인이 자신이 당면한 문제를 지나치게 심각하게 받아들이거나 실제보다 과장하여 이해하지 않도록 노인의 문제를 분명하게 파악하고, 노인 내담자가 자신의 문제를 최소화하게 할 수 있다. 이것을 통해 내담자는 심리적인 안정을 얻으며 자신의 문제에서 해방되었다는 느낌을 가지게 되어 상황에 대해 보다 희망적인 해석을 갖게 된다.

⑤ 비난하기

이 방법을 사용하는 상담자는 내담자가 자신이 가지고 있는 문제나 문제를 유발했다고 생각하는 상황, 혹은 사람에 대해 신랄하게 비난하도록 한다. 이는 표현에 익숙하지 않은 노인들이 자신들의 상황을 비난하고 그러한 상황을 유발한 사람의 책임을 강력하게 묻는 것이다.

비난하기(blaming) 방법은 노인 내담자가 자신의 문제를 분명하게 하여 문제에 대한 자책감을 줄이고 문제로 인해 야기된 분노를 표출하게 해 준다.

⑥ 전환

상담자는 노인 내담자가 가지고 있는 개인적 · 환경적 특성들을 적극적 · 긍정적인 방향으로 전환(substitution)하여 사용할 수 있도록 한다. 내성적이고 우울한 내담자에게 집에 오래 있거나 어두운 환경에서 머물기보다는 밖에 나가 햇볕을 쬐게 하거나 사회활동을 통해 사람들과의 접촉을 원활히 하도록 할 수 있다. 사회교육기관에서 주최하는 프로그램이나 정원손질, 산책, 등산, 조명을 밝은 색으로 바꾸기 등을 통해 주어진 조건을 긍정적인 방향으로 전환하여 사용하도록 하는 방법이다. 이는 노인 스스로 느끼는 무능감이나 무기력감을 개선시킬 수 있으며 자신의 약점을 강점으로 변환 · 대치시키는 역할을 한다.

2) 노인 자살 위험 진단 척도

노인 자살 위험 진단 척도(Los Angeles Suicide Prevention Center Scale)와 그 사용법은 [글상자 15-1]과 같다.

[글상자 15-1] 자살 위험 진단 척도 사용법

① 이 척도는 자살 위험을 측정하는 리커트식 척도다. 이 척도는 최소 1에서 최대 9까지 그 정도에 따라 관찰자가 표시할 수 있다. 옆에 '1~3' 혹은 '7~9'라고 표시되어 있는 것은 꼭 이 범위 안에서 번호를 선정하라는 뜻이다. 각각의 범주에서 응답할 수 있는 문항에만 답변을 한다. 적합하지 않은 문항은 빈칸으로 남겨 둔다. 그리고 0이라는 숫자는 기입하지 않는다.

② 각 범주의 문항에 대한 답변을 마치면 범주의 전체 수를 총 문항 수로 나누어 평균을 구한다. 예를 들어 범주 1의 경우는 총 문항이 '나이와 성'이라는 문항 하나이므로 이 문항에 대한 답을 2로 했다면 평균은 그대로 2가 된다. 각 범주의 평균은 다시 더하여 이것을 다시 총 범주 수인 10으로 나눈다. 이렇게 산출된 수는 자살 위험성의 지침이 된다.

최소 ←	자살 위험	→ 최고
저	중	고
1 2 3	4 5 6	7 8 9

범주 1. 나이와 성

_____ (7~9) 50세 이상의 남자

_____ (4~6) 35세 이상 49세 이하의 남자

_____ (1~3) 15세 이상 34세 이하의 남자

_____ (5~7) 50세 이상의 여자

_____ (3~5) 35세 이상 49세 이하의 여자

_____ (1~3) 15세 이상 34세 이하의 여자

_____ 범주 1의 평균치

범주 2. 증상

_____ (7~9) 심한 우울증

(불면, 식욕 부진, 체중 감소, 절망, 무감각, 의욕 부진, 의기소침)

_____ (7~9) 절망감, 무능력감, 극심한 피로감

_____ (6~8) 환각, 망상, 현실감 상실, 혼미함

_____ (6~8) 강박적 도박

_____ (5~7) 정신적 혼란과 혼돈

_____ (5~7) 알코올 중독, 마약 중독, 동성애

_____ (4~6) 동요(흥분)되어 있음, 긴장, 공포

_____ (4~6) 죄책감, 수치스러움, 곤혹을 느낌

_____ (4~6) 격정과 분노, 공격성, 보복심을 가짐

_____ (4~6) 충동 조절과 사리 판단에 어려움을 느낌

_____ 기타 다른 증상 기입:

_____ 범주 2의 평균치

범주 3. 스트레스

_____ (5~9) 사랑하는 사람과 헤어지거나, 사별 혹은 이혼

_____ (4~8) 직장, 돈, 명예와 지위의 상실

_____ (3~7) 병을 앓음, 심각한 질환, 수술, 사고, 사고로 인한 수족의 절단

_____ (4~6) 고소당할 위험, 범죄에 동조, 범죄 행위에 노출

_____ (4~6) 생활환경과 삶 자체 그리고 사회적 환경의 변화

_____ (2~5) 성공, 책임감 증대

_____ (1~3) 심한 스트레스가 없음

_____ 기타 다른 스트레스 요인 기입:

_____ 범주 3의 평균치

범주 4. 자살 계획

_____ (1~9) 죽음을 유발할 수 있는 자살 방법의 치명도

_____ (1~9) 이 자살 방법의 접근 가능성

_____ (1~9) 자살계획에 매우 상세한 것까지 포함되어 있음

_____ (1~9) 자살하기 위해 특정한 시간을 정해 놓음

_____ (1~9) 자살 계획이 매우 잔혹함

_____ (1~3) 자살 계획을 가지고 있지 않음

_____ 기타:

_____ 범주 4의 평균치

범주 5. 급성 및 만성 자살성

_____ (1~9) 갑작스럽게 특정한 자살 기능 증상이 시작됨

_____ (4~9) 전에 볼 수 있었던 증상의 재발

_____ (4~7) 잘 드러나지 않고 있던 특성이 최근에 뚜렷이 드러남

_____ (1~4) 최근에 특별한 변화가 없음

_____ 기타:

_____ 범주 5의 평균치

범주 6. 자원

_____ (7~9) 아무런 사회적 지원이 없음(직업, 가족 등)

_____ (4~7) 가족이나 친구가 있지만 도움을 줄 가능성이 없음

_____ (4~7) 재정적 어려움

_____ (2~4) 전문가의 도움을 받을 수 있음

_____ (1~3) 고용된 상태

_____ 기타:

_____ 범주 6의 평균치

범주 7. 자살 행위 시도 경험

_____ (6~7) 높은 치명도를 가진 자살 시도를 한 번 이상 했음

_____ (4~6) 낮은 치명도를 가진 자살 시도를 한 번 이상 했음

_____ (3~5) 과거에 자살 위협을 반복적으로 하거나 우울증에 빠진 적이 있음

_____ (1~3) 이전에 자살 시도나 우울증 증상을 보인 적이 없음

_____ 기타:

_____ 범주 7의 평균치

범주 8. 건강

_____ (5~7) 만성적으로 건강을 쇠약하게 하는 질병이 있음
_____ (4~6) 전에 받은 치료에서 효과를 보지 못함
_____ (4~6) 자신의 병을 의사가 치료하지 못한 경험
_____ (2~4) 심신장애(천식, 궤양)
_____ (1~3) 만성적인 질환 호소와 건강 염려
_____ (1~2) 의학적 문제가 없음
_____ 기타:
_____ 범주 8의 평균치

범주 9. 의사소통

_____ (5~7) 의사소통이 와해되었고 이를 복구하려는 노력이 거절됨
_____ (2~4) 의사소통이 내재화된 목표를 지니고 있음(예: 다른 사람에게 죄책감을 유발시키려 함, 다른 사람을 이용하려 함)
_____ (3~5) 의사소통이 막연한 사람들이나 일반 대중을 향하고 있음
_____ (1~3) 의사소통이 한 사람 혹은 특정한 사람에게만 향하여 있음
_____ 기타:
_____ 범주 9의 평균치

범주 10. 내담자가 중요하게 생각하는 사람들의 반응

_____ (5~7) 방어적 · 편집증적이며 거부 및 처벌적 반응이 있음
_____ (5~7) 자신 혹은 자살하려는 사람이 도움을 필요하다는 사실을 부정함
_____ (4~6) 자살하려는 사람에게 아무런 관심이 없음. 자살하려는 사람을 이해하지 못함
_____ (3~5) 결단력 결핍, 무기력한 느낌을 가지고 있음
_____ (2~4) 분노와 거부감과 같은 부정적인 감정과 도움을 주려고 하는 긍정

적 감정이 교차함(양가적 감정)

_____ (1~3) 동정과 관심을 가지고 있으며 도움의 필요성 인식

_____ 기타:

_____ 범주 10의 평균치

_____ 전체 평균치 총계

_____ 전체 평균치의 평균

* 해당 평균에 동그라미 하십시오.		
저	중	고
1 2 3	4 5 6	7 8 9

출처: 대한노인정신의학회 편(2003).

4. 노인 자살 상담 사례연습

저는 경기도에 사는 최○○(81세, 남성)입니다. 10년 넘게, 아니 벌써 20년이 넘도록 아들이 욕설과 폭행을 계속하고 있습니다. 전에는 아내가 있어 힘이 들어도 견딜 만했습니다만, 작년 아내가 먼저 하늘로 가버렸습니다. 며느리가 6년 전 집을 나간 이후로 아들이 더욱 과격해지곤 해서 아내와 나는 함께 도망을 갈까 아니면 같이 죽을까 이런 생각을 같이 했었어요. 그래도 그런 자식 남겨 놓고 죽는 것도 부모가 할 일이 아닌 것 같아서 그냥 지냈어요. 동네 사람들도 모두 알고 있어 부끄러움도 이루 말로 할 수 없어요. 그런 상태에 믿고 믿었던 아내마저 제 곁을 떠났어요. 아내가 부러워요. 먼저 가서 야속한 게 아니라 먼저 간 아내가 부러워요. 고통을 덜 받고 가는 것 같아 다행이라고 생각해요. 나도 가고 싶어요. 아내가 있는 곳으로 가고 싶어요. 목을 맨 적도 있었어요. 동네 아줌마가 보고 저를 살려 냈어요. 그래서 이번엔 농약을 사 왔어요.

> 아직 먹지는 않았지만, 또 꿈에서 아내가 자꾸만 나를 부르는 게 어서 오라는 것 같아요. 곧 먹게 되겠다는 생각을 해요. 두렵기도 하지만, 지금보다는 가는 게 훨씬 더 편안할 것 같아요. 자식 잘못 키운 죄, 아내를 지켜 주지 못하고 먼저 보낸 죄, 그 죄 다 내가 짊어지고 가고 싶어요.

문제 1. 지금 이 내담자의 감정과 생각은 어떤 것인가?

문제 2. 이 내담자에게 어떻게 공감해 줄 것인가? 공감을 위해 어떤 말을 할지 아래에 적어 보시오.

문제 3. 내담자의 문제를 구체적으로 나열해 보시오.

문제 4. 상담 목표와 긍정적 · 부정적 대안을 적고 그 효과를 예측해 보시오.

상담 목표	1.	
	2.	
	3.	
	가장 시급한 목표	
	가장 중요한 목표	
	긍정적 효과	부정적 효과
대안 1		
대안 2		
대안 3		

제16장

노인의 죽음 인식과 상담

죽음은 인간에게 자연적인 현상이며, 인생은 죽음을 전제하고 있다. 죽음이 무엇인가 대해서는 그 누구도 명백한 답변을 주고 있지 않다. 생물학적인 관점에서의 죽음은 연속적인 화학 변화의 중단, 즉 생물체가 활동을 멈춘 상태로서, 물질과 에너지에 대한 통제력이 상실된 상태를 의미하며, 임상에서는 호흡과 심장박동이 정지되고 빛에 대한 눈동자의 반사 현상이 소실된 상태를 말한다. 의학적인 죽음은 맥박과 호흡의 정지, 그리고 뇌 기능의 정지로 규정되어 있다. 죽음에 대한 심리학적 연구는 죽음을 인간의 삶에 대한 위협, 위기 상황, 스트레스원으로 간주하여 특정 연령 집단이 다양한 상황하에서 이러한 삶의 위협을 어떻게 받아들이고 적응하며, 이에 대해 어떠한 태도와 가치를 갖는가를 연구한다. 주로 죽음 불안, 죽음 공포, 죽음에 대한 태도, 죽어 가는 환자의 심리적 상태와 관리의 문제 등이 주요 관심 영역으로 다루어지고 있다.

우리가 흔히 사용하는 죽음이라는 용어는 죽음의 상태나 상황뿐만 아니라 죽음의 과정, 죽음이 미치는 영향 등을 모두 포함하고 있다고 볼 수 있다(Corr, 1995). 따라서 죽음과 관련된 태도라고 한마디로 이야기하지만 이 안에는 자신의 죽음에 대한 태도, 자신의 죽음의 과정에 대한 태도, 죽음 이후에 자신에게 일어날 일에 대한 태도, 다른 사람의 죽음, 죽어 가는 과정, 사별 등과 관련된 태도 등이 혼합되어 있다고 볼 수 있다(Choron, 1964).

1. 노인의 죽음 인식

노년기의 중요한 과업 중 하나는 올바른 죽음을 준비하는 것이다. 죽음에 대한 태도는 노인들의 신체적·감정적·환경적 상황에 따라 다양하게 나타나고 있다. 죽음과 관련된 태도는 크게 회피적 태도(불안, 부정, 거리낌, 공포)와 수용적 태도로 나누어 생각할 수 있다. 수용적 태도인 죽음 수용이란 비교적 쉽게 개인적 죽음을 받아들이는 태도로 죽음 직면(confrontation of death)과 죽음 통합(integration of death)이라는 두 가지 요소로 구성되어 있으며, 자기 자신의 죽음에 대한 전망을 의식적으로 인식하고 그 결과들을 긍정적으로 소화하는 것을 의미한다(Klug & Sinha, 1987). 죽음 수용은 전통적으로 지혜의 속성으로 간주되어 왔으며, 에릭슨의 심리사회적 이론에서 여덟 번째 단계에 있는 지혜로운 사람은 일생의 노력과 성취를 되돌아보고 자신의 삶을 평가하면서 자아통합에 도달한 사람으로 후회나 미래에 대한 두려움 없이 자신의 삶을 수용하고 죽음을 수용하게 된다.

우리나라 노인들이 죽음에 대해 갖고 있는 태도에 관한 연구를 살펴보면, 죽음에 대한 태도가 부정적이라는 연구와 긍정적이라는 연구로 크게 나누어진다. 죽음에 대한 태도가 부정적이라는 연구를 보면, 노인들은 죽음을 자연적인 현상으로 나타나는 삶의 마지막 과정이라고 보면서 죽음 자체보다는 사랑하는 모든 것과 헤어진다는 상실감에 더 큰 아픔을 느끼고 있다(김귀분, 1978). 또한 죽음은 영원한 삶의 시작인 동시에 현실적으로는 최대의 상실이라고 여기고, 죽어 가는 과정을 통해 전체적 · 심리적 · 사회적 박탈감을 체험하면서 많은 두려움을 느끼고 희망을 잃게 되어 여러 가지 심리적 요구를 나타내기도 한다(노유자, 1994). 그러나 이와는 반대로 죽음에 대해 긍정적인 태도를 보이는 경우, 죽음에 대해 편안함, 평화로움, 당연함, 담담함 등의 긍정적이며 수용적인 태도를 보이며, 우리나라 노인들은 죽음에 대한 긍정적인 태도를 보여 주는 경향이 강했다(이지영, 이가옥, 2004).

우리나라 노인 약 2,000명을 대상으로 죽음에 대한 태도를 알아본 이가옥 등(1994)의 연구에서 죽음을 생각해 본 적이 없는 사람은 2.0%에 불과하여 대부분의 노인이 죽음에 대하여 생각해 본 경험이 있으며, 또한 죽음을 생각할 때 '편안하다' 내지는 '담담하다' 라고 응답해 대부분의 노인들은 죽음을 담담하고 당연한 것으로 받아들이는 것으로 나타났다. 특히 연령이 높을수록 '편안하다' 와 '담담하다' 의 비율이 높아져서 상대적으로 고령의 노인층에서 죽음을 의연하게 받아들이고 있었다.

이지영과 이가옥(2004)의 연구결과를 보면, 60대에서 90대 사이의 14명에 대한 심층면접에서 60대나 70대 초반의 사람들이 죽음에 대한 부정적 인식으로 인하여 죽음을 회피하려는 경향이 강하였는데, 죽음을 회피하면 할수록 자신의 삶을 그대로 수용하지 못하게 하는 기제로 작용하고 있었다. 그리고 건강한 노인들이 죽음을 회피하려는 경향이 강함에도 불구하고 막상 건강에 대한 위기감이 찾아올 때는 강한 두려움과 당혹감을 느끼고 있었다.

죽음이란 것은 생의 마지막 과정이며 우리 모두가 태어나면서부터 죽음은 예정되어 있다. 죽음은 분리감, 고독감, 징벌, 파괴와 마음의 혼란을 가져오므로 공포를 일으킬 수 있다. 죽음에 대한 느낌은 성장 과정을 통하여 시작되며 삶의 순간순간에 문득 떠오르고 생의 마지막에는 자각하게 되는 것이며, 죽음에 대한 견해는 죽음의 종류, 죽음이 일어나는 현장, 종교, 문화적 배경, 철학, 생활 경험 등에 따라 달라진다. 즉, 종교적 견지나 철학적 신념은 죽음의 개념을 받아들이는 데 중요하며 궁극적이다. 사람마다 죽음에 대한 해석은 다양하다. 죽음을 맞이하는 시기나 연령이 천차만별이므로 죽음은 세상의 불공평함을 반영한다고 보는 사람도 있고, 죽음을 징벌과 속죄의 수단으로 보기도 한다. 새로운 세계로의 도피 또는 평화스러운 잠으로 생각되기도 하고, 사랑하는 이를 빼앗아 가는 일종의 약탈로 느껴지기도 한다.

이렇듯 죽음에 대한 개념은 각자 다르나, 묘하게도 죽음에 대한 공포는 인간이라면 누구나 갖고 있고, 또한 노인은 젊은이보다 죽음에 대한 공포

〈표 16-1〉 죽음에 임박해 있는 사람들이 '좋은 죽음'을 맞이하기 위한 충족조건

1. 죽음이 다가오고 있다는 것과 무엇을 기대할 수 있는가에 대해 알고 있어야 한다.
2. 일어나는 일들을 합리적으로 통제(control)할 수 있어야 한다.
3. 존엄성과 개인성(privacy)을 보장받아야 한다.
4. 고통을 완화하고 다른 여러 증상들에 대해 적절한 통제를 할 수 있어야 한다.
5. 어디서 죽음을 맞이할 것인가에 대해 선택할 수 있어야 한다.
6. (자신의 상태에 대한) 정보나 전문가의 의견이 어떤 종류이건 간에 접할 수 있어야 한다.
7. 영적인 후원이나 정서적인 후원이 필요할 때 그것에 접근할 수 있어야 한다.
8. 어디에 있든(집, 병원 등) 호스피스나 완화의료적인 돌봄(palliative care)에 접근할 수 있어야 한다.
9. 내 옆에 누가 있어야 하고 마지막을 누구와 함께 하고 싶은지에 대해 발언권이 있어야 한다.
10. 자신이 원하는 바가 반영된 사전(死前) 의료지시서(혹은 사전 유언장)를 만들 수 있어야 한다.
11. 마지막 작별 인사를 할 시간을 가져야 한다.
12. (이 세상을) 떠날 시간이 되었을 때 임종을 맞을 수 있어야 하고 삶을 공연히 연장시키지 않을 수 있어야 한다.

출처: Smith(2000).

가 크며 사랑하는 모든 것에 대하여도 죽음과 연결지어 생각하는 경향이 있다. 따라서 가끔은 죽음에 대하여 대단히 강한 부정을 나타내기도 한다.

이이정(2004)은 심층면접을 통하여 우리나라 노인들에게 있어 죽음의 의미에 대해 살핀 바 있다. 연구에 따르면 노인들은 동료노인들의 죽음, 가까운 친족의 죽음, 배우자의 죽음 등 수많은 죽음을 경험하면서 자기 자신의 죽음에 대한 개념을 만들었으며, 배우자의 죽음에 대한 슬픔은 오랜 시간이 지나도 극복하기 힘든 것으로 느끼고 있었다. 우리나라 노인들은 죽음을 고통으로서의 죽음, 해방, 자유로서의 죽음, 삶의 의미를 빼앗아 가는 것으로서의 죽음, 자기 이미지 해체로서의 죽음으로 파악하고 있었다.

〈표 16-2〉 좋은 죽음에 관한 인식 비교

한나영 외(2002)	킴과 리 (Kim & Lee, 2003)	김신미, 이윤정, 김순이 (2003)	김미혜, 권금주, 임연옥 (2003)
① 적절한 수명 ② 무병사 ③ 자식이나 부인을 먼저 보내지 않고 죽는 것 ④ 자손들에게 폐 끼치지 않고 죽는 것 ⑤ 가족들이 다 있는 앞에서 죽는 것 ⑥ 자손들이 다 잘사는 것을 보고 죽는 것 ⑦ 수면사 ⑧ 무통사	① 타인에게 부담이 되지 않는 것 ② 가족과의 원만한 관계 ③ 장례 준비	① 노환으로 사망하는 것 ② 70세 이후에 사망하는 것 ③ 집에서 임종을 맞는 것 ④ 1개월 미만의 임종 기간 ⑤ 임종 기간 동안 가족과 함께 하는 것 ⑥ 임종 기간 동안의 독립성 ⑦ 죽음에 대한 인지 ⑧ 유언 남기기 ⑨ 임종 기간 동안의 자율성 ⑩ 임종 기간 동안의 의료비 ⑪ 통증 없는 것 ⑫ 종교 ⑬ 호스피스 ⑭ 무의미한 생명연장술을 받지 않는 것	① 자녀보다 앞선 죽음 ② 자녀가 임종을 지켜주는 죽음 ③ 자식에게 부담을 주지 않는 죽음 ④ 부모 노릇 다하고 맞는 죽음 ⑤ 고통 없는 죽음 ⑥ 천수를 다한 죽음 ⑦ 준비된 죽음

우리나라 노인들과 성인들을 대상으로 '좋은 죽음'에 대한 인식을 조사한 결과에 따르면, 성인의 경우 70~79세에 사망하기를 원한 경우가 53.4%, 80~89세 사이에 사망하기를 원하는 비율이 24.2%로 나타났으나 노인의 경우는 70~79세, 80~89세에 사망하기를 원한 경우가 각각 42.8%, 41.5%로 나타났다. 임종 기간에 대해서는 성인의 경우 갑자기 사망하는 것과 1개월 미만의 임종 기간을 원하는 경우가 각각 38.4%로 나타났으나 노인의 경우는 갑자기 사망하는 것을 원하는 경우가 51.5%로 나타났다. 또한 편안하게 죽는 것이 좋은 죽음과 관련하여 가장 중요한 요소라고 생각하고 있는 것으로 나타났다(김신미, 이윤정, 김순이, 2003).

2. 노인의 죽음과 상담

엘리자베스 퀴블러 로스는 우리나라에서도 『인생 수업』의 저자로 잘 알려져 있다.

죽음의 과정에 대한 연구는 임종 기간의 신체적인 변화에 대한 연구보다는 말기 환자가 죽음의 선고를 받고 그것을 자신의 죽음의 현실로 받아들이기까지의 심리적 · 정서적 과정에 관한 연구가 주를 이루고 있다(이이정, 2004). 퀴블러-로스(Kübler-Ross, 1969)는 최초로 말기 환자가 죽음에 이르는 과정을 임상적으로 연구하면서 말기 환자의 죽음에 대한 이해를 촉구하였으며, 죽음의 공포를 어떻게 완화시킬 것인가에 대한 문제를 고찰함으로써 죽음이 임박한 사람들에게 더 좋은 보살핌을 제공해야 한다고 주장했다.

1) 죽음에 대한 심리적 반응

죽음은 그것을 경험하는 개인들이나 관련된 가족, 친구 등에게 견디기 힘든 일이다. 특히 노년기에 겪게 되는 다양한 질병으로 인해 쇠약해진 노인들에게 있어 죽음은 힘든 고비가 될 수 있다. 퀴블러-로스(Kübler-Ross, 1969)는 200명의 불치병 환자를 대상으로 실시한 심층적 인터뷰를 통해서, 죽음에 직면한 사람들이 다음과 같은 5단계의 정서적 반응을 표출하고 있음을 밝히고 있다.

(1) 부정과 고립

'나에게 이러한 일이 일어날 수 없어, 난 믿을 수 없어.' 등의 생각이 나타난다. 환자는 자신이 죽어야 한다는 사실을 부정하고, 잘못된 진단이라고 생각해 버린다. 이러한 반응은 죽음의 충격에 대한 일시적인 방어기제라고 볼 수 있다.

(2) 분노

죽음을 부분적으로 수용하면서, 왜 하필 지금 자기 자신에게 이러한 일이 일어나게 되었는지에 대해 분노를 표현하는 단계다. 이러한 분노의 대상은 자기 자신이나 가족, 병원 직원, 때로는 신일 수도 있다. 이 단계는 누구에게서나 어디에서나 불안 요인을 찾아 쉽게 분노를 터뜨리게 되어 주변 사람들을 힘들게 하는 시기다.

(3) 타협

타협은 의료진, 운명, 혹은 신과 기한이 정해진 약속을 하여 불가피한 죽음을 조금이라도 연기하려는 시도를 하는 단계다. 이 단계는 짧지만 환자가 다른 사람에 대해 가장 개방적 · 협조적인 시기로, 이성적인 의사소통이 가능하기 때문에 상담자는 환자로 하여금 이 기회에 신변을 정리하고 미해결의 문제를 처리하도록 원조하는 것이 필요하다.

(4) 우울

환자가 자신의 병을 더 부인하지 못하게 되고 증상이 더 악화되어 쇠약해지면 극도의 상실감을 겪게 되면서 심한 우울 상태에 빠지게 된다. 이러한 상태에 있는 환자에게 슬퍼하지 말라고 격려하는 것은 금물이다. 중요한 것은 주위 사람이 가능한 한 환자의 곁을 떠나지 않고 옆에 앉아서 손을 잡아 준다든지 슬픔을 함께 나누며 환자에게 위로를 주는 것이다.

(5) 수용

이 시기의 환자들은 대개 지치고 쇠약해지며 감정의 공백기를 갖게 된다. 환자는 자신의 피할 수 없는 죽음이라고 하는 운명을 평온하게 받아들

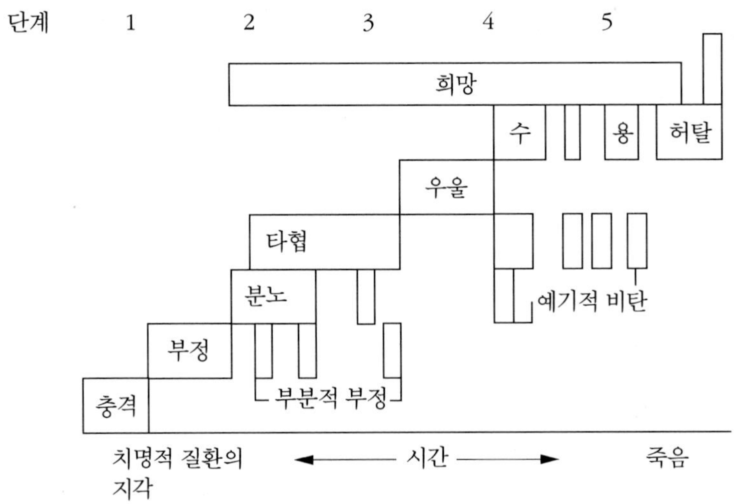

[그림 16-1] 죽음의 단계

출처: Kübler-Ross(1969), p. 265.

이게 된다. 이것은 절망으로부터 오는 체념과는 다른 것으로, 해야 할 일을 마쳤을 때 얻게 되는 휴식의 시간이라고 할 수 있다. 환자는 주위에 대해 무관심하게 되며, 환자보다는 그들의 가족이 좀 더 많은 원조를 필요로 하는 시기라고 할 수 있다.

이런 심리적 단계는 꼭 순차적으로 나타나는 것은 아니며, 모든 사람들이 모든 단계의 반응을 다 보이는 것도 아니다. 최근 많은 학자들은 죽음에 대한 반응이 환자의 질환, 성, 성격, 문화와 생활환경 등에 따라 다를 수 있다고 주장하면서, 죽음의 과정에 보편적인 단계나 양식이 존재하는 것은 아니라고 주장한다(Corr, 1995).

2) 말기 환자의 욕구와 상담

노인들의 상당수가 만성적인 질병을 앓고 있으며, 생명에 심각한 위협을 주는 상황에 처해 있는 경우가 많다. 우리나라의 경우 암이나 뇌혈관 계통의 질병으로 인한 사망자 수가 노년기에 현격하게 늘어나는 것은 이 시기 노인들에 대한 욕구 파악과 돌봄이 절실하게 요구되고 있다는 것을 시사한다.

말기 단계에 도달한 환자들은 일반적으로 통증으로부터의 자유, 고독으로부터의 자유, 에너지의 보존, 자기존중감 유지 등의 욕구를 가지고 있고, 이러한 것들은 말기 환자가 여생을 만족스럽게 사는 능력에 영향을 미친다. 에버솔과 헤스(Ebersole & Hess, 1990)는 말기 환자들이 가지고 있는 욕구들을 살펴 이를 위계적인 체계로 구성한 바 있다. 이에 의하면 말기 환자들은 A 단계에는 신체적 징후 제거, 에너지 보존, 통증으로부터의 자유, B 단계에서는 감추어진 공포를 말할 기회를 얻기, 자신을 돌보고 있는 사람을 신뢰하기, 진실을 듣고 있다고 느끼기, 안전해지기, C 단계에서는 이야기하기, 자신의 이야기가 이해받고 경청되는 것, 사랑받고 사랑을 서로 나누기, 임종 시에 돌보는 사람과 함께 있기, D 단계에서는 쇠약함에 직면하여 존중받기, 독립성 유지하기, 삶의 일부분이 끝나고 있음을 정상적인 사람처럼 느끼기, 개인적 정체감 유지하기, E 단계에서는 피할 수 없는 미래를 감수하기, 죽음에서 의미 깨닫기 등의 욕구를 갖게 된다.

상담자는 말기 환자의 욕구를 고려하면서 신중하게 환자에게 반응해야 한다. 말기 환자에 대한 치료 원칙은 다음과 같다.

- 환자의 상태에 신중한 태도를 보이고 '큰 병이 아니다'라는 말을 하지 말라.
- 현재 내담자가 중태임을 인정해 준다.
- 모든 경우에 존재하는 가능성에 대한 희망도 동시에 주어야 한다.
- 내담자의 성격과 삶의 주제를 파악한다. 신체적으로 몹시 약해져 있는 상태이거나 다른 사람의 도움을 얻고 남은 생을 살아야 하는 경우 부정적이거나 충격적인 접근은 삼간다.
- 내담자의 심리적 상황을 파악하면서 내담자가 서서히 병의 정도를 알도록 하도록 하고, 도중에 환자가 놀라거나 불안해하면 그 정도에서 일단 통보하는 것을 중지한다.
- 가족에게는 처음부터 알린다.

상담자는 말기 환자를 살피는 데 있어 다음의 원칙들을 신중히 고려해야 하며, 또한 환자의 가족에게도 설명할 필요가 있다. 말기이거나 임종의 순간이 다가왔음을 아는 환자에 대한 보살핌의 원칙은 다음과 같다.

- 환자를 멀리하지 말라. 환자가 가장 심리적인 위로를 필요로 할 때가 바로 이때다. 위로하고 격려하며 지지하여 준다.
- 환자가 고독감을 갖지 않도록 가족, 친지, 친구의 문병을 독려한다.

- 환자가 자기의 슬픈 마음을 표현하여 충분한 애도 시간을 갖도록 한다.
- 환자의 자존심에 손상이 가지 않도록 하며 체면과 위신을 세워 준다.
- 환자의 통증 호소에 적극 반응하라. 손을 잡아 주거나 간호사에게 연락을 취하는 것도 좋다.
- 환자가 자기 삶의 의의를 발견하도록 도와준다.
- 말기 환자에게서 일어나는 어느 정도의 퇴행은 받아 준다.

그러나 환자 본인에게 병의 상황에 대한 사실을 통고하는 것이 바람직하지 않은 경우도 있다. 환자에 따라 죽음에 직면하거나 현실을 받아들이고 싶어 하지 않는 경우가 있다. 이런 경우는 크게 여섯 가지 양상을 보인다.

- **과도희망형**: 향후 3년 생존율이 예컨데 5%인데 이를 안 환자가 자기는 꼭 그 5% 안에 든다고 굳게 믿는 경우
- **과거집착형**: 자기 과거 인생에서의 전성시대에 관한 이야기를 나누기를 좋아하고 병에 대한 말은 의도적으로 피하는 형
- **모정집착형**: 근본적인 병에 관한 것은 거론하지 않고, 신변의 사소한 일들에 대해 집착하거나 문제를 호소하는 경우로, 상담자가 적극 반응해 주면 만족스러워하면서 상담자를 어머니로 보는 경우
- **호통형**: 자신의 중한 질환을 가벼운 것이라고 보는 것. 예를 들어 간암 환자가 자기는 간염인데 왜들 법석이냐고 오히려 주위 사람에게 호통을 치는 경우
- **무관심형**: 자신의 질병의 경중에 대해 무관심하며, 죽음에 대한 언급에도 일체 반응을 하지 않는 경우
- **부인형**: 자신은 결코 죽지 않을 것이며 자신의 질병이 호전되지는 않을지라도 죽거나 더 심해지지는 않을 것이라고 믿는 경우

이런 환자들은 병의 상황에 대한 진실을 알기를 거부하는 사람들이기 때문에 굳이 알릴 필요가 없다. 그때그때 마음의 평화만을 주고 호소하는 통증과 증상에 즉시즉시 반응해 주면서 환자가 이런 심리적인 안정을 계속 유지하도록 해 준다.

상담자는 말기 환자를 대할 때 다음의 사항을 고려해야 한다.

- 환자를 정직하게 대해야 한다. 그러나 '죽어 가고 있다' '마지막이다' 등의 표현은 삼가하고 삶에 대한 희망을 제공하도록 한다.
- 환자의 질병 상태에 대해 신중히 반응하고 그들이 호소하는 통증과 심리적 고통에 진지하게 반응한다.
- 환자 옆에 앉아 눈을 자주 맞추고 환자의 이야기를 자주 그리고 신중하게 듣도록 한다.
- 질병 상태에 대한 자세한 설명보다는 상담사가 끝까지 옆에서 지켜 주고 싸워 주겠다는 태도를 보여 준다.
- 환자의 심경이 현재까지 어떻게 변했는가, 기대와 실망이 무엇인가를 살핀다.
- 애도 과정을 거칠 때에는 필요한 단계를 충분히 거칠 수 있도록 돕는다.
- 가족과의 용서와 화해 및 충분한 만남을 갖도록 하라.
- 원하는 경우 유서나 가족, 친구에게 남길 편지를 쓰도록 한다.

3) 사별과 상담

평균 수명이 연장되고 노년기에도 부부가 함께 생활하는 경향이 강해지면서 노년기에 사별(死別), 특히 배우자의 죽음을 경험하는 노인이 늘고 있다. 노년기 배우자 사별에 관한 연구를 보면, 심각한 슬픔과 걱정, 불행감, 두려움 등을 나타내며, 여성보다는 남성이 고독감이나 사기 저하를 더 크게 경험하게 된다. 배우자와의 사별은 남겨진 배우자의 행복감을 저하시킬 뿐 아니라 사망의 가능성도 증가시킨다(Hansson et al., 1993). 사랑하는 사람을 잃게 될 때 우리는 사별, 비탄, 애도의 경험을 하게 된다. 사별은 객관적으로 상실 그리고 유족의 신분상의 변화를 뜻한다. 예를 들면, 아내에서 미망인으로, 자녀에서 고아로의 변화를 말한다. 비탄은 사별에 대한 정서적 반응으로서 충격, 무감각, 분노, 우울, 공허함 등으로 다양하게 표현될 수 있다. 애도는 사회문화적 · 종교적 관습에 의해 유가족들이 슬픔을 표현하는 행위를 말한다. 예를 들면, 상복을 입고, 장례식에 참여하고, 삼우제 또는 49재 등의 애도 기간을 지키는 등의 장례관습이 애도 행위다. 비탄과 애도의 차이는 비탄은 죽음에 따르는 정서적 반응이고, 애도는 문화적으로 승인된 행동적 표현이라는 것이다.

(1) 배우자와의 사별

배우자의 죽음은 스트레스 지수가 가장 높은 생활사건이다. 배우자 사별은 부부간에 강하고 오래된 유대관계를 가졌던 경우라면 더 큰 슬픔으로 다가온다. 사별이라는 스트레스가 젊은 성인의 경우에 더 큰지 노인들의 경우에 더 큰지는 확실하지 않다. 언제 배우자를 잃느냐와는 상관없이 슬픈 것은 슬픈 것이다. 대개 처음에는 젊은 성인이 더 강렬한 비탄 반응을 보이지만 1년 반 정도가 지나면 반대가 된다(Kastenbaum, 1991). 사별을 경험하는 연령층에 따라 비탄의 반응이 차이를 보이는 이유는 다음과 같다. 첫째, 젊은 배우자의 죽음은 예상치 못한 경우가 많다. 예상치 못한 죽음의 경우 상실감이 더 크다. 둘째, 젊어서 사별하는 경우 같은 연령대의 모델이 적다. 셋째, 노년기 사별의 경우 오랜 결혼생활을 통해 얻어진 동반의식이 손상받는다. 넷째, 젊어서 혼자된 경우 재혼의 기회가 더 많다.

배우자 사별 스트레스와 우울의 관계를 살펴본 연구(김승연, 고선규, 권정혜, 2007)에서 배우자 사별 노인들은 상실감과 경제적 문제로 인한 어려움

〈표 16-3〉 사회적 재적응 평정 척도(Social Readjustment Rating Scale: SRRS)

성인 집단		생활사건	청년 집단	
순위	평균치 (생활 변화 단위)		순위	평균치 (생활 변화 단위)
1	100	배우자 사망(190)	1	69
2	73	이혼(137)	2	60
3	65	부부 별거(115)	3	55
4	63	교도소 수감(99)	8	50
5	63	가까운 가족 일원의 사망(111)	4	
6	53	자신의 부상이나 질병(정신질환)(142)	6	50
7	50	결혼(50)	9	50
8	47	직장의 해고	7	50
9	45	부부 화해(85)	10	47
10	45	은퇴(62)(강제적 은퇴는 스트레스 유발 원인 40개 중 8위)	11	46
11	44	가족의 건강 변화(77)	16	44
12	40	임신(89)	13	45
13	39	성 갈등(90)	5	51
14	39	새로운 가족 출생(78)	17	43
15	39	사업상의 재적응(66)	15	44
16	38	재정 상태 변화(88)	14	44
17	37	가까운 친구의 사망(77)	12	46
18	36	직장 부서의 변화(54)	21	38
19	35	배우자와의 분쟁 횟수의 변화(135)	19	41
20	31	10,000달러 이상 저당 잡힘(66)	18	41
21	30	저당물이나 채권의 권리 상실(83)	23	36
22	29	직장에서의 책임 변화(45)	20	38
23	29	자녀가 집을 떠남(76)	25	34
24	28	인척과의 분규	22	36
25	28	자신의 뛰어난 성취(31)	28	31
26	26	아내의 취업 또는 사직(46, 50)	27	32
27	26	입학이나 졸업(48, 45)	26	34
28	25	생활조건의 변화	24	35
29	24	자신의 습관 변화(53)	35	26

30	23	상사와의 불화(52)	33	26
31	20	작업시간이나 작업조건 변화(36)	29	30
32	20	거주지 변화(66)	30	28
33	20	학교를 바꿈(66)	34	26
34	19	여가활동 변화(23)	36	26
35	19	교회활동 변화	38	21
36	18	사회적 활동 변화(35)	32	28
37	17	10,000달러 이상의 대출(38)	31	28
38	16	수면습관 변화(36)	41	18
39	15	동거 가족 수의 변화(76)	37	22
40	15	식사습관 변화(33)	40	18
41	13	휴가(12)	39	19
42	12	크리스마스(26)	42	16
43	11	사소한 위법 행위(경범죄)(32)	43	12

출처: Ruth & Holmes(1971).

을 강하게 경험하고 있으며, 사회적 지지가 높을수록 우울 정도는 낮은 것으로 나타났다.

(2) 자녀와의 사별

자녀의 죽음은 부모에게 말할 수 없는 아픔을 남긴다. 부모들은 자식의 죽음에 대해 격렬한 비탄 반응을 보인다. 클라스 등(Klass et al., 1996)은 아동의 죽음은 사망의 유형 중 최악이라고 여기는데 왜냐하면 부모가 죽기 전에 어린 자식이 죽으리라고는 상상도 못하므로 마치 자연을 거스르는 일처럼 간주되기 때문이다. 이처럼 뜻밖의 죽음은 주로 사고나 치명적인 질병으로 인한 것이 많고 부모들은 이로 인해 죄책감을 느끼게 된다. 자녀의 죽음으로 실의에 빠진 부모들은 자신의 감정이 이해받지 못할 때 더 큰 상처를 받는다. 그들에게는 같은 아픔을 겪은 사람들(부모, 조부모, 친구, 형제자매, 친척 등의 죽음을 경험한 사람들)로부터의 격려가 큰 힘이 된다. 노부모에게 성인 자녀의 죽음 또한 견디기 힘든 일이다. 노부모는 자녀의 죽음을 부모로서의 정체감 상실로 받아들이고 죄책감, 분노, 불안감, 고립감을 경험한다. 성인 자녀의 죽음이 배우자나 부모의 죽음보다 아픔이 덜하다는 연구결과도 있는 반면, 오히려 가장 큰 비탄 반응(절망감, 죄책감, 분노, 불안, 신체적 이상)이 나타난다는 연구결과도 있다(정옥분, 2008).

(3) 비탄 과정

비탄의 단계는 엘리자베스 퀴블러 로스가 제안한, 자신의 죽음을 인정하는 5단계와 유사하다(김동기, 김은미, 2010).

① 충격

처음 얼마 동안은 격렬한 슬픔에 압도되어 충격과 의혹의 상태에 빠진다. 종종 당황하고 넋을 잃으며, 혼란을 겪고, 숨이 가쁘며, 가슴이나 목이 답답하고, 메스껍고, 공복감 등의 신체적 증상도 나타난다. 그리고 상실에 대한 분노와 고인의 생존 시 더 잘해 주지 못한 것에 대해 죄책감을 느끼기 시작한다. 이 단계는 퀴블러-로스의 부정과 분노의 단계와 유사하다. 상실에 대한 인식이 자리 잡으면서 초기의 신체적 증세는 걷잡을 수 없는 슬픔으로 바뀌며 종종 울음으로 표현된다.

② 그리움

고인에 대한 그리움으로 인해 고인이 살아 있다는 느낌에 사로잡힌다. 고인과 대화하고, 신체적으로 접촉하며, 목소리를 들으며, 한방에 있는 것처럼 느끼고, 심지어 눈앞에 고인의 얼굴이 보이기까지 한다. 고인에 관한 생생한 꿈을 꾸다가 갑자기 깨어나 그가 죽었음을 다시 깨닫는다. 고인이 살아 돌아올 수만 있다면 무엇이든 하겠다는 타협의 마음이 생기는데 이는 죽음의 단계 중 타협의 단계와 유사하다. 이 시기에는 불면증, 극심한 슬픔,

불안 등의 증상을 보이고 심할 경우 사랑하는 사람과 다시 만나는 방법으로 자살을 생각하기도 한다. 그러나 이러한 격렬한 감정은 시간이 지나면서 점차 사라진다.

③ 절망

시간이 지나면서 고인에 대한 강렬한 그리움과 슬픔의 감정은 약해지지만 이제 고인과 다시 만나는 것이 불가능하다는 사실을 깨달으면서 우울증, 절망감에 빠진다. 매사에 무관심하고, 냉담한 반응을 보이며, 심지어 패배감을 느끼기도 한다. 이 단계는 죽음의 단계 중 우울의 단계와 유사하다.

④ 회복

일상활동을 재개하게 되는 회복단계는 대체로 사별 후 1년 이내에 나타나며 이는 죽음의 단계 중 수용의 단계와 유사하다. 이제 고인의 유품을 정리하면서 심한 고통과 그리움보다는 평온한 감정으로 고인을 회상할 수 있

〈표 16-4〉 장례의식의 기능

구분	기능
사회적 역할	• 죽음을 알리는 역할 • 사망신고를 통해 호적상 말소시키는 역할 • 재산상속 등 경제적 · 법적 역할 • 가족을 재구성하는 역할
물리적 역할	• 입관 · 하관 · 매장 · 화장 · 자연장 등 시신처리 역할
문화 · 종교적 역할	• 장례예배, 다비식, 49재, 삼년상 등 고인의 명복을 빌고, 유족을 위로하는 역할 • 유족 간 연합을 도모하는 역할 • 문화적 공조(함께 상여메기 등) 역할
심리적 역할	• 죽은 자를 마음에서 떠나보내는 역할 • 유가족이 상실을 인정하고 충분한 애도를 할 수 있도록 돕는 역할 • 유가족이 장례 이후에 건강하게 사회에 적응하도록 돕는 역할

출처: 김판귀(1999).

게 되고, 따라서 사람들을 만나면서 인간관계를 회복하고, 새로운 취미활동을 하거나 새로운 사회적 관계를 형성한다.

(4) 노년기 사별이 죽음 불안에 미치는 영향

노년기 사별 반응의 특징과 그 대처 방안은 다음과 같다.

- **배우자 사별 기간이 짧을수록 죽음 불안이 크다**: 배우자의 사별을 경험하고 나서 바로 개입할 수 있는 상담 서비스 등의 프로그램을 마련하여 이들이 배우자 사별에 대한 슬픔을 충분히 애도하고 해소할 수 있도록 도와 심리적 적응을 빠르게 할 수 있도록 해야 한다.
- **배우자 사별을 경험한 노인의 죽음 불안 정도가 높아진다**: 배우자 사별을 경험한 노인들끼리의 자조집단 형성을 통해 서로 유대감을 형성하고 서로에게 지지체계가 되어 줌으로써 자신들도 다른 사람을 도울 수 있다는 자긍심을 갖게 한다. 배우자 사별 경험을 털어놓고 배우자에 대한 생각, 후회, 좋은 기억 등을 재구조화하며 현재 자신의 삶에 적응할 수 있도록 하는 집단 프로그램의 제공이 필요할 것으로 보인다.
- **종교는 여성 노인들의 사별 후 적응에 긍정적 영향을 미친다**: 노인의 죽음 불안에 유의미한 영향을 미치는 개인적 요인은 노인의 연령, 건강 상태였고, 사별 후 적응 구성 요인은 배우자 사별 기간과 우울 정도였으며, 개인적으로 얼마만큼 종교에 의지하고 있는지에 따라 노인들의 죽음 불안 정도가 다르게 나타났다. 노인들이 삶에서 종교의 역할을 중요하게 생각할수록, 종교를 통해 편안함을 얻을수록, 종교적 모임을 통해 대인관계를 갖는 것을 즐거워할수록, 외롭거나 힘들 때 종교에 더 의지할수록 노인의 죽음 불안에 긍정적인 영향을 미친다고 할 수 있다.

배우자와 사별한 노인들에게서 나타나는 비탄의 특징은 다음과 같다 (Worden, 1991).

- 상호의존(interdependence): 홀로된 여성 노인들은 오랜 결혼생활 동안 배우자에 의존해 왔다. 배우자의 역할과 활동에 대한 의존도가 높을수록 배우자 사망 뒤의 적응은 더욱 어려워진다.
- 복합상실(multiple losses): 노년기가 되면서 단기간 동안 친구와 가족구성원의 죽음을 동시에, 혹은 비슷한 시기에 경험할 수 있다. 친구, 친척, 가족의 상실과 더불어 직업의 상실, 환경의 상실, 신체적 활력의 상실, 감각 기능의 감퇴, 대뇌 기능 상실 등도 경험하게 된다. 노인은 단축기간에 많은 상실을 겪기 때문에 오히려 상대적으로 애도 능력이 감소된다.
- 개인적 죽음 인식(personal death awareness): 배우자, 친구, 형제 등과 같은 동시대 사람들의 상실 경험은 본인의 죽음에 대한 인식을 증가시킨다. 또한 죽음에 대한 인식 증가는 실존적인 불안을 야기할 수 있다. 상담자는 사별한 사람이 죽음에 대한 개인적 인식에 대해 편안히 이야기를 나눌 수 있도록 분위기를 조성할 필요가 있다.
- 고독감(loneliness): 사별한 노인들의 상당수가 배우자 사망 이후에 혼자 산다. 나이가 들어 홀로된 여성일수록 배우자가 죽었던 곳에 머무르고자 한다. 혼자 사는 것은 외로움을 가중시키며 배우자와 함께 살았던 물리적 환경하에서는 더욱 그렇다.
- 역할적응(role adjustment): 남성 노인은 여성 배우자 사망 후 가사를 담당하는 새로운 역할에 적응해야 하기 때문에 여성보다 배우자 상실 후 더 많은 영향을 받는다. 그러나 여성 노인은 이러한 측면에서 가정을 유지하고 자립적으로 살아가는 데 특별한 어려움을 겪지 않는다. 따라서 사별한 노인과 상담할 때는 이와 같은 차이를 고려해야 한다.

- 지지집단(support groups): 지지집단은 사별한 사람의 나이를 불문하고 유익하다. 특히 노인의 경우 사회적 관계망이 감소되어 종종 고립되는 경우가 있으므로 외로움을 겪는 노인에게 있어 지지집단은 중요한 대인 접촉을 제공하는 역할을 한다.
- 접촉(touch): 오랫동안 결혼생활을 한 후 배우자를 잃은 남성은 접촉에 대한 강한 욕구를 보인다. 상담자는 사별한 노인과 함께 일할 때 신체적 접촉을 개입 기술로 사용할 수 있다.
- 회상(reminiscing): 회상은 노인들에게 사용하는 일반적 상담 기술로서 사별한 노인들에게는 치료적 자극이 될 수 있다. 라이프 리뷰(life review)라고도 불리는 회상은 자연스럽게 발생하는 과정으로 사람들이 과거 경험, 특히 풀리지 않은 갈등을 인식하게 한다. 회상은 노인들에게 적응적 기능을 담당하는 것이지 지적 쇠퇴의 표시가 아니다. 회상은 노년기 정체성 유지에 공헌한다.
- 재배치 논의(discussing relocation): 상담자는 노인들이 현재 살고 있는 집에서 이사를 해야 할지를 결정하는 데 도움을 줄 수 있다. 이런 결정은 노인이 자신을 스스로 돌볼 수 있는 능력이 있는지 여부에 달려 있다. 그러나 이사가 죽은 배우자와의 유대감을 약화시키고 자아개념을 경감시킬 수도 있다. 반면 집에 남아 있는 것이 노인들에게 개인적 통제감을 갖게 할 수 있고 그들이 과거를 회상할 수 있는 장소를 제공할 수도 있다.
- 기술 형성(skill building): 사별한 노인들은 성인 자녀들에게 지나치게 의존적이 될 수 있다. 그러나 노인들은 사별은 했지만 새로운 기술을 개발할 능력을 가지고 있고 그런 기술의 습득을 통하여 자존감을 얻을 수 있다.

사별을 경험한 사람들과 상담할 때 상담자는 다음의 사항에 집중해야 한다.

① 충분한 애도 기간을 갖도록 돕는다

사별에 대한 슬픔은 사별까지의 과정보다는 사별 이후에 격렬해진다. 실제 사별은 성인기에 경험할 수 있는 가장 강렬한 경험이며 남은 가족들, 특히 남은 배우자에게 있어 그 의미는 감정적 · 신체적 · 정신적 요소에까지 영향을 미치게 된다.

사망한 배우자에 대해 슬픔을 감추거나 슬픔을 느끼지 못하는 경우, 배우자 사망 이후 홀로 남은 노인은 장례식 및 사망에 따른 모든 법적 과정을 마치고도 한참을 경과한 이후에야 배우자의 죽음을 실감하며 비로소 애도하기 시작한다. 이때의 애도는 보다 격렬하고 장기적이며 우울 정도와 스트레스 정도가 심하다.

따라서 상담자는 배우자가 사망한 시점에서뿐만 아니라 사망한 시점이 어느 정도 경과한 이후에 나타나는 노인들의 애도 과정을 예상하고 준비해야 한다. 상담자는 배우자 사망 후 홀로 남은 노인이나 유가족들이 고인에 대한 추억과 아픔, 상처, 고통 등을 충분히 나누고 상실에 대한 감정을 만족스러울 만큼 털어놓을 수 있도록 해야 한다. 그 형태는 애도, 외침, 침묵, 눈물 흘림, 이름 부름, 이야기하기, 통곡하기 등으로 다양하다.

상담자는 유가족이 충분한 애도의 시간을 갖도록 한 후에는 반드시 상실의 감정을 긍정적인 기억으로 갖도록 유도해야 한다. '울지 말라' '그만 슬퍼하라' '이미 고인은 없다'와 같이 애도를 방해하는 말은 사용해서는 안 된다. 대신 유가족들이 고인의 생전 모습과 활동 및 관계에 관한 이야기를 충분히 꺼내어 놓고 애도할 수 있도록 도와야 한다.

② 배우자를 용서하는 시간을 갖도록 돕는다

배우자가 사망한 때에, 혹은 배우자 사망 이후 홀로 남은 노인은 배우자 상실을 슬퍼하고 애도한 후 먼저 가 버린 배우자에 대한 원망과 배신감을 표현하기도 한다. 또한 사망한 배우자로 인한 좋지 않은 추억이나 심적 고통, 괴로움을 기억하며 사망한 배우자에 대한 적개심을 표현하기도 한다.

상담자는 홀로 남은 노인이 배우자를 용서하도록 도와야 한다. 사망한 배우자에 대한 용서는 남아 있는 노인을 위한 것이다. 자신만 이 세상에 남기고 떠나간 배우자가 밉거나, 생전에 고생만 시키고 자신을 학대하던 배우자를 증오하거나, 홀로 남겨진 자신이 비참하게 느껴지는 등 사망한 노인에 대한 원망이나 배신감은 다양한 방식으로 나타난다.

상담자는 홀로 남은 노인이나 유가족들이 고인의 생전 이야기를 나누도록 돕고 이야기 속에서 고인의 행적에 대한 긍정적인 기억과 부정적인 기억을 나름대로 정리하도록 한다. 이 방법은 고인에 대한 가족들의 평가를 통해 남은 이들의 관계를 두텁게 하고 서로간의 지지망을 형성해 주게 된다. 또한 고인에 대한 증오 감정이 많은 경우라도 고인의 긍정적인 측면을 조명하여 가족 간의 긍정적인 대화를 유도하게 된다. 고인에 대한 용서는 남은 유가족의 정체성과 향후 생활에의 적응에 긍정적인 영향을 미친다.

③ 배우자 사망에 대한 죄책감에서 벗어나도록 돕는다

고인에게 지병이 있었다거나 유가족과 관련된 갑작스러운 사고로 사망했을 경우, 유가족들은 고인의 사망에 대한 죄책감을 갖게 된다. 고인이 지병을 앓다가 사망하는 경우, 대부분 고인의 배우자가 질병 간호를 책임지는 경우가 많다. 따라서 사별을 경험한 노인은 사별의 고통과 더불어 배우자 사망의 원인이 자신에게 있다는 죄책감을 갖게 된다. 이럴 경우 심각한 우울 증상을 보일 수 있으며, 심한 경우 사망에 이르기도 한다.

상담자는 사별을 경험한 사람이 충분히 배우자 사망에 대한 애도 과정을 거치도록 하되, 사망의 책임이 그/그녀에게 있지 않다는 점을 분명하게 인지시켜야 한다. 그리고 오랫동안 고인을 살핀 것, 병간호의 어려움 등을 강조하여 사별을 경험한 자가 죄책감에서 벗어날 수 있도록 도와야 한다.

④ 배우자 생전의 관계에 대한 죄책감에서 벗어나도록 돕는다

배우자 상실을 경험한 사람들은 죽어 가는 사람들과 유사한 감정을 갖는다. 즉, 처음 얼마 동안은 슬픔에 압도되어 충격에서 벗어나지 못한다. 이 시점에서 사별을 경험한 사람들은 상실에 대한 분노와 더불어 생전에 고인에게 더 잘해 주지 못했던 것에 대한 죄책감을 갖게 된다. 생전 친밀관계가 강할수록 이런 죄책감은 더 크게 작용한다. 이러한 죄책감에서 오는 우울감과 죄책감은 대개 일반적인 현상이며, 장례식 절차 등 사망에 관련된 모든 법적·관례적 절차를 마친 이후 강하게 나타나는 감정이다.

상담자는 사별을 경험한 사람이나 유가족들이 고인에 대한 애도 시간을 충분히 갖도록 도와주며, 고인에 대한 죄책감을 남은 가족들과의 관계에 있어 긍정적인 자원으로 사용하도록 도와야 한다. 죄책감이 심할 경우 우울 증상을 보이게 되는데, 증상이 심할 경우는 전문의의 도움을 요청한다.

⑤ 배우자와의 좋은 추억을 기억하고 되새기도록 돕는다

상담자는 유가족들이 함께 고인 생전의 삶을 나누고 고인에 대한 좋은 추억을 공유하고 회고하도록 도와야 한다. 대개 고인에 대한 기억을 올바르게 표현하는 데는 어느 정도 시간이 걸리며 고인에 대한 부정적인 일보다는 긍정적인 일을 기억하게 된다. 상담자는 유가족들이 고인에 대한 긍정적인 기억을 나누도록 돕되, 고인의 죽음을 이상화시키지 않도록 주의해야 한다. 긍정적인 기억을 공유함으로써 유가족들은 상실의 슬픔을 완화하고 그러한 기억을 가족 간 연합의 긍정적인 자원으로 사용할 수 있다. 다만 이 과정은 유가족들이 충분한 애도 기간을 가진 후에 해야 하며, 애도 과정을 지연시키지 않도록 해야 한다.

⑥ 이후 생활 계획 짜는 것을 돕는다

배우자와의 사별을 경험한 개인은 생활의 많은 부분에서 영향을 주고받던 배우자가 생전에 활동하던 영역에서의 변화를 겪게 된다. 사소하게는 가사 노동에서, 크게는 대소사 결정에 이르기까지 배우자 상실에 따른 사별 경험자의 역할 변화는 그만큼 크다. 실제 남편과 아내는 배우자 상실에 대해 다소 다르게 반응하는 경향이 있다. 남편과 사별한 여성은 일상적인 가사에 큰 문제를 느끼지는 않으나 아내와 사별한 남성은 대외활동 영역에서 현저한 감소를 보이며 가사노동에 대해 취약하게 느끼는 경향이 있다. 따라서 사별을 경험한 배우자가 이후의 일상생활을 충실하게 유지하고, 원만한 생활을 유지할 수 있도록 하는 도움이 필요하다. 자녀와 살 것인지 등의 주거문제, 경제적 문제 등 사별 이후에 발생하는 다양한 변화들에 대해 상담자는 도움을 제공할 수 있다.

⑦ 유가족 전체와의 만남과 연합을 도모한다

사별 경험 이후 노인은 자녀와 사는 경우도 있으나 자녀와 분리되어 혼자 사는 노인들도 늘어나고 있다. 이럴 경우 노인은 사별 이후 사회적 관계 측면에서 급격히 쇠퇴하며, 가족원들과의 원만한 만남도 꺼리는 경향이 있다. 상담자는 노인이 사별을 경험한 후에도 자녀 및 손자녀들과 원만한 관계를 갖고 만남을 유지하도록 도와 노인이 고립되지 않도록, 그리고 분가하여 살고 있는 자녀들과 원활한 만남을 갖도록 해야 한다.

⑧ 홀로된 노인의 거처 및 생활 전반에 대한 대책을 도모한다

상담자는 홀로된 노인의 사별 이후 주거지역 결정, 경제적 지원통로 확보, 위급할 경우를 위한 비상연락망 구축, 노인의 상태를 파악하고 실질적인 도움을 줄 수 있는 자원 확보에 주력해야 한다. 이를 위해 노인이 처해 있는 물리적인 환경 및 심리적인 환경을 충분히 고려해야 하며 무엇보다 노인 당자사의 의견이 충분히 반영되어야 한다. 어디에서 살아야 할지, 집을 옮겨야 할지, 생활비 조달 출처는 있는지, 기초생활수급대상자로 지정되어야 할지, 위급 시 연락할 곳은 분명한지, 향후 혼자 생활하기에 노인의 건강 상태나 심리적 적응 상태가 적절한지 등에 대한 다각적인 돌봄이 필요하다.

⑨ 앞으로 다가올 상실의 단계들을 충분히 경험하게 하고 우울 증상이나 자살 충동에 대해 충분히 검토한다

복합적인 상실을 경험하는 노인들은 배우자의 사망에 대해 빠르게 반응하지 못하는 경우가 많다. 따라서 상담자는 노인들이 겪게 되는 예상치 못한 슬픔에 대비할 수 있도록 하고, 사별 이후 시간을 두고 나타나는 우울 증상이나 자살 충동에 빠르게 대처할 수 있도록 노인에게 충분히 설명해주도록 한다. 특히 사별 이후 특정 시점부터 겪게 될 상실 단계에서 애도 과정을 충분히 겪을 수 있도록 도와주는 일이 중요하다.

⑩ 대인관계를 고려하여 배우자 사망 이후 고립감에 적절히 대처하도록 돕는다

남편을 잃은 여성 노인보다는 아내를 잃은 남성 노인이 사별 후 고립감을 보다 크게 느낀다. 외부와의 접촉이 줄고, 가사노동에 대한 어려움을 호소하면서 현실적인 상실감을 더 크게 느끼는 것이다. 여성 노인의 경우에도 활동적인 여성보다는 내성적인 여성들의 사회적 접촉이 더 크게 줄어드는 경향이 있다.

따라서 상담자는 내담자의 성격적 특성을 충분히 고려하고 상황 적응 정도를 고려하여 노인이 사회적 접촉을 갖도록 하고 고립감을 느끼거나 고립감을 강화시키지 않도록 도와야 한다.

⑪ 사별 후 감정 격화로 인한 신체적 변화를 주목한다.

사별 후에 나타나는 격렬한 감정은 신체에도 영향을 미치게 된다. 상실의 슬픔에 빠지게 되면 전신에 걸쳐 동통이나 식욕부진, 불면증이 나타나는 경향이 있다. 신체의 고통을 호소해 병원을 찾는 경우가 있지만, 이는 상실을 경험한 사람들이 겪는 일반적 증후다. 감정을 억누르면 억누를수록 이런 신체화 증상은 더 강하게 나타난다. 따라서 상담자는 사별 후 노인의 건강 상태에 주목해야 하며 신체화 증상들과 더불어 우울 증상이 노인들의 신체 약화의 주요 원인이 될 수 있다는 것을 기억해 이에 적절히 대처해야 한다.

3. 노년기 죽음 준비 교육

우리는 대체로 노인들이 죽음에 대해 생각하지 않으려 할 것이고 죽음에 대해서 다른 노인들과 이야기를 나누는 것을 좋아하지 않을 것이라고 생각한다. 이 말은 노인들이 죽음을 정직하게 이야기하는 데 있어 가장 소외된, 혹은 가장 무시된 집단이라는 것을 의미한다. 성인 자녀들은 나이든 부모와 죽음에 대해 이야기하기를 회피하며, 노인병원이나 노인보호시설 종사자들도 노인들에게 마치 죽음이 일어나지 않을 것처럼 이야기를 한다. 이런 상황은 노인들이 실제로 구체적인 죽음을 준비하는 데 장애가 되고 있다.

죽음 준비 교육이란 죽음, 죽음의 과정, 사별과 관련된 모든 측면의 교육을 포함하는 것으로 죽음과 관련된 주제에 대한 지식, 태도, 기술이 학습되는 과정을 의미한다. 즉, 죽음 준비 교육은 죽음의 과정과 현상을 다루는 형식적·제도적 프로그램을 제공하는 시도로 죽음과 관련된 정보를 알리고, 죽음이 삶의 일부라는 사실에 대해 교육하는 것이다(Warren, 1989).

죽음 준비 교육은 죽음에만 관련된 것이 아니라 우리 자신과 우리의 삶,

우리가 살고 있는 세계에 관한 우리의 감정과 관련되어 있고, 슬픔을 회피하는 것이 아니라 창조적으로 슬픔을 다룰 수 있도록 도와준다. 또한 죽어가는 말기 환자와 의미 있게 관계하고 유가족들의 사회적이고 정서적인 욕구를 만족시킬 수 있도록 도울 수 있다(이이정, 2004).

죽음 준비 교육에서 다루고 있는 주제들로는, 죽음에 대한 사회적 전망, 죽어 가는 과정, 죽음에 대한 개인적 태도, 죽음, 비탄, 사별에 대한 종교적 · 문화적 견해, 장례 의식, 자살, 안락사, 의학 윤리, 법적 문제, 죽음에 대한 아동의 인식, 에이즈, 전쟁, 사형제도, 낙태, 생활양식의 선택문제(예를 들어, 영양, 건강 케어, 흡연) 등이 있다(Durlak, 1994).

우리나라에서 실시하고 있는 죽음 준비 교육 프로그램은 다음과 같다. '삶과 죽음을 생각하는 회' 에서는 1991년부터 죽음을 주제로 한 강연을 실시하고 있으며, 1993년부터는 슬픔치유 소그룹 세미나를 개최하면서 삶과 죽음을 위한 교육의 저변 확대에 공헌하고 있다. 그러나 아직 우리나라에서는 선진 외국에서처럼 죽음 준비 교육이 형식 교육의 일환으로 실시되고 있지 못하며 전생애에 걸친 교육으로는 아직 자리를 잡지 못하고 있다. 다만 일부 사회복지관과 종교 단체, 노인교육지도자 과정의 강의 등을 통해 단편적으로 실시되고 있다. 상담자는 노인들의 죽음 준비 교육에 관심을 가지고 내담자에게 죽음 준비 교육 프로그램을 추천하여 '좋은 죽음' 을 심리적으로 준비할 수 있도록 도울 수 있다.

4. 노인 죽음 불안 상담 사례연습

다음의 사례를 읽고 어떻게 상담을 진행할지를 생각하고 이를 적어 보라.

남편이 저세상으로 간 지 8개월이 좀 넘었어요. 우리 집 양반은 전혀 아프지도 않았던 사람인데 교통사고로 졸지에 갔단 말입니다. 장례를 어떻게 치렀는지도 기억이 안 나요. 하도 정신이 없어서 남편이 돌아간 후에도 느낌이 없었던 말이에요.

그런데 지난달부터 자꾸 꿈을 꾸어요. 남편이 사고가 났던 그 자리에서 남편이 자꾸만 날더러 오라고 그러는 거예요. 나는 싫다고 그러고. 그 꿈이 며칠 동안 계속되니까 나중에는 집에 있는 것도 무섭더라고요. 또 까만 승용차만 보면 나도 꼭 교통사고가 나서 죽을 것 같고. 그저께는 남편이 사고를 당한 그 자리에서 같은 차로 내가 사고를 당하는 꿈을 꾸었어요. 얼마나 무서웠는지 일어나서는 이부자리가 땀으로 흥건했어요. 낮에는 차가 무서워서 못 다니겠고, 밤에는 남편이 꿈에서 자꾸 오라 그러니까 무서워요. 난 원래 남편하고 아주 사이가 좋았어요. 그런데 자꾸 남편이 오라 그러니까 이제는 남편도 무서워진단 말이죠. 아이들과 같이 살자니 애들이 불편할 것 같고. 나는 이러다가 차에 치여 죽든가 아니면 남편을 따라 그냥 훌쩍 가 버리게 될까 봐 너무 두려워요.

문제 1. 지금 이 내담자의 감정과 생각은 어떤 것인가?

문제 2. 이 내담자에게 어떻게 공감해 줄 것인가? 공감을 위해 어떤 말을 할지 아래에 적어 보시오.

문제 3. 내담자의 문제를 구체적으로 나열해 보시오.

문제 4. 상담 목표와 긍정적 · 부정적 대안을 적고 그 효과를 예측해 보시오.

<table>
<tr><td rowspan="5">상담 목표</td><td colspan="2">1.</td></tr>
<tr><td colspan="2">2.</td></tr>
<tr><td colspan="2">3.</td></tr>
<tr><td>가장 시급한 목표</td><td></td></tr>
<tr><td>가장 중요한 목표</td><td></td></tr>
<tr><td></td><td>긍정적 효과</td><td>부정적 효과</td></tr>
<tr><td>대안 1</td><td></td><td></td></tr>
<tr><td>대안 2</td><td></td><td></td></tr>
<tr><td>대안 3</td><td></td><td></td></tr>
</table>

제17장

노년기 희망 상담: 성공적인 노화와 삶의 즐거움을 위한 상담

1. 성공적 노화

'성공적 노화(aging well)'란 자신과 다른 사람 모두를 만족시키는 신체적 · 사회적 · 심리적 안녕의 가능성 또는 이 수준에 도달하는 것을 말한다(Gibson, 1995). 성공적 노화의 개념은 1986년 미국노년사회학회의 주제로 소개된 이래 노년학자들 사이의 주요 연구 주제가 되어 왔다. 생물학, 의학, 사회과학, 인지과학, 행동과학 등 다양한 분야에서 성공적인 삶에 필요한 구성요소들을 살피고 있지만 성공적으로 늙는다는 것의 의미가 무엇인지, 영향을 미치는 요인들은 어떤 것인가에 관하여는 아직 일치된 의견이 없다(Bromley, 1990).

리프(Ryff, 1982)는 성공적 노화의 구성요소로서 자율성, 환경 통제, 개인적 성장배경, 자기수용, 뚜렷한 목표의식, 타인과의 상호작용 등을 들었다. 이후 피셔(Fisher, 1995)는 41명의 62~92세 노인을 인터뷰하여 리프가 제시한 성공적 노화의 구성요소들을 재확인한 바 있다.

로우와 칸(Rowe & Kahn, 1997)은 노인들 중 성공적인 노화를 이룬 노인과 보통의 노화를 맞은 노인을 구분한 바 있다. 보통의 노화는 특별한 질환이나 기능장애는 없지만 연령 증가와 함께 나타나는 변화들로 질환에 걸릴 위험요소를 가지고 있는, 혹은 사회적 세계의 축소로 고독하고 활기차지 못한 나날을 보내는 노년을 말하며, 성공적 노화는 우리가 노화의 자연스러운 과정으로 여겨 오던 이러한 보통의 노화를 개인의 노력과 환경의 적절한 통제를 통하여 극복하거나 지연시키는 것이 가능하다고 보고, 이를 개념화한 것이다. 그들은 미국의 70~79세 노인들을 대상으로 건강 상태, 사회관계망의 특징, 신체적 · 인지적 기능, 심리적 기능, 생산적 활동의 다섯 가지 영역을 7년간 종단적으로 측정하여 이들 간의 관련성을 분석한 결

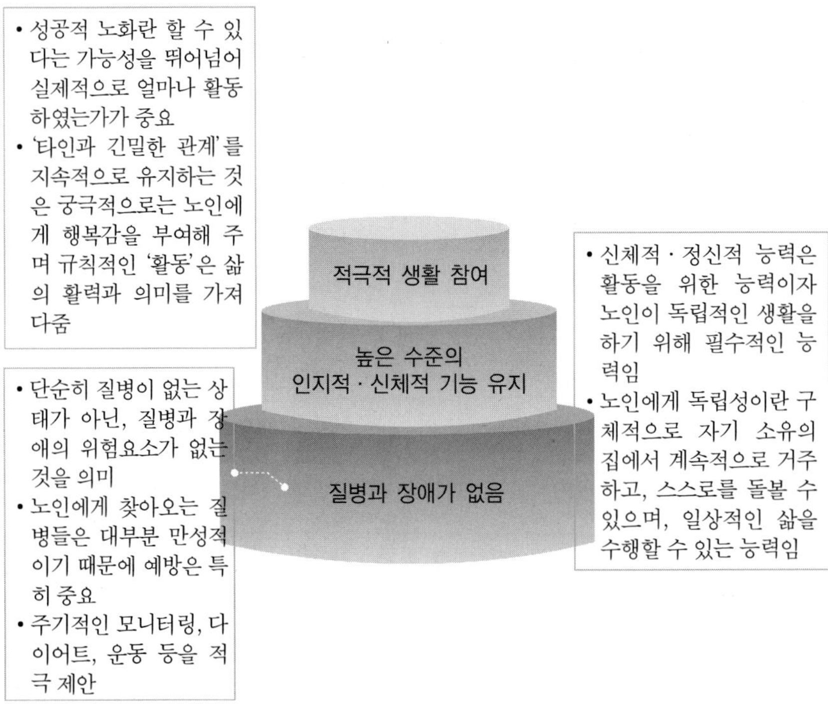

[그림 17-1] 로우와 칸의 성공적 노화 모델

과를 토대로 성공적 노화의 개념을 구성하였다. 성공적인 노화를 이룬 노인들은 젊은 사람들과 비슷한 수준의 건강 상태를 유지하며 기능 면에서도 활동적인 특성을 보인 반면, 보통의 노화를 맞은 노인들은 건강을 상실하거나 기능적으로 약화된 사람들이었다. 이 연구에서 이들은 성공적 노화의 세 가지 영역으로 질병과 장애가 없음, 높은 수준의 인지적 · 신체적 기능 유지, 적극적 생활 참여 등을 포함시켰다.

SOC 모델은 정상적(normal) 노화, 최적의(optimal) 노화, 병리적(sick, pathological) 노화를 구분하고 이 세 가지 유형 사이에 차이가 있다고 보았다. 정상적인 노화는 신체적 또는 정신적 질병이 없이 나이 드는 것이며, 최적의 노화는 유토피아의 상태, 즉 발달을 지속시키고 고령 친화적인 환경 아래에서 노화하는 것이며, 병리적 노화는 의료적인 병인과 질병 증상으로 인한 노화 과정이다.

배일런트(Vaillant, 2002)는 성공적 노화의 핵심적인 내용으로 성숙성을 강조하면서 신체적 건강, 심리사회적 건강을 성공적 노화의 주요 평가 기준으로 설명하고 있다.

배일런트에 따르면, 성공적 노화의 구성요소에는 건강과 경제적인 자립

〈표 17-1〉 성공적 노화의 구성요소

리프 모델	로우와 칸 모델	SOC 모델	배일런트 모델
1. 자율성 2. 환경 통제 3. 개인적 성장 4. 자기수용 5. 인생의 목표 6. 타인과의 원활한 상호작용	1. 질병으로 인해 무기력해지지 않는 것 2. 높은 정신적 · 신체적 인지 기능 3. 적극적인 생활 참여	1. 건강한 생활양식 유지 2. 단순한 해결을 회피하고 개별적이고 사회적인 유연성 촉진 3. 사회적 기회와 지지 제공으로 잠재 능력 강화 4. 잠재 능력의 한계 알기 5. 지식 · 기술의 강화와 보충 6. 증가 · 감소 비율 균형 변화 7. 자아탄력 유지	1. 고난에 대처하는 자세(성숙한 방어기제) 2. 교육 3. 안정적 결혼생활 4. 비흡연(또는 45세 이전 금연) 5. 적당한 음주(알코올 중독 경험 없음) 6. 규칙적 운동 7. 적당한 체중

과 더불어 심리적인 자립이 포함된다. 이른바 성숙성(generativity)은 노화의 중요한 요소로 여겨진다. 이는 타인과의 상호작용, 다음 세대를 염려하는 마음, 개인적 행복감, 개인 특성을 사용한 창조적인 노력 등을 노년기에도 지속적으로 가질 때 가능해진다.

2. 노년기의 희망과 의미

노인에 대한 일반적 인식 중 하나는 의존적이고 보호가 필요한 사람이라는 것이다. 그러나 대부분의 노인들은 다른 발달단계에 있는 사람들과 다를 바가 없다. 즉, 스스로 판단하고 자율적으로 행동한다. 결정하고 선택하고 유지하는 능력은 노년기에도 중요한 의미를 가진다.

전통적인 심리치료에서 내담자는 대상이다. 즉, 이해를 받아야 하는 대상이자 조정되고 변화되어야 하는 존재인 것이다. 그러나 실존주의적 · 인간주의적 관점에서 내담자는 치료적 상황의 주체다. 즉, 치료자는 내담자의 삶의 문제를 돕는 도우미이자 조언자이고 친구의 역할을 한다. 치료자는 내담자가 현재 닥친 진공 상태, 변화의 도가니 속에서 그 삶이 의미 있고 정말 값진 것이라는 것이라고 느끼도록 도울 책임이 있는 것이다. 삶의 의미를 느끼지 못한다는 것은 지루하다거나 무감각하다는 표현으로 드러난다. 그러나 이것은 내담자에게 새로운 하나의 도전이 될 수 있으며 의미를 찾는 일이 하나의 일이 되는 것이다.

노인들이 삶의 의미를 발견하고 삶에서의 긴장을 다시 경험하도록 하는 것은 노인들이 삶에 대한 희망과 의미를 갖는 데 중요하다. 노인들이 우울감을 갖고 불안해하는 것은 미래에 대한 희망을 가지고 있지 않기 때문인 경우가 많다.

상담자는 노인들로 하여금 그들이 머물러 있는 환경 속에서 자신의 가능성을 발견하고 자신감을 가지고 노년을 보내도록 그들을 "존중해 주고, 능력을 인정해 주며, 존경하고, 확신을 보이고, 상담자가 그들과 함께하는 시간을 즐거워한다는 것을 보여 주도록"(Lantz, 1993) 해야 한다. 이는 노인 내담자가 상담자를 신뢰하게 되는 계기를 조성해 준다.

3. 희망 상담

누구나 미래가 있다. 그리고 미래에 대해 보다 도전적이고 자기를 개발하려고 하는 사람은 성공적인 노화를 이룩할 가능성이 그만큼 높아질 수 있다. 그러나 노인들은 나이가 들어 가면서 점차 미래에 대한 희망을 갖지 않게 된다. 오히려 과거에 집착하거나 과거를 통해 위로를 받는다. 이는 노인상담이 현재의 문제에 집중하고 과거의 미해결 과제에 역점을 두는 주요 이유이기도 하다.

노인에 대한 사회적인 편견과 개인적인 편견이 함께 작용하면서 노인 스스로가 자신을 희망 없는 존재로 여기게끔 하고 있다. 이러한 희망 없는 현실, 무가치한 삶, 내일에 대한 기대가 없는 삶을 살고 있는 이들에게는 우울증이나 심한 자책감, 자신의 무가치감 등이 지배적일 수밖에 없다.

그러나 노인들도 오늘을 살고 있고 또한 살아야 할 내일이 있다. 그리고 그 삶은 보다 만족스러워야 한다. 노인들이 '일상을 사는 것'이 아니라 '삶을 누릴' 수 있도록 돕기 위해 상담자들은 어떤 역할을 해야 할 것인가? 현재와 미래에 대한 희망이 없는 사람들에게는 현실에 대한 적응과 남은 시간을 위한 준비가 무엇보다 중요하다. 이러한 의미에서 노인들에게 현실적인 적응을 돕고 미래에 대한 가능성과 희망을 제공하도록 돕는 희망 상담이 필요하다.

희망 상담은 개인이 가지고 있는 현실에 대한 불안정감과 예측할 수 없는 미래, 가능성 없어 보이는 미래에 대한 불안을 줄이고 현재에 대한 적응력과 미래에 대한 보다 건강하고 긍정적인 의지를 갖도록 돕는 상담을 말한다. 희망 상담을 통하여 노인들은 과거에 대한 회고와 긍정적 평가를 도모하고 현재의 삶의 긍정적 측면과 의미를 살핀다. 더불어 희망 상담은 앞으로 남아 있는 시간을 준비하면서 노년기를 성숙과 통합의 시기로 이끌 수 있도록 돕는다.

1) 과거의 희망과 긍정적 기여로 회기

누구에게나 과거가 있다. 그리고 과거에 이루지 못했던 많은 꿈과 소망이 있다. 노년기에 접어들면서 노인들은 자신의 삶을 되돌아보고 스스로를 평가한다. 과거에 소망했던 바를 각 발달단계를 거치면서 이룬 경우 노인은 통합감을 경험하면서 생에 대한 긍정적인 평가를 내릴 수 있다. 그러나 그렇지 못한 경우는 과거의 소망에 대한 아쉬움과 안타까움, 혹은 인생의 절망감을 경험하게 된다.

이때 인생 곡선을 그리는 것이 도움이 된다. 인생 곡선은 과거의 기억, 성공 경험을 되새기며 삶의 자취를 찾아보도록 돕는다. 인생 곡선은 각 연령대별로 기억나는 사건들을 떠올리고 각각의 사건에 해당하는 성공/행복 혹은 실패/불행 점수에 점을 찍은 후 그 점들을 연결한 것이다. 인생 곡선을 통해 현재까지의 과정을 되돌아보고 인생의 과거사에 대한 평가를 한눈에 볼 수 있다. 만일 80세라면 80세까지의 과거사에 대한 그림을 그리고, 이어 앞으로의 예상되는 수명을 상상해 앞으로 일어날 일에 대한 예상을 과거사에 대한 평가처럼 진행하는 것이다. 이때 기대 수명을 반드시 100세에 맞출 필요는 없다.

상담자는 노인의 이전의 각 발달단계에서의 소망들, 이루고자 했던 바를 살펴야 한다. 노인이 희망을 찾아 과거로 회귀하는 과정은 다음과 같다.

① 개인의 출생 의미와 유아기 시절 및 부모님의 기대에 관해 탐색한다

유아기는 출생과 더불어 부모와의 밀접한 관계와 영향력 아래에 있다. 자신의 탄생에 대한 평가는 노년기에 통합성에 대한 평가에 영향을 미칠 수 있다. 상담자는 개인의 출생 과정과 출생의 의미 및 부모님이 가졌던 감정과 기대를 되돌아보면서 존재에 대한 긍정적인 의미를 파악하도록 돕는다.

② 아동기에 이루고자 했던 바와 그 갈등 및 긍정적 기여를 탐색한다

아동기의 부모관계와 또래관계는 개인 성격에 중요한 영향을 미칠 뿐 아니라 사회적인 관계에 영향을 줄 수 있다. 이 시기에 갖게 되는 소망이나 바람은 성인기에 현실화되기보다는 다양한 변화를 거치면서 무시되거나

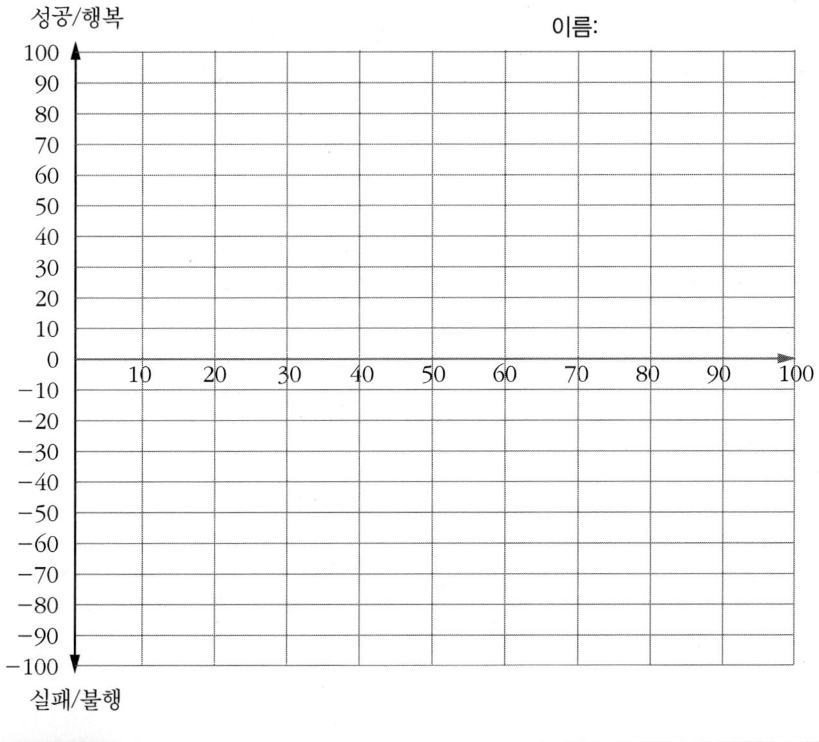

[그림 17-2] 인생 곡선

의미 없이 지나가 버리게 된다. 상담자는 내담자가 아동기에 겪었던 다양한 소망의 변화를 살펴 줌으로써 아동기 시절 자신의 의도와 무관하게 버려졌던 소망들과 연관된 심리적 상처를 되돌아보게 할 수 있다. 가족 내부의 갈등과 또래관계에서 얻었던 감정 경험을 살피고 이에 대한 상담적 돌봄을 제공할 수도 있다. 개인이 아동기를 겪으면서 긍정적으로 기여한 부분을 집중적으로 살피고 긍정적인 차원에서 아동기 전체를 파악하고 평가할 수 있도록 돕는다.

③ 청소년기에 이루고자 했던 바와 그 갈등 및 긍정적 기여를 탐색한다

청소년기를 겪으면서 겪었던 변화와 갈등은 정체성 형성과 연결되어 있다. 정체성은 개인이 자신의 삶을 주도적으로 이끌어 가고 만족스러운 삶을 사는 데 중요한 역할을 하게 된다. 상담자는 내담자가 자신의 청소년기의 삶을 충분히 조명해 보고 당시의 다양한 변화에 대해 총체적으로 평가하는 시간을 갖도록 도울 수 있다. 학업에 매진하고 정체성을 형성하는 과정에서 진로와 신체 변화 등 다양한 청소년기 중요 사건들 속에 들어 있는 의미와 갈등을 살피고 이에 대한 개인적 평가에 관심을 두도록 한다. 특히 그 시기에서 발견할 수 있는 개인의 긍정적인 요소와 힘을 충분하게 평가해 주고 내담자가 이 시기를 긍정적으로 평가할 수 있도록 돕는다.

④ 성인 초기에 이루고자 했던 바와 그 갈등 및 긍정적 기여를 탐색한다

성인 초기에 형성된 주요한 관계는 성인기를 지내면서 중요한 역할을 하게 된다. 이 시기의 다양한 소망과 갈등을 살피는 것은 개인이 가지고 있는 관계에 대한 욕구와 그 해소, 그리고 결혼관계 형성을 통해 얻게 된 것들의 의미가 노년기까지 이어지기 때문이다. 이 시기에 형성된 주요 관계를 살핌으로써 내담자가 이 시기를 긍정적으로 평가하도록 돕는다.

⑤ 성인 중기에 이루고자 했던 바와 그 갈등 및 긍정적 기여를 탐색한다

성인 중기는 자녀를 낳아 기르고 젊은 세대를 가르치며 보다 크게는 지역사회에 공헌하면서 자기를 이루어 가는 시기다. 성인은 가족, 사회, 지역 공동체 속에서 자신의 존재를 발견하게 된다. 상담자는 노인들이 성인 중기 동안 가졌던 소망, 갈등을 살피고 성인 중기에 긍정적으로 기여한 점들을 살필 수 있다. 이를 통해 성인 중기에 대한 긍정적인 평가를 하도록 돕는다.

2) 현재의 희망 찾기

노년기에 접어들고 노인들은 신체적 · 사회적 역할상의 변화를 경험하게 된다. 이전 발달단계보다 지금의 상황이 개인이 가지고 있는 소망이나 능력 발휘에는 부적합한 상황이라고 판단하게 되면서, 노인들은 자신들이 가지고 있는 꿈이나 바람을 접게 되는 경우가 많다.

노인들이 현재의 소망과 원하는 바를 탐색하기 위해서는 다음과 같은 과정이 도움이 된다.

- 자신의 권리와 이전 단계에서 여러 가지로 기여했던 점들을 살핀다.
- 현재 가장 원하는 사항들을 나열한다.
- 현재의 소망과 이전 발달단계에서 이루고자 했던 소망 사이의 관계를 조명해 본다.
- 현재의 소망을 이루지 못하게 하는 이유를 탐색한다.
- 가능한 대안을 중심으로 다양한 가능성을 살핀다.

3) 미래에 대한 예측

노인들이 가지고 있는 미래관은 다양하다. 미래에 대해 부정적인 생각을 가지고 있는 사람이 있는가 하면 여전히 삶을 더 영위하고 싶고 미래에도 다른 사람들과 다양하고 의미 있는 관계를 이루고자 하는 사람도 있다.

이 단계에서 상담자는 내담자가 제시한 과거의 소망과 현재의 소망을 자료로 내담자가 예측하는 미래의 모습을 살피고 부정적인 예측과 긍정적인 예측에 대한 주요 내용과 원인을 살피도록 한다.

- 과거의 소망과 현재의 소망에 대한 자료를 토대로 미래의 소망 성취에 대한 예측을 시도한다.
- 긍정적 예측 결과와 부정적 예측 결과 모두를 상정한다.
- 긍정적 예측 결과와 부정적 예측 결과에 대한 상세한 내용을 설명하고 각각의 원인을 살핀다.
- 부정적인 예측 결과를 긍정적인 차원으로 돌릴 수 있는 가능성을 타진해 본다.

4) 미래 희망 목록 작성

과거와 현재에 대한 자료를 토대로 미래의 가능성을 살펴본 후에는 전체 자료 중 '미래에 이루어질 가능성이 가장 높은 것' 같은 희망 목록을 작성하도록 한다.

- 미래에 성취할 가능성이 가장 높은 소망들을 살핀다.
- 각 소망들의 목차를 적고 여기에 이름을 붙인 후 그 내용을 큰 소리로 읽는다.

5) 미래 희망 수립을 위한 구체적 대안 제시

성취 가능성이 가장 높은 미래 희망에 대한 목차를 기초로 상담자는 내담자와 함께 이러한 내용의 성취를 위한 구체적인 대안을 작성하도록 한다. 이때 대안은 가능한 대안과 불가능한 대안까지 포함한다.

- 각각의 목록에 대한 구체적인 대안들을 작성한다.
- 각각의 대안에는 가능한 대안과 불가능한 대안까지도 포함한다.
- 각각의 대안을 제시한 이유를 살피고 그 가능성에 대한 평가를 한다.

6) 목표 수행을 위한 구체적 과정 결정

대안들을 작성한 후에는 구성한 목표들을 수행하기 위한 구체적인 과정을 살펴야 한다.

- 내담자가 제시한 각 목록에 대한 대안들을 충분히 검토한다.
- 각 대안들에 대한 구체적인 과정을 의논한다.
- 의미 있는 대안들에 대한 구체적인 과정에서 현실성을 충분히 고려한다.

7) 목표의 실행

대안과 과정이 구성된 후에는 현실 속에서 내담자가 자신의 소망을 이루도록 목표를 실행하는 단계에 다다르게 된다. 이 과정에서 내담자가 실패를 경험하더라도 결코 당황하거나 실망하지 않도록 당부하고 지지한다.

- 구체적으로 작성된 대안과 과정을 서두르지 말고 하나씩 천천히 실행한다.
- 구축한 목표가 빨리 이루어지지 않더라도 여유를 갖도록 하라.
- 구축한 목표 달성에 실패한 경우에는 내담자가 실망하거나 좌절하지 않도록 격려하고 실패의 원인과 이유를 충분히 살피도록 한다.
- 내담자의 목표 수행에 대해서는 충분한 칭찬과 격려를 보낸다.

4. 노인 희망 상담 사례연습

이제는 얘기를 할 만한 것 같아요. 2년 전에 아내가 돌아갔을 때는 아무것도 할 수가 없었어요. 동갑이었던 아내와 48년을 같이 꼭 붙어 다녔어요. 원앙 같다는 말도 많이 들었죠. 다툼이 별로 없었고, 참 좋았던 결혼생활이었다고 말할 수 있어요. 그러다 아내가 가니까 이게 뭔지 잘 모르겠더라고요. 남들이 힘들 것이라고 했지만 그때는 잘 몰랐어요. 그러다 장례를 치르고 나니까 힘들어지더라고요. 처음에는 아내 생각이 나서 아내 물건만 봐도 울곤 했어요. 그러다 시간이 지나니까 울음이 그쳤어요. 아이들도 일상으로 돌아갔죠. 텅 빈 집안에서 이제 제 고민이 남았습니다. 이제 이 긴 시간들 동안 밥은 어떻게 먹어야 할지, 빨래며 설거지는 어떻게 해야 할지, 물건은 도대체 어디에 있는지 하나도 모르겠더라고요. 한 1년 이상 그랬죠. 정말 힘들었어요. 하루하루가 지옥 같았어요. 아내 손때가 묻어 있어서 다른 곳으로 이사도 가고 싶지 않았죠. 아내의 빈자리에서 제가 지금의 일상을 만들기까지 참…… 시간이 많이 걸렸습니다. 일상생활이 좀 몸에 익었어요. 그랬더니 지금은 그래도 정신이 좀 납니다.

그런데 정신이 좀 나니까, 지금부터 어떻게 살아야 할지 잘 모르겠더라고요. 오랫동안 친구들도 만나지 않았고, 친척들도 왕래가 거의 없었어요. 그렇다고 복지관에 다니자니 제가 올해 70세인데 가도 되는 나이인지 그것도 모르겠고요. 아내가 있을 때는 뭘 해도 자신이 있었는데, 지금은 복지관에 갈지 말지도 결정을 잘 못 내리겠으니, 참 걱정입니다. 이 나이에 '미래'에 대해 이야기한다는 게 좀 우스워 보일지 몰라도, 남은 시간이 얼마이든 간에 좀 잘 살아 봐야겠다는 생각이 들어요. 내가 우울하게 남은 생을 보내다가 간다면 먼저 간 내 아내도 결코 좋아하지 않을 것 같아요. 지금부터 뭘 해야 할지, 어떻게 사는 것이 건강하고 좋은 노년기를 보내는 건지 문의드립니다.

문제 1. 지금 이 내담자의 감정과 생각은 어떤 것인가?

문제 2. 이 내담자에게 어떻게 공감해 줄 것인가? 공감을 위해 어떤 말을 할지 아래에 적어 보시오.

문제 3. 내담자의 희망 목록을 구체적으로 나열해 보시오.

문제 4. 상담 목표와 긍정적 · 부정적 대안을 적고 그 효과를 예측해 보시오.

<table>
<tr><td rowspan="5">상담 목표</td><td colspan="3">1.</td></tr>
<tr><td colspan="3">2.</td></tr>
<tr><td colspan="3">3.</td></tr>
<tr><td>가장 시급한 목표</td><td colspan="2"></td></tr>
<tr><td>가장 중요한 목표</td><td colspan="2"></td></tr>
<tr><td></td><td colspan="2">긍정적 효과</td><td>부정적 효과</td></tr>
<tr><td>대안 1</td><td colspan="2"></td><td></td></tr>
</table>

대안 2		
대안 3		

참고문헌

강주령(1999). 노년기 적응에 관한 연구: 가족 관계를 중심으로. 숙명여자대학교 대학원 석사학위논문.

구미영(1998). 노인의 자존감 향상을 위한 회상기법 중심 집단상담의 효과. 계명대학교 대학원 석사학위논문.

국가인권위원회(2002). 2002년 지역사회에서의 노인학대 실태조사.

권두승, 조아미(2001). 성인학습 및 상담. 서울: 교육과학사.

권명순(2002). 노인의 성에 대한 탐색적 연구. 연세대학교 대학원 박사학위논문.

권중돈(2002). 노인학대의 이해와 대응방안. 대전노인학대상담센터 세미나 자료집, 1-16.

권중돈(2004). 노인 학대에 영향을 미치는 요인. 한국노년학, 24(1), 1-19.

김귀분(1978). 노인들의 죽음에 대한 태도 조사 연구. 간호학회지, 8(1), 85-98.

김남초, 양수(2002). 일부 지역사회 노인의 신체 건강 상태와 우울. 대한간호학회지, 31(6), 1012-1020.

김동기, 김은미(2010). 사회 적응의 노인심리학. 서울: 학지사

김미혜(2001). 노인학대의 이해와 해결을 위한 첫걸음. 노인학대세미나 자료집: 노인

학대 실태 및 방향성 모색, 3-12. 까리따스방배종합사회복지관.

김미혜, 권금주, 임연옥(2004). 노인이 인지하는 '좋은 죽음' 의미 연구: '복(福) 있는 죽음'. 한국사회복지학, 56(2), 195-213.

김미혜, 이선희(1988). 노인학대 측정도구 개발을 위한 일 연구. 사회복지, 봄호, 87-110.

김병길(2008). 노년기 여가활동이 삶의 질 향상에 미치는 영향. 원광대학교 대학원 석사학위논문.

김수연(1998). 노인 종교참여도와 관련변인에 관한 연구, 한국노년학, 8, 55-68.

김신미, 이윤정, 김순이(2003). 노인과 성인이 인식하는 '좋은 죽음'에 대한 연구. 한국노년학, 23(3), 95-109.

김애련, 한내창(1997). 노인의 여가활동 유형과 여가활동이 생애만족도에 미치는 효과에 관한 연구. 대한간호학회지, 35(6), 275-288.

김인숙(1998). 노인 범죄에 관한 이론. 사회과학연구, 11, 345-359.

김정우(1995). 죽음의 이해. 대구효성가톨릭대학교 영성신학연구소.

김종인, 김윤정(2010). 농촌 노인의 농사일과 여가 활동이 삶의 만족감에 미치는 영향. 한국가족관계학회지, 15(1), 251-269.

김주희, 이창은(2000). 유배우자 노인의 성에 관한 탐색적 연구. 한국노년학, 20(3), 185-195.

김태현(1994). 노년학. 서울: 교문사.

김태현(1997). 노년기 부부의 상호간 지지와 역할 공유 및 결혼적응에 관한 연구. 한국노년학, 17(2), 167-182.

김태현, 한혜신(1996). 사별노인의 재혼에 관한 연구: 서울시 재혼노인의 성공사례를 중심으로. 한국노년학, 16(1), 18-38.

김현주(2000). 집단회상요법이 노인의 우울, 고독감에 미치는 영향: 재가복지서비스 수혜 노인을 대상으로. 세종대학교 행정대학원 석사학위논문.

김형수(2000). 노인과 자살, 노인복지연구, 통권 제10호, 25-45.

김형수(2002). 한국노인 자살생각과 관련요인 연구. 한국노년학, 22(1), 159-172.

까리따스방배종합사회복지관(2002). 노부모 학대실태조사 보고서.

노유자(1994). 호스피스와 죽음. 서울: 현문사.

대검찰청(1971~2000). 범죄분석.

대한노인정신의학회 편(2003). 한국형 치매평가 검사. 서울: 학지사.

박상훈(2001). 집단미술치료가 시설노인의 고독감과 생활만족도에 미치는 효과. 대구대학교 재활과학대학원 석사학위논문.

박충선(1998). 노년기의 생활 시간과 생활만족도에 관한 연구. 한국노년학, 18(2), 30-46.

박홍순(2000). 도시지역 저소득노인에 대한 보건복지정책의 방향. 연세대학교 보건대학원 석사학위논문.

반형욱(1997). 노인학대의 실태조사 연구. 한남대학교 대학원 석사학위논문.

보건복지부(2002). 2001년 국민건강 · 영양조사: 만성질병편.

보건복지부(2010a). 노인학대현황보고서.

보건복지부(2010b). 등록장애인현황.

서현미(2001). 노인의 건강증진행위 모형 구축. 서울대학교 대학원 박사학위논문.

서혜경, 이영진(1997). 노년기의 성에 관한 다각적 고찰. '97 제2회 노인 보건 · 복지 세미나 초록집, 45-61.

송미순, 김신미, 오진주(1997). 노인간호 연구와 전망. 서울: 서울대학교 출판부.

송상효(1997). 노인의 건강과 성에 대한 의학적 고찰에 대한 토론. '97 제2회 노인 보건 · 복지 세미나 초록집.

여미옥(2002). 노인학대에 영향을 미치는 요인에 관한 연구. 서울여자대학교 대학원 석사학위논문.

오진주(1998). 노인의 성생활 경험에 대한 서술적 연구. 한국보건학학회지, 12(2), 236-251.

유성호 외(2000). 노인복지론. 서울: 아시아미디어리서치.

유수정, 김현숙, 한규량(2002). 재가노인의 신체적 건강, 자아존중감, 사회적 지지 및 보건복지 욕구조사: 치매 및 우울의심 노인과 정상노인의 비료를 중심으로. 한국노년학, 22(3), 115-133.

윤진(1998). 성인 · 노인심리학. 서울: 중앙적성출판사.

윤현희, 김명자(1994). 남녀노인의 스트레스와 대처행동, 적응감 연구. **한국노년학**, 14(1), 17-32

이가옥, 서미경, 고경환, 박종돈(1994). **노인생활실태 및 정책과제**. 서울: 한국보건사회연구원.

이미경(1998). 노인부부의 성생활에 관한 연구. 한남대학교 대학원 석사학위논문.

이선혜, 고정은(2009). 노인의 우울증상 식별력에 영향을 미치는 요인. **한국노년학**, 29(2), 529-546.

이신숙, 이경주(2002). 노인의 일상적 스트레스, 사회적 지지, 심리적 적응에 관한 연구. **한국노년학**, 22(1), 1-20

이이정(2004). 노인학습자를 위한 죽음준비교육 프로그램 개발연구. 연세대학교 대학원 박사학위논문.

이장호(1995). **상담심리학**. 서울: 박영사.

이지영, 이가옥(2004). 노인 죽음에 대한 인식. **한국노년학**, 24(2), 193-216.

이창은(1999). 노인의 성생활 인식도와 삶의 만족도와의 관계. 한양대학교 대학원 석사학위논문.

이현희, 원영희, 구자숙(2003). 노인범죄 추이 및 관련 요인에 관한 연구. **한국노년학**, 23(2), 125-139.

이형선(2011). 노인범죄의 실태와 대책에 관한 연구. 서울사회복지대학원 석사학위논문.

이호선(2004). 유배우자 여성 노인의 성 갈등 유형에 관한 연구. **한국노년학**, 24(4), 69-86.

이호선(2010). **노인과 노화**. 서울: 시그마프레스

이호선(2011). **노화와 영성**. 서울: 북코리아.

이호선(2012, 출간 예정). **노인의 성과 성문화**. 서울: 시그마프레스.

일본 국립사회보장 · 인구문제연구소(2003). **인구통계자료집**.

전길양 외(2000). 노년기 준비교육 프로그램: 풍요로운 노후 가꾸기. **한국노년학**, 20(1), 69-91.

전길양, 임선영(1998). 노년기 부부 갈등과 우울에 관한 연구. **대한가정학회지**,

36(60), 1-12.

정경희, 조애저, 오영희, 변재관, 변용찬, 문현상(1998). 1998년도 전국 노인 생활실태 및 복지 욕구 조사. 한국보건사회연구원.

정동철(1996). 노년의 성과 윤리. 아산사회복지 사업재단(편). 제8회 사회윤리 심포지엄 자료집: 현대사회와 성윤리.

정옥분(2001). 성인발달과 노화. 서울: 교학사.

정옥분(2004). 발달심리학. 서울: 학지사.

정옥분(2008). 성인 · 노인 심리학. 서울: 학지사.

조맹제, 홍진표(2000). 한국노인의 정신건강실태와 건강증진. 서울: 집문당.

최성재(1999). 21세기 고령화 사회의 노인 소득 보장. 한국노년학회 세계 노인의 해 기념 학술세미나 연제집, 147-161.

최승은(2011). 노인 우울증 완화 인지행동 프로그램 개발. 한남대학교 대학원 석사학위논문.

최영호(1998). 노인층 소비자의 TV 시청빈도와 생활만족도 간의 관계. 중앙대학교 신문방송대학원 석사학위논문.

치안정책연구소(2010). 치안정책 리뷰, 2010년 3월 16호.

통계청(2002). 사망원인 통계 연보.

통계청(2006). 장래인구추계.

통계청(2009). 2009년 생활시간조사 결과.

통계청(2010). 인구주택총조사.

통계청(2011). 고령자 통계.

하양숙(1991). 집단회상이 노인의 심리적 안녕에 미치는 영향에 관한 연구. 서울대학교 대학원 박사학위논문.

하지경(2010). 노인가구의 소비패턴분석: 노인빈곤가구와 노인비빈곤가구의 비교분석을 중심으로. 성균관대학교 대학원 석사학위논문.

한국노인상담센터(2010). 전화상담 및 면접상담 자료 통계. 미간행.

한국노인상담센터(2011). 2010 상담결과 평가자료집. 미간행.

한국보건사회연구원(1997). 치매관리 Mapping 개발연구.

한국보건사회연구원(1999). 노부모 학대 실태에 관한 사례 연구.

한국보건사회연구원(2008). 노인의 치매 실태와 대책. 서울: 한국보건사회연구원.

한국여성개발원(1993). 여성노인. 서울: 한국여성개발원.

한국일보(2003. 11. 11). 60세 이상 여성 노인 52% "나이 들어도 성생활 필요".

한국형사정책연구원(1995). 노인의 범죄 및 범죄피해에 관한 연구.

한국형사정책연구원(2002). 노인수형자의 특성 및 처우 실태에 관한 연구.

한나영, 윤홍주, 박일환, 정유석, 유선미(2002). 좋은 죽음에 대한 노인들의 인식. 가정의학회지, 23(6), 769-777.

한은주, 김태현(2000). 노인학대의 원인에 대한 생태학적 연구. 한국노년학, 20(2), 71-89.

한정란(2001). 교육노년학. 서울: 학지사.

한정란(2005). 노인교육의 이해. 서울: 학지사.

한혜원(1989). 사회사업실천에 있어서 통합적 자아의 형성과 활용에 관한 연구. 이화여자대학교 대학원 박사학위논문.

현외성, 조추용, 박차상, 김혜정, 김용환(1998). 노인상담의 이론과 실제. 서울: 유풍출판사.

홍명신(2003). 노인의 인터넷 이용에 관한 연구: 초기 노인을 중심으로. 한국노년학, 23(2), 187-203.

홍주연(2000). 성격과 자아통합감이 노인 회상 기능에 미치는 영향. 이화여자대학교 대학원 박사학위논문.

홍현방(2002). 성공적 노화 개념 정의를 위한 문헌연구. 이화여자대학교 대학원 박사학위논문.

황진수, 최성재, 김태현, 이가옥, 유성호, 변재관(2001), 고령자 취업 활성화 방안. 한국노년학, 21(1), 93-118.

Adler, W. H. (1974). An "autoimmune" theory of aging. In M. Rochstein (Ed.), *Theoretical Aspects of Aging*. New York: Academic Press.

Aizenberg, D., Weizman, A., & Barak, Y. (2002). Attitudes toward sexuality among nursing home residents. *Sexuality and Disability, 20*(3), 185-190.

Alguilera, D. C., & Messick, J. M. (1985). 위기개입론: 이론과 방법(김만두 역). 서울: 홍익제.

Archibald, C. (1998). Sexual secrets of older women: counter transference in clinical practice. *Clinical Gerontologist, 17*(2), 51-67.

Archibald, C. (2002). Sexuality and dementia in residential care-whose responsibility? *Sexual and Relationship Therapy, 17*(3), 301-309.

Atchley, R. C. (1971). Disengagement among professor. *Journal of Gerontology, 26*, 476-480.

Baikie, E. (2002). The impact of dementia on marital relationships. *Sexual and Relationship Therapy, 17*(3), 289-299.

Bélanger, C., Laughrea, K. & Lafontaine, M. F. (2001). The impact of anger on sexual satisfaction in marriage. *The Canadian Journal of Human Sexaulity, 10*(3/4), 91-100.

Birren, J. E. (1964). The psychology of aging. In J. E. Birren & C. C. Thomas (Ed.), *Relations of Development and Aging* (pp. 99-120). Springfield, IL: Charles C. Thomas.

Block, J. D., & Bakos, S. C. (1999). *Sex over 50.* Paramus, NJ: Reward Books.

Borgan, M. (1996). The sexual needs of elderly people: addressing the issue. *Nursing Standard, 10*(24), 42-45.

Brecher, E. M. (1984). *Love, sex and aging.* Boston: Little Brown.

Breen, L. B. (1960). Aging individual. In R. Boyd & D. McConatha (Eds.), *Handbook of Social Gerontology.* University of America.

Busse, E. W. (1971). Biologic and sociologic changes affection adaptation in mid and late life. *Annals of Internal Medicine, 15*(7), 115-120.

Butler, R. (1961). Re-awakening interests: Nursing Homes. *Journal of American Nursing Home Association, 10*, 8-19.

Butler, R. N. (1961). The life review: An interpretation of reminiscence in the aged. *Psychiatry, 256*, 65-76.

Cath, S. H. (1982). Psychoanalysis and psychoanalytic psychotherapy of the older patient. *Journal of Geriatric Psychiatry, 15*, 43-53.

Cavan, R. S., Burgess, E. W., Havighurst, R. J., & Goldhammer, H. (1949). *Personal Adjustment in Old Age*. Chicago: Science Research Associates.

Choron, J. (1964). *Death and modern man*. New York: Collier.

Coleman, D. J., & Iso-Ahola, S. E. (1993). Leisure and health; The role of social support and self-determination. *Journal of Leisure Research, 25*, 11-128.

Comfort, A. (1964). *Ageing: The Biology of Senescence*. Routedge & Kegan Paul.

Comfort, A. (1978). *Sexual Consequences of Disability*. Philadelphia, Pennsylvania: George F. Stickley Company.

Conwell, Y., Caine, E. D., & Olsen, K. (1990). Suicide and Cancer in Later Life. *Hospital and Community Psychiatry, 41*, 1334-1339.

Conwell, Y. (1997). Management of Suicidal Behavior in the Elderly. *Psychiatric Clinics of North America, 20*, 667-683.

Corey, G., & Corey, M. (1992). **집단상담 전략과 기술**(김명권 역). 서울: 시그마프레스.

Corr, C. A. (1995). Death education for adults. In I. B. Corless, B. B. Germino, & M. A. Pittman (Eds.), *A challenge for living: Dying, death, and bereavement*. Boston: Jones & Bartlett.

Cowgill, D. (1974). Aging and modernization: a revision of the theory. In J. Gubrium (Eds.), *Later Life*. Springfield: Charles, C. Thomas.

Crose, R. (1994). Family bonding and attachment patterns in late life. *Family Therapy, 21*(3), 217-221.

Cumming, E., & Henry, W. (1961). *Growing old*. New York: Basic Books.

Dewlad, P. (1964). *Psychotherapy: A dynamic approach*. New York: Basic

Books.

Drench, M. E., & Losee, R. H. (1996). Sexuality and sexual capacities of elderly people. *Rehabilitation Nursing, 21*(3), 118-123.

Duffy, M. (Eds.) (1998). *Handbook of counseling and psychotherapy with older adults.* New York: John Wiley.

Durkheim, E. (1951). *Suicide: a study in sociology.* New York: Free Press.

Durlak, J. A. (1994). Changing Death Attitudes Through Death Education. In R. A. Neimeyer (Eds.), *Death anxiety handbook.* Washington D. C.: Taylor & Francis.

Ebersole, P., & Hess, P. (1990). *Toward Healthy Aging: Human Needs & Nursing Response* (3rd ed.). St. Louis, Missouri: C. V. Mosby Co.

Erikson, E. H. (1950). *Childhood and society.* New York: Norton.

Erikson, E. H. (1968). Life cycle. In *International Encyclopedia of the Social Sciences, 9* (pp. 286-292). New York: The Free Press.

Erikson, E. H. (1982). *The life cycle completed: a review.* New York: Norton.

Erikson, E. H. (Ed.) (1978). *Adulthood.* New York: Norton.

Fisher, B. J. (1995). Successful aging, life satisfaction, and generativity in the later life. *International Journal of Aging and Human Development, 41*(3), 239-250.

Fooken, I. (1994). Sexuality in the later years-the impact of health and body-image in a sample of older women. *Patient Education and Counselling, 23*, 227-233.

Freud, S. (1960). *A general introduction to psychoanalysis.* New York: Washington Square Press.

Freud, S. (1961). *The Loss of Reality in Neurosis and Psycholsis.* London: Hogarth Press.

Freud, S. (1964). *Analysis Terminable and Interminable.* London: Hogarth Press.

Furlong, M. S. (1989). An electronic community for older adults: The Senior Net network. *Journal of Communication, 39*(3), 145-153.

Glaser, B. G., & Strauss, A. L. (1967). *The discovery of grounded theory: strategies for qualitative research.* Chicago: Aldine.

Glaser, B. G., & Strauss, A. L. (1976). *Awareness of dying.* Chicago: AVC, Inc.

Gross, J. (1961). Collagen. *Scientific American, 204*(5), 121-130.

Hansson, R. O., Remondet, J. H., & Galusha, M. (1993). Old age widowhood. In M. S. Strobe & et al. (Eds.), *Handbook of Bereavement.* New York: Cambridge University Press.

Harris, D. K. (1998). **노년 사회학**(최신덕, 김모란 역). 서울: 하나의학사.

Harris, D. K., & Cole, W. E. (1985). **노년사회학**(최신덕 역). 서울: 경문사.

Havighurst, R. J. (1976). Education through the adult life span. *Educational Gerontology, 1*, 41-52.

Hochschild, A. (1975). Disengagement theory: A critique and proposal. *American Sociological Review, 40*, 553-569.

Homans, G. C. (1967). *The nature of social science.* New York: Harcourt, Brace & World.

Horn, J. L., & Cattell, R. B. (1966). Refinement and test of the theory of fluid and crystallized general intelligences. *Journal of Educational Psychology, 57*, 253-270.

Kastenbaum, R. (1991). *Death, society, and human experience.* New York: Merrill.

Katz, S., & Marshall, B. (2003). New sex for old: lifestyle, consumerism, and the ethics of aging well. *Journal of Aging Studies, 17*, 3-16.

Kim, S., & Lee, Y. (2003). Korean nurses' attitudes to good and bad death, life-sustaining treatment and advance directives. *Nursing Ethics, 10*(6), 624-637.

Klass, D. S., Phyllis, R., & Nickman, S. L. (Eds.) (1996). *Continuing Bonds:*

New Understandings of Grief. Phil., PA: Taylor and Francis.

Klug, L., & Sinha, A. (1987). Death acceptance: A Two-Component Formulation and Scale. *Omega, 18*(3), 229-235.

Kohut, H. (1967). The psychoanalytic treatment of narcissistic personality disorders. *The Psychoanalytic Study of the Child, 23*, 86-113.

Kohut, H. (1970a). Moderator's opening and closing remarks. *International Journal of Psycho-Analysis, 51*, 176-181.

Kohut, H. (1970b). Scientific Activities of the American Psychoanalytic Association: An Inquiry. *Journal of Amer. Psychoanal. Assn., 18*, 462-484.

Kübler-Ross, E. (1969). *On Death and Dying.* A Touchstone Book.

Kuhn, D. (2002). Intimacy, Sexuality and Residents with Dementia. *Alzheimer's Care Quarterly, 3*(2), 165-177.

Lantz, J. (1993). *Existential family therapy: Using the concepts of Viktor Frankl.* Northvale: NJ: Jason Aronson.

Levinson, D. J. (1984). The career is in the life structure, the life structure is in the career: An adult development perspective. In M. B. Arthur, L. Bailyn, D. J. Levinson & H. Shepard (Eds.), *Working with careers.* New York: Columbia.

Levinson, D. J. (1986). A conception of adult development. *American Psychologist, 41*, 3-13.

Levinson, D. J. (1990). A theory of life structure in adulthood. In C. N. Alexander & E. J. Langer (Eds.), *Higher stages of human development: Perspectives on adult growth.* New York: Oxford University Press.

Lewis, M. I., & Butler, R. N. (1974). Life-review therapy: Putting memories to work in individual and group psychotherapy. *Geriatrics, 29*, 165-173.

Liang, J. (1985). A structural integration of the affect balance scale and life satisfaction. *Journal of Gerontology, 40*, 552-561.

Lyder, C. H. (1991). Examining Sexuality in Long term care. *Journal of Practical Nursing, 41*(4), 25-27.

Maddox, G. L. (1964). Disengagement theory: A critical evaluation. *The Gerontologist, 4*, 80-82, 103.

Mahler, C. A. (1969). *Group counseling in schools*. Boston: Houghton Mifflin.

Maslow, A. H. (1965). A theory of human motivation. In D. E. Hamachek (Ed.). *The self in growth, teaching and learning*. New Jersey: Prentice-Hall.

Maslow, A. H. (1968). *Toward a psychology of being* (2nd Ed.). New York: D. Van Nostrand

Masters, W. H., & Johnson, V. E. (1966). *Human sexual response*. Boston: Little, Brown.

McClusky, H. Y. (1971). Education: Background and issues. Report prepared for the White House Conference on Aging, Washington, DC.

McDonald, P. A., & Haney, M. (2003). **노인상담연습**(현외성, 하정미 역). 서울: 양서원.

McGrath, E., Keita, G. P., Strickland, B. R., & Russo, N. F. (1990). *Women and depression: Risk factors and treatment issues*. Washington, DC: American psychological Association.

Melamed, S., Meir, E. I., & Samson, A. (1995). The benefits of personality-leisure congruence: Evidence and implications. *Journal of Leisure Research, 27*, 25-40.

Mill, J. E. (1997). The Neuman systems model: Application in a Canadian HIV setting. *British Journal of Nursing, 6*, 163-166.

Mill, J. E. (1997). The Neuman systems model: Application in a Canadian HIV Setting. *British Journal of Nursing, 6*, 163-166.

Morris, L. W., Morris, R. G., & Britton, P. G. (1988). The relationship between marital intimacy, perceived strain and depression in spouse caregivers of dementia sufferers. *British Journal of Medical Psychology, 61*, 231-236.

MTUS(Multinational Time Use Study). http://www.timeuse.org/mtus.

Myers, W. A. (1984). *Dynamic therapy of the older patient.* New York: Aronson.

Myskow, L. (2002). Perimenopausal issues in sexuality. *Sexual & Relationship Therapy, 17*(3), 253-261.

Nemiroff, R. A., & Colarusso, C. A. (Eds.) (1990). *New dimensions in adult development* (pp. 306-330). New York: Basic Books.

Neugarten, B. L. (1979). Time, age and the life cycle. *American Journal of Psychiatry, 136*, 887-894.

Neugarten, B. L. (1994). The young-old and the ate-irrelevant society. Reprinted from the proceedings of a conference entitled "The young-old: A new North American phenomenon" (pp. 1-12). *Couching Institute*, Toronto, Canada.

Neugarten, B. L. (Eds.) (1968). *Middle age and Aging.* University of Chicago Press.

Neugarten, B. L., & Berkowitz, H. et al. (1994). *Personality in middle and late life.* New York: Atherton Press.

Neugarten, B. L., & Datan, N. (1996). Sociological perspectives on the life cycle. In D. A. Neugarten (Ed.), *The meaning of age* (pp. 96-113). Chicago: The University of Chicago Press.

Neugarten, B. L., Havighurst, R. J., & Tobin, S. S. (1968). The measurement of life satisfaction. *Journal of Gerontology, 16*, 134-143.

OECD(2004). *OECD Health Data.*

Papalia, D. E., Olds, S. W., & Feldman, R. D. (1989). *Human development.* New York: McGraw-Hill.

Patel, D., Gillespie, B., & Foxman, B. (2003). Sexual behavior of older women: Results of a random-digit-dialing survey of 2000 women in the

United States. *Sexually Transmitted Diseases, 30*, 216-220.

Pattison, E. M. (1977). *The experience of dying*. Englewood Cliffs, N. J.: Prentice-Hall.

Perlman, R. J. (1954). The Aging Syndrome. *Journal of American Geriatrics Society, 2*, 123-219.

Pfeiffer, E., Verwoerdt, A., & Wang, H. S. (1968). Sexual behavior in aged men and women. *Arch Gen Psychiatry, 19*, 753-8.

Ponzo, Z. (1992). Promoting successful aging: Problems, opportunities, and counseling guidelines. *Journal of Counseling & Development, 71*, 210-213.

Powers, E. A., & Kivett, V. R. (1992). Kin expectations and kin support among rural older adults. *Rural Sociology, 57*, 194-215.

Quinn, W. H. (1983). Personal and family adjustment in later life. *Journal of Gerontology, 45*, 57-73.

Rao, V., & Rao, V. (1982). Determinants of life satisfaction among black elderly. *Psychological Abstracts, 68*, 35-49.

Reichard, S., Livson, F., & Peterson, P. G. (1962). *Aging and Personality: A Study of Eighty-Seven Older Men*. New York: John Wiley.

Reker, G. T., & Wong, P. T. P. (1983). The salutary effects of personal optimism and meaningfulness on the physical and psychological well-being of the elderly. Paper presented at the 29th annual meeting of the Western Gerontological Society. Albuquerque, NM.

Reker, G. T., & Wong, P. T. P. (1984). Psychological and physical well-being in the elderly: The perceived well-being scale(PWB). *Canadian Journal on Aging, 3*, 23-32.

Reker, G. T., & Wong, P. T. P. (1985). Personal optimism, physical and mental health: The triumph of successful aging. In J. E. Birren & J. Livingston (Eds.), *Cognition, stress, and aging* (pp. 134-173). Englewood

Cliffs, NJ: Prentice-Hall.

Riley, M. W., & Riley, J. W. (1989). The lives of older people and changing social roles. *The Quality of Aging: Strategies for invention, 503*, 14-28.

Rodman, H. (1972). Marital power and the theory of resources in cultural context. *Journal of Comparative Family Studies, 3*, 50-69.

Rowe, J. W., & Kahn, R. L. (1997). Successful Aging. *The Gerontologist, 37*(4), 433-440.

Rowe, J. W., & Kahn, R. L. (2001). **성공적인 노화**(최혜경, 권유경 역). 서울: 학지사.

Ruth, L. O., & Holmes, T. H. (1971). Social of Life Change: Comparison of Direct and Indirect Methods. *Journal of Psychosomatic Research, 15*, 221-227.

Ryff, C. D. (1982). Successful aging: A developmental approach. *The Gerontologist, 22*, 209-214.

Ryff, C. D. (1989a). Beyond Ponce de Leon and life satisfaction: New directions in quest of successful aging. *International Journal of Behavioral Development, 12*, 35-55.

Ryff, C. D. (1989b). Happiness is everything, or is it? Explorations on the meaning of psychological well-being. *Journal of Personality and Social Psychology, 57*(6), 1069-1081.

Schaie, K. W. (1983). The Seattle longitudinal study: A 21-year exploration of psychometric intelligence in adulthood. In K. W. Schale (Ed.), *Longitudinal studies of adult psychological development*. New York: Guilford.

Schaie, K. W. (1996). *Intellectual development in adulthood*. New York: Cambridge University Press.

Selyo, H. (1970). Stress and aging. *Journal of American Geriatrics Society, 18*, 669-680.

Settlage, C. F. (1996). Transcending old age: Creativity, development and psychoanalysis in the life of a centenarian. *International Journal of Psychoanalysis, 77*, 549-564.

Sheehy, G. (1995). *New passages.* New York: Random House.

Sherron, R. H., & Lumsden, D. B. (Eds.) (1990). *Introduction to Educational Gerontology* (3rd ed). New York: Hemishere Publishing Corp.

Smith, R. (2000). A Good Death. *British Medical Journal, 320*, 129-130

Steinke, E. E. (2003). Sexual Concerns of Patients and Partners After an Implantable Cardioverter Defibrillator. *Dimensions of Critical Care Nursing, 22*(2), 89-97.

Steinke, E. E., & Bergen, M. B. (1986). Sexuality and aging. *Journal of Gerontological Nursing, 12*(6), 6-10.

Strauss, H. M. (1996). Working as an elder analyst. In B. Gerson (Ed.), *The therapist as a person: Life crisis, life choices, life experiences, and their effects on treatment* (pp. 277-294). Hillsdale, N. J.: Anaytic Press.

Townsend, A. L., & Franks, M. M. (1997). Quality of the relationship between elderly spouses: Influence on spouse caregivers' subjective effectiveness. *Family Relations, 46*, 33-39.

UN. (각 연도). *The Sex and Age Distribution of World Population.*

Vaillant, G. E. (1990). Avoiding negative life outcomes: Evidence from a forty-five year study. In P. B. Baltes & M. M. Baltes (Eds.), *Successful aging: Perspectives from the behavioral sciences* (pp. 332-358). New York: Cambridge University Press.

Vaillant, G. E. (2002). *Aging Well.* New York: Little, Brown and Company.

Vincent, C. (2002). Health challenges for older women: some implications for sexual health. *Sexual and Relationship Therapy, 17*(3), 241-252.

Von Sydow, K. (1995). Unconventional sexual relationships: data about German women ages 50 to 91 years. *Archives of Sexual Behavior, 24*, 271-291.

Warren, W. G. (1989). *Death Education and Research: Critical Perspictives.* The Haworth Press.

Waters, E. B., & Goodman, J. (1990). *Empowering older adults: Practical strategies for counselors.* San Francisco: Jossey-Bass.

Watson, W. H. (1982). *Aging and Social Behavior.* Monterey, C.A.: Wadsworth.

Weeks, D., J. (2002). Sex for the mature adult health, self-esteem and countering ageist stereotype. *Sexual and Relationship Therapy, 17*(3), 231-241.

Weinberg, J. S. (1982). Human sexuality and spinal cord injury. *Nursing Clinics of North America, 17*(3), 407-419.

Witmer, J. M., & Sweeney, T. J. (1992). A holistic model for wellness and prevention over the lifespan. *Journal of Counseling and Development, 71*, 140-148.

Witmer, J. M., Sweeney, T. J., & Myers, J. E. (1997). *The wheel of wellness.* Greensboro, NC: Authors.

Worden, J. W. (1991). *Grief Counseling and Grief Therapy.* Springer Publishing Company, Inc.

Yalom, E. (1993). **집단정신치료의 이론과 실제**(최해림, 장성숙 역). 서울: 하나의학사.

찾아보기

인명

내용

〈저자 소개〉

저자 이호선(李湖仙)은 연세대학교에서 상담학으로 박사학위(Ph.D.)를 받고 한국노인상담센터를 운영하고 있다. 또한 서울시립대학교와 명지대학교 등에서 강의하며 상담학과 심리학을 가르치고 있다. KBS, SBS, EBS, CBS TV에서 방송활동을 하고 있으며, 『노인상담론』(공저), 『세계의 노인교육』(공저), 『노년학척도집』(공저), 『성격과 심리』, 『노인과 노화』, 『노화와 영성』, 『노인복지상담』(공저), 『노인의 성과 성문화』(출간 예정)를 썼고, 『쉽게 배우는 역할극』, 『재미있는 심리학 이야기』(공역)를 번역하였다. 최근 노인을 대상으로 하는 성매매 여성(박카스 아줌마)에 대한 연구를 진행 중이다. 노인상담과 관련하여 궁금한 사항이 있다면 wsein@hanmail.net으로 연락하면 된다.

2판
노인상담

2005년 7월 5일 1판 1쇄 발행
2010년 11월 20일 1판 8쇄 발행
2012년 3월 15일 2판 1쇄 발행
2025년 9월 25일 2판 11쇄 발행

지은이 • 이 호 선
펴낸이 • 김 진 환
펴낸곳 • (주) 학지사
04031 서울특별시 마포구 양화로 15길 20 마인드월드빌딩 5층
대표전화 • 02) 330-5114 팩스 • 02) 324-2345
등록번호 • 제313-2006-000265호
홈페이지 • http://www.hakjisa.co.kr
인스타그램 • https://www.instagram.com/hakjisabook

ISBN 978-89-6330-815-9 93330

정가 18,000원